인간을 묻다

근현대 중국의 지식인들

인간을 묻다

근현대 중국의 지식인들

이은상, 이혜경, 천성림, 이정구, 이호현, 김형열, 한지연,

차창훈, 이선이, 김호, 김혜수, 김승룡, 정진선

부산대학교출판문화원

서문: 중국의 20세기를 '살아낸' 지식인들

이 책은 2021년 부산대 K-MOOC '근현대 중국의 지식인들-인간을 묻다'의 산물이다. 20세기 중국사를 파악하기 위한 키워드로 인물 그중에서도 지식인의 삶, 그리고 그들이 저술한 고전을 텍스트로 당시의 시대적 고민과 사명을 이해해보려고 하였다. 특히 혁명의 핵심 주류 인물 혹은 정치 지도자보다는, 삶의 궤적이 시대의 성격을 규정하고 자신의 생각을 글로 표현한 지식인들에게 관심을 두었다. 이에 박제된 역사 속의 인물이 아니라 우리와 마찬가지로 좌절과 희망을 갖고 있는, 그러면서도 시대를 앞서간 지식인 열전을 제시해보고자 했다.

기획안이 선정된 시점은 2021년 2월이었다. 중국사 전공자인 필자가 책임교수로 기획안을 제출하였고, 여기에 동아시아 지식인 문제에 관심이 많은 한문학과 김승룡 교수가 참여하였다. 우리는 '고전 강독'이라는 전문성을 고려하여 각 분야의 학자를 조직하여 전공 강좌와는 차별화된 문사철 분야를 아우르는 고품격 강좌를 지향하고자 했다. 다행히 문사철 뿐 아니라 정치학, 경제학 분야의 전공자가 기꺼이 이 기획안에 관심을 갖고 참여해주었다.

참여 교수들은 3차례의 기획 회의를 거쳐 다음의 시각을 유념하기로 하였다. 첫째, 지식인의 삶의 궤적에서 중요한 의미를 갖는 고전을 선정한다. 둘째, 고전 강독 뿐 아니라 인물을 입체적으로 흥미롭게 묘사하는데 관심을 갖는다. 예컨대 인물의 자취를 확인할 수 있는 공간으로 고향(도시), 옛집, 기념관 등의 정보를 제공하고, 평전과 회고록 등을 적극 활용한다. 셋째, 각 강좌의 마지막에 책임교수와 인터뷰 형식으로 전체 내용을 다시 한 번 정리하고 그 인물이 오늘날 우리 사회에서 어떤 의미를 갖는지를 고민해본다. 마지막으로, 한국학계의 중국 연구자로서 한국인의 관점에서 바라본 중국 관련 교양 강좌의 경쟁력을 확보할 수 있도록 한다.

이 책은 중국 근현대 역사의 현장에 직간접적으로 참여한 13명 지식인의 삶과 글쓰기에 관한 기록으로 전체 13장으로 구성되었다.

우선 열전 첫 번째 인물은 량치차오(梁啓超)이다('량치차오, 중국의 근대를 열다', 이혜경). 중국의 근대하면 떠오르는 첫 번째 인물이 량치차오이고 그를 비껴서 근대를 이해하기는 어렵다. 20세기 중국의 지식인들 가운데 량치차오에게 빚을 지지 않은 사람은 거의 없을 것이다. 그는 19세기 말 변법운동, 20세기 초 신해혁명, 오사운동 등 굵직한 사건에 중요한 역할을 했던, 시대를 주도한 계몽주의 지식인의 대표적 이론가이자 실천가이다. 그의 사상은 조선의 지식인들에게도 큰 영향을 주었다.

열전 두 번째 인물은 추진(秋瑾)이다('추진, 여성의 자립과 해방을 추구하다', 천성림). 일반적으로 추진은 청나라 말기 혁명을 위해 자신을 희생한 혁명가이면서 여성운동가로 알려졌는데 여기에서는 후자의 관점에서 추진의 삶과 글쓰기에 주목하였다. 그는 '4억 중국 동포'를 사랑했지만 특별히 '자매들'이라고 지칭한 2억의 여자 동포를 더욱 사랑했고 그들의 지위를 개선시키는 것을 자신의 소명이라 여겼다. 전족 반대운동, 자유연애론을 주창하였고, 여성의 교육과 가성, 지립과 연내를 중시하였다.

열전 세 번째 인물은 천두슈(陳獨秀)이다('천두슈, 20세기 중국을 열다', 이정구). 20세기 중국 역사를 만든 두 가지 사건을 꼽으라면 신문화운동과 중국공산당의 창당이라고 할 수 있다. 천두슈는 바로 신문화운동의 리더였으며, 중국공산당의 실질적 창립자였다. 살아생전에 그리고 사후에도 그의 삶과 사상은 제대로 평가받지 못했지만 '영원한 반대파'로서 그의 급진주의는 많은 사람들에게 방향을 제시하였다.

열전 네 번째 인물은 후스(胡適)이다('후스, 영원한 자유주의자로 살다', 이호현). 후스는 신문화운동 시기 문학혁명을 주창하면서 개인주의, 자유주의를 중국에 소개하고 일관성 있게 주장하였다. 그는 중국의 서구화를 꿈꾼 자유주의자로, 철저하게 전통과 유가를 비판하고 전면적 서구화 외에 중국의 미래는 없다고 보았다. 또한 쑨원의 '삼민주의'와 공산당, 국민당 모두에 비판적이었으나 결국 타이완 행을 선택하였다. 우리가 선정한 13명 지식인 중 유일하게 타이완 행을 선택한 인물이다.

열전 다섯 번째 인물은 리다자오(李大釗)이다('리다자오, 청춘 중화를 꿈꾸다', 김형열). 리다자오는 인간의 의지를 강조한 마오이즘의 기원을 연 인물로 천두슈와 함께 중국공산당 창당을 주도했지만 이른 나이에 군벌에 의해 처형됨으로써 순교자가 되었다. 그는 시대에 걸맞은 새로운 제도와 체제를 갖춘 새로운 중국 곧, '청춘 중화'를 꿈꿨다. 청춘 중화는 20세기 격동의 시대를 앞서간 지식인으로서 리다자오의 삶과 사상을 이해할 수 있는 키워드이다.

열전 여섯 번째 인물은 루쉰(魯迅)이다('루쉰, 그래도 희망은 길이다', 이은상). '계몽의 전사'로 알려진 루쉰은 소설가로 유명하지만 사실 그의 진면목은 잡문, 우리식으로 표현하자면 산문에 있다. 루쉰은 당시 중국의 현실에 절망하고 그 절망에 대해 반항하였다. 그리고 외부의 적 뿐 아니라 내부의 소위 '동지'들과도 끈질긴 싸움을 하였다. 그러면서도 자신은 중간물로 썩어 없어지는 들풀이 되겠다고 선언하였다. 살아생전 그리고 사후 지금까지 루쉰은 실천적 지식인의 원형으로 그의 잡문식 글쓰기는 현재 우리에게 여전히 유효하다.

열전 일곱 번째 인물은 라오서(老舍)이다('라오서, 라오베이징의 상징, 라오바이싱의 작가', 한지연). 중국을 대표하는 현대 작가가 루쉰이라면 라오서는 베이징을 대표하는 작가이다. 만주족 출신으로 부친은 의화단전쟁 때 전사하고, 그는 문화대혁명 때 자살로 생을 마감하였다. 라오서는 베이징의 도시 하층민의 삶을 통해 당시 중국인들의 고통스러웠던 삶과 고민, 미래를 향한 희망을 사실적으로 그려냈다. 그는 베이징을 무대로, 베이징 사람을 소재로, 베이징의 문화와 사람들의 생활을 주제로 삼아 '경미'(京味), '유머와 풍자'의 작가라는 문학적 성취를 이뤘다.

열전 여덟 번째 인물은 조금은 색다른 인물 에드가 스노(Edgar Snow)이다('에드가 스노, 중국의 붉은 혁명을 세계에 알리다', 차창훈). 스노는 대장정 시기 소비에트 지구로 들어가 마오쩌둥을 비롯한 공산당 지도자를 직접 만난 뒤, 홍군에 대해 상세한 기록을 남겼다. 영미권에서 그의 책이 출간된 후 '비적'으로 알려졌던 공산당 게릴라들이 강력한 잠재력을 갖는 정치 세력으로 새롭게 인식되기 시작하였다. 서북 변방에 고립되어 있던 '붉은 별'은 사회주의 중국을 건설하였다. 그러나 신화화됨으로써 중국의 현재와 과거에 대한 성찰을 가로막고 있는 것도 사실이다.

열전 아홉 번째 인물은 딩링(丁玲)이다('딩링, '여성'과 '인간' 사이의 간극을 메워 가다', 이선이). 딩링은 1920-1930년대 중국 정치, 경제, 문화의 메카인 상하이라는 공간에서 루쉰의 영향을 받으며 문학청년으로 성장해갔다. 『소피의 일기』, 「삼팔절 유감」(여성의 날 감상) 등은 그의 여성주의를 보여주는 대표적 작품이다. 그러나 이러한 작품 때문에 사회주의 중국에서 반우파운동, 문화대혁명 시기 20년 넘게 고초를 겪으며, 20세기 중국 현대사를 온몸으로 감당한 여성 지식인의 상징적 인물이 되었다.

열전 열 번째 인물은 천인췌(陳寅恪)이다('천인췌, '학문을 물을 뿐, 정치는 묻지 않는다'는 원칙을 견지한 사학자', 김호). 100년에 한 번 만날까 말까 한 '세기난우'(世紀難遇)의 학자로 알려진 천인췌는 청왕조의 명문가 출신으로 칭화대 교수가 된 이후 량치차오와 함께 칭화대 4대 석학 가운데 하나로 불렸다. 10여 개국 언어에 능통한 언어의 천재이자 중국 당대사(唐代史) 연구의 대가이다. 국공내전에서 공산당의 승리가 거의 확정되었을 때 타이완 행을 택할 수 있었으나 중국에 그대로 남았다. 몇 차례의 정치 폭풍과 실명이라는 개인적 좌절 속에서도 학문과 강의에만 전념했던 원칙을 지킨 학자였다.

열전 열한 번째 인물은 펑유란(馮友蘭)이다('펑유란, 중국 현대사의 격랑에 맞선 중국 철학자', 김혜수). 펑유란은 그의 삶 자체가 '20세기 중국의 철학사'라고 말할 정도로 현대 중국을 대표하는 철학자이다. 그는 1895년 청나라 말기에 태어나 중화민국, 사회주의 중국을 거쳐 1990년 95세에 사망하였다. 장제스의 국민당 정부가 타이완으로 이전할 무렵 타이완 행을 선택하지 않고 중국에 그대로 남았다. 그의 대표 저술 『중국철학사』는 중국 철학을 공부하는데 최고의 입문서이다. 그는 사망하기 몇 달 전에 마르크스주의 관점에서 새로 쓴 철학사 『중국철학사신편』 7편을 탈고하는 열정을 보였다.

열전 열두 번째 인물은 지셴린(季羨林)이다('지셴린, 인간의 끝에서 인간다움을 찾다', 김승룡). 지셴린은 비교문학, 인도학 연구의 세계적 권위자로 베이징대 동방학부를 만든 학자이다. 한국어 강좌를 개설하는 등 한중간 문화교류에도 큰 역할을 하였다. 그러나 그 역시 문화대혁명의 광풍을 피할 수는 없었다. 그는 『우붕잡억』이란 책에서 우붕(외양간)에 갇혀 사상 개조를 당하는 고초를 겪으면서도 학문의 끈을 놓지 않았던 문화대혁명 10년의 삶을 담담하게 그려냈다.

열전 열세 번째 마지막 인물은 중징원(鍾敬文)이다('중징원, 20세기를 살아낸 어느 지식인의 이야기', 정진선). 중징원은 1903년 태어나 2002년 100세에 사망한 말 그대로 20세기를 '살아낸' 지식인이다. 그는 근 한 세기 동안 농민, 노동자, 상인 등 사람들의 일상생활을 수집하고 정리하여 체계적으로 자료를 구축하였다. 중징원의 노력으로 민속학, 민간문학이 하나의 학문으로 자리를 잡게 되었다. 사회주의 중국에서 반우파운동 때 우파의 핵심으로 몰리면서 문화대혁명이 끝날 때까지 20년간 '모멸의 시간'을 시를 쓰면서 견뎌냈다.

우리는 이 책에서 20세기 근현대 중국 지식인들이 역사적 순간에 어떤 선택을 했고 그 결과는 무엇인지를 살펴봄으로써 역사 속에서 지식인 혹은 인간의 삶에 대해 생각해볼 수 있다. 또한 현재 중국을 이해하는 긍정과 부정의 편향적인 양극단의 시각에서 벗어나 그 경계에서 차분하게 고전을 통하여 중국을 바라보는 제3의 눈을 제시해볼 수 있다. 더 나아가 우리 사회의 문제를 이해하고 해결 방안을 모색하는데 유용한 길잡이가 될 수 있다는 놀라운 경험을 하게 될 것이다.

이 책이 발간되기까지 많은 분들의 도움을 받았지만, 무엇보다 바쁜 연구 활동에 틈을 내서 기꺼이 이 기획에 참여해준 교수들께 깊이 감사드린다. 중국학을 전공하는 각 분야의 동료를 만나는 기쁨은 힘들었던 여정을 충분히 상쇄할 만했다. 늘 옆에서 필자의 부족한 부분을 채워준 튜터 문희정 선생, 기획부터 편집까지 놀라운 상상력을 보여준 K-MOOC 제작진, 출판을 허락해준 출판문화원 측에도 고마움을 전한다. 이 책이 향후 한국을 포함하여 '근현대 동아시아의 지식인들'을 주제로 연구의 지평을 넓히는 계기가 될 수 있기를 기대하며, 격동의 시대를 '살아낸' 모든 분들께 경의를 표한다.

2022년 8월

금정산 자락에서

필진을 대신하여 이은상

목차

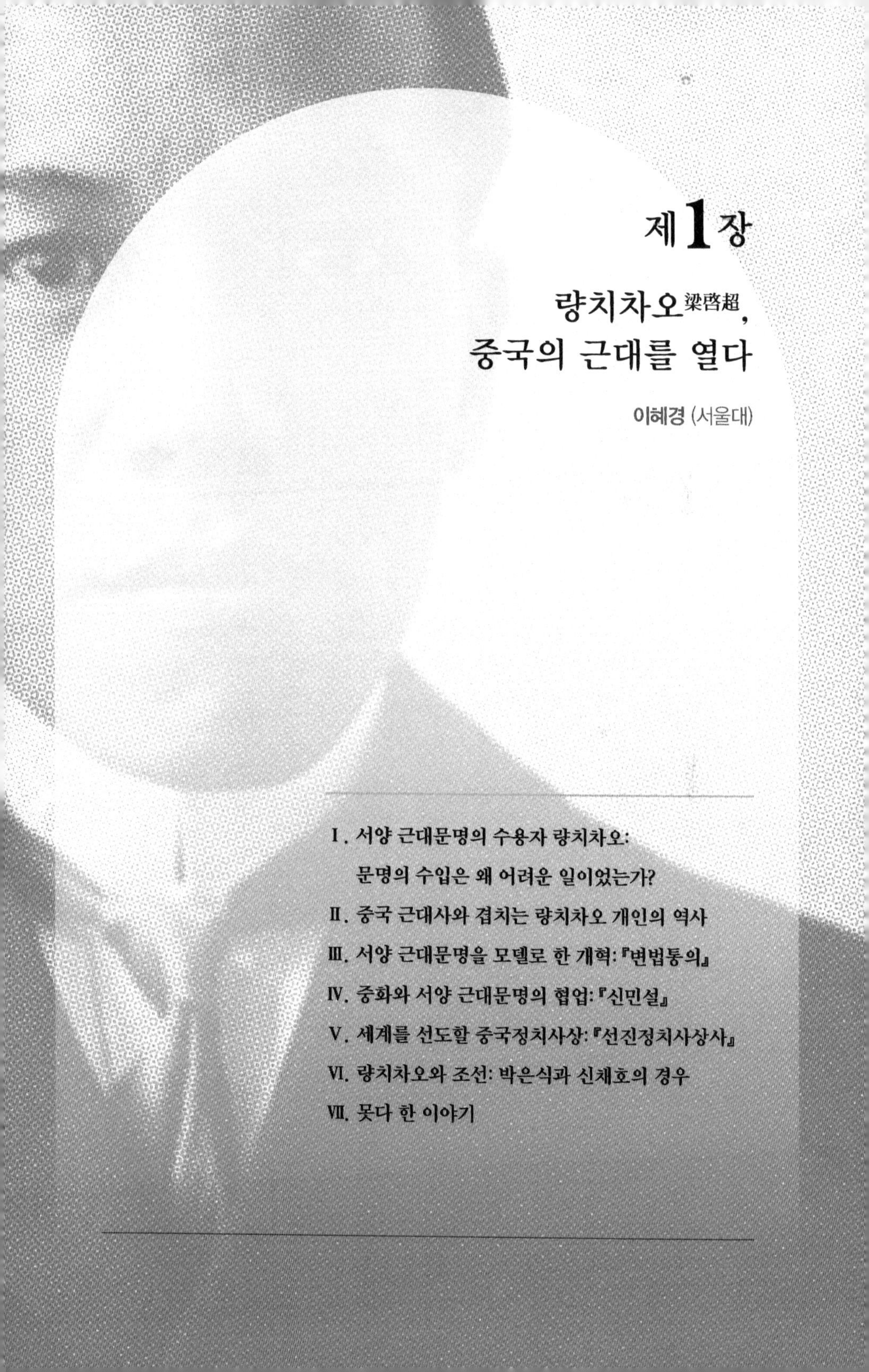

제1장

량치차오梁啓超, 중국의 근대를 열다

이혜경 (서울대)

Ⅰ. 서양 근대문명의 수용자 량치차오:
　문명의 수입은 왜 어려운 일이었는가?
Ⅱ. 중국 근대사와 겹치는 량치차오 개인의 역사
Ⅲ. 서양 근대문명을 모델로 한 개혁:『변법통의』
Ⅳ. 중화와 서양 근대문명의 협업:『신민설』
Ⅴ. 세계를 선도할 중국정치사상:『선진정치사상사』
Ⅵ. 량치차오와 조선: 박은식과 신채호의 경우
Ⅶ. 못다 한 이야기

※이미지 출처

https://historylibrary.net/entry/양계초가-아들-양사성한테-나-같은-애비가-네-일생의-행복이다

Ⅰ. 서양 근대문명의 수용자 량치차오: 문명의 수입은 왜 어려운 일이었는가?

량치차오(梁啓超, 1873~1929)는 서양근대문명을 중국에 소개한 사람이다. 당시 중요한 매체로 등장한 정기발간 잡지들을 통해, 중국인들을 향해 서양근대문명을 배워야 한다고 목소리를 높였다. 그가 발간한 잡지들은 거의 시차 없이 조선에도 운반되어 당시 조국의 운명을 근심하던 많은 애국청년들에게도 길잡이 역할을 했다.

량치차오 또한 서양제국의 위협 앞에서 위기에 처했 있던 조선을 예의 주시하고 있었다. 안중근(安重根, 1879~1910)의사가 이토 히로부미(伊藤博文, 1841~1909)를 저격한 사건을 두고 량치차오가 남긴 시 한편 소개한다. '가을바람에 등나무 꺾이다'라는 제목의 시 일부분이다.

> "만인이 머리를 들어 형가를 보니,
> 태연한 그 모습 평상시와 같네.
> 남자가 죽는 것이 어찌 말할 만한 일인가,
> 나라의 치욕을 갚지 못했으니 어찌 이름을 이루겠는가"
> 萬人攢首看荊卿, 從容對簿如平生.
> 男兒死耳安足道, 國恥未雪名何成.
>
> (「秋風斷藤曲」, 『飮冰室文集』)

형가(荊軻)는 전국시대 무사로, 자국을 위협하는 진왕(秦王)을 암살하라는 연(燕)나라 태자의 명으로 진왕을 암살하려다 실패한 사람이다. 안중근을 형가에 비유하고, 안중근이 일본 경찰에게 심문받으면서도 죽음을 두려워하지 않고 의연했다는 점을 평가하며, 평상시처럼 태연하다고 묘사했다. 마지막 줄에서 형가도 안중근도 나라를 지키지는 못했다는 안타까움을 표현하고 있다. 중국 역시 서양 열강에 여러 항구를 할양한 이른바 반식민지 상태로서, 서양과 대결하는 일은 나라의 존망을 건 절박한 일이었으므로, 조선의 비극이 남의 일만이 아니었던 것이다.

량치차오는 근대중국에서 가장 먼저 서양근대문명을 진지하게 대면한 사람이라고 평가할 수 있다. 당시 중국은 이미 영국과의 전쟁에서 두 번이나 진 뒤에 서양 열강들도 호시탐탐 노리는, 이빨 빠진 호랑이와 같은 이미지로 전락한 상태였다. 중국은 예전의 영화를 생각하며 영국 함대를 쉽게 물리칠 수 있을 줄 알았으나, 영국 함대의 군사력은 전에 경험해보지 못한 것이었다. 중국인들은 서양열강이 과시하는 군사력의 비결을 찾아내고 비슷한 수준으로 갖춰야 한다고 생각했다.

량치차오가 서양근대문명을 진지하게 대면했다는 것은 군사력보다 더 이면의 서양문명의 실체에 대해 파악한 사람이라는 의미이다. 그는 이미 중국이 약자가 된 세상에서 중국의 보존과 나아가 부흥을 모색했다. 그리고 그 시대는 시시각각 긴박하게 변하는 때였다. 량치차오는 그 변화에 눈감지 않고, 지치는 일 없이, 새로운 길을 찾았다. 자타공인 량치차오가 "잘 변하는 사람"으로 운위되는 것은 그 때문이나.

후스(胡適)는 량치차오의 글을 반복해서 읽었다고 어린 시절을 회고하며, 마오쩌둥은 자신이 조직한 학생단체의 이름을 량치차오의 글 『신민설』(新民說)의 '신민'을 따서 '신민학회'라고 지었다. 그들 뿐 아니라 루쉰(魯迅), 천두슈(陳獨秀) 등을 비롯해 당시 중국 청년들은 량치차오의 눈을 통해 서양을 보고 량치차오의 글을 통해 서양근대문명을 학습했다. 그 시대에 서양근대문명을 이해하기 위해 누구나 량치차오의 글을 통과했다는 점에서, 그는 중국 근대를 연 사람이었다.

당시 중국을 비롯해 이른바 중화주의의 우산 아래 있던 나라들이 겪은 변화는 한마디로 세계관의 변화였다. 세계관이란 철학용어이긴 하지만, 최근 게임의 시나리오를 이루는 시공간으로 생각하면 이해하기 쉽다. 게임마다 세계관이 있다. 중국이 서양이 본격적으로 부딪히기 이전이 둘은 서로 다른 세계관에서 살고 있었다.

중국적 세계관은 중화(中華)주의이다. 중화주의는 기본적으로 문화주의이다. 유학의 '덕치'라는 도덕정치 사상과 '예교'라는 관계의 원리를 내용으로 한다. 덕치와 예교 모두 덕(德)을 근간으로 한다. 개인의 덕이 모든 인간관계를 맺는 원천이며 나아가 정치의 원천이라는 생각이다. 군주와 정치가가 덕으로 정치를 하면 피치자 역시 덕으로 그에 응답하리라고 기대한다. 이 세계관에서는 생산성보다는 조화로운 인간관계와 평화로운 나눔을 중요하게 생각한다. 중화주의 안에서 세상은 중화와 이적(夷狄)으로 구분된다. 중화의 문화를 소유하면 중화로 편입되고, 그렇지 않으면 짐승에 가까운 이적으로 취급되어 인간대접을 받지 못한다.

반면 근대서양의 세계관은 '문명'이라 할 수 있다. 일반명사 문명이 아니라, 과학, 자본주의, 민주주의 등을 특징으로 하는 근대문명이다. 과학과 기술은 증기기관을 발명하였다. 즉 동력의 혁명을 가져왔다. 이를 통해 공장에서 대량생산이 가능하게 되었고 이는 도시화를 촉진했다. 부를 축적하게 된 상공업자들은 투쟁을 통해 정치적 자유를 성취했다. 자본주의의 발달과 더불어 부의 추구를 윤리적으로 정당화하는 개인주의, 자유주의, 공리주의 등이 동반되었다. 이들은 자신들이 이룩한 새로운 문화를 문명이라고 불렀고, 문명을 갖추지 못한 집단을 야만이라고 불렀다.

각각의 세계관을 가진 세상은 각자 자신의 규칙에 따라 따로 살면 문제가 없다. 그러나 서구의 대량생산은 물건을 팔고 원료를 구하러 전 지구를 누볐다. 처음에는 선교사들을 보내고 이어 상선을 보내고, 선교사들과 상선이 핍박을 받으면 그것을 구실로 함대를 보내 전쟁을 일으켜, 끝내 남의 항구를 차지하고 국경을 열었다. 그 일이 아편전쟁 이후 계속되니, 중국인들은 더이상 서양인들을 예전 자신들이 경험했던 오랑캐처럼 취급할 수 없었다. 중국은 한동안 그들의 군사력을 가능하게 한 것이 특히 무기에 있다고 생각하고, 집중적으로 그것을 수입하고 만들어내는 데 집중했다.

당시 동아시아에는 사회진화론이 국가 간의 우승열패라는 방식으로 수용되었다. 량치차오 역시 가령 앵글로색슨족의 영국이나 게르만족의 독일 등처럼, 민족이 단위가 되어 국가를 이룬 민족국가 단위로 국가 간 우승열패를 함으로써 문명이 진보해왔다고 이해했다. 그리하여 중국이 적자생존, 우승열패의 세상에서 살아남는 방법은 그들이 가진 힘의 원천을 파악하고 중국도 그 힘을 갖춰서, 강력한 중화민족국가를 이룩하는 방법뿐이라고 생각했다.

량치차오는 그들의 군사력을 가능하게 한 것은 군사력보다 더 근본에 있는 정치제도라고 생각했고, 정치제도를 바꾸는 것이 개혁의 핵심이라고 주장했다. 그리고 실제로 그의 스승 캉유웨이(康有爲, 1858~1927)를 따라 그 개혁을 주도한다. 이른바 무술변법운동(戊戌變法運動)이라고 불리는 1898년의 개혁운동이다.

량치차오의 글, '제도개혁의 대의'라는 의미의 제목 『변법통의』(變法通議, 1896~1899)를 통해 무술변법운동에서 캉유웨이와 량치차오가 주장한 제도개혁의 내용을 엿볼 수 있다. 량치차오는 이글을 통해 서양 근대문명을 배워야 하는 이유를 중국인들에게 설득하고, 그 핵심들을 제안한다. 그가 중국사람들을 설득하는 방식이 캉유웨이와 량치차오의 특징을 이룬다.

본문에서 소개할 『변법통의』와 『신민설』(新民說, 1902~1906), 『선진정치사상사』(先秦政治思想史, 1922)는 각각 다른 시대의 다른 방향의 개혁을 제안한 글이다. 자세한 것은 각각을 다루는 챕터에서 설명하겠지만, 시대를 관통해서 량치차오는 중화주의를 완전히 떠난 적은 없었다. 즉 문명세계로 완전히 투신해서 그 세계의 시각으로 중국을 평가하고 중국을 바꿔나가려고 한 것은 아니었다.

Ⅱ. 중국 근대사와 겹치는 량치차오 개인의 역사

량치차오는 급변하는 정세의 선단에서 그 변화를 읽고 온몸으로 그에 대응하려 했다. 그러므로 당시 격변하는 중국의 역사는 량치차오 개인의 역사와 겹친다. 그는 동치중흥기인 1873년에 태어났다. 광둥성 신후이현에서 대대로 농사짓는 한편에서 글을 읽고 서당을 열어 글을 가르치는 집에서 장남으로 태어났다. 5세 때부터 조부와 부모에게 사서오경을 비롯해 중국역사를 배웠다고 한다. 그리고 12세인 1884년에 생원이 된다. 소년등과였다. 이미 신동으로 소문이 자자했는데, 17세에 광둥성 향시에 합격해 거인(擧人)이 된다. 독신으로 거인이 되는 이는 거의 없었다. 시험관 중에 한사람이 량치차오의 전도양양함을 의심치 않고 자신의 누이를 시집보낸다. 량치차오보다 집안도 좋고 부유하고 나이도 많은 여인이었다.

그런데 향시에 합격한 이듬해 량치차오는 친구의 손에 이끌려 캉유웨이를 만난다. 캉유웨이는 량치차오가 지금껏 쓸모없는 공부만 해왔다고 장시간 호통을 쳤다고 한다. 뒷날 량치차오가 술회한 것에 의하면, 과거 시험 공부가 즐겁지는 않았지만, 그것 말고 다른 학문이 있는 줄 몰랐다고 한다. 당시 캉유웨이가 가르쳤던 것은 개혁안과 대동사상, 양명학, 역사학, 서양학문 등 다양했다.

이미 거인이었던 량치차오는 아직 향시에 합격하지 않은 캉유웨이의 제자가 되었다. 캉유웨이 역시 과거시험을 포기한 것이 아니었다. 이듬에 향시에 합격한 캉유웨이와 함께 량치차오 역시 회시를 보러 몇차례 상경하곤 했다. 캉유웨이는 회시를 보러 온 사람들에게 연서를 받아 광서제에게 개혁을 호소하는 상서를 올린 것으로 유명하다.

량치차오가 태어나서 소년시절을 보낸 이 시기는 통상 동치중흥기

(1682~1874)라 불리는 때이다. 두 차례의 아편전쟁 뒤, 절치부심하던 청 정부는 서양의 강함이 군사와 공업 등에 있다고 파악하고 그것을 배우려고 노력했다. 총포와 함선을 사들이는 한편, 직접 생산하기 위해 공장도 설립했다. 1870년대에 들어서면서는 전신, 철도, 면방직, 광산 분야에서 민영 공업도 육성했다. 마침 서양 열강이 아프리카 분할로 중국에 더 이상 압력을 가해 오지 않는 때였다. 국내적으로는 태평천국(太平天國)을 진압하고 비교적 정세도 안정된 때여서, 당시 중국인들이 '동치중흥'이라고 자평했다.

그러나 1895년 청일전쟁에서 일본에 패배함으로써, 동치중흥기의 양무운동(洋務運動)은 실패로 끝났다. 효과를 보지 못한 것이다. 량치차오의 나이 22세였다. 청일전쟁 후에 본격적으로 입헌파의 기치를 내건 캉유웨이를 따라 량치차오는 그의 오른팔이 되어 입헌군주제로의 개혁을 선전하는 일을 한다. 《시무보》(時務報)에 연재한 『변법통의』가 그것이다. 무술(戊戌)년인 1898년 6월, 당시 황제였던 광서제는 캉유웨이의 개혁안을 받아들여 변법을 선언한다. 양무운동의 실패를 반성하면서 기술만이 아닌 정치제도를 개혁해야 한다는 문제의식이 실현된 것이다. 개혁파 관리의 임용, 사민(士民)의 상서(上書) 허용, 상업진흥, 과거제 개혁, 신식학교 설치와 자유로운 의복제도 등의 개혁안들이 발표되었다. 그런데 이 개혁은 서태후를 중심으로 수구파를 결집하게 했고, 결국 그들의 쿠데타로 무술변법운동은 100여일 만에 실패로 끝난다. 광서제는 자금성에 유폐되고, 입헌파의 인사인 단쓰퉁(譚嗣同)을 비롯한 무술육군자는 처형되었다. 캉유웨이와 량치차오는 일본으로 망명한다. 량치차오의 나이 25세 때였다.

일본에 도착한 량치차오는 메이지일본이 번역해놓은 수많은 서양서적들을 탐독한다. 그리고 일본에 정착한 지 4개월만에 반월간지 《청의보》(淸議報)에 서양사상들을 소개한다. 이어 1902년부터 《신민총보》(新民叢報)를 발간하고 거기에 『신민설』을 연재한다. 반월간으로 발간되는 잡지를 매번 반 이상을 채우는 괴력을 발휘하면서, 량치차오의 일본에서의 계몽운동은 1911년 신해혁명(辛亥革命)이 일어나고 청조가 무너질 때까지 계속되었다.

1911년 10월 10일, 청정부가 철도를 강제로 국유화하고 그것을 담보로 열강에게 차관을 얻으려고 시도하자 이에 반대하는 대규모 시위가 일어났다. 군인들이 혁명파와 손잡고 우창(武昌)에서 봉기한 것을 도화선으로 그 불길이 삽시간에 전국으로 번져, 대부분의 땅이 청정부에서 독립하게 되었다. 1912년 쑨원(孫文)을 임시 대총통으로 하고, 민주공화정을 골자로 하는 중화민국이 건국되었다.

중화민국이 건국되자 량치차오는 귀국하여 정치에 가담한다. 그는 1913년 위안스카이(袁世凱) 정부에 사법총장으로서 합류했으며, 1917년에는 돤치루이(段棋瑞)정부에 재정총장으로서 입각했다. 그러나 군벌들이 난립하는 난장의 시기였다. 위안스카이나 돤치루이 역시 시대를 거스르는 봉건 군벌일 뿐이었다. 이 와중에 캉유웨이는 선통제의 복벽을 도모한다. 이에 반대한 량치차오는 캉유웨이와도 결별한다.

량치차오는 1917년 정계에서 완전히 은퇴하고, 곧바로 일 년 동안 유럽을 여행할 기회를 갖는다. 량치차오는 제1차 세계대전 뒤에 폐허가 된

유럽 곳곳을 방문했다. 이 경험은 량치차오로 하여금 과거 이십여 년간 그가 배우려고 했던 서양근대문명에 대해 재고하게 한다. 량치차오는 과거 진화를 추동하는 동력이라고 생각했던 국가주의를 이제는 전쟁의 원인이라고 비판하며, 그와 함께 지난날 문명의 핵심이라고 생각했던 과학을 물질문명이라고 비하한다. 즉 이때 량치자오는 정신과 물질을 양분하며, 서양근대문명은 물질문명이며, 정신문명은 바로 중국의 전통문화라고 생각했다. 1922년에 발간한 『선진정치사상사』(先秦政治思想史)는 그러한 량치차오의 생각을 담은 책이다.

Ⅲ. 서양 근대문명을 모델로 한 개혁: 『변법통의』

무술변법운동은 입헌군주제를 지향하여 정치개혁을 도모했다. 입헌군주제는 근대 국가의 아버지인 영국이나 성공한 이웃인 일본이 그 성공을 보장하는 모델이었다. 무술변법운동은 헌법의 제정과 의회의 개설, 교육제도와 관리임용제도의 개편을 골자로 했다.

『변법통의』에서 량치차오가 주장한 핵심은 '이전과는 다른 인재'를 양성할 수 있는 교육제도의 개혁이었다. 관리등용시험을 바꾸는 것도 교육제도의 개혁과 동반되어야 했다. 당시 량치차오는 서양의 힘은 물건을 생산해 내는 과학과 기술, 그리고 그것을 해외에 파는 상업이 핵심이라고 파악했다. 그들과 맞서려면 최소한 그들과 같은 능력을 갖춰야 했으므로, 중국의 청년들에게 과학기술과 상업의 능력을 갖춰줘야 했다. 중국의 관리 역시 과학기술과 상업 지식을 갖춰야만 서양과 대등하게 국력을 신장할 것이었다.

지식체계를 바꾸고 바뀐 지식체계에 의해 인재를 등용하는 일이 엄청난 저항을 불러올 것은 필연적이었다. 평생 기존의 지식을 몸에 익히고 그에 기반해 생업을 유지하는 사람들을 생각해보라. 당장 개인의 이해관계도 걸려있지만, 기존의 모든 것들을 버리고 새로운 것을 선택하는 것의 전망이 좋으리라는 것도 보장할 수 없었다.

량치차오는 개혁을 설득하기 위해 캉유웨이가 주장했던 '삼세설'(三世說)을 끌어온다. 삼세설은 공자가 지은 것으로 알려진 역사서『춘추』의 주석서 가운데 하나인『춘추공양전』(春秋公羊傳)을 근거로 한다. 캉유웨이는 공자를 예언자로 해석했다. 캉유웨이의 해석에 의하면, 공자는 역사의 진화를 예언하고, 그 진행을 노골적이지 않은 방식으로『춘추』에 담아놓았다. 즉 세상은 거란세, 승평세, 대동세로 진행하는데, 그 각각의 세상에 맞춰 절적한 정치제도가 달라진다는 것이다. 거란세에는 군주제, 승평세에는 입헌군주제, 대동세에는 민주제로 진행한다고, 공자는 몇 천 년 전에 이미 예언했다는 것이다. 캉유웨이의 판단에 서양은 이미 입헌군주제의 시대이고, 중국 역시 입헌군주제를 시행해야 할 때였다.

량치차오 역시 캉유웨이의 삼세설을 받아들이고, 공자의 뜻에 따라 중국은 입헌군주제를 채택해야 할 때라고 주장했다.

> 거란세를 다스리는 법률이 있고 승평세를 다스리는 법률이 있으며 태평세를 다스리는 법률이 있다는 것이다. 법은 변해야 하며 변해서 나날이 발달하는

것임을 『춘추』는 보여 주었다.

(「變法通議」『飮冰室文集』)

이러한 논리에 의하면, 중국이 입헌군주제나 민주제도를 시행한다 해도, 그것은 공자의 뜻이고 중국인들은 여전히 공자의 학도일 것이다. 량치차오는 중국인들에게 친숙한 공자의 권위를 빌려 제도개혁을 설득한 것이다.

이는 당시 서양인들이 말하는 사회진화론에 상응하는 것이었다. 량치차오는 사회진화론을 집단 간의 경쟁에 의해 진화한다는 것으로 받아들였다. 초기에는 황인종과 백인종의 경쟁이라고 생각했으나, 민족국가, 민족제국주의국가의 등장에 따라 이윽고는 민족국가들 간의 경쟁이라고 생각했다. "경쟁은 문명의 어머니"라고 생각했으므로, 문명을 성취해야 한다고 생각한다면, 경쟁은 바람직한 것이었다. 그리고 백인종과의 경쟁에 대한 량치차오의 전망은 어둡지 않았다.

지금부터 백년 동안은 참으로 황인종과 백인종의 용호상박의 혈전의 시기이다.

(「變法通議」『飮冰室文集』)

황인종과 백인종을 비교해서 우열을 가린다면 지금은 분명 우열의 차가 있지만, 최후의 전쟁의 승패는 아직 그 행방을 정할 수 없다.

(「變法通議」『飮冰室文集』)

이 경쟁의 원천, 즉 서양열강들의 강함의 원천, 그것을 이 시기 량치차오는 지식이라고 생각했다.

오늘날, 지식 있는 사람과 무지한 사람, 현명한 사람과 어리석은 사람의 차는 그렇게 심하지 않다. 서양인은 모두 지혜로우나 중국인은 모두 어리석고, 서양인은 모두 현명하나 중국인은 모두 못났다고 말한다면, 어린아이라도 그렇지 않다는 것을 안다. 그러나 서양의 관리들은 저렇게 유능하고 중국의 관리들은 이렇게 무능하다. 그래서 나는 말한다, 모든 것을 사람의 탓으로 돌릴 수 없다, 법이 그렇게 만드는 것이다라고. 법을 잘 세우면 보통 사람도 현명해지고 지식 있는 사람이 된다. 법이 좋지 않으면 반대의 결과가 되어 눈과 귀를 막아 바보로 만들고 손과 발을 묶어 어리석은 자로 몰아간다. 그래서 일이 생기면 쓸만한 사람이 하나도 없다. 법을 바꾸는 변화가 아니라, 겁내면서 한두 가지 서양인의 일을 배우고서는 강해졌다고 말하니, 법을 바꾼다고 한 지 수십 년이 지났는데도 이익은 조금도 볼 수 없고 폐해는 백출하고, 이것이 수구의 무리들에게 오히려 변법을 막는 구실이 되어버렸다. 한마디로 말하면 변법의 근본은 인재를 육성하는 것이다. 인재의 육성은 학교를 설립하는 데 달려 있다. 학교의 성립은 인재 등용 제도, 즉 과거제를 바꾸는 데 달려 있다. 그 전체의 열쇠는 관제의 개혁에 있다.

(「變法通議」『飮冰室文集』)

최근 백년동안 유럽 사람들과 코카사스민족은 물건의 제작에 의해 타국을 멸망시키고 통상의 방법을 빌려 영토를 넓히어 전 지구의 90%를 통할하게 되었다. 이것은 지식의 강함에 의한 것이다. 세계의 흐름은 난세에서 태평세로 진행하고 있으며 승패의 근본은 힘에서 지식으로 옮아가고 있다. 그러므로 오늘날 자강(自强)을 논하는 사람은 민지(民智)를 넓히는 것을 가장 중요하게 여긴다.

(「變法通議」『飮冰室文集』)

과거제에 의해 뽑는 인재는 유학 텍스트를 숙지한 사람이다. 유학텍스트는 지식보다는 덕 있는 사람 키우기를 모토로 한다. 량치차오는 지금은 덕이 아니라 '지식'이 필요한 시대라고 역설하는 것이다. 그 지식이란 물건을 제작하고 물건을 파는 종류의 것이라고 판단했다. 즉 과학기술과 상업에 관한 지식이다. 그것이 서구인들이 부유해지고 나아가 강해진 비결이라고 생각했다. 중국 역시 그들과 우승열패의 경쟁을 하는 상황이므로, 그 비결을 배워야 했다.

사람이 갖춰야 할 능력의 성격을 바꾸는 일이므로, 여러 가지를 바꿔야 했다. 무엇보다 교육제도를 바꿔야 했고, 공무원 등용 시험 과목도 바꿔야 했다. 이것이 입헌군주제를 유지할 수 있는 기둥이 되면서, 외국 열강에게 먹히지 않는 힘을 주는 것이라고 생각했다.

공자의 이름으로 제도개혁이 이루어진다고 설득했지만, 이러한 개혁 시도는 엄청난 반동을 불렀다. 무엇보다 평생 사서삼경을 읽으며 과거준비를 해왔던 사람들, 그리고 현재 관리로서 권력을 잡고 있는 사람들의 저항은 맹렬한 것이었다. 서태후를 중심으로 결집한 구관료들의 반격으로 무술변법운동은 백일유신으로 끝나고, 캉유웨이와 량치차오는 일본으로 망명한다. 그리하여 그들은 신해혁명으로 청이 망할 때까지 약 14년간 중국 땅을 밟지 못한다.

Ⅳ. 중화와 서양 근대문명의 협업: 『신민설』

무술변법운동의 실패 후 량치차오는 25세의 나이로 일본에 도착한다. 일본에 머무는 십 수 년 동안, 그는 일본인의 저서뿐만 아니라 일본인들이 번역해놓은 다양한 서양 서적을 굶주린 사람처럼 섭렵했다.

무술변법운동이 정치차원의 개혁운동이었다면, 이 시기의 개혁은 망명객 신분에서 개인을 대상으로 개인의 분발을 촉구하는 계몽운동으로 달라진다. 그 대표적인 결과물이 『신민설』이다. 강한 중국을 목표로 하는 것은 변함 없지만, 『변법통의』 시기에는 지식의 증진을 목표로 했다면, 이 시기에는 국가의 이익을 도모하는 개인의 태도 혹은 자세를 '덕'이라고 불렀다. '신민'(新民)이란 애국이라는 최고 가치를 창출하는 덕을 지닌 사람이라고 할 수 있다.

'신민'은 중요한 중국고전의 하나인 『대학』에 나오는 말로, 본래의 뜻은 위정자가 "백성을 새롭게 한다"는 의미로 사용되었다. 량치차오는 그것을 백성이 '스스로 새로워진다'는 의미라고 해석했다. 백성의 자기 혁신'을 의미하는 '신민'은 강렬한 개혁의 슬로건으로, 중국청년뿐 아니라 조선의 애국청년들에게도 큰 파급력과 영향력을 발휘했다.

다음은 『신민설』이 실렸던 반월간지 《신민총보》의 발간취지로, 창간호부터 연재되었던 『신민설』의 취지와 거의 일치한다.

> 1. 본보(本報)는 『대학』(大學)의 '신민'(新民)의 뜻을 취해 우리나라를 유신하기 위해 우선 우리 백성(民)을 유신한다. 중국이 부진한 것은 국민에게 공덕

(公德)이 결여되고 지혜(知慧)가 열리지 않았기 때문이다. 그리하여 본보는 오로지 이 병을 치료한다. 중국과 서양의 도덕을 아울러 취해 덕육(德育)의 방침으로 삼고, 정치와 학문의 이론을 널리 망라해서 지육(知育)의 근본으로 삼으려 한다.

2. 본보는 교육을 주안으로 하고 정론(政論)을 부차로 한다. 그러나 오늘날 세계가 중점을 두는 것은 국가주의의 교육이므로 정치 방면도 상세하게 다루지 않을 수 없다. 단 논의하는 내용은 우리 국가사상을 키우는 데 힘을 쏟는 것이므로, 정부의 현행 시책에 대해 하나하나 논평할 겨를은 없다.

3. 본보는 우리나라의 전도를 위해 오로지 국민의 공리공익을 목적으로 한다. 논지는 지극히 공평하기를 기하여 일당 일파에 치우치지 않는다. 심한 욕설을 토해 내지 않는 것은 중국을 망친 죄가 누구 한 사람에게 있지 않기 때문이며, 위험하고 격렬한 말을 토해 내지 않는 것은 중국의 진보를 이끄는 것이 '점진'(漸)에 의한 것이어야만 하기 때문이다.

(《新民叢報》 창간호 장정)

첫째, 지식과 '공덕'의 함양을 목표로 하고 있다고 하면서, 공덕을 위해 "중국과 서양의 도덕을 아울러 취"하겠다고 선언한다. 둘째는, 장기적 전망을 가지고 정치보다 교육에 더 비중을 두겠다고 한다. 세계의 교육방침이 "국가주의"에 중점을 두고 있다고 이해하고, 자신의 과제 역시 "국가사상"의 함양으로 설정한다. 셋째는 '혁명파'와 대립하면서 "점진"에 의한 "진보"를 표방하고 있다.

위 발간취지의 내용을 한마디로 정리하자면, 지식뿐만 아니라 서양도덕과 중국도덕을 참조하여 '공덕'을 교육하는 일을 통해 중국의 점진적 진보를 도모하겠다는 선언이다. 이를 염두에 두고 다음의 『신민설』을 읽어보자.

"신민이란 우리 백성들이 옛것을 다 버리고 남을 따르라고 하는 것은 아니다. '신(新)'에는 두 가지 뜻이 있다. 하나는 본래 가지고 있던 것을 담금질하고 연마하여 새롭게 하는 것이고, 하나는 원래 없던 것을 수용하고 보완함으로써 새로워지는 것이다. 두 가지 '신'에서 하나라도 빠진다면 효과가 없다. 선철(先哲)이 세운 가르침은 [타고난] "재질을 살려 돈독히 하는 것"과 "기질을 변화시키는 것" 두 가지에서 벗어나지 않는다. 이는 내가 말한, 원래 가지고 있던 것을 담금질하고 연마하는 것과, 원래 없던 것을 수용하여 보완하는 것 [각각]에 해당한다. 한사람의 경우도 이와 같고 여러 백성들도 마찬가지이다.
(중략)
그러므로 오늘날 우리나라를 강하게 할 생각이 없다면 그만이지만, 우리나라를 강하게 할 생각이라면 각 나라의 민족이 자립할 수 있었던 도를 널리 연구하여, 그 가운데 장점을 취해 우리가 미치지 못하는 점을 보완해야 한다. 지금 정치, 학술, 기예 등을 논하는 사람들은 모두 남의 장점을 취해서 우리의 단점을 보완해야 한다는 것을 모르지 않는다. 그러나 사실은 민덕(民德), 민지(民智), 민력(民力)이 바로 정치, 학술, 기예의 큰 근원이라는 것은 모른다. 여기에서 취하지 않고 저기에서만 취하는 것은 근본을 버리고 말단만을 베끼는 것이다. 저들의 나무가 울창한 것을 보고 그 가지를 잘라다 우리의 마른 나무에 붙이려는 것과 무엇이 다른가! 그들의 우물이 잘 솟아나는 것을 보고 그것을 우리의 마른 우물에 부으려는 것과 무엇이 다른가! 그러므로 우리에게 본래 없었던 것을 보충해 우리 백성을 새롭게 할 방법에 관해 심사숙고하지 않을 수 없다.

(중략)

그러므로 내가 말하는 '신민'이란 서양풍에 심취해서 우리 수천 년의 도덕과 학술과 풍속을 업신여겨 버리고 남에게 섞여 들어가려는 것도 아니며, 수천 년 동안 내려온 도덕과 학술과 풍속을 오로지 지키기만 하면서 대지에 발을 딛고 설 수 있다고 말하며 옛것을 묵수하는 것도 역시 아니다.

(「新民說」『飮冰室專集』)

량치차오는 세계가 각 민족이 자민족의 이익을 위해 각축하는 장이라고 인식했다. '신민'이란 민족주의 시대에, 중국 민족주의를 이끌기 위해 새로 태어날 중국인이라 할 수 있다. 량치차오는 중국인 각자가 "새로운 백성" 즉 '신민'이 되어 스스로 나라를 책임지자고 중국인 개개인에게 호소했다.

그런데 그가 '신민'이 되기 위해 바꿔야 한다고 한 대상은 '덕'(德)이었다. '신민'이 되는 데는, '국가'의 생존과 번영에 이바지해야 하는 '의무'를 자각하고 그 의무를 다하기 위해, 개개인이 갖춰야 할 '덕'이 관건이었다. '국가사상'을 위시하여 '자유,' '자치,' '진보,' '자존,' '의무사상,' '상무(尙武)' 등이 량치차오가 『신민설』에서 덕으로 꼽은 것들이었다. 량치차오는 "한두 사람의 영웅에 의해서가 아니라" "민족 전체의 힘"으로 웅비해야 하는 민족국가의 건설이 중국인 개개인의 '덕'에 달려 있다고 주장한 것이다.

그 덕의 항목들은 어떻게 정해졌을까? 중국보다 먼저 문명을 성취한 사람들, 즉 서구인들의 특성이라 할 수 있다. 그들의 특성 가운데 진화의 원동력이 되었으리라 량치차오가 판단한 것들이었다. 그 덕은 이미 경쟁에서 유능함을 과시한 자들에게서 추출된 것이었다. 자유나 권리, 모험, 진취, 진보 등은 이전의 중국에서는 덕으로 꼽히지도 않았을 뿐 아니라, 개념조차도 없던 것들이었다. 이 덕들을 량치차는 국가의 안위에 관여하는 것이라고 규정하고, 그 의미에서 이름도 '공덕'(公德)이라고 붙였다.

V. 세계를 선도할 중국정치사상: 『선진정치사상사』

1905년에는 손문(孫文, 1866~1925)이 대표하는 중국동맹회(中國同盟會)가 발족되었다. 이 시기부터 중국개혁의 주도권은 입헌파에서 혁명파로 넘어갔다고 이야기된다. 량치차오는 혁명을 반대한다고 표명하며, 동시에 공화제는 시기상조라고 주장했다. 혁명은 청조를 무너뜨리고 새로운 정부를 세우자는 것인데, 량치차오는 청정부는 유지한 채 입헌군주제로 체제변혁을 하자는 입장이었다.

그런데 공화제는 시기상조라는 량치차오의 전망과는 달리 중국은 신해혁명을 거쳐 민주공화국인 중화민국을 건설했다. 량치차오는 중화민국의 정치에 참여한다. 차례로 위안스카이(袁世凱) 정부(1913년)와 돤치루이(段棋瑞) 정부(1917년)에 입각했다. 그러나 별 영향력을 발휘하지 못하고 정계에서 은퇴한다.

은퇴 직후 량치차오는 제1차 세계대전을 겪은 유럽을 여행하게 된다. 이 여행을 통해 량치차오는 서양근대문명에 대해 재고하게 된다. 그는 동양과 서양을 정신문명과 물질문명으로 양분하고, 서양의 물질문명이 세계대전의 원인이 되었다고 진단하는 한편, 동양의 정신, 특히 유학의 정신이 미래세계를 지도할 것이라고 전망한다.

그가 여행 직후 펴낸 여행기 『구유심영록』(歐游心影録, 1919)에서 그는 서구의 국가주의, 유물론, 실증주의, 진화론 등의 "물질적이고 기계적인 인생관"이 전쟁을 초래했다고 비난한다. 그리하여 앞으로는 개성이 중요하게 되고, 철학적이고 종교적인 인생관이 부흥하게 될 것이라고 전망했다. 철학적 인생관의 부흥과 함께 과학은 쇠락할 것이라는 전망도 동반되었다.

『선진정치사상사』(先秦政治思想史, 1922)는 '인생관' 혹은 '인생철학'의 부흥이라는 새 전망과 관련된 책이다. 그에 의하면, 정치사상에는 인생철학이 필연적으로 포함되어, 인생철학과 정치사상은 세계에 내세울 만한 중국의 장점이다.

> 인류전체의 문화가 처음 발생했을 때부터 15~6세기까지를 생각해보면, 우리나라가 생산한 [문화는] 전 세계 어디에 비해도 손색이 없었다. 그러나 우리나라 문화발전의 경로는 세계 어떤 지역과도 취지가 달랐다. 그리하여 헤브라이 사람이나 인도사람이 가진 초현세적인 열렬한 종교관념이 우리는 없다. 그리스나 게르만인들이 가진 명상적인 형이상학이 우리도 있기는 하지만 융성하지 않았다. 근대 유럽인이 가진 순객관적 과학은 더욱 미미하다는 것은 말할 것도 없다. 우리 중국이 전 인류 문화사에서 과연 하나의 지위를 점

할 수 있을까 묻는다면, 나는 가능하다고 대답한다. 중국의 학술은 인류 현세 생활의 이법 연구를 중심으로 삼고, 고금의 사상가는 이 방면의 각종 문제에, 즉 현금의 이른바 인생철학 또는 정치철학에 포함되는 문제에 정력을 집중했다. 시대와 종파를 불문하고 그들의 저술은 한결같이 이 점에 귀결하지 않는 것이 없다. 이 때문에 우리나라 사람이 이 방면의 여러 문제에 대한 해답은 때로 독창적인 것이 있어 세계 어떤 부분도 따라올 수가 없다. 우리나라 사람이 세계문화박람회에 이것으로 어깨를 나란히 할 것이다. 인생철학은 잠시 접어두고 정치철학에 대해서만 말해 보자. 우리나라는 춘추전국시대 이래 학술이 일어나 이른바 백가가 모두 정치로 귀결하였다. 그 정치사상의 큰 특색이 셋 있다. 하나는 세계주의고, 하나는 평민주의 혹은 민주주의이며, 하나는 사회주의이다. 이 세 주의의 내용은 현대 구미인이 주창한 것과 동이가 있다. 어느 것이 우수한 지는 다른 문제이다. 요컨대 이 세 주의는 우리나라 사람이 일찍부터 믿던 것이다. 어느 시대 어느 학파를 막론하고 그 논지는 이 기초 위에 건설되었다. 이 세 주의는 우리나라 사람이 단독으로 발명한 거라고는 감히 말하지 못하지만, 최소한 우리가 선구적으로 발명한 것 중에 하나라고는 할 수 있다.

(『先秦政治思想史』; 『陰氷室專集』)

량치차오는 과학을 대표로 한 서양근대문명이 '보편적'이라는 근대주의에서 벗어난다. 그리하여 자격지심 없이 순순하게, 중국은 과학이 약하고 형이상학도 약하고, 종교관념도 약하다고 인정한다. 량치차오에게는 그것들이 더 이상 중요하지 않았다. 즉 문명의 지표가 아니었다. 그런 것이 약해도 중국에는 세상에 내놓을 만한 장기가 있으니, 그것은 인생철학이고 정치철학이라는 것이다. 나아가 그는 현대세계의 정치 주류라고 판단한 세계주의, 민주주의, 사회주의를, 중국은 이미 춘추전국 이래로 발명하고 믿어왔다고 주장한다.

> 우리들은 인류의 정신 생활이 물질 생활과 떨어져서 독존할 수 없음을 확신한다. 또한 우리들은 인류의 물질 생활이 정신 생활의 발전을 방해하지 않는 범위에서 이루어져야 함을 확신한다. 너무 풍부해도 너무 빈곤해도 방해가 된다. 사람들로 하여금 너무 풍부하지 않도록 또한 너무 빈곤하지 않도록 균등하게 향유하도록 하여 정신 생활의 자유를 조성하고 또 향상시켜야 한다. 이 문제의 해답을 찾는 문제에서 유가가 바로 이 정신에 근거하고 있으므로 우리들은 인생 문제의 해결에 유가가 가장 합리적이라고 생각한다. 도가의 '무욕'의 주장이나 묵가의 '자기 고통'의 주장은 실천 불가능한 것이다. 그렇다고 도가 가운데의 양주 일파나 대부분의 법가가 주장하는 '인생에는 물질 이외에 아무 것도 없다'는 이론에도 결코 찬성할 수 없다.
>
> (『先秦政治思想史』)

춘추전국 시대의 제자백가가 모두 그 세 가지 주의를 가지고 있었지만, 다른 것들이 한쪽에 치우쳐 일리만을 갖는 반면, 유학은 원만하게 중용을 지키고 있다고 상찬한다.

VI. 량치차오와 조선: 박은식과 신채호의 경우

량치차오의 글은 동시기 조선의 청년들에게도 인기 있는 학습서였다. 서양을 이해하고 나아가 조국의 앞날을 개척하는데 전망을 주는 글로 환영받았다. 그 시대를 대표하는 애국지식인인 박은식(朴殷植, 1859~1925)과 신채호(申采浩, 1880~1936) 역시 량치차오의 열렬한 애독자였다.

박은식이 본격적으로 계몽활동을 시작한 1905년에는 량치차오의 『변법통의』가 개혁의 모범이었다. 1907년 1월에 간행된 《서우》 제2호부터 박은식은 량치차오의 『변법통의』를 번역해서 연재한다. 앞에서 보았듯이 『변법통의』는 서양근대문명의 원천을 '지식'이라고 파악하고, 그 '지식'을 국민적 차원에서 보급하기 위한 제도개혁을 골자로 한다. 박은식은 이 시기 경제적 실력을 양성하자는 '식산운동'을 전개하는데, 이 개혁안의 기본 뼈대는 『변법통의』에서 가져온 것으로 보인다. 박은식 역시 "세계인류가 생존경쟁으로 우승열패하는 때, 국민의 지식과 세력을 비교하여 영욕과 존망을 가른다"고 그 시대를 파악하며, "교육을 일으키지 않으면 생존할 수 없다"고 앞날을 전망한다. 즉 박은식 역시 량치차오와 마찬가지로 세계역사의 진행이 사회진화론에 의거한다고 이해하고, 사회진화론을 우승열패로 받아들였다. 지식과 힘은 모두 경쟁을 위한 것이었다. 그리하여 "세계 어느 나라를 막론하고 민족의 지식 정도에 따라 사회가 진보한다는 것은 공례이다"라는 인식을 공유한다.

국권을 잃고 박은식은 독립운동을 위해 조선을 떠나 만주로 간다.

중국 땅에 가서 그는 비로소 다른 민족의 민족주의를 의식하며 조선의 민족주의를 고취한다. 그러다 보니 유학이 중화주의의 소산이고, 중화주의는 중국의 민족주의로서 역할을 하고 있음을 깨닫게 된다. 량치차오는 필요에 따라 유학을, 중화민족의 발전을 위해 민족주의의 재료로 삼고, 나가 중국팽창의 자원으로서 세계주의로 해석할 수 있었다.

민족주의 시대가 되고 보니, 모든 문화가 소속 민족을 갖는 것처럼 보이고, 그렇게 따지다 보니, 유학은 중국의 것이었다. 실제로 중국인들은 유학을 중국민족주의의 재료로 사용하고 있었다. 박은식은 조선 민족주의의 고취를 위해 중화주의를 비판하고 중화주의의 다른 형태인 유학을 비판할 수밖에 없었다. 다음은 '알고 보니 조선민족의 선조'였다는 금나라 태조를 만나는 꿈을 꿨다는 픽션이다. 여기에서 박은식은 중화주의와 유학은 조선민족의 유산일 수 없음을 선언한다.

> 조선의 유생이 주창하는 존화양이는무엇을 말함인가? 세계만국의 모든 사람이 모두 자기 나라를 존중함으로써 의리를 삼는 까닭에 중국인은 존화양이를 주장하거니와, 오늘날 조선 사람들은 자기나라가 아닌 다른 나라 즉 중국을 존중하는 것을 일대 의리로 생각하니 이는 자국의 정신을 소멸케 하는 것이 아니고 무엇인가?"
>
> (「몽배금태조」)

박은식이 어려서부터 유학 공부를 했고, 자연스럽게 유학적 정서에 배어있었던 사람인데 반해, 박은식보다 한 세대 정도 후대 사람인 신채호에게는 유학적 영향이 훨씬 약했다. 유명한 그의 글 「20세기 신국민」(1910)은 적자생존의 시기에 대한의 백성이 신국민이 되어야만 우승자로서 생존할 수 있다고 전망하면서, 신국민이 갖춰야 할 자격에 대해 이야기한다. 이는 량치차오의 『신민설』과 구상과 내용에서 일치한다.

> 우리가 국민의 도덕을 논할 때에는 평등·자유·정의·의용(毅勇)·공공(公共)을 논하였으며, 우리가 국민의 무력(武力)을 논할 때에는 정신계와 물질계의 무력발흥(武力發興)을 논하였으며, 우리가 국민의 경제를 논할 때에는 근면·진취·국민경제를 논하였으며, 우리가 국민의 정치를 논할 때에는 사상·능력을 논하였으며, 우리가 국민의 교육을 논할 때에는 상무교육(尙武敎育)·의무교육을 논하였으며, 우리가 국민의 종교를 논할 때에는 국가적 종교를 논하였나니, 아아, 동포여, 동포는 이 논설을 들어보아라, 듣고서 이 논설이 옳거든 실행하라. 실행하여 20세기 신국민이 될지어다.
>
> (「20세기 신국민」)

이는 량치차오가 『신민설』에서 보여준 것과 같이, 근대 민족국가를 위해 필요한 것들을 '덕'으로 논하고 구성원 개개인에게 그것을 갖추라고 요구하는 논조를 닮았다. 거론하고 있는 항목들도 많은 것이 『신민설』에서 볼 수 있는 것들이다.

량치차오가 제1차 세계 대전 뒤에, 『신민설』에서 고취했던 것과 같이, 국가주의의 기치 아래 국가 간의 경쟁에 주력했던 것을 반성하면서 국가주의가 전쟁의 원인이었다고 진단했던 것과 같은 경로를 신채호 역시 밟는다. 그리하여 신채호 역시 "20세기 이래 편협한 국가주의는 이미 지나가 버린 과거의 명사"라고 반성하게 된다. 그런데 『선진정치사상사』에서 보듯이, 량치차오가 중국의 문화인 유학으로 다시 돌아갈 수 있었던 데 반해, 박은식에서 확인하듯이 유학은 더 이상 조선인이 돌아갈 민족의 유산이 아니게 되었다. 신채호는 자유평등이라는 보편적 가치를 추구하는 길로 간다.

> 저들의 세력은 우리 대다수 민중의 허용에 의하여 존재한 것인 즉 우리 대다수 민중이 부인하며 파괴하는 날이 곧 저들이 그 존재를 잃는 날이며 저들의 존재를 잃는 날이 곧 우리 민중이 열망하는 자유평등의 생존을 얻어 무산계급의 진정한 해방을 이루는 날이다. 곧 개선의 날이니 우리 민중의 생존할 길이 여기 이 혁명에 있을 뿐이다."
>
> (「선언」)

Ⅶ. 못다 한 이야기

이 글의 제목이 '량치차오, 중국 근대를 열다'인데 량치차오를 가장 잘 설명해주는 말이 아닐까 싶습니다. 19세기 말 변법운동, 20세기 초 신해혁명, 오사운동 등 굵직한 사건에서 량치차오는 직간접적으로 중요한 역할과 영향을 줍니다. 그는 시대를 주도해가며 계몽주의 지식인의 대표적 이론가이자 실천가로 활동하지요. 그의 사상은 조선의 지식인들에게도 큰 영향을 주었습니다. 그럼에도 량치차오의 삶과 그의 방대한 사상을 파악하기는 쉽지 않습니다. 이런 점에서 이 글은 량치차오의 삶과 사상을 이해하는 데 의미가 있다고 할 수 있습니다.

1. 우선, 어떻게 해서 량치차오를 만나게 되었는지 궁금합니다.

오래전 일이라 잘 생각이 안납니다. 우리의 근대를 이해하는데 중요한 사람이어서 선택했을 것 같아요. 그런 의미에서 량치차오를 사적인 감정으로 만난 일은 없는 것 같습니다.

일반적으로는 인물 그 자체에 흥미를 갖고 연구를 시작하는데 근대를 이해하는데 중요한 사람이어서 선택한 것 같다고 하셨습니다. 그만큼 중국의 근대하면 떠오르는 첫 번째 인물이 량치차오이고 그를 비껴서 근대를 이해하기 어렵기 때문이라고 생각할 수 있겠네요.

2. 량치차오의 글쓰기에 관한 질문입니다. 량치차오의 글을 읽어보면 간결하고 기승전결이 분명합니다. 논리적이고요. 량치차오의 글은 쥐어짜는 글이 아니라 일필휘지로 쓰는 글이라고 하던데, 량치차오 글쓰기의 특징이 있습니까.

당시 많은 사람들이 량치차오 문장을 평하면서 하는 첫마디가 속어를 피하지 않는다는 거였어요. 유학적 지식인들 눈에 품위가 없어 보이는 유행어를 서슴없이 쓰면서, 하려는 말을 가장 잘 전달하는 데 중점을 두었던 것 같아요. 이미 그 당시에 구어체에 가까운 글을 구사했고, 그렇기 때문에 웅변적이었던 것 같아요. 일필휘지로 쓰면서 그대로 구성력이 좋은 글이 나온건데요. 량치차오가 개고를 거듭하는 스타일이 아니었다고 짐작하는 건, 평생 엄청난 분량의 글을 썼거든요. 예를 들어《신민총보》같은 잡지에 매번 70% 이상의 글을 량치차오 혼자 썼어요. 아마도 기억력이 좋았던 사람이라고 짐작합니다. 한번 읽은 것도 잘 기억하는 사람. 그렇지 않다면, 그렇게 많은 글을 쓸 수 없었으리라 생각해요. 일필휘지로 쓸려면, 명확한 내용이어야 할 것 같고, 또 리듬 있는 언어여야 할 것 같죠.

그는 정말 다작을 했지요. 문, 사, 철 뿐 아니라 정치, 경제, 사회, 교육, 종교-불학- 등 전 분야를 망라했지요. 저는 음빙실 이란 호를 쓴 것도 흥미로웠는데요. 글에서도 언급했듯이 『장자』에 나오는 말로 얼음물을 마셔할 할 정도로 속타는 마음을 표현하기 위해서라고 하죠. 그의 방대한 저술은 호를 딴 음빙실전집, 문집으로 확인할 수 있습니다. 정말 넘사벽이라고 할 수 있습니다.

3. 량치차오의 가족사도 흥미롭습니다. 우선, 량치차오는 동자수제-소년등과-를 한 신동입니다. 12세 생원이 되었죠. 18세에 거인이 되고요. 그는 또 자신의 집안보다 훨씬 명문가와 결혼을 합니다. 2명의 부인 사이에 난 9명의 자녀를 첫 번째 부인과 량치차오 사후 두 번째 부인이 모두 훌륭히 키웠지요. 이런 예사롭지 않은 그의 가족사와 관련하여 본문에서 못 다한 이야기가 있을까요.

량치차오가 많은 글을 남겼는데, 그가운데 10%가 가족 특히 자식들에게 보낸 편지에요. 자상한 사람이었죠. 부인에게도 편지를 쓰는데 부인은 답장을 안 했던 것 같아요. 량치차오의 편지만 남아있거든요. 부인이 성격이 좀 강하고 괴팍했던 사람이었다고 해요. 량치차오보다 좋은 가문에 돈도 있고, 네 살 연상이었죠. 량치차오가 공처가라고 소문이 났었다고 합니다.

두 번째 부인은 첫부인의 강권으로 첩실로 맞아들였다고 하는데, 정식으로 결혼하기 전부터 아이들을 낳았죠. 첫째 부인이 셋을 낳고 둘째 부인이 여섯을 낳아요. 두 번째 부인이 성격도 무던하고 단단했던 사람인 듯합니다. 실제로 량치차오 수발들어주면서 아이들을 키웠다고 합니다.

량치차오는 아홉 아이들에게 한결같이 정성을 쏟아 키워요. 그 가운데 몇 명은 미국으로 유학 보내서, 유능한 학자로 키우고요. 직접 가르치고, 고민하면서 교재를 개발하고 했다고 합니다.

그래서 만문수재-온 집안이 수재-라는 말이 나온 것이군요. 그의 삶은 평탄하지 않았지만 가정적으로는 행복했을 것 같습니다.

4. 량치차오와 그의 스승 캉유웨이의 관계에 관한 것입니다. 잘 알려졌듯이 량치차오는 18세에 캉유웨이를 만나 제자가 되고 변법운동에 참여하지요. 그러나 변법운동의 실패 이후 일본에 망명하면서 두 사람의 행보는 차이를 보이게 됩니다. 결국 중화민국 들어서 캉유웨이

와 결별하게 되지요. 이 두 사람의 관계는 어떠했는지 궁금합니다.

1902년 즈음에 량치차오가 손문과 가까워지려고 하자 캉유웨이가 량치차오를 미국으로 보내버리죠. 결정적으로 멀어지게 된 것은 중화민국이 성립했는데도 캉유웨이가 계속 황제의 존속을 주장하며, 기어이 황제복위운동까지 하게 된 데 있죠.

캉유웨이는 권위적이었던 사람인 것 같아요. 평생 그 문하에 있기에는 량치차오는 '잘 변하는 사람'이었죠. 잘 변한다는 것은 당시처럼 격변의 시대에 성실하다는 증거였고요. 캉유웨이가 주도했다고 하는 무술변법운동에서도 실제로 그 이론을 선전하는 일은 량치차오가 맡아서 했죠. 20대초반의 젊은 나이에요. 캉유웨이처럼 권위적인 사람이 청년에게 호소력 있는 글을, 반월간잡지처럼 순발력을 요하는 매체에 발표하기는 어려웠을 거라 생각합니다. 량치차오의 몫이었죠.

캉유웨이는 결국 죽을 때까지 멸망한 청나라 황제에 대한 충성과 존경심을 잃지 않지요. 그는 청말 변법의 주창자로 당시 시대의 과제를 리드해 갔지만, 황제가 없는 시대를 받아들이기 어려웠던 것 같습니다. 그래도 그가 잘한 한 가지는 량치차오를 제자로 잘 키웠다는 것이죠.

그럼에도 불구하고 사회주의 중국에서 량치차오에 대한 평가가 긍정적일 것 같지는 않은데요.

중국공산당이 역사를 농민혁명의 혁명사로 해석했을 때, 당연히 개량파 량치차오는 후한 평가를 받을 수 없는 사람이었죠. 그런데

1980~90년부터 중국이 공자와 유학을 세계에 통용될 중국적 보편정신으로 재평가하고, 또 최근에 경제강국으로 급부상한 뒤에 중화민족의 위대한 부흥을 중국몽이라고 부르면서, 량치차오는 중요한 사람이 되죠. 그들에게 량치차오는 '중화'의 자부심을 어떻게 발휘할 지 선례를 보여준 사람이라고 할 수 있습니다.

5. 중화에 관한 이야기를 좀 더 해보도록 하겠습니다. 근대 계몽을 기획하는 과정에서 량치차오는 중화주의를 어떻게 이해했는지요.

중화주의는 중국중심주의이면서 보편주의죠. 즉 문화주의로서 온 인류에게 적용될 수 있습니다. 서양근대문명이 등장하기 전에 중화주의는 천하 즉 하늘 아래 모든 존재를 포괄하는 보편주의였죠. 그 안에 중심과 주변으로 차등이 있기는 하지만요. 그런데 서양근대가 열어젖힌 세계는 독립된 국가들, 즉 만국이 국제법에 의해 공존하는 곳이었죠. 말은 공적인 법 즉 공법이지만, 실제로는 국가 간의 관계는 우승열패에 의해 정해진다고 피부로 알고 있었죠. 실제로 서양강대국은 문명국 사이에서만 평등한 관계를 인정할 뿐 실제로 중국을 비롯한 나라와는 불평등 조약을 맺어요.

만국이 대치하는 상황에서 량치차오는 중국의 '부강'을 위해 중화주의를 대면해야 했던 것이네요.

이러한 상황에서 중화주의는 량치차오에게 중화민족주의가 됩니다.

이전에도 가령 북쪽에 금을 두고 있는 송나라나 청의 위협을 받던 명에서, 중화주의는 배타적 종족주의로 작용했던 때가 있습니다. 서양근대문명이 자신들의 문명이 전세계에 퍼지는 보편적인 거라고 하면서도, 인종주의니 풍토주의로 그 안에서 차등화하는 것처럼, 중화주의 역시 보편주의를 주장하면서 종족과 지리 등으로 차등화합니다.

중화주의가 어떤 경우에는 민족주의, 어떤 경우에는 보편주의로 해석될 수 있다는 말이네요.

실제로 대부분의 보편주의가 이념하고 실제하고 일치하지는 않죠. 그래서 진정한 보편주의, 보편적 보편주의 (월러스턴의 책이름)와 같은 말도 나오게 되죠. 실제로 제1차세계대전 후에 량치차오는 중화주의는 세계주의 즉 보편주의라고 다시 선언합니다. 본문에서 언급했듯이 『선진정치사상사』를 통해 유학을 대표로 하는 중국학술이 이전부터 세계주의 즉 보편주의였다고 주장하죠.

6. 량치차오는 조선의 망국을 기록한 지식인이기도 합니다. 량치차오가 조선에 관심을 가진 이유는 무엇일까요. 그리고 그 기록은 어떤 의미를 갖는다고 보십니까.

이 시기에 량치차오는 국가주의가 중국을 살릴 길이라고 생각했죠. 역사가 각 국가가 단위가 되어 경쟁함으로써 진화한다고 생각했으니, 경쟁에서 이기는 강한 국가를 만드는 것이 가장 중요한 일이었죠. 그 시각에서 보면 강자는 선이고 약자는 악입니다. 무기력한 조선인 중에도 안중근 같은 사람이 있다고 상찬하는데, 그래도 그에게 안중근은 나라를 지키지 못했다는 점에서 실패한 사람이었죠. 조선망국의 기록은 중국인에게 반면교사로 삼으려는 의도가 있었죠.

그래서 그 기록은 다소 과장되고 편파적인 부분도 없지 않습니다. 그러나 당시 세계사의 조류에 대응하지 못하고 식민지로 전락한 조선의 상황에 대한 비판은 뼈아픈 지적이라고 생각합니다.

7. 량치차오의 삶과 글쓰기는 오늘날 우리에게 어떤 의미가 있을까요.

량치차오는 아시다시피 어려서 과거에 급제한 신동이었습니다. 기존의 사회에서 이미 출세할 수 있는 길 위에 올라서 있었죠. 그런데 캉유웨이의 개혁안을 듣고 그 길에서 내려옵니다. 용기를 비롯해 여러 자질이 필요한 일이죠. 개인의 영화보다 중국의 앞날이 중요한 사람이었습니다. 그 판단에서 캉유웨이와 같이 개혁의 길로 들어선 것이죠.

그가 생각을 자주 바꿨다고 비난조로 말하는 사람도 있지만, 급변했던 세계정세와 중국의 운명을 생각하면, 그가 생각을 자주 바꿨던 것은 그의 관심이 변함없이 중국의 안위였고, 그가 세상의 변화를 인지하고 그 변화에 대처하는 능력과 용기와 성실함이 있었다는 증거라고 생각합니다. 그러한 자질이 그에게 중국의 근대를 열었다고 하는 타이틀도 가져다 준 것이고요. 평생을 대단히 성실하게 그 일에 몰두했다고 할 수 있습니다.

말년에 대학에서 가르치면서 중국학술을 정리하는 일을 합니다. 계획으로는 "선진학술," "한대 경학과 위진현학", "수당불학", "송명이학", "청학"의 다섯으로 나눠서 중국학술사 전체를 정리할 계획을 세웁니다. 그리고 가장 먼저 『선진정치사상사』를 집필하고, 이어 청학에 해당하는 『중국근삼백년학술사』를 저술합니다. 이어 수당불학을 집필하다, 56세에 지병으로 일찍 사망하죠. 좀 더 오래 살았으면 학술사에서 중요한 업적을 남겼을 겁니다.

20세기 중국의 지식인들 가운데 량치차오에게 빚을 지지 않은 사람은 거의 없을 것입니다. 중국 근현대 지식인 열전의 맨 앞에 량치차오를 선정한 것은 이 때문이라고 할 수 있습니다.

인용 고전과 참고문헌

<인용 고전>

梁启超, 『變法通議』; 『飮氷室文集』권1
-----, 『新民說』; 『飮氷室專集』 권4
-----, 『歐游心影録節錄』; 『飮氷室專集』 권23
-----, 『先秦政治思想史』; 『飮氷室專集』권50
(이상 『飮氷室合集』, 北京:中華書局, 1989)
량치차오 저, 최형욱 옮김, 『량치차오, 조선의 망국을 기록하다』, 서울: 글항아리, 2014.
박은식 저, 「몽배금태조」『白巖朴殷植全集』권4 (백암박은식선생전집편찬위원회 편), 동방미디어, 2002.
신채호 저, 「20세기 신국민」, 『대한매일신보』, 1910.02.22.-03.03
양계초 저, 이혜경 주해, 『신민설』, 서울: 서울대학교출판문화원, 2014

<참고문헌>

셰시장 저, 김영문 옮김, 『량치차오평전』, 서울:글항아리, 2-15
이혜경, 『천하관과근대화론 -양계초를중심으로』, 서울: 문학과 지성사, 2002
이혜경, 『량치차오: 문명과 유학에 얽힌 애증의 서사』, 서울: 태학사, 2007
이혜경, 「清人이 만난 두 '보편' 문명: 中華와 civilization」, 『철학사상』 32, 2009.
이혜경, 「박은식의 사상전변- 생존과 자존 모색의 도정」, 『철학사상』 58, 2015.
이혜경, 「'국고정리'와 민족주체성의 형성: 량치차오의 중국사상사 서술을 중심으로」, 『철학사상』 70, 2018.
천이아이(陳以愛) 저, 박영순 옮김, 『현대 중국의 학술운동사』, 도서출판 길, 2013.

제2장

추진秋瑾, 여성의 자립과 해방을 추구하다

천성림 (한국과학기술원)

※이미지 출처

추진고거 소장

“몸은 남자로 태어나지 않았지만 마음은 남자보다 더 뜨겁다네”

(「만강홍」 『추근집』, 97쪽)

“(여성이)남성의 지배를 벗어나려면 반드시 자립을 해야 합니다. 자립하고자 한다면 학문과 기술을 익혀야 하며, 또한 반드시 단결을 해야 합니다.”

(「호남제일여학당에 보내는 편지」 『추근집』, 32쪽)

Ⅰ. 들어가며-추진 프로필

“가을바람 가을비, 사람을 죽도록 슬프게 만드는구나(秋風秋雨愁煞人)”라는 짧은 시를 남기고 형장의 이슬로 사라진 추진. 그 짧은 삶은 불꽃보다 뜨거웠고 그 죽음은 태산보다 큰 울림을 남겼다.

이해를 돕기 위해 추진의 전반적 프로필을 간단히 정리해 본다. 추진의 작품과 활동연대는 연구자에 따라 약간씩 차이가 있는데, 출생연도는 1875년과 1877년, 1879년 세 가지 설이 있다. 이 글은 고증이 목적은 아니니 학계에서 가장 많이 사용하는 1875년설을 따라 나이를 계산한다. 추진의 본명은 추구이진(秋閨瑾)으로 가운데 ‘구이(閨)’자는 ‘규수’, ‘규방’을 뜻한다. 추진의 얼굴만 보면 고개가 끄덕여지지만, 칼과 술, 남장을 즐기고 호방했던 평소 행동을 생각하면 다소 생뚱맞다. 과연 추진은 일본 유학 후 ‘규’자를 떼어버리고 그냥 추진으로 이름을 표시했다. 호는 경웅(競雄), 직역하면 “남성(웅)과 경쟁한다(경)”는 것인데, 넓은 의미에서 보면 "세계와 경쟁하여 최고가 된다"로도 해석할 수 있다. 청일전쟁 패배(1895) 후 중국 민족주의 형성에 큰 영향을 미친 사회진화론 덕분에 '생존경쟁'이니 '물경천택(物競天擇)' 같은 말이 유행했고, '경'자를 호나 필명에 넣는 것이 지식인들 사이에 유행했다. '경웅'은 시대정신이 깃든 호인 것이다. 그밖에도 추진은 '감호여협'이라는 호를 사용하기도 했는데 '감호'는 추진의 고향 사오싱에 있던 커다란 호수 이름이다.

추진은 시와 술을, 벗과 검을 그리고 자유를 사랑했다. 그가 쓴 시 중에는 "천금을 들여 보검을 구하고, 담비가죽 팔아 술을 마시노라"라는 구절이 있을 정도로 좋은 술과 검에 돈을 아끼지 않았다. 의자매도 여럿 있었을 정도로 동성 친구를 좋아했고 구속받기 싫어했다. "(추진은)작은 일에 구애받지 않으며, 자유분방하고 호방하다. 술을 좋아하고 검술이 뛰어났다(不拘小節, 放縱自豪, 喜酒善劍)."고 하는 추진의 의자매 쉬즈화(徐自華. 후술)의 묘사 그대로이다. 추진이 가장 싫어한 것은 안일함, 주저함, 이익 추구, 배신 등이다. 이것들은 일본유학 당시 그가 오빠에게 보낸 편지에서 자신이 남편을 싫어하는 이유로 들었던 항목들과 겹친다. 그가 왜 남편을 떠났는지 알 수 있다.

추진의 성격은 열정적이었고 아는 것을 그대로 실천하는 행동주의자였다. 청말에 유행한, 그리고 테러리즘에 영향을 주었던 양명학의 지행합일설에 영향을 받은 것으로 보인다. 추진도 가입한 저장성 출신 중심의 혁명단체 광복회는 역시 저장성 출신이었던 왕양명의 지행합일설과 러시아의 허무주의에 영향을 받아 혁명의 수단으로 암살을 매우 중시했다. 추진은 여러 방면에 재능이 많았지만 특히 무술과 칼춤, 연설 그리고 문학 방면에 뛰어났다. 240여 수의 시사(詩詞)를 남겼는데 그밖에도 탄사(소설)와 논문, 노래, 서신, 팸플릿 등 40여 편의 다양한 문장이 있다. 아직까지 여성교육이 제도화되지 않았고 또 여성이 글을 읽고 쓰는 것이 위험한 일로 치부되던 시대에, 그것도 32년의 짧은 생애였음을 감안할 때 놀라운 성과이다.

추진의 롤모델을 알면 추진이 보인다. 추진은 늘 자신을 화목란(花木蘭:아픈 아버지를 대신해 남장으로 종군해 대승을 거둔 남북조시대 북위 여성)이나 양홍옥(梁紅玉:남편 한세충 장군과 함께 금나라에 대항한 남송 여성), 진양옥(秦良玉:옥사한 남편의 관직을 대행해 3천의 정병을 이끌고 도적을 토벌해 황제로부터 상을 받고 시를 하사받은 명말 여성), 심운영(沈雲英:장헌충의 반란을 진압하다 전사한 아버지를 대신해 군사를 지휘한 명말 여성) 등 나라를 구하기 위해 아버지나 남편을 대신해 전장에 나가 공을 세웠던 여성들에 견주곤 했다. 그리고 20세기 초에 량치차오 등이 중국에 소개했던 서양의 잔다르크(Joan of Arc. 백년전쟁의 영웅)나 롤랑부인(Madame Roland. 프랑스 혁명을 위해 자신을 희생한 여영웅), 소피아 페롭스카야(Sophia Perovskaya. 알렉산더 2세의 암살을 주도한 러시아 여성) 등 서양의 여영웅들을 흠모했다. 국내외 롤모델 모두 성별의 한계를 뛰어넘어 남성보다 큰 임무를 수행한 사람들이다.

Ⅱ. 추진의 시대, 추진의 삶

1. 행복한 유년기-푸젠성 샤먼에서

추진은 1875년 11월 8일, 푸젠성(福建省) 샤먼(廈門. '아모이'라고도 한다)에서 태어났다. 이곳은 중국여성운동사에서 특기할 만한 곳이다. 중국과 영국의 전쟁(제1차 아편전쟁, 1840~42)이 영국의 승리로 끝난 뒤 체결된 난징조약(1842)에서 중국은 영국에 홍콩을 떼어 주는 한편, 상하이, 광저우, 닝보, 푸저우, 샤먼 등 5개의 항구를 개방하게 되었고 이후 서양의 상인과 선교사들이 5개의 항구로 몰려들었다. 궁극적으로는 기독교 전파를 위한 것이었지만 당시 구미선교사들은 "여성의 지위는 한 나라의 문명을 가늠하는 지표"라며 중국여성의 교육과 지위 향상을 위해 노력했다. 선교사들은 개항지를 중심으로 수많은 여학교를 설립하고 전족폐지 및 여아살해 반대, 축첩폐지운동을 전개하는데, 푸젠성 샤먼에서는 1875년, 영국 선교사 존 맥고완(John MacGowan)이 "하늘은 남녀에게 똑같이 한쌍의 발을 주었다"며 '천족회(天足會, Heavenly Feet Society)'를 조직해 중국 역사상 최초의 전족폐지운동을 전개했다. 이후 천족운동은 '방족(放足)운동' 또는 '전족폐지운동'같은 명칭으로 도시를 중심으로 점차 확대되어 갔고, 1890년대가 되면 서양인뿐 아니라 캉유웨이(康有爲), 량치차오(梁啓超) 등 중국의 개혁적 지식인들도 전족폐지운동에 나선다. 물론 갓난아이인 추진이 맥고완한테 영향을 받았을 리 만무하고 더구나 그의 조부와 부친은 중국침략의 선봉으로 여겨 서양인을 달가워하지 않았지만 태어나서 약 15년을 보낸 샤먼에서 추진은 서구의 여권론이나 천족회 활동과 구호에 어느 정도 영향을 받았을 것으로 추측된다. 훗날 그의 작품에는 "남자와 여자는 모두 차별이 없이 창조되었다"라는 구절이 자주 등장하는데 이는 당시 서양 선교사들이 내건 구호였다.

여전히 "여자는 재주가 없는 것이 덕"이라거나 "여자가 글을 알면 위험해진다"고 하는 통념이 지배하던 당시에 추진의 어머니는 당시 여성으로 드물게 시를 창작했고 딸에게도 문학을 가르치는 등 상당히 선진적인 여성이었다. 다만 전족을 하지 않으면 좋은 혼처를 구할 수 없었기에 추진의 어머니도 딸에게 전족을 시행했다. 어린 여자아이의 발을 천으로 꽁꽁 묶어 더 이상 자라지 못하도록 하는 것인데 당시 이상적인 전족의 크기는 약 10센티미터였다. 추진이 유소년기를 보낸 당시 샤먼에는 이미 천주교나 개신교에서 설립한 미션 스쿨이 꽤 있었지만(1850년대까지만 해도 미션스쿨에 다니는 여학생은 한 자릿수였지만 1870년대가 되면 전국에서 2천명이 넘었다) 그런 학교에 다니는 여자 아이들은 대부분 극빈자나 고아, 거지 등 돌봐줄 사람이 없는 경우였다. 규수 추진은 집에 가정교사를 들여 오빠들과 함께 글을 배웠고 어머니한테는 따로 문학교육을 받았다. 이처럼 중국 최초의 개항지 중 하나인 샤먼에서 탄생해 유소년기를 보낸 추진은 비록 전족은 피할 수 없었지만 상당히 유복하고 지적으로 풍요로운 분위기에서 성장했다.

2. 무협에 빠져 영웅을 꿈꾸다-저장성 사오싱에서

1890년, 추진이 15살이 되었을 때 추진의 전가족은 샤먼을 떠나 조상대대로 살아 온 저장성 사오싱(紹興:현재 사오싱시, 당시는 산인현)으로 이사를 했다.

추진 가족이 함께 살았던 사오싱의 집은 1988년 중국이 문물보호대상으로 지정한 이후 현재 '추진의 옛 집(秋瑾故居)'이라는 석판이 입구에 새겨져 있으며 안으로 들어가면 '화창당'이라는 현판이 걸려 있는 거실이 있다. 사오싱에 오는 관광객들이 가장 많이 방문하는 것은 물론 루쉰고거(루쉰의 옛 집)이지만 추진의 옛 집과 추진이 체포당한 대통학당도 늘 관광객과 답사자로 넘쳐난다.

1895년 후난성(湖南省) 샹탄(湘潭)으로 이사하기까지 사오싱에서의 5년 동안 추진은 근처 외가를 오가며 뛰어난 무술을 지닌 외삼촌한테 외사촌들과 함께 검술, 권법과 봉술, 승마를 연마했다. 당시 추진이 남긴 '제지감기(題芝龕記)'라고 하는 8수의 시가 있는데 그 내용을 보면 비록 여성으로 태어났다 해도 나라를 근심하는 것은 남성 못지 않으며 화목란, 심운영, 양홍옥처럼 공을 세워 황제의 표창도 받을 수 있다는 것이다. 그 일부를 소개해 본다.

> 남자를 중히 여기고 여자를 박대하지 마라.
> 황제가 평대에서 여인들에게 시를 하사하는구나.
> 우리 여자들도 이러한 영예를 얻어 광채를 더하리니,
> 영웅에는 여자도 있음을 비로소 믿게 되었다네.
> (중략) 조정의 신하들은 밥만 축내는 존재들일 뿐,
> 나라를 위한 충성은 여자들이 다하는구나.
> 장하다! 특별한 재주를 가진 여인이 군사를 논하다니,
> 아마도 과거의 화목란에 견줄 수 있으리.

莫重男兒薄女兒, 平台詩句賜蛾眉.

吾儕得此添生色, 始信英雄亦有雌.

(중략)肉食朝臣盡素餐, 精忠報國賴紅顏.

壯哉奇女談軍事, 鼎足當年花木蘭.

(「제지감기」 『추근집』, 55쪽)

「제지감기」에는 목란뿐 아니라 앞에서 언급한 심운영, 진양옥, 양홍옥 등 역대의 여성영웅 이야기들이 이어서 등장한다. 모두 나라를 구하기 위해 전장에 나가 남편과 함께 또는 남편이나 아버지를 대신해 전공을 세운 여성들이다. 추진 자신 비록 여성으로 태어나기는 했지만 그들처럼 나라를 위해 전공을 세워 영웅이 되겠다는 다짐을 보여 주고 있다. 한 가지 흥미로운 것은 추진은 훗날 청 왕조 타도와 함께 민주공화제 건설을 주장하게 되지만 소녀시절에는 아직 중국을 황제(皇帝)의 나라로 여기고 있었던 것인데 사실 민주주의나 공화제는 1903년은 되어야 중국 지식인들 사이에 미래의 청사진으로 등장하며 이 시를 쓴 1895년 당시에는 상상하기 어려운 제도였다.

여기에서 잠깐 추진이 자신의 롤모델로 내세운 화목란이라는 여성에 관해 조금 깊이 살펴 보자. 화목란은 월트 디즈니사가 1998년 애니메이션으로 제작한 '뮬란(Mulan, 木蘭)' 덕분에 전세계적으로 유명해진 중국여성이다. 2020년에는 실사판 영화로도 제작되었다. 뮬란의 이야기는 남북조 시대의 문학작품인 「목란시」의 주인공 '화목란'에 유래하는데 이후 다양한 이야기로 각색되기는 하지만 핵심은 평범한 가정의 딸이었던 목란이 연로한 아버지를 대신해 남성으로 변장해 종군했고 12년간의 전장 생활 끝에 승리해 귀환하는 것이다. 황제는 목란에게 높은 벼슬을 주려 했지만 거절하고 귀향해 평범한 삶을 살았다고 한다. 나라를 위해 근심하는 애국여성(충)의 이미지와 연로한 부모를 모시기 위해 세속적 영예를 포기하는 효녀(효)의 이미지 중 어느 쪽에 무게를 둘 것인가는 시대에 따라 달랐다. 최근에는 효도 충도 아닌 여성의 주체성 추구라고 하는 페미니즘적 해석이 가미되고 있다. 이는 화목란의 이야기를 모티브로 한 소설과 영화에 잘 나타나고 있는데 디즈니의 '뮬란'뿐 아니라 이 영화 제작에 자극을 준 중국계 미국 작가 맥신 홍 킹스턴의 작품인 『여인무사 *Woman Warrier*』라는 소설이 대표적이다.

3. 타는 목마름으로 지식을 구하다-베이징에서

추진은 아버지의 근무지를 따라 1895년 후난성 샹탄으로 이사를 했고 다음 해 그 지역 대부호의 아들 왕팅쥔(王廷鈞)과 결혼한다. 당시까지도 결혼은 두 집안의 결합이었고 목적은 아들을 많이 낳아 조상님을 기쁘게 해드리고 제사가 끊어지지 않게 하는 것이었다. 따라서 본처가 아들을 낳지 못하면 얼마든지 첩을 둘 수 있었다. 영웅을 꿈꾸던 소녀 추진도 전족과 포판혼(包辦婚. 일종의 중매혼으로, 부모의 뜻과 중매장이의 언변으로 결혼이 결정)은 벗어날 수 없었다. 1903년, 남편의 부임지인 베이징으로 이사하기 전까지 추진은 대체로 시댁인 샹탄에서 시부모님을 모시고 아들딸 낳고 평범한 여성의 삶을 살았다.

그런데 추진의 삶에서 급작스러운 변화, 일종의 '터닝포인트'가 찾아왔다. 놀기 좋아하던 한량 왕팅쥔이 돈을 주고 '호부주사(戶部主事)'라는 관직을 사서 베이징에 근무하게 된 것이다. 이에 추진은 남편, 시어머니와 함께 베이징으로 이사를 했지만 의화단 전쟁으로 인해 베이징이 너무 혼란스러웠기 때문에 상탄으로 되돌아왔다가 1903년 초에야 비로소 정식으로 이사를 했다. 평소 추진에게 막말을 일삼았던 시어머니는 이때 고향에 남기로 했다. 추진은 오직 남편, 그리고 자녀들과 생활할 수 있게 된 것이다.

1904년 여름 일본으로 유학을 떠나기 전까지 2년도 채 안 되지만, 베이징 생활은 추진으로 하여금 세상에 눈을 뜨게 한 그야말로 '각성'의 시기였다. 그 계기는 먼저 베이징으로 이사를 하는 길에서 보았던 민중들의 참상에서 시작되었다.

1900년, 청왕조의 실권자였던 서태후가 민중의 반외세 감정을 이용해 자신의 권력유지에 위협이 되는 서양인을 죽이고 서양물건을 맘껏 파괴하게 했다. 역사에서는 이를 '의화단 운동'이라고 한다. 피해를 당한 8개국은 이듬해 연합군을 결성해 베이징으로 군대를 보내 의화단 단원은 물론 일반 민중들까지 잔혹하게 학살했다(의화단 전쟁). 몇 년간 계속된 자연재해로 인해 도처에 유랑민과 굶어죽은 시체가 널브러져 있었는데 외국의 군대까지 들어와 저항하는 민중들을 마구 학살한 것이다. 그런데 이런 사태를 초래한 광서제와 서태후는 시안으로 도망을 갔고, 권력 유지를 위해 서양이 요구하는 조건을 다 들어주었다(신축조약). 이에 의화단 전쟁 이후 일부 선각적 지식인들을 중심으로 "외국열강의 꼭두각시가 되어버린 무능한 청조를 타도하자"고 하는 배만민족주의 혁명론이 대두하기 시작했다.

추진은 가족과 함께 마차를 타고 부임지로 향하는 길목마다 굶주린 백성들의 아비규환을 접했다. 그들의 참상을 본 추진은 큰 충격을 받았다. 이제까지 나는 너무 안일하고 의식 없이 살아 왔구나 하는 생각으로 괴로웠다.

의화단 전쟁이 한창이던 1901년, 추진은 '기인우'라는 시를 쓴다. "기나라 사람의 걱정", 다시말해 "쓸데없는 근심"이라는 뜻이지만 사실은 어떻게 해 보지 못하는 자신의 한계를 탄식한 시이다.

> 북경의 전화는 언제나 그칠지
> 중국과 서양의 전쟁은 아직도 끝나지 않았구나.
> 부질없이 (노나라) 칠실의 여인처럼 우국의 한을 품어보지만
> 두건을 투구로 바꾸기란 쉽지 않구나.
>
> 幽燕烽火幾時收,
> 聞道中洋戰未休.
> 漆室空懷憂國恨,
> 難將巾幗易兜鍪.

(「기인우」『추근집』, 60쪽)

여기에서 '건괵巾幗'은 아낙네들이 머리에 사용하는 두건으로, 여성을 뜻한다. 마음은 간절하지만 남성처럼 투구를 쓰고 전장을 누빌 수 없

음을, 즉 여성으로 태어난 자신의 한계를 안타까워 한 것이다. 훗날 쑨원은 이 시구를 인용해 추진을 '건괵영웅'이라 표현했다. '여영웅'이라는 뜻이다. '칠실'의 고사는 한나라 유향의 『열녀전(列女傳)』에 나오는 이야기로, 칠실 지방에 사는 한 처녀가 조국인 노나라의 목공이 연로하고 태자는 어려서 나라가 위태로움을 근심하며 슬픈 노래를 부르자 이웃 여성들이 "그런 걱정은 나라의 대부들이나 하는 것이지 어찌 우리 같은 여자들이 할 짓이오?"라고 말했다는 내용이다. 추진은 자신의 안타까운 마음을 자신을 칠실의 여성에 투영한 것이다. 물론 거기에는 여성이라는 한계를 뛰어 넘어 투구를 쓴 남성과 마찬가지로 나라를 위해 헌신하고 싶다는 의지가 숨겨져 있다.

베이징 시기 추진의 국가와 사회에 대한 근심, 나도 무엇인가를 해야 하겠다는 각성은 직접 목격한 민중의 참상 외에 주변사람들로부터 자극을 받은 것도 하나의 계기였다. 베이징생활은 추진으로 하여금 많은 사람들을 만나고 교류할 기회를 주었는데 그 중 남편의 직장동료인 롄촨(廉泉)의 아내 우즈잉(吳芝瑛)과 우즈잉을 통해 알게 된 경사대학당(베이징대학 전신) 총교습 핫토리 우노기치(服部宇之吉)의 아내 핫토리 시게코(服部繁子)가 큰 자극을 주었다. 추진은 샤먼에서 생활했던 유소년기에 가정교사를 통해서 학문을 익히고 어머니로부터 문학을 배웠지만 1898년 전까지는 미션계를 제외하고는 중국인이 설립한 여학교가 없었기 때문에(중국인이 설립한 최초의 사립여학교는 1898년의 경정여학교이며 1908년 이후부터 관립여학교가 설립된다), 서양학문이나 서양사정을 체계적으로 학습할 기회는 거의 없었다. 베이징 생활은 그런 추진에게 "세상에 눈을 뜨는" 기회를 마련해주었다. 추진에게 특히 자극을 준 것은 서양선교사가 중심이 되어 발행한 잡지로 여권문제를 많이 다루었던 『만국공보(萬國公報)』, 량치차오가 무술정변 실패 후 1902년 일본에서 발행하던 『신민총보(新民叢報)』와 정치소설이 많이 게재된 잡지 『신소설』, 그리고 상하이에서 발행하던 일간지 『신보(申報)』 등 신문과 잡지였다. 그밖에도 훗날 일본에서 만나게 되는 천톈화(陳天華)의 「맹회두(猛回頭)」나 저우룽(鄒容)의 「혁명군(革命軍)」 등 전제군주제도를 타파하고 공화제를 수립할 것을 주장하는 책자들로부터도 큰 자극을 받았다. 그가 탐독한 신문과 잡지, 책자들은 위기의 시대에 여성도 구국의 책임을 져야 한다고 주장하고 있었는데 이는 어릴 적 꿈꾸었지만 결혼과 출산으로 잠시 잠복해 있던 추진의 영웅적 기개를 소환하는 결과가 되었다. 추진은 이때 크게 유행한 말 중 "천하의 흥망에는 여자도 책임이 있다"고 하는 구호에 크게 감동받았는데, 이 말은 명말청초의 저명한 학자 고염무(顧炎武)가 말한 "천하의 흥망에는 필부(匹夫)도 책임이 있다"고 하는 문장에 "필부(匹婦)도"를 끼워넣은 것이다.

이처럼 베이징 생활은 추진의 인생에 전환점이 되었다. 남장을 즐기고 우즈잉 등 지식여성들과 '부녀간담회'를 만들어 자주 술을 마시며 토론에 참여했다. 지금까지 별 탈 없이 살아 온 남편에 대해 불만을 갖게 되는 것도 이때부터였다. 처음 만났을 때 핫토리 시게코는 추진의 남편 왕팅쥔을 가리켜 귀공자풍의 곱상한 외모에 아내의 말이라면 다 들어주는 좋은 남편이라 표현했고, 추진 역시 시게코에게 "우리 부부는 너무 문제가 없는 것이 문제"라고 할 정도였지만 점차 지식과 견문이 넓어지고 또 여성문제에 관심을 갖게 되면서 추진은 남편이 불만스러워졌다. 변법운동에도 참여했고 실력으로 관직에 오른 남편의 동료이자 추진에게는 친구 이상의 인물이었던 우즈잉의 남편 롄촨과 비교해 남편은 돈으로 관직을 샀고 무사안일하고 베이징에 와서는 술과 노름을 즐기기까지 했다. 결국 1903년 중추절(추석)에 일이 터졌다. 추진의 남편은 아내에게 손님을 초대할테니 음식을 준비해두라고 했다. 추진은 정성껏 여러 가지 음식을 마련했지만 밤늦게까지 남편이 오지 않자 속이 상해 술을 마시고 남장을 하고 경극을 보러 갔다. 그런데 하필 거기에서 남편을 만나게 된 것이다. 남편은 자신의 체면을 손상시켰다며 아내를 때렸고 추진은 너무 화가 나서 집을 나가 며칠 동안 여관에 머물렀다. 결국 우즈잉 등이 나서 화해를 시켰지만 이 일을 계기로 추진은 그간 꿈꾸어 온 유학을 실행에 옮기게 된다.

그런데 추진은 왜 남장을 즐겼을까? 그녀와 교류했던 시게코의 질문에 추진은 이렇게 대답했다.

> "제가 왜 남장을 하냐구요? 부인도 아시다시피 중국에서는 남자가 강하고 여자는 약한 자라 무시당해 왔습니다. 저는 마음으로나마 강한 남자가 되고 싶습니다. 옷차림을 남자처럼 한다면 제법 남자가 된 기분이거든요. 남자처럼 변발을 해도 남자가 된 기분이 들기는 하지만 변발은 이민족의 풍습이기 때문에 저는 산발을 하고 양복에 지팡이를 짚고 다니는 것입니다"

즉 남장을 함으로써 여성의 한계를 극복하고 남자처럼 강하고 자유로운 사람이 될 수 있다는 것이다. "내 비록 몸은 남자로 태어나지 않았지만 마음은 남자보다 더 뜨겁다네"라고 외친 아래 시 「만강홍」(1903)에서처럼 추진의 생물학적 성은 여성이지만 사회적 성(젠더)은 남성에 가까웠다.

잠시 북경에 머물렀는데,
벌써 추석이 다가왔네.
담장 아래 온통 국화가 피니,
가을하늘 세수한 듯 맑구나.
사방에서 들리는 노래에 초는 망했고,
결혼생활 8년간 오직 절강을 그리워하노라.
억지로 여자답도록 내몰리니
정말이지 내 뜻은 아니네.
비록 몸은 남자로 태어나지 않았지만
마음은 남자보다 뜨겁다네.
평생의 심성을 살펴보면
누구보다 더 뜨거운데,
세상 누가 나를 알까?
영웅의 말로는 너무 고통스럽구나.
이 넓은 세상 어디서 내 지음을 찾겠는가.
눈물에 옷소매가 젖는구나.(만강홍)

小住京華,

早又是, 仲秋佳節.

爲籬下黃花開遍,

秋容如拭.

四面歌殘終破楚,

八年風味徒思浙.

苦將依, 强派作蛾眉,

殊未屑.

身不得, 男兒列,

心却比, 男兒熱.

算平生肝膽,

不因人熱.

俗子胸襟誰識我?

英雄末路當磨折.

莽紅塵,

何處覓知音.

靑衫濕!

(「만강홍」『추근집』, 101쪽)

진위여부에 논란이 있지만 원래 「만강홍」은 남송 초기에 금나라와 끝까지 싸울 것을 주장했다가 진회의 음모로 억울하게 죽은 악비(岳飛) 장군의 작품으로 알려져 있다. 평소 악비를 존경했고 죽어서도 악비의 사당 근처에 묻히고 싶어 했던 추진은 1903년 베이징 시절에 지은 동명의 이 시에서 사면초가에 속아 장렬한 최후를 마친 항우의 죽음을 안타까워 하는 한편 자신이 겉으로는 여성처럼 보이지만 마음은 남성보다 더 뜨거움을 호소하고 있다. 베이징 시절 시작된 남장과 음주는 여성의 생리적, 사회적 제약을 극복하려는 시도였을 것이다.

하지만 결국 이 남장 때문에 추진은 남편과 크게 다투고 가정을 떠나게 되었다. 중국을 떠나며 지은 시가 아래 「보도가」, 즉 '칼의 노래'이다. 프로필에서 언급했듯이 추진은 "천금을 들여 보검을 구하고, 담비가죽 팔아 술을 마시노라"라고 정도로 칼과 술을 사랑했는데 술과 칼은 사실 추진뿐 아니라 전통적 여협(女俠)의 상징이기도 하다.

한나라 궁궐에 석양이 비껴 비치니
오천년 역사의 오랜 나라 망하려 하네.

한번 잠에 빠지자 몇 백년 동안이나 깊게 잠들었고
노예된 치욕을 알지 못하는도다.

우리의 조상은 이름이 헌원이고
발상지는 곤륜이었음을 기억하노라.

황하와 장강을 개척하고
큰 칼 빛내며 중원에 자리잡았네.

매산에서 통곡한들 어쩔 것인가

동타는 가시덤불에 묻힌 것을.

북상하는 팔국연합군 많기도 하여
우리 강산을 또 떼어주는구나.

서양제국주의가 침략해 와 경종을 울리니
그제야 중국인들 놀라 노예의 꿈을 깨는구나.

주인이 나에게 금으로 장식된 칼을 주니
이를 얻은 내 마음은 호기롭도다.

적철주의는 오늘날 무력에 신경 쓰는데
백만의 적도 홍모와 같도다.

보도가 일월에 목욕하니 많은 보배로운 빛이 나고
목숨을 가볍게 여기는 사람은 얼마나 의표 당당한가.

죽음에서 살길을 찾기로 맹세하니
세계평화는 무력에 의해야만 한다네.

형가가 진시황 죽일 자객 되어
비수로 찌른 사실 못 보았는가.

보좌 앞의 일격이 비록 명중하지 못했지만

전체 마왕의 혼을 빼앗았다네.

나 혼자 힘으로나마 조국을 구하고자 하는 건
노예 되기 원하는 사람 온 중국에 널려 있기 때문이라네.

하지만 사람마다 노예 되길 원하니 너 보도를 어찌할거나.
붓 잡고 「보도가」라도 지어본다네.

「보도가」는 간담을 굳세게 하고
죽은 나라의 영혼들을 많이 깨운다네

(중략)

칼이 신기한 물건 아니라고 배척하지 마시오.
구국의 공은 칼에 의해 이루어진다오.

지금부터 천지를 용광로 삼고 해와 달로 숯을 삼아
전 중국의 쇠를 모아
천만 손잡이 보도를 만들어
중국의 적들을 깨끗이 쓸어버려야지

위로 황제의 혁혁한 위명을 이어받아
한꺼번에 수천 년 동안의 이민족 침략의 치욕을 씻어야지

漢家宮闕斜陽里，五千餘年古國死。
一睡沉沉數百年，大家不識做奴恥。
憶昔我祖名軒轅，發祥根據在崑崙。
闢地黃河及長江，大刀霍霍定中原。
痛哭梅山可奈何，帝城荊棘埋銅駝。
幾番回首京華望，亡國悲歌淚涕多。
北上聯軍八國眾，把我江山又贈送。
白鬼西來作警鐘，漢人驚破奴才夢。
主人贈我金錯刀，我今得此心雄豪。
赤鐵主義當今日，百萬頭顱等一毛。
沐日浴月百寶光，輕生七尺何昂藏？
誓將死裡求生路，世界和平賴武裝。
不觀荊軻作秦客，圖窮匕首見盈尺。
殿前一擊雖不中，已奪專制魔王魄。
我欲隻手援祖國，奴種流傳遍禹域。
心死人人奈爾何？援筆作此寶刀歌。
寶刀之歌壯肝膽，死國靈魂喚起多。
寶刀俠骨孰與儔？平生了了舊恩仇。
莫嫌尺鐵非英物，救國奇功賴爾收。

(「보도가」『추근집』, 80쪽)

이 시에서 추진은 거듭 황제 헌원씨를 한족의 조상으로 추모하고 형가가 진시황제를 암살하려다 실패한 사건을 높이 평가하며 그것을 '적철주의', 즉 암살주의 내지 무력주의의 사례로 보았다. 이 시를 통해 추진은 만주족 청조 타도를 목표로 하는 배만민족주의에 기울게 되었음을 선명하게 드러냈다. 한 가지 흥미로운 것은 이 시에서 추진은 사마천의 『사기』 첫머리를 장식한 이래 중국인의 조상으로 여겨져 온 황제(黃帝)가 곤륜산을 넘어 중국의 조상이 되었다고 하는 것인데 이러한 '중국인 서방기원론'은 20세기 초 중국에서 크게 유행한 학설이었다.

4. 연설과 문장으로 반청혁명과 여성해방을 고취하다-일본에서

추진은 1904년 여름 일본에 도착했다. 원래는 봄에 중국을 출발하려 했지만 러일전쟁이 막 발발해 출발을 늦추고 대신 상하이와 톈진 등을 다니며 함께 유학할 여성들을 물색하다가 여름에 떠난 것이다. 1905년에 과거제도가 폐지되고 또 일본이 러일전쟁에서 승리하면서 중국에는 일본유학 열풍이 일어났다. 일본에서 공부하고 오면 관직 임용에 특혜를 주었다고 하는 세속적인 이유에 더해 일본은 중국과 지리적으로 가깝고 언어와 문화가 유사해 적응하기 쉽고 일본이 소화해 놓은 서양문화를 공부하면 시간을 절약할 수 있을 것이라는 계산도 작용했다. 1906~1907년 사이 중국인의 일본유학은 최고조에 도달해 1만명에 이르렀다. 적지만 여성도 있었는데(1907년 약 100명 정도) 추진처럼 홀몸으로 유학을 가기도 했지만 대부분 남편이나 남자형제를 보호자로 삼아 떠났다. 사랑하는 자녀를 두고 패물을 팔아 일본에 도착한 추진은 「유회(有懷)」, 우리말로 '어떤 느낌'이라는 시를 쓰면서 어린 자식을 두고 홀로 유학을 온 자신의 슬픔과 함께 그 슬픔을 승화하며 깨달은 자신의 소명을 제시하는데 그것은 바로 암흑에서 신음하는 중국여성을 구하는 것이었다.

해와 달도 빛을 잃어 천지가 어두운데,
캄캄한 부녀 세계 누가 구하랴.
푸른 바다 건너 일본 가려고 비녀와 반지 팔고,
골육과 헤어져 옥문관을 나섰네.
전족을 풀어 천 년의 해독을 씻어내고,
열정적으로 부녀의 혼을 일깨우리.
예쁜 비단 손수건 하나,
반은 핏자국, 반은 눈물 자국이라네.

日月無光天地昏,
沉沉女界有誰援.
釵環典質浮滄海,
骨肉分離出玉門.
放足湔除千載毒,
熱心喚起百花魂.
可憐一幅綃帕,
半是血痕半淚痕.

(「유회」『추근집』, 87쪽)

의화단 전쟁을 겪으며 민중을 도탄에 빠트린 청왕조에 실망해 배만 민족주의 혁명으로 기울었다면, 일본유학 이후로는 암흑 속에 있는 중국 여성을 해방하고 각성시키는 것을 자신의 소명으로 삼게 되었다. 그 배경에는 결혼 후 겪어야 했던 개인의 경험이 있었다. 여성이라면 누구나 피할 수 없는 운명이겠지만 한때 여성 협객과 테러리스트를 숭배했던 추진으로서는 상탄에서의 답답한 시집살이도 불편했고 조금 나아지기는 했지만 여전히 남성처럼 자유로울 수는 없었던 베이징에서의 생활도 답답했을 것이다. 잠시 자유를 만끽하려 남장을 했지만 결국 남편에게 매를 맞는 것으로 끝났다. 추진은 이러한 여성의 '구속'이 경제적 의존에서 비롯된다고 생각했다. 그래서인지 이후 그가 발표한 글들에서는 종속을 벗어나려면 기술을 익히고 경제적으로 독립해야 한다는 주장이 자주 나타난다.

일본에서 추진은 마치 물 만난 고기 같았다. 먼저 육체의 감옥이라 할 수 있는 전족부터 풀어버렸다. 그리고 '경웅'이라는 호를 사용했다. 일본어를 연수한 뒤에 중국여학생을 대거 받아들인 시모다 우다코(下田歌子)가 설립한 아오모리(青山)의 실천여학교 부설 사범반에 입학했다. 가장 좋아한 과목은 체육이며, 특히 체조와 유도에 뛰어났다. 사오싱 시절 외사촌들과 함께 무술을 연마하며 자유를 누리던 시절로 돌아간 느낌이었을 것이다.

학업과 병행해서 다양한 사람들을 만나고 단체에 가입하는데 먼저 여성단체 '공애회'(共愛會:회장은 천시에펀陳擷芬)를 '실행공애회'라는 이름으로 재건했다. 공애회는 1903년 거아운동(반러시아운동. 이때 중국인들 사이에 의화단 전쟁 후 만주에서 군대를 철수하지 않는 러시아에 대한 적대감이 강했다) 당시 일본에 유학 중인 여성들이 결성한 것인데 추진이 일본에 왔을 때는 활동이 부진한 상태였다. 추진은 공애회 활동을 이전의 정치활동과 부상병 간호 활동에서 여성의 교육과 자립, 해방의 추구라고 하는 여성운동으로 전환시켰다.

"여성이 남성의 속박에서 벗어나고자 한다면 먼저 자립을 해야 합니다. 자립을 하기 위해서는 학문과 기술을 익히고 여성끼리 단결을 해야 합니다.(중략) 나는 2억 중국여성이 단결하고 학문을 할 수 있도록 공애회를 이어 받아 실행공애회로 만들었습니다"(「호남제일여학당에 보내는 편지」, 『백화』)고 하듯 여성이 가정에서 해방되려면 자립과 교육, 여성의 연대가 필요하다고 강조한다. 이는 추진 자신 결혼 후 아무런 경제력을 갖지 못해 시댁과 남편에 의존하는 삶을 살아야 했던 체험에서 나온 것이다. 공애회 활동 외에 중국인 계몽을 위해 백화문, 즉 구어체로 쓴 잡지 『백화(白話)』의 주편을 맡아 전족을 비판하고 여성의 유학을 장려하고 남녀평등을 호소하는 글을 다수 발표했다. 이 잡지 1호(1904.9.24.)에 실린 「연설의 장점(演說的好處)」에 따르면 추진이 생각하는 연설의 장점은 아래와 같다.

> 연설의 장점은 첫째, 장소에 구애받지 않고 언제 어디서든 할 수 있다는 것이며, 둘째 돈이 들지 않고 듣는 사람이 많다는 것입니다. 셋째는 이해하기 쉽다는 것입니다. 글자를 모르는 부녀와 어린이 모두가 들을 수 있습니다. 넷째, 세치 혀만 있으면 되고 군중을 동원하거나 돈을 들일 필요가 없습니다. 다섯째 연설은 세상 돌아가는 상황을 다 이해할 수 있게 합니다.

한편 일본 유학 이후 추진은 만주족 청도를 타도하는 배만민족주의 혁명가로 확고히 자리잡았다. 베이징 시절 추진은 비록 청조에 실망하기는 했지만 량치차오 등 개혁파의 사상에도 큰 영향을 받았고 개혁파 인물들과도 교류했다. 하지만 일본에 유학한 동안 펑즈유(馮自有), 타오청장(陶成章) 등 청조타도를 주장하는 혁명파와 교류하면서 요코하마(橫濱)에서 '십인회(十人會)'에 가입했다. 반청혁명단체 '삼합회'의 지부이다. 1905년 여름방학을 이용해 잠시 귀국한 틈을 이용해 타오청장의 소개로 광복회에도 가입했다. 광복회는 저장성 출신의 배만민족주의자 단체였는데 당시 회장은 차이위안페이(蔡元培)였다. 그는 훗날 신해혁명 후 쑨원을 총리로 하는 중화민국임시정부가 난징에 수립되었을 때 교육총장(교육부장관)을, 1915년 이후에는 신문화운동의 본산이 되었던 베이징대학에서 총장을 역임한다. 차이위안페이는 추진이 베이징에 있던 1903년, 상하이에서 '애국여학교'를 설립해 "여성은 암살에 적합하다"며 수업시간에 폭탄을 제조하게 했고 여성 테러리스트를 양성하고 있었다. 추진은 당시 베이징에 있었고 이 학교를 다니지 않았지만 이 학교 출신이자 중국 최초의 여성 아나키스트(무정부주의자)가 되는 허전(何震)은 훗날 도쿄에서 『천의(天義)』라는 잡지를 창간해 남편 류스페이(劉師培)와 함께 주편을 담당하는데 이 잡지는 추진이 처형당했을 때 제일 먼저 추진의 사적과 작품을 보도했다.

7월에 다시 일본으로 온 추진은 8월에 성립한 중국동맹회에도 가입해 동맹회 저장 지부를 맡아 활동했다. 동맹회는 광복회(절강)와 화흥회(호남), 흥중회(광동) 등, 지역별로 활동하던 혁명단체를 연합한 것으로 훗날(1919) 중국국민당으로 발전한다. 2년도 채 안 되는 일본 유학기간 동안 추진은 배만혁명의 선전뿐 아니라 언론과 행동을 통한 여성해방운동까지 다양한 활동을 전개했다. 하지만 추진은 곧 일본을 떠나게 되는데 그 이유는 일본정부가 중국학생들의 활동을 단속해 달라고 하는 청 왕조의 요청을 받아들여 '청국유학생취체규칙'을 발표했기 때문이다. 당시 일본의 한 신문은 중국유학생들을 가리켜 '방종비열'하다고 표현해 모욕을 주었다. 유학생들은 귀국파와 잔류파로 갈라져 격론을 벌이는데, 추진은 저장성동향회 모임에서 모두 함께 귀국해 결연한 의지를 보이자고 주장했다. 이때 추진은 "만일 귀국 후 혁명을 배신하는 자가 있으면 내가 용서치 않으리"라며 단상에 칼을 꽂았다고 한다. 가장 널리 유포되는 사진이지만, 추진은 유학시절 일본 옷(和服, 기모노)을 즐겨 입었다. 민족주의 혁명가 추진이 왜 기모노를 즐겨 입었을까 조금 의아하겠지만 1905년 당시 중국지식인들은 대체로 일본에 호의적이었고 러시아를 경계했다. 당시 그의 연설을 들은 혁명파 시인 천취빙(陳去病)에 따르면, "추진은 회합이 있을 때면 반드시 옷의 뒷자락을 걷어 올리고 단상에 올라 소신을 피력했다. 그 내용은 마치 가을 빗물이 떨어지는 것처럼 비장해 사람들의 마음과 영혼을 움직였다. 이를 듣는 사람들은 부끄러움을 무릅쓰고 따라 울었다"고 한다.

유학생들 사이에 귀국이냐 잔류냐로 나뉘어져 있을 때 「경세종(警世鐘)」, 「맹회두」 등을 써 전제군주제도 타도를 주장한 바 있던 유학생 천톈화가 오오모리 해변에서 자살을 한 사건이 일어났다. 더 미룰 이유가 없었다. 사상과 행동은 일치해야 한다고 생각한 추진은 1905년 12월에 중국으로 돌아왔다.

5. 귀국 후의 활동과 죽음-상하이와 사오싱에서

1906년 초, 일본유학생활을 접고 귀국한 추진은 그해 3월 절강성 후저우(湖州)에 있는 순시(潯溪)여학교에 교사로 부임했다. 당시 교사는 여성의 대표적인 직업 중 하나로 아직 여성교육이 제도화되지 않은 상태에서 미션스쿨을 졸업했거나 일본에서 유학하고 온 여성들 다수가 교직에 몸담았다. 이 학교 교장은 우즈잉과 함께 추진의 대표적인 '지기(知己)'였던 쉬즈화였다. 쉬즈화에 관해서는 뒤에 다시 설명하겠지만 교장과 교사로 처음 만난 쉬즈화와 추진은 그야말로 의기투합했고 곧바로 의자매를 맺었다.

이때 추진이 남긴 「자화상」이라는 시를 보자. 가정의 구속 없이 교사생활을 하면서 자립과 자유를 성취한 추진의 자신감과 충만함이 느껴진다.

> 이 엄숙한 차림의 사람이 누구지?
> 원래는 호협(豪俠)이었던 나, 생애 전반부를 평범하게 보낸 것이 후회되네.
> 현실 속 세상을 사는 사람의 형체란 원래가 몽환이요,
> 오히려 미래의 이상세계가 진실이 아닐지.
> 사진 속의 이 남자, 너무 늦게 만나 아쉽구나.
> 천장 바라보며 시국을 탄식하니 의기 더욱 솟구치도다.
> 앞으로 옛 친구를 만나면 말하리라,
> 나 이미 속된 기운을 떨쳐버렸노라고.

儼然在望此何人, 俠骨前生悔寄身.

過世形骸原是幻, 未來景界卻疑眞.
相逢恨晚情應集, 仰屋嗟時氣益振.
他日見餘舊時友, 為言今已掃浮塵.

(「自題小照-男裝」『추근집』, 78쪽)

하지만 추진은 곧 학교를 그만두어야 했다. 범상치 않은 추진의 옷차림과 수업 중 남녀평등과 혁명 등 과격한 언행을 드러낸 추진선생님한테 학부모들이 불만을 제기했기 때문이다. 결국 상부의 지시가 내려와 학교를 떠나야 했는데 쉬즈화도 이때 교장직을 사임하고 물질적 정신적으로 추진을 원조하는 일에 전념했다. 이 학교에서 오래 가르쳤다면 아마 추진은 반청혁명보다 여성해방과 교육사업을 더 적극적으로 추진했을 것이다.

이후 추진은 상하이로 가서 광복회 활동에 투신했다. 광복회장인 차이위안페이는 여성을 암살의 수단으로 이용하려 했기 때문에 광복회 출신의 여성 테러리스트가 많이 배출되는데 추진 역시 폭탄제조를 하다가 손을 다치기도 했다.

하지만 여전히 남녀평등과 여성해방에 미련이 남아 있었던 추진은 1907년 정월에 『중국여보(中國女報)』라는 여성잡지를 창간했다. 많은 여성들이 읽을 수 있도록 구어체(백화문)로 발행한 이 잡지는 창간호 표지가 상당히 인상적인데 표지모델로 그려진 여성은 비록 전통복장인 치파오를 입기는 했지만 전족을 하지 않고 귀고리 등 장식품을 전혀 달지 않고 오히려 죽창을 들고 있다. 「창간사」를 보면 추진은 이 잡지를 통해 본격적으로 중국여성해방운동을 전개할 생각이었던 것 같다. 『중국여보』에 실린 추진의 글은 다음 장에서 감상한다.

비록 쉬즈화가 금전적으로 큰 도움을 주기는 했지만 경비가 너무 부족해 『중국여보』는 2기만 발행하고 정간했다. 추진은 여성계에 도움을 호소했지만 호응이 거의 없었다. 가정에서 벗어나 독립적인 사람이 되라고 하는 추진의 호소가 당시로서는 너무 급진적이었기 때문일 것이다.

『중국여보』 정간 후 추진은 3월부터 7월에 처형당하기까지 사오싱에 있는 대통학당(大通學堂) 교장을 맡아 은밀히 혁명을 준비하며 군사훈련을 시행했다. 1905년 설립된 이 학교는 추진과 먼 친척이고 역시 광복회 회원이던 쉬스린(徐錫麟)이 교장이었는데 쉬스린이 청조타도를 위한 무장폭동 준비에 전념하기 위해 추진에게 학교를 맡기고 떠난 것이다. 이 학교에서는 문학과 역사, 물리화학, 음악, 미술 외에 특별히 체육교육을 중시했다. 겉으로는 사범학당을 내세웠지만 사실은 혁명을 위한 군사훈련을 은밀히 시행하면서 무기를 준비하고 있었다.

추진과 쉬스린은 각각 저장성과 안후이성에서 무장폭동을 일으키려 준비하고 있었는데 7월 6일, 쉬스린이 안후이성의 안칭(安慶)에서 거행된 군경학당(巡警學堂) 졸업식에서 청조의 고관 언밍(恩銘, 안후이성 순무)을 저격했다. 언밍은 곧 사망했고 쉬스린은 체포당해 모진 고문 끝에 결국 처형당했다. 이 소식을 듣고 충격을 받은 추진은 사건에 연루되어 체포당할 수 있으니 일단 피신을 하라고 하는 주변의 권유를 물리치고 빌미가 될 수 있는 모든 증거들을 불사른 뒤 체포하러 온 청의 군사들과 일전을 벌이다가 7월 13일 체포당했다. 추진은 "혁명은 피를 흘려야만 성공할 수 있다", "내가 지옥으로 가지 않으면 누가 지옥으로 가겠는가! 삶과 죽음은 기러기의 깃털과 같은 것, 이만큼 살았으니 무엇이 문제인가?"라며 의지를 과시했다고 한다. 어려서부터 화목란 등 중국 역사상의 여협과 소피아 페롭스카야 같은 서구의 여성 테러리스트를 흠모해 온 추진다운 말이다.

추진은 7월15일 쉬안팅커우(軒亭口)에서 참수형을 당했다. 당시 여성이 받는 최고형은 교살형이었다. 더구나 추진이 반역죄를 범했다는 물증이 나오지도 않았다. 이 안타깝고 잔혹한 죽음은 이후 수많은 혁명가들에게 영감이 되었고 용기 있는 여성혁명가를 탄생시켰다. 예컨대 추진의 감화를 받은 당시 17세와 12세의 소녀 인루이즈(尹銳志)와 인웨이쥔(尹維俊) 자매는 반드시 추진의 원수를 갚자고 맹세했다. 1910년에는 상하이에 자매의 이름을 따 예준학사(銳俊學社)라고 하는 광복회의 연락기관을 운영했다. 대통학당 교장 시절 추진은 비록 호응이 적어 뜻을 이루지는 못했지만 여군을 양성하려 한 적이 있는데 이 꿈은 신해혁명 시기 윤자매를 비롯한 여러 여성들에 의해 실현되었다. 이들은 무기를 수송하고 혁명단체의 연락을 담당했다.

Ⅲ. 불멸-태산보다 무거운 죽음

1. 추진, '건괵영웅'으로 불리다

추진은 1907년 7월 15일, "가을바람 가을비, 사람을 죽도록 슬프게 하는구나"라는 시를 남기고 세상을 떠났다. 정치적 이유로 여성이 사형을, 그것도 참수형을 당한 것은 중국근대사에서 추진이 처음이었다. 그의 희생은 이후 민족혁명과 여성운동의 초석이 되었다. 추진의 영향을 받은 수많은 여성들이 신해혁명을 위해 헌신했다.

추진이 죽고 4년 뒤인 1911년 10월 10일에 일어난 우창(武昌)에서의 봉기는 신해혁명의 도화선이 되었다. 한 달 동안 중국의 약 2/3가 청조 지배로부터 이탈했다. 미국에서 급거 귀국한 쑨원은 1912년 1월 1일 난징에서 중화민국임시정부의 수립을 선포했다. 진시황제 이래 2천여년간 이어져 온 황제지배체제가 무너지고 '민'이 주인이 되는 공화제가 선포되었다. "천하의 흥망에 우리 여성도 책임이 있다"며 혁명에 동참한 여성들에게는 무척 아쉬운 대목이지만 이 자리에서 쑨원은 "중화민국 국민은 종교, 계급, 종족에 따른 차별을 받지 않는다"고만 선포했다. 거기에 '성별' 혹은 '남녀'는 없었다. 남녀평등은 지연되었고 여성의 정치참여는 금지당했다.

다만 쑨원은 추진을 '건괵영웅'이라 칭하며 혁명의 공헌을 크게 칭송했다. 만일 추진이 살아 있었다면 그런 호칭을 주기 앞서 여성에게 남성과 동등한 권리를 부여하라며 탕췬잉(唐群英)과 함께 국회에서 시위를 벌이지 않았을까 생각된다. 더욱이 쑨원이 부여한 이 '건괵영웅'의 호칭은 추진을 민족주의 여성혁명가에 가두는 결과가 되어버렸다.

신해혁명의 성과는 오래가지 못했고 위안스카이(袁世凱)가 쑨원을 대신해 임시대총통 직위를 양도받고 심지어 황제제도를 부활시키는 등 복고의 물결이 대두했다. 이러한 혼란과 복고의 정서는 위안스카이 사후 속칭 '군벌시대'에도 계속되면서 지식인을 중심으로 『신청년』 창간과 신문화운동, 5·4애국운동이라고 하는 새로운 물결이 일어나는 배경이 되었다. 이때 여성관련 주요 담론은 여성의 참정권을 비롯해 재산권(상속권과 직업개방), 연애권(배우자선택권, 자유이혼권 등), 교육권, 산아제한권 등 다양한 영역에 걸쳐 있었다.

이른바 '계몽의 시대'였던 신문화운동 시기 추진의 이름은 그다지 호명되지 않았다. 하지만 1930년대 이후 중국과 일본의 기나긴 전쟁이 이어지면서 추진은 '구국의 여영웅'으로 다시 소환되었다. 당시 가장 많이 거론된 중국여성은 추진 외에 그가 롤모델로 설정했던 화목란, 진양옥, 양홍옥 그리고 추진이 가장 존경한 남성 중 하나였던 남송시대 충신 악비(岳飛)장군의 어머니 등이었다. 악비의 어머니는 어린 악비의 등에 '정충보국(精忠報國)'이라는 문신을 새겨주었다고 하는 전설이 있다. 이렇게 해서 1930년대 항일전쟁 시기에 추진은 화목란과 함께 중국의 대표적인 여영웅, '애국여성', '중국의 잔다르크'로 자리매김되었다. 이 시기 여성의 역할은 주로 부상병 간호같은 후방업무였고 신해혁명 시기처럼 암살은 아니었다. 따라서 소피아 페롭스카야같은 여성 테러리스트는 전형적인 여성영웅으로 소환되지 못했다.

2. 시후(西湖)에 영면하다

아내의 처형 소식을 듣고 충격을 받은 왕팅쥔은 시름시름 앓다가 1년 뒤 아내를 따라갔다. 추진이 남편을 좋아 하지 않은 이유 중 하나가 안일하고 이기적이라는 것이었는데, 그는 1901년 추진의 부친이 사망한 뒤 사업 실패로 거의 파산한 처가에 전혀 도움을 주지 않았고, 추진이 일본으로 유학갈 당시에도 금전적 지원은커녕 아내를 묶어두려고 패물 일부를 숨겼다. 그는 아내를 사랑했지만 호방한 아내를 끌어안기에는 그릇이 너무 작았다.

사오싱의 쉬안팅커우(軒亭口)에서 참수당할 당시 추진의 가족은 가지 않았다. 추진의 마지막 소원에 따라 비록 효수는 하지 않았지만 얼굴과 몸이 분리된 추진의 유해를 수습해 묻은 것은 의자매 우즈잉과 쉬즈화였다. 평소 악비장군을 흠모했던 추진은 자신이 먼저 죽으면 반드시 악비사당이 있는 시후의 시렁자오(西泠橋) 근처에 묻어달라고 부탁해 왔기에 두 사람은 수습해 둔 시신을 그곳으로 옮겨 매장하고 장례식을 거행했다. 하지만 며느리를 막내아들 왕팅쥔과 함께 합장해달라고 하는 시댁의 간청에 따라 지방관은 시신을 샹탄으로 옮기도록 명령했다. 그 후 신해혁명 승리 후 쑨원이 임시대총통이 되었을 때 여러 동지들의 요구에 따라 다시 시후로 이장했다. 중화인민공화국 수립 이후 문화대혁명 시기에는 한때 무덤이 훼손되고 시신이 방치되기도 했지만 현재는 시후에 영면해 있다. 연구자들에 따르면 추진 사후 1980년대까지 무려 10번이나 시신이 옮겨졌다고 하는데 그 자체로 추진의 죽음이 갖는 정치적 무게를 웅변해준다.

3. 추진과 한국

추진의 이름은 한국에도 알려졌다. 『매일신보』는 1912년 6월 5일부터 7일까지 3회에 걸쳐 「소설 감호여협전-청국혁명과 추근여사」라는 제목으로 추진의 일생을 상세히 소개했다. 이 기사에서 추진은 '청국혁명의 여자호걸', '여중호걸', '남녀동등권을 위해 투쟁한 자' '그 총명쾌활한 언론은 여자의 범위를 벗어났다'는 등으로 묘사되고 있는데 혁명가, 여성운동가, 언론인 등 다방면에 걸친 추진의 업적을 간결하게 표현한 듯하다. 『매일신보』는 그 후 1914년 5월 7일에는 우무란(吳木蘭), 탕췬잉(唐群英), 린중수(林宗素) 등 신해혁명에 참여한 여성혁명가들을 차례로 소개할 정도로 중국의 여성혁명가에 관심이 많았는데 이러한 신해혁명 시기 중국의 여성혁명가는 일제강점기 한국의 여성들에게도 자극이 되었으리라 생각된다.

추진이 '중국의 잔다르크'로 불리듯 유관순 역시 '한국의 잔다르크'로 불리는데 비록 직접적인 영향은 없지만 유관순 등 만세운동의 주역이 된 여학생들은 추진, 잔다르크 등 동서양의 여영웅을 모범으로 삼았을 것이다. 추진의 시를 정리한 궈옌리(郭延禮)에 따르면 추진의 아버지(秋壽南)는 거제출신 독립유공자인 김사룡과 친분이 있었다고도 한다(郭延禮, 2004, 1~2쪽).

추진과 유관순을 간단히 비교해 보면 유관순에게는 추진같은 여성주의적 자각은 강하게 드러나지 않는다. 중국과 조선이 처한 반(半)식민지, 식민지라는 현실 때문일 수도 있지만, 기혼여성과 미혼여성이라는 체험의 차이도 중요하다. 두 사람의 공통점은 '애국'에 있었다. 추진은 중국인을 도탄에 빠트린 청조를 무너뜨리고 한족 중심의 민주공화국을 수립하는 것이 목적이었고, 유관순은 일본 제국주의에 저항해 조선의 독립을 회복하는 것이 목표였다. 다만 기독교를 제국주의 침략의 앞잡이로 생각한 추진과 달리 미션스쿨(현재의 이화여고)을 다녔던 유관순의 만세애국운동은 십자가의 희생정신이나 예수가 말한 믿음과 행동은 일치해야 한다고 하는 가르침에 더 영향을 받았을 것이다. 하지만 대의를 위해서는 목숨을 아끼지 않아야 한다는 것은 기독교뿐 아니라 유교, 나아가 중국의 전통적 협의(俠義) 정신 모두 공유하는 부분이다.

Ⅳ. 추진을 만든 여성들

추진은 늘 남녀평등을 위해 반드시 필요한 것은 여성의 경제적 독립과 함께 여성의 우애와 연대라고 말했다. 비록 짧은 생애였지만 추진은 많은 여성들과 교유하며 적극적인 도움을 주기도 했고 또 도움을 받기도 했는데 이 장에서는 추진과 우애를 쌓은 많은 여성들 중 특별히 우즈잉, 쉬즈화, 루비칭 그리고 우민 네 명을 꼽아 추진과의 관계를 간단히 살펴 본다.

1. 우즈잉과 쉬즈화

안후이성 통청(桐城)의 명문가 출신인 우즈잉(1868~1934)은 앞에서 보았듯이 추진의 삶에 전환점을 만들어준 여성이다. 청말의 저명한 학자이자 교육관료였던 우뤼룬(吳汝綸)의 조카이기도 하다. 집안에 가정교사를 들이고 어머니로부터 문학을 배우기는 했지만 서양식 학교교육을 받은 적은 없었던 추진은 우즈잉이 가져다 주는 신문잡지와 선동적인 책자들을 탐독하며 그야말로 세상에 눈을 뜨게 되었다. 우즈잉은 또 베이징대 교수의 아내 핫토리 시게코를 추진에게 소개하기도 했다. 우즈잉이 추진보다 8살이나 위였지만 두 사람은 오랜 친구처럼 격의 없이 함께 술을 마시고 토론하기를 즐겼다. 우즈잉에 따르면 당시 추진은 늘 이렇게 주장했다고 한다. "여자는 학문을 몸에 익혀 자립을 구하지 않으면 안 된다. 일일이 남자에게 의지해서는 안 된다. 지금 젊은이들은 '혁명, 혁명'하는데 혁명은 자신의 가정으로부터 시작하지 않으면 안 된다고 생각한다"(「記秋女俠遺事」『추근집』, 185~186쪽).

우즈잉은 추진이 가출했을 때 조정에 나서 부부를 화해시켰지만 추진의 유학행을 막을 수 없음을 알고 1904년 봄에 추진과 의자매를 맺었고 이후 물심양면으로 지원했다. 다만 '남녀평등'을 주창하는 추진과 달리 우즈잉은 가정에서 아내와 어머니의 역할을 중시하는 '현모양처'에 가까웠다.

추진이 처형당하던 날 쉬즈화와 함께 유골을 수습해 항저우의 시후에 묻어주고 장례식을 치르기도 했다. 묘비명도 직접 썼다.

추진은 우즈잉을 '지기知己'라고 표현했으며, 두 사람의 우정을 '관포지교管鮑之交'에 비유했다.

쉬즈화(1873~1935)는 청말의 저명한 시인이자 교육자였다. 추진처럼 저장성 출신이다. 고관을 역임했고 유연한 사고를 지닌 부친 덕에 어려서 언니, 오빠들과 함께 가정교사한테 교육을 받았다. 21세에 중매로 결혼해 1남1녀를 두었지만 7년만에 남편이 사망해 청상과부가 되었고 어린 딸마저 죽자 교육사업에 헌신하며 개인적 고통을 이겨냈다. 쉬즈화가 추진을 처음 만난 것은 앞서 보았듯이 1906년 순시여학교 교장으로 재직하고 있을 때였다. 두 사람은 바로 의자매를 맺었고 추진이 이 학교에서 쫓겨나자 쉬즈화도 사직했다. 이후 추진의 소개로 동맹회에 가입했고 추진이 처형당한 뒤에는 혁명파의 문학단체인 남사(南社) 회원으로 가입해 혁명을 선전하는 글을 다수 발표했다.

추진이 『중국여보』를 발행했을 때는 금전적 지원을 아끼지 않았고 추진의 여성해방론을 적극적으로 지지해 주었다. 추진 사후 '추사(秋社)'를 조직해 죽는 날까지 추진 추모사업에 헌신했다.

2. 우민(吳珉, ?~1977)

추진은 전형적인 관료집안 출신이지만 하층여성에 관심이 많았고 그들에게 어떤 엘리트의식을 드러내지 않았다. 어떤 계층에 속하든 추진에게는 똑같이 '2억의 우리 자매들'이었기 때문이다. 대표적인 사례가 우민이다. 추진의 일생을 다룬 영화 '경웅여협'에서 추진은 쇠사슬에 묶여 일하는 주막의 새댁을 그 시부모에게 몸값을 치르고 데려와 종이 아닌 친구로 대하는 장면이 나온다. 몸값을 치른 이유는 그 젊은 여자가 '동양식(童養媳)', 우리말로 민며느리였기 때문이다. 중국에서 동양식은 대부분 극도로 가난한 집 출신으로 그 부모가 딸의 양육비 및 장래 혼례비를 아끼려고 10살을 전후해 정혼한 남자집에 보내는 것이다. 시댁에서는 노동력을 확보하고 훗날 혼례비를 절약할 수 있다. 대체로 자기보다 어린 장래의 남편을 돌보며 온갖 궂은 일을 했다. 시부모는 며느리를 마치 종처럼 취급해 마구 구타하고 심지어 죽음으로 몰아넣기도 했다.

영화에서와 달리 실제로 추진이 그 동양식을 만난 것은 순시여학교 교사로 일할 때였다. 씩씩하고 멋진 '신여성' 추진이 교사로 부임하자 열 살밖에 안 된 우민은 추진을 한번 보고 싶어 아기(장래의 남편)를 업고 매일같이 교실 창문너머로 기웃거리다 추진과 마주치게 되었다. 추진은 우민에게 "꼭 공부를 하고 싶다면 학비를 안 내도 괜찮으니 교실 뒤로 와서 빈 자리에 앉아 수업을 청강하렴"하고 말해주었다. 그가 동양식이라는 것을 알고 추진은 시부모에게 몸값을 지불하고 자신의 비서로 고용했다.

1907년 쉬스린이 처형당하고 추진이 위험에 빠졌을 때 우민은 물증이 될 수 있는 문서들을 소각하는 등 추진을 적극 도왔고 추진이 처형당하자 상하이로 가서 추진 친척들에게 소식을 전했다. 중화인민공화국이 수립되었을 때 우민은 추진에게 받은 은혜를 담아 후이추(惠秋)로 개명하고 추진 기념사업에 헌신했다.

3. 루비청

루비청(呂碧城, 1883~1943)은 1930년대에 이미 세계적으로 유명해진 중국의 시인이자 교육자, 채식운동가, 동물보호론자이다. 쉬즈화와 마찬가지로 남사 회원이었지만 사상적으로는 혁명(청조 타도)보다 개혁에 가까웠다.

명문가 출신이지만 부친이 일찍 돌아가시자 친척들이 과부가 된 어머니의 재산을 모두 빼앗아 갔고 설상가상으로 정혼자 집에서 파혼을 선언했다. 그 후 루비청은 평생 독신을 고수하며 학자로서 교육자로 큰 족적을 남겼다.

주로 톈진을 중심으로 언론 및 교육사업, 여권운동을 추진했는데 그 명성을 아는 추진은 일본으로 유학을 떠나기 전 톈진으로 찾아 가 며칠간 함께 기거했다. 추진은 일본으로 함께 가서 공부하며 혁명을 하자고 권유했으나 루비청은 가는 길이 다르다며 거절했다. 그 갈림길이란 무력 혁명인가 온건한 개혁인가였다. 루비청은 만주족 청조를 무력으로 타도하는 것에 반대했다. 자신은 '민족주의자'가 아닌 '세계주의자'라는 것이다. 하지만 여권에 대한 공통의 관심사가 두 사람을 이어 주었다. 두 사람은 문장으로 계속 교류했고 루비청은 추진이 『중국여보』를 창간했을 때 여러 편의 글을 보냈다. 추진이 처형당한 뒤 『혁명여협추근전』이라는 제목으로 추진의 전기를 영문으로 출판하기도 했다. 덕분에 추진은 영어권에 알려질 수 있었다. 훗날 불교에 입문한 뒤 채식주의자가 되어 유럽에서도 막 시작된 채식운동에 합류했으며 전세계를 다니며 살생금지와 동물보호를 호소했다. 추진이 과격하고 남성적인 방식으로 여성운동을 전개했다면, 루비청은 온건하고 여성적 방식으로 여성운동을 펼쳤다.

V. 추진의 페미니즘 - 『중국여보』를 중심으로

1. 추진의 페미니즘

서른 두 해 동안 추진은 시인, 교육자, 언론인, 테러리스트, 협객, 혁명가, 여성운동가로서 거대한 발자취를 남겼다. 이렇게 다양했던 활동의 궁극적 목표는 여성의 해방과 자립, 그리고 이를 보장받기 위한 독립된 국가와 민주공화국의 수립이었다. 추진은 의화단 전쟁의 참상을 보며 제국주의 열강으로부터 중국이 반드시 완전한 독립을 이루어내야 하며 그 전제로 현재 제국주의 열강의 앞잡이가 되어버린 무능한 만주족 왕조 청조 타도가 선행되어야 한다고 생각했다. 추진에게 중국의 완전한 독립은 궁극적 목표인 여성해방을 위해 반드시 넘어야 할 산이었던 것이다. 이렇게 여성해방과 민족해방을 동시에 이루려고 한 것은 추진뿐 아니라 제3세계 여성해방운동에 거의 공통된 현상이었다. 추진 역시 페미니스트이면서 민족주의자였다. 예컨대 궈모루(郭沫若)는, “추진은 민족해방 운동뿐아니라 부녀해방운동에서도 선각자의 전형이었다”라고 했으며 조너선 스펜서는 국내에도 번역된 책 『천안문』에서, “(추진은)민족주의와 여성문제를 논리적으로 결합했으며, 2억 중국 여성의 암울한 처지에 혁명의 초점을 맞추었다”고 평가했다.

위대한 민족주의 여성혁명가이면서 시대를 앞선 페미니스트였던 추진에 대한 중국의 평가는 시대정신에 따라 무게중심이 변화해 왔다. 대체로 신해혁명 이후 항일전쟁 시기까지는 민족주의에, 개혁개방 이후에는 페미니즘에 주목하고 있다. 추진은 둘 중 어느 하나도 뺄 수 없다고 하겠지만 굳이 어느 쪽이 더 중요한가 묻는다면 아마도 자신을 "중국여성의 단결과 우애, 독립과 자유, 그 기초로서 경제적 자립과 교육을 중시한 중국 페미니즘의 선구자"로 자리매김해 달라고 하지 않을까?

페미니즘은 하나로 정의할 수 없다. 계급, 인종, 성적 경향에 따라 큰 편차를 보이기 때문이다. 남녀의 동등한 권리와 평등한 대우를 지향하는 점에서 흔히 '여권주의'로 번역되지만 모성 등 여성의 경험이나 남성과의 차이를 통한 연대를 강조하기도 한다. 민족주의 및 여러 가지 사회개혁 의제와 연동해서 성장한 20세기 중국의 페미니즘은 여성의 특수성을 그다지 배려하지 않는 여권주의가 모성주의보다 강한 특징이 있었지만 그렇다고 '여권주의'라는 용어에 대해서는 부정적인데 그 이유는 그것이 남녀대결을 부추기고 또 부르주아적 여성해방론만 의미하기 때문이라고 한다. 따라서 민국시기에는 '부녀주의'로 번역하는 경우가 많았고 서구 여성학과 페미니즘의 세례를 받은 1980년대 이후에는 대체로 '여성주의'라 번역한다. 우리나라에서도 '페미니즘'이란 용어가 여권주의나 평등주의만을 연상하게 하므로 '여성주의'로 부르자는 의견이 많다. 여성주의란 "여성의 시선으로 보는 세계관"이란 의미를 담고 있다.

중국에서 페미니즘은 20세기초 민족주의, 민주주의와 함께 탄생하고 발전했지만 구국과 국민국가 형성이 100년을 관통하는 최대의 과제였기 때문에 '여성'은 대체로 '민족'이나 '국가'의 하위개념이었다. 하지만 추진은 여성을 국가나 민족보다 상위개념에 두었고 국가와 민족의 독립은 여권실현의 수단으로 간주했다. 또한 아내나 어머니로서의 역할, 즉 '내조'를 충실히 함으로써 국민의 한 사람이 될 수 있다는 당시 유행한 여성규범인 '국민의 어머니'를 뛰어넘어 가정을 버리고 직접 '여국민'이 되어 혁명에 뛰어들었다는 점에서 여성의 한계를 넘은 여성이었다.

2. 추진 페미니즘의 사상적 배경

추진의 페미니즘은 중국의 전통사상과 서양사상이 결합한 것이었다. 첫째, "천하의 흥망에 여성도 책임이 있다(天下興亡, 匹婦亦有責)"고 하는 일종의 유교적 우환의식, 책임의식인데 이는 청말민초의 학자인 고염무(顧炎武)의 "천하의 흥망에는 필부(匹夫)도 책임이 있다"고 하는 문구를 패러디한 것으로 20세기 초와 1930·40년대 항일전쟁 시기에 크게 유행했다. 이러한 사고는 20세기 초 중국 민족주의 형성시기에 민족주의와 여권주의를 결합시켰다. 왜냐하면 여성은 인구의 절반이기 때문이다.

둘째, 20세기 초에 「여권편(女權篇)」, 「여권론」 등의 제목으로 중국에 소개된 허버트 스펜서(Herbert Spencer)와 존 스튜어트 밀(J.S.Mill) 등 서양의 천부인권론과 여권론이다. 19세기말 영 알렌(Young J. Allen) 같은 감리교 선교사에 의해 『만국공보』라는 잡지가 간행되어 전족, 축첩, 익녀(溺女. 여아살해), 조혼 등 중국의 소위 '악습'을 비판하는 한편 구미 여성의 교육과 직업상황을 소개했는데 추진은 베이징 시절 이런 잡지와 책을 탐독하면서 가정의 틀을 벗어나려 한 것이다.

셋째, 량치차오가 1896년부터 1897년에 걸쳐 발표한 『변법통의』의 「여자교육을 말하다(論女學)」에서 소개한 생리분리론(生利分利論)이다.

'생리''분리'라고 하는 것은 당시 영국 출신의 선교사 티모시 리처

드에 의해 소개된 학설로 그는 1894년 「생리와 분리의 차이(生利分利之別)」 및 「생리와 분리의 차이를 다시 논함(生利分利之別再論)」을 써서 "이(利)는 노동으로 발생한다. 국부를 증대시키는 것은 생리=생산적 노동이며 따라서 노동력을 질적으로 양적으로 강화하는 것이 필요하다"고 주장했다. 이에 영향을 받아 량치차오나 옌푸(嚴復) 같은 지식인들은 "중국의 부강을 위해서는 인구의 절반을 차지하는 여성들이 좌식(坐食), 즉 가만히 앉아 남자에게 생계를 의지할 것이 아니라 생산노동을 해야 한다"고 주장했다. 현재 대부분의 여성은 '분리자(소비자)'이니 부강을 위해서는 인구의 절반인 여성들을 '생리자(생산자)'가 되게 해야 하며 이를 위해서는 먼저 여성들로 하여금 시야를 넓힐 수 있도록 교육을 강화해야 한다는 것이다. 추진은 1903년 베이징 시절 『만국공보』와 량치차오의 글을 무척 흥미롭게 읽었다고 하니 비록 이 책들이 배만혁명을 고취하지는 않았지만 추진의 여성해방론에는 영향을 주었다고 볼 수 있다. 추진의 글에는 "여성도 가만히 앉아 생계를 의존(좌식)할 것이 아니라 배우고 단결해야 한다"는 문구가 자주 보인다.

3. 여성의 자립과 해방을 위한 추진의 주장과 활동

먼저 추진은 천부인권설을 내세워 "인권은 하늘이 남녀 모두에게 부여한 것이니 남녀는 평등하다"고 했으며, 둘째 "여자는 재주(문자능력)가 없어야 덕이 있다"(女子无才便是德)고 하는 통념에 반대했다. 오히려 지식은 힘이고 자립의 기초라고 보았다. 셋째, "부모의 명과 중매인의 언변(父母之命 媒妁之言)이 결정하는" '포판혼'에 반대하고 남녀당사자의 감정에 기초한 혼인을 주장했다. 나아가 남편이 죽으면 따라 죽거나 평생 독신으로 살아야 하는 일방적인 수절 행위에 반대하고 정조는 남녀 모두에 해당한다고 했다. 당연히 남자들의 축첩을 비판했다. 넷째 전족을 반대했다. 10세기 한 궁정 무희에게서 기원하는 중국의 전족은 송대 이후 점차 일반여성에게도 유행했고 명청대에는 절정에 도달했다. 추진이 살던 19세기말 20세기초에 중국에서 전족을 한 여성은 여성 전체의 약 2/3라는 통계도 있다. 남성들이 전족을 한 여성을 좋아했기 때문에 좋은 혼처를 구하려는 어머니가 적극적으로 딸의 전족을 시행했는데 당시 이상적인 발 크기는 약 10센티였고 심지어 '포소저', 즉 '업혀다니는 여자'로 불리던 전족여성은 3~4센티의 발을 갖고 있어서 보행이 불가능했다. 추진은 미완성의 탄사(소설)인 「정위석(精衛石)」에서 전족의 고통을 상세하게 묘사했다. 그는 일본 유학을 앞두고 전족을 풀었다고 하는데 새 살이 돋아날 때까지 고통이 수반되기 때문에 사실상 평생 전족의 고통을 안고 산 셈이다. 추진은 전족이 상징하는 것은 여성의 노예성과 의뢰성이라고 보았다.

마지막으로 추진은 여성해방의 전제로 가장 중요한 조건은 경제적 독립과 여성의 단결과 우애라고 보았다. 앞에서 보았듯이 일본 유학시절 공애회를 재건했고 잡지를 통해 다양한 여성의 직업세계를 소개했다.

이어 페미니스트로서 추진의 마지막 활동이었던 『중국여보』 시기 발표한 글을 통해 그가 꿈꾼 세상은 무엇이었는지 생각해보면서 글을 마친다. 발표 시기를 기준으로 「발간사」, 「여권을 권면하는 노래」, 그리고 「자매들에게」 세 편을 두었다.

세상에서 가장 처참하고 위험한 두 글자는 암흑입니다. (중략) 나는 2억의 사람들(중국여성)을 하나의 커다란 단체로 만들어 전국 여성계의 소리를 아침저녁으로 통하게 하여 그들을 대광명의 세계로 인도하고 싶습니다. 잠에서 깬 사자의 선구, 문명의 선도가 되고 싶습니다. 중심을 잃은 배를 세울 부목, 어두운 방의 등불이 되어 우리 중국 여성세계에 눈부신 광명을 비추고 싶습니다. 그리하여 전세계 사람들로부터 박수와 환호를 받고 싶습니다.

世界有最淒慘、最危險之二字,曰黑暗.(중략) 吾今欲結二萬萬大團體於一致，通全國女界聲息於朝夕，為女界之總機關，使我女子生機活潑，精神奮飛，絕塵而奔，以速進於大光明世界;為醒獅之前驅，為文明之先導，為迷津筏，為闇室燈，使我中國女界中放一光明燦爛之異彩，使全球人種，驚心奪目，拍手而歡呼。無量願力，請以此報創。吾願與同胞共勉之!

(「중국여보발간사」『추근집』, 117쪽)

우리는 자유를 사랑하여
자유에 힘쓰며 술잔을 드네
남녀평등은 하늘이 부여한 것이니
어찌 소꼬리같이 종속된 지위에 만족하랴
분연히 스스로 떨치고 일어나
부끄러운 먼지때를 씻어내리라.
잔다르크와 짝이 되어
우리 힘으로 강산을 회복하세.
옛 풍습 중 가장 수치스러운 것은
여자들이 소, 말과 짝하는 것이라네.

서광이 새로 비치고 문명세상이 기다리니
여성의 독립이 첫 번째라네.
노예같은 신분 뿌리채 뽑아
신지식과 학문으로 단련되기 바란다네.
책임이 어깨 위에 지워져으니
여걸들은 기대를 저버리면 안 될 것이네.

吾輩愛自由，勉勵自由一杯酒。
男女平權天賦就，豈甘居牛後？
願奮然自拔，一洗從前羞恥垢。
若安作同儔，恢復江山勞素手。
舊習最堪羞，女子竟同牛馬偶。
曙光新放文明侯，獨去佔頭籌。
願奴隸根除，智識學問歷練就。
責任上肩頭，國民女傑期無負。

(「면여권가」『추근집』, 117쪽)

친애하는 자매 여러분, 나는 그다지 학문이 있는 사람이 아니지만 진심으로 나라를 사랑하고 동포를 사랑합니다. 지금 중국은 4억동포라고 하지 않습니까? 그 중 2억의 남성은 문명의 신세계로 진입해 지식이 진보하고 견문이 넓어지고 학문이 높아져 지위와 명성이 나날이 향상하고 있습니다. 2억의 남성은 문명의 신세계에 진입해 있는데 우리 2억의 여성동포는 여전히 18층 지옥의 암흑에 빠져 한 층도 올라가려 하지 않고 있습니다. 전족을 해 작은 발에 머리는 곱게 빗어올리고, 온갖 장식품으로 치장하고 있습니다. 먹는 것, 입는 것 모두 평생 남자에 기대어 살고 있으니 평생 죄수요 반평생 소와 말입니다. 자매들께 묻습니다. 세상에 태어나 자유의 행복을 누려 본 적이 있습니까? 물론 안락하고 존귀한 삶을 사는 돈 많은 여성도 있습니다. 그들은 무엇이든 가질 수 있고 많은 하인을 부립니다. 하지만 그 여성들도 남편에 의지해야 하고 눈치를 보며 자주권은 없습니다. 즉 남자는 주인, 여자는 노예라는 점에서 다를 것이 없습니다. 독립의 근성이 전혀 없이 죄수같은 삶을 행운으로 여기고 사는 것입니다.

아아 자매 여러분. 천하에 노예라고 하는 말은 세상 어느 누구도 받아들이기 어려운 것인데 왜 우리 자매들은 그것을 받아들이고 굴욕으로 여기지 않는 것입니까? 자매들은 이렇게 말합니다. 나는 돈을 벌 수 없어서, 내 운명은 남편에게 달려 있으니라며 모든 것을 운명에 맡깁니다. 이렇게 의지와 기개가 없어서 안 됩니다.

의지와 기개를 갖고 자립의 기초, 자활의 기술을 추구해야 합니다. 가만히 앉아 부모형제와 남편에 기대어 살아서는 안 됩니다. 여자도 배우고 자립하면 남자들의 존경을 받을 수 있고 또 행복할 수 있습니다. 집안에서는 가족의 환영을 받고 밖에서는 벗들의 모범이 됩니다. 여자도 명예와 존경을 얻을 수 있는 것입니다.

我的最親愛的諸位姊姊妹妹呀，我雖是個沒有大學問的人，卻是個最熱心、最愛國、愛同胞的人。如今中國不是說道，有四萬萬同胞嗎?但是那二萬萬男子，已漸漸進了文明新世界了，智識也長了，見聞也廣了，學問也高了，身名是一日一日進了。……二萬萬的男子是入了文明新世界，我的二萬萬女同胞，還依然黑暗沉淪在十八層地獄，一層也不想爬上來。足兒纏得小小的，頭兒梳得光光的；花兒、朵兒札的、鑲的戴著，綢兒、緞兒滾的、盤的穿著，粉兒白白、脂兒紅紅的搽抹着。一生只曉得依傍男子，穿的、吃的全靠著男子。身兒是柔柔順順的媚著，氣虐兒是悶悶的受著，淚珠兒是常常的滴著，生活兒是巴巴結結的做着：一世的囚徒，半生的牛馬。試問諸位姊妹，為人一世，可曾受著些自由自在的幸福未曾呢?還有那安富尊榮、家資廣有的女同胞，一呼百諾，奴僕成群。一出門真個是前呼後擁，榮耀得了不得；在家時頤指氣使，威闊得了不得。自己以為我的命好，前生修到，竟靠著好丈夫，有此尊享的日子。……試問這些富貴的太太奶奶們，雖然安享，也沒有一毫自主的權柄罷咧。總是男的佔了主人的位子，女的處了奴隸的地位。為著要倚靠別人，自己沒有一毫獨立的性質。這個幽禁閨中的囚犯，也就自己都不覺得苦了。阿呀！諸位姊妹，天下這奴隸的名兒，是全球萬國，沒有一個人肯受的，為什麼我姊妹卻受得恬不為辱呢?諸姊妹必說，“我們女子不能自己掙錢，又沒有本事，一生榮辱，皆要靠之夫子，任受諸般苦惱，也就無可奈何，安之曰‘命也’”，這句沒志氣的話了。唉！但凡一個人，只怕自己沒有志氣；如有志氣，何嘗不可求一個自立的基礎，自活的藝業呢?如今女學堂也多了，女工藝也興了，但學得科學、工藝，做教習，開工廠，何嘗不可自己養活自己嗎?也不致坐食，累及父兄、夫子了。……

(「자매들에게(敬告姊妹們)」『秋瑾集』, 13~16쪽)

VI. 못다 한 이야기

저는 오래전에 사오싱을 방문한 적이 있는데요. 추진에 관한 짤막한 글을 쓰기 위해서였죠. 일반적으로 추진은 청말 혁명, 그리고 여성혁명운동의 선구자라고 알려져있습니다. 그런데 이 글에서는 추진을 바라보는 이런 일반론과 다르게 추진을 만든 여성들, 추진의 페미니즘 등에 대해 주목하고 있습니다. 새로운 시각이고, 그래서 상당히 흥미롭습니다.

1. 어떻게 추진을 만나게 되었는지요. 아니면 관심을 갖게 된 계기가 궁금합니다.

먼저 추진의 여성운동에 관해서는 연구가 많으니 이 글이 새로운 시각은 아닙니다.

저는 다만 추진이 죽고 나서 몇 년 뒤 신해혁명이 일어나면서 '신해혁명의 열사'라거나 '민족주의혁명가'로 굳어진 그녀의 참 모습을 찾고 싶었습니다. 그녀는 '4억 중국동포'를 사랑했지만 특별히 그녀가 '자매들'이라고 지칭한 2억의 여동포를 더욱 사랑했고 그들의 지위를 개선시키는 것이 자신의 소명이라 여겼거든요. 추진이 더 오래 살았더라면 중국페미니즘의 선구자로 더 많은 활동을 했을텐데 너무 아쉽습니다.

그래서 추진의 선택-혁명을 위한 희생-에 대해 논란이 없다고 볼 수는 없지요. 추진이 희생될 당시, 즉 1907년은 소위 신정(新政)의 시기로 청왕조

는 전 분야에서 근대화 개혁을 추진하였지요. 혹시나 여성으로서 최초의 혁명가라는 타이틀이 추진에게 다른 선택을 돌아볼 수 없게 했던 것은 아닌가 싶어 마음이 무거웠습니다. 그녀의 절명시를 읽어보면 더욱 그렇죠. 그럼 추진을 만나게 된 계기를 이야기해주시죠.

제가 추진이라는 인물을 처음 알게 된 것은 박사과정 공부를 할 때였습니다. 물론 기모노를 입고 단도를 든 사진은 익히 보아왔고 그 강렬한 인상은 머리에 남아 있었지만 그가 어떤 사람인지는 잘 몰랐어요. 피상적이나마 그의 삶에 대해 알고 나니 대리만족이라고나 할까요? 나는 차마 할 수 없었던 것들, 예컨대 아이를 두고 홀로 유학을 간다든지, 남자들 앞에서 당당하게 칼을 빼들고 설득한다든지 하는 모습이 아주 인상적이었습니다.

하지만 전문적으로 연구를 해 보고 싶은 생각은 없었습니다. 너무 유명해서이기도 하고 추진 때문에 가리워진 많은 여성들이 있을 것 같아서였습니다. 마치 유관순이 그러했듯이 말입니다. 더구나 추진은 공명심과 영웅심리가 강했거든요. 하지만 이번 기회에 추진을 공부하면서 또 그녀의 작품을 접하면서 그녀의 내면세계에 공감할 수 있었고 또 추진이 그토록 유명한 데는 다 이유가 있구나 하는 생각을 갖게 되었습니다. 역시 알면 사랑하게 되나 봅니다.

2. 추진의 시를 보면 스스로 황제(黃帝)의 후손임을 자주 강조합니다. 루쉰 또한 일본 유학 시절 "나의 피 헌원(軒轅, 黃帝)에게 바치리라"

는 시를 썼습니다. 청나라 말기에 황제가 갖는 정치적 의미는 무엇입니까. 여기서 황제는 중국 민족의 시조로 알려진 황제 헌원씨를 의미합니다만.

중국 민족주의 형성기인 19세기말 20세기초에 "우리는 어디서 왔는가", 즉 기원(起源)에 대한 기억이 화두로 등장합니다. 그에 따라 '기년(紀年.연대기록방식)'에 대한 관심이 대두하는데요, 이때 캉유웨이 등 개혁파는 공자를 내세워 기독교의 예수와 같은 의미를 부여하고, 한족과 만주족 구분 없이 '중국인의 조상'으로 내세우려 했습니다. 공자를 일종의 '통합의 아이콘'으로 내세운 것이죠.

이에 반해 한족의 정권을 회복하고 만주족 청조를 타도하려는 혁명파는 배타적 한족의 조상으로 '황제'를 내세웠습니다. 만주족과 한족은 혈통이 다르다는 것이죠. 따라서 황제 헌원씨의 후손임을 강조하는 것은 청조타도 즉 배만혁명론자들의 중요한 구호였습니다.

1903년에 류스페이(劉師培)라는 저명한 국학자(광복회원, 훗날 아나키즘에 경도했으나 결국 혁명을 배신)가 '황제기년설'을 발표한 뒤 1905년에 혁명파들 사이에 황제열은 최고조에 도달합니다. 류스페이에 의하면 자신의 황제기년설은 일본의 '진무(神武)기년'에 힌트를 얻었다고 합니다. 그는 일본천황가의 조상인 진무 즉위일을 기원절로 정하고 진무가 즉위한 기원전 660년을 기준으로 연대를 표기함으로써 일본이 국민통합과 메이지유신에 성공했다고 보았습니다. 요컨대 청말에 입헌파의 상징은 공자, 혁명파의 상징은 황제였고 각각 문화주의와 종족주의를 상징한다고 볼 수 있겠습니다.

류스페이에 관해 조금 더 설명을 해주십시오. 오래 전 류스페이에 관해 논문을 쓰신 것으로 알고 있습니다만.

류스페이는 장빙린(章炳麟)과 함께 청말의 대표적인 국학자이자 광복회원이고 동맹회원으로, 배만혁명론의 이데올로그였지만 쑨원과 대립하면서 1907년 일본에서 아나키즘에 경도하고 《천의(天義)》라는 잡지를 간행합니다. 중국역사상 최초의 아나키즘 선전 잡지였지요. 그런데 《천의》는 추진 처형 후 가장 먼저 추진의 전기를 연재하고 추진의 시를 묶어 출판할 정도로 추진의 암살행위를 높이 샀습니다. 추진을 가리켜 중국의 소피아 페롭스카야(알렉산더 2세의 암살을 주도한 러시아 여성 혁명가)라고도 했지요.

3. 루쉰의 산문에서는 추진의 이야기가 여러 군데서 등장합니다. 루쉰의 산문으로 「판아이눙」(范愛農, 1926, 『아침꽃을 저녁에 줍다』)이 있습니다. 판아이눙은 일본 유학 시절 루쉰의 동료로 물에 빠져 죽게 되는 비운의 인물이었어요. 그 글은 루쉰이 도쿄의 하숙집에서 추진 여사가 사오싱에서 처형되었다는 소식을 알게되는 것에서부터 시작하고 있습니다. 또 루쉰의 명문장 「페어플레이는 아직 이르다」(1925, 『무덤』)에서도 추진 관련 이야기가 언급되고 있지요. 동향이라는 것 외에 루쉰과 추진의 관계는 어떠했는지, 루쉰에게 추진은 어떤 의미

를 갖는지요. 두 사람의 나이차가……

먼저 루쉰은 1881년생이니 추진이 6살 위입니다. 두 사람은 동향(저장성 사오싱) 사람이지만, 1904~1905년 추진의 일본 유학 당시 처음 조우했습니다. 두 사람 모두 조금 전에 말씀드린 대로 1903년경부터 황제 헌원을 조상으로 여기는 배만민족주의에 경도했습니다. 그리고 당시 중국 지식인들이 대체로 그러했듯이 중국에게 위험한 존재는 일본이 아니라 러시아라고 생각했습니다.

그런데 일본이 청 조정의 요구에 따라 유학생의 정치활동을 규제하려 했을 때 추진은 유학생이 집단 귀국해서 저항 의지를 보이자고 주장했고 그 후 곧바로 귀국한 반면 루쉰은 굴욕을 참고 일본에 남아 학업을 마치는 것이 혁명을 위한 길이라고 생각했습니다. 이러한 차이는 추진이 자비로 유학한 반면 루쉰은 장학금을 받아 온 관비유학생이었다는 것도 이유가 되겠지만 그보다는 두 사람의 성격과 지향이 달랐기 때문일 겁니다.

추진은 그야말로 생각과 행동을 곧바로 일치시키는 열정적 행동주의자였지만 루쉰은 소극적이고 신중한 사람이었어요. 그리고 어떤 일을 하든 어머니를 먼저 생각했습니다. 혹시라도 자신이 잘못되면 어머니가 그 누를 입을까 두려워한 것이죠. 사랑하지도 않으면서 '어머니의 선물'이라 표현한 아내 주안과 이혼하지 않은 것도 중국에서 과부로 사는 것이 얼마나 힘든 일인지 잘 알아서이기도 하지만 우선적으로는 어머니를 거역할 수 없어서였습니다.

루쉰의 삶과 글을 보면 어머니의 흔적이 곳곳에 배어 있는 듯합니다. 루쉰이라는 필명에서 루씨(魯氏)는 바로 어머니의 성이죠. 루쉰은 베이징을 떠나 샤먼(厦門), 광저우(廣州)를 거쳐 마지막으로 상하이에 정착하는데요. 베이징의 어머니에게 자주 편지를 보냅니다. 어머니는 글을 배운 적은 없지만 독학으로 글을 읽고 쓸 줄 알았다고 해요. 그래서 어떤 사람은 루쉰에게 '효도 콤플렉스가 있다'라고 까지 이야기하더라고요.

그렇군요. 유학생취체사건 당시 일본에 잔류했다는 것도 그렇고 자신은 처형을 당한 추진처럼 적극적으로 혁명활동에 나서지 못했다는 것에 대해 루쉰은 늘 미안함 내지 부채의식을 갖고 있었던 것 같습니다. 그 때문인지는 몰라도 루쉰은 훗날 추진의 죽음을 모티브로 한 단편소설 「약」을 써서 혁명가 샤위(夏瑜)로 재탄생시켰습니다. 물론 이 소설은 혁명가의 열정에는 관심은 없고 오직 그 피로 병을 고쳐보려는 우매한 중국인을 비판한 것이지만요.

1923년 루쉰은 베이징여자사범학교 학생을 대상으로 '노라는 집을 나가 어떻게 되었는가'라는 제목으로 강연을 하는데요, 여기에서 그는 여청년들이 노라처럼 가출하기 앞서 교육과 직업을 통한 경제적 자립을 갖추라고 했습니다. 비록 가출은 했지만 사실 추진도 그 점을 늘 강조했지요. 기타 동양식(민며느리)이나 가난한 청상과부 등 빈곤여성에 대한 공감도 그렇고, 추진의 여성해방사상에 루쉰은 많은 영향을 받았다고 생각됩니다.

추진은 여성 지식인으로 중국 근대 최초로 혁명을 위해 희생을 기꺼이 받아들인 인물입니다. 지극히 남성적인 영역일 수 있는 유협의 전통과 보검에 대한 애정을 갖고 여성협객 곧, 여협이 되기를 갈망하였습니다. 희생된다는 사실을 알고도 혁명의 목표를 향해 돌진하였지요. 이러한 추진의 선택을 '정치적 급진주의' '혁명 영웅주의'라고 표현할 수 있습니다. 그러나 이는 동시대 혁명적 지식인의 한계이기도 합니다. 이런 이유로 추진의 '혁명'보다는 '페미니즘'에 주목해야 한다고 생각합니다. 추진의 여성해방 사상은 이후 중국의 지식인에게 큰 영향을 줍니다.

인용 고전과 참고문헌

<인용 고전>

시

「제지감기」, 1895

「기인우」, 1901

「만강홍」, 1903

「보도가」, 1904

「어떤 느낌」, 1904

「자화상-남장」, 1906

사

「만강홍」, 1903

잡문

「연설의 장점」, 1904

「중국여보발간사」, 1907

「자매들에게」, 1907

노래

「면여권가」, 1907

서신

「호남제일여학당에 보내는 편지」, 1905.

<참고문헌>

秋瑾, 『秋瑾集』, 臺灣里仁書局, 1980.

郭延禮 選注, 『秋瑾詩文選』, 人民文學出版社, 1982.

郭延禮, 『秋瑾集·徐自華集』, 北京中華書局, 2015.

小野和子 저, 이동윤 옮김, 『현대중국여성사』, 정우사, 1985.
송재소, 『시와 술과 차가 있는 중국인문기행』 2(절강성소흥편), 창비, 2017.
이병주 외, 『중국근대화를 이끈 걸출한 인물들』, 지식산업사, 2005.
이양자 외, 『중국근대화를 이끈 걸출한 여성들』, 지식산업사, 2006.
아라이 도시아키 저, 양억관 옮김, 『반역자』, 푸른숲, 2002.
윤혜영·천성림, 『중국근현대여성사』, 서해문집, 2016.
조너선 스펜서 저, 정영목 옮김, 『천안문-근대중국을 만든 사람들』, 이산, 2010.

영화: 추근(1983), 경웅여협(2012)

<부록: 추진 주요 연표>

1875: 푸젠성 샤먼에서 출생
1890: 사오싱으로 이사
1896: 왕팅쥔과 결혼, 1남1녀를 둠
1903~1904 봄: 베이징 생활. 남편과 불화, 일본유학 결심
1904 여름~1905 12월:일본 유학(1905 봄, 일시 귀국해 광복회 가입)
1905 여름: 도쿄에서 동맹회가입
1905 겨울: '중국유학생취체규칙'에 분노해 귀국
1906: 순시여학교 교사, 광복회 활동
1907 1월: 『중국여보中國女報』 창간, 대통학당 교장
1907년 7월15일: 처형

제3장

천두슈陳獨秀, 20세기 중국을 열다

이정구 (부산대)

※이미지 출처

https://zh.wikipedia.org/wiki/陈独秀

Ⅰ. 프롤로그

오늘날 중국 사회를 지도하는 조직은 중국공산당이다. 중국공산당이 정책을 결정하면 국가의 각 부처에서 그 정책이 실행되기 때문이다. 중앙 정부와 지방 정부는 말할 것도 없고, 입법부인 전국인민대표자대회(한국의 국회에 해당한다)와 사법부인 인민법원, 그리고 각종 국가 기구에서 중국공산당의 영향력은 어느 기구와도 비견할 수 없을 정도로 거대하다. 심지어 인민해방군(한국의 국군에 해당한다)도 중국공산당 산하에 있다. 그래서 행정 수장보다 당 서기가 더 큰 영향력을 행사한다. 예를 들어 중국의 대학교에서 보통 부총장을 겸직하는 당 서기의 영향력이 대학 총장보다 더 크다. 당이 국가와 사회를 지도하고 또 지도해야 한다는 중국의 독특한 전통은 중국의 국부인 쑨원에게서 연유했다. 인민대중보다는 당이 사회에서 선진적이고 더 우월한 집단이라고 봤기 때문이다. 이런 엘리트주의적 정당 개념은 마오쩌둥(毛澤東)에게 패한 뒤 대만으로 갔던 장제스(蔣介石)가 받아들여 장제스-장징궈의 권위주의적 통치를 정당화하는 데 사용했다.

중국 사회에서 그렇게 영향력이 큰 중국공산당은 언제 그리고 어떻게 창당했을까? 그리고 중국공산당 초창기에도 지금과 같은 권위와 영향력을 누렸을까 하는 의문이 든다. 이런 물음에 답하려면 꼭 마주치는 사람이 있다. 중국공산당 하면 바로 연상되는 마오쩌둥이 아니라 중국공산당을 창당하는 데 일등공신이었던 천두슈다.

중국 근현대사를 살펴보면 중요한 많은 인물들이 등장한다. 아편전쟁 때의 린쩌쉬(林則徐)와 쩡궈판(曾國藩) 그리고 리홍장(李鴻章), 태평천국의 난을 일으켰던 홍슈취안(洪秀全), 청 왕조를 개혁하고자 했던 캉유웨이(康有爲)와 량치차오(梁啓超), 청조 말기의 장군으로 군벌의 시조였던 위안스카이(袁世凱), 청조를 무너뜨리고 공화정을 세우고자 했던 쑨원(孫文) 등이 있었고 청조 말기와 신해혁명을 거치는 동안 대중에게 영향력 있었던 사상가로는 다윈의 진화론을 소개한 옌푸(嚴復), 청말 사상가이자 역사학자였던 왕궈웨이(王國維), 저명한 유학자이자 민족주의 사상가였던 장빙린(章炳麟), 혁명가이자 교육자였던 차이위안페이(蔡元培) 등이 있었다. 그런데 천두슈는 바로 이들의 후속 세대로서 오늘날의 중국 사회를 형성하는 데 가장 큰 영향을 미쳤던 인물이었다.

천두슈의 업적을 미리 앞당겨 간단히 말하면, 캉유웨이-량치차오의 지지자로서 청조의 개혁을 바랐던 그는 1915년 『신청년』 잡지를 발간하면서 신문화운동의 선구자가 됐다. 그리고 1919년에 그는 5·4운동을 이끈 핵심 지도자였고, 1921년에는 리다자오(李大釗)와 함께 중국공산당을 창당하는 데서 주도적인 역할을 했다. 따라서 20세기 초기 중국 사회의 정치사상적 흐름을 주도했던 인물이 바로 천두슈라고 말할 수 있다.

그런데 신해혁명 이후 격변기 때 중국 사회가 나아갈 방향을 제시했고 또 중국공산당까지 창당했던 천두슈가 왜 일부 학술 저서 외에서는 그 이름조차 찾아보기 힘든 인물이 됐을까? 어찌 보면 이 점이 중국 현대사의 비극이라 할 수 있다.

천두슈는 1921년 중국공산당을 창당한 뒤로 1927년 8·7 회의에서 총서기직을 그만둘 때까지 중국공산당의 실질적 지도자였다. 심지어 그는 총서기직을 5번이나 맡았는데, 이는 4번을 역임한 마오쩌둥보다 더 많았다. 그럼에도 천두슈는 중국공산당의 역사에서 존재하지 않은 인물 취급을 받았다. 중국공산당 내의 많은 인물들이 당 내에서 비판을 받았고 심지어 반혁명분자라는 낙인이 찍히곤 했지만 대체로 사면되고 복권됐다. 그런데 천두슈에게는 우익기회주의자, 반혁명분자, 일본의 한간(漢奸)이라는 딱지가 붙기도 했고, 심지어는 그의 가문이 몰락한 사대부라는 근거로 봉건주의자나 지주 계급 출신이라는 비난도 있다. 1978년 개혁·개방 정책 이후로 천두슈에게 씌워졌던 많은 비난들이 부당하다는 평가가 있었지만 아직도 중국공산당 내에서 그를 출당한 것에 대한 시정(是正)과 복권(復權)은 이뤄지지 않고 있다. 이 글의 말미에 이 점을 다루기로 하고 먼저 천두슈의 위대한 업적들을 살펴보는 것이 먼저일 것 같다.

Ⅱ. 민족주의자에서 혁명가로

천두슈는 1879년 안후이성의 안칭시 인근의 현인 화이닝(懷寧)에서 태어났다. 그의 본명은 천첸성(陳乾生)이고, 보명은 천칭퉁(陳慶同), 자는 중푸(仲甫), 호는 스안(實菴)이다. 하지만 그는 본명보다는 필명 천두슈(陳獨秀)로 더 알려졌는데, 이와 관련한 일화가 유명하다. 그의 절친한 친구인 왕멍쩌우(汪孟鄒)는 필명이 두슈(獨秀)인 것을 두고 "홀로 뛰어나다는 이름이 안하무인 아니냐?"고 빈정대자 천두슈는 자신의 고향에 있는 두슈산(獨秀山) 아래에 살고 있는 사람이라는 의미라고 답변했다.

천두슈의 가계는 경제적으로 어렵지 않은 양반 가문이었다. 천두슈의 아버지는 일찍 죽었고, 그래서 그는 할아버지 밑에서 엄격한 교육을 받고 자랐다. 그가 1937년 국민당의 감옥에서 쓴 『스안자전』(實庵自傳)에서 홀어머니 차(査) 씨에 대한 언급이 있는데, "아주 유능하고 의를 중시하며 재물을 아끼지 않고 약한 자들을 위해서는 기꺼이 나서는 성품을 가진 분"(천두슈, 『천두슈 사상 선집』, 478쪽, 2017)이라고 묘사하고 있다. 그는 과거 시험을 위한 사서오경과 팔고문(八股文)[1] 공부를 극도로 싫어했지만 어머니 때문에 시험 준비를 했다. 1896년 그가 17세 때 안칭에서 보는 과거에 합격하여 수재(秀才)가 됐다. 과거 시험에 합격한 덕분에 그 지역 부호들이 천두슈와 정혼을 하려 줄을 섰고, 그 덕분에 어머니를 기쁘게 할 수 있었다. 하지만 이듬해인 1897년에 난징에서 열린 장난(江南) 향시에서는 탈락했다. 천두슈는 과거시험을 위해 준비하는 팔고문에 대한 환멸과 과거시험장의 비인간적인 면들 때문에 청조에 대한 반감은 더 커졌다(천두슈, 『천두슈 사상 선집』, 488~496쪽, 2017). 때 마침 그는 장난 향시에서 만난 왕시옌(汪希顔) 덕분에 캉유웨이와 량치차오의 지지자가 됐다.[2] 이들은 서구 열강들의 중국 침략에 맞서 청 왕조를 개혁하자는 변법자강 운동으로 유명했다.

1899년에 홀어머니 차 씨가 죽자 천두슈는 저장성 항저우에 있는 구시서원(求是書院)에 입학해 영어와 불어 그리고 조선술 등을 배웠다. 1901년 천두슈는 구시서원에서 청 왕조를 비판하는 주장을 펼친 것 때문에 경찰의 추격을 받자 1902년에 일본으로 건너갔다.

1895년 청일전쟁에서 일본에 패배한 청나라 지배층은 큰 충격을 받았지만 오히려 이 사건이 개혁파들에게는 일본을 배워야 한다는 자극이 됐다. 일본을 통해 근대 문물을 배워 중국 사회를 개혁해야 한다는 취지였다. 그래서 청 왕조 말기에 다른 나라보다도 일본에 유학하는 중국인들이 많았다. 천두슈도 그 중의 하나였다.

그런데 일본에 유학 온 개혁파 학생들도 시간이 지남에 따라 분화하기 시작했다. 그 과정을 잘 보여 준 것이 천두슈가 일본에 가서 참가한 여지사(勵志社)라는 단체였다. 여지사는 시국이나 정치와는 거리가 먼 유학생들의 단체로 고향을 떠나 온 유학생들의 고민과 감정을 서로 공유하는 것을 목적으로 했다. 그런데 천두슈와 몇몇 친구들이 청 왕조가 일본 유학생들을 감시하기 위해 보낸 학감의 변발을 자른 사건에서 알 수 있듯이, 일부는 급진적으로 바뀌었다. 이 사건 때문에 천두슈는 귀국할 수밖에 없었다.

1903년 천두슈는 안칭에서 사설도서관 여지학사를 만들어 반청 운동을 펼치다가 다시 경찰에 쫓기는 신세가 됐다. 그래서 상하이로 피신한 그는 장스자오(章士釗), 장지(張繼) 등을 도와 『소보』(蘇報) 발행에 참가했다. 그런데 쩌우룽(鄒容)이 쓴 「혁명군」이라는 글이 청조를 혁명으로 뒤집자는 내용을 담고 있었기 때문에 『소보』는 청조에 의해 강제로 폐간됐다. 그래서 천두슈와 그 주변 인물들은 『국민일일보』(國民日日報)를 발간했지만 재정 문제 때문에 계속 발간할 수 없었다. 그러자 다시 안칭으로 돌아온 천두슈는 1904년에 『안후이 속화보』(安徽俗話報)를 발간했는데, 이 잡지가 청조의 개혁과 혁명을 염원하던 많은 사람들에게 읽히며 큰 성공을 거두었고, 당연하게도 그의 명성도 널리 퍼졌다. 1915년에 천두슈가 『청년』(1916년에 『신청년』으로 이름을 바꿈)을 발간하면서 신문화운동을 이끌었던 것이 단순한 우연이 아니었다는 점을 『안후이 속화보』의 성공을 통해 알 수 있다. 1904년에 천두슈는 '안후이 애국회'를 조직했고, 그 다음 해인 1905년에는 우후에서 악왕회(嶽王會)를 조직하여 청조를 혁명으로 뒤집어엎겠다는 운동을 전개했다. 그러다 다시 경찰에 쫓겨 1906년에 일본으로 도망을 갈 수밖에 없었다.

1897년 과거시험을 보면서 세상을 알게 된 때부터 1906년 일본으로 도피할 때까지 천두슈는 청 왕조를 개혁해야 한다는 개혁주의 지지자에서 이를 전복해야 한다는 혁명가로 바뀌었지만 그 과정이 평면적이지는 않았다.

천두슈는 제국주의 열강에 대한 반대와 청조의 혁명적 전복을 주장했지만 중국의 역사와 문화 전통을 완전히 부정하지는 않았다. 이 당시 그가 쓴 「양자강 형세를 간략히 논함」(楊子江形勢論略)에서 중국의 산천초목에 대한 애정과 서구 열강에 의해 과분(瓜分)된다는 격정을 볼 때나(陳獨秀, 『陳獨秀著作選』 第一卷, 1~12쪽, 1993) 또 남송 때의 장군 악비(嶽飛)를 추앙하는 악왕회라는 명칭을 사용한 것에서 볼 때 그의 입장은 민족주의이자 애국주의라고 볼 수 있다.

하지만 천두슈를 민족이나 국가에 대한 열렬한 추종자는 아니었다. 천두슈는 『안후이 속화보』에서 차르 러시아의 부당한 횡포를 폭로하는 등 제국주의 세력에 반대하며 중국 민중의 혁명적 의식을 고취하는 주장을 펼쳤다. 그리고 이런 주장은 그 당시 개혁주의 지식인이나 일본 유학생들에게 쉽게 찾아볼 수 있었다. 하지만 천두슈가 발간한 『안후이 속화보』는 독자 대상을 지식인만이 아니라 사회 저변에 있는 일반 민중을 대상으로 했다는 점에서 그의 민중 지향성을 짐작해볼 수 있다. 천두슈가 민족이나 국가로 포괄할 수 있는 집단 내에서 사회 상층부가 아니라 저변의 민중들에 대해 보이는 관심과 애정은 이후 신문화운동에서 더 뚜렷하게 드러난다.

Ⅲ. 신문화운동과 5·4운동

1911년 중국에서는 신해혁명이 일어나 청 왕조가 무너지고 중화민국이 세워졌다. 청 왕조에 대항해 혁명을 주장했던 천두슈는 안후이성 도독 쑨위윈(孫毓筠)의 요청으로 안후이성 도독부 비서관이 되어 공화정을 지지하는 도독을 도왔다. 하지만 1913년 위안스카이가 중화민국의 핵심 인물인 쑹자오런(宋教仁)을 암살한 뒤 국회를 강제로 해산시키고 자신이 황제가 되고자 했다.

위안스카이의 반혁명에 대항해 국민당 정부의 도독 3명(강서도독 리리에쥔, 강동도독 후한민, 안후이성 도독 바이원위)이 제2의 국민혁명을 일으켰지만 실패했다. 천두슈는 자신의 친구이자 쑨위윈의 뒤를 이어 안후이성 도독이 됐던 바이원위(柏文蔚)를 도와 제2의 국민혁명에 참가했다. 제2차 국민혁명이 실패하자 천두슈도 위안스카이의 북양군벌에 쫓겨 일본으로 도피하지 않을 수 없었다.

중국에서 신해혁명이 영국의 1642년 청교도혁명이나 프랑스의 1789년 대혁명처럼 온전하게 전개되지 못한 것은 그 당시 중국의 자본주의 발전이 충분히 이루어지지 않은 사실을 반영했다. 중국에서 자본가 계급은 자본주의 발전의 후진성 때문에 노동자들을 통제하고 자신들의 계급적 이해관계에 기초해 사업을 운영하기 위해서는 위안스카이 같은 군부의 힘에 의존해야 했다. 결국 중국 자본주의 발전의 후진성이 신해혁명의 실패와 군벌의 등장을 낳았다고 할 수 있다.

신해혁명이 비록 부르주아혁명이지만 중국 사회의 후진성으로 인해 불완전하다는 점을 천두슈는 분명히 느끼고 있었다. 그는 1911년 신해혁명의 성과들이 위안스카이에 의해 짓밟히는 것을 보았기 사회의 근본적인 변화와 이에 기초한 대중의 각성이 필요하다고 봤다. 1914년 일본에서 장스자오가 발간하던 『갑인』(甲寅) 잡지에 기고한 「애국심과 자각심」은 신해혁명이 낳은 중국사회의 모순을 날카롭게 지적하고 있었다.

> "가령 중국이 한 나라로서, 밖으로는 침략을 막지 못하고 안으로는 백성을 보호하지 못하며 단지 백성을 보호하지 못할 뿐만 아니라 백성을 학대하기까지 하는 일을 조정과 재야가 한가지로 하면서 인민들을 절망하게 한다면, 그런 나라는 하루라도 빨리 망하지 않고 더 오래 존속하면 할수록, 그만큼 더 외채가 늘어나고 국가 권력을 남용해서 백성들을 죽이고 수탈하는 일을 하루도 그만두지 않을 것이다."
>
> (천두슈, 『천두슈 사상 선집』, 50~51쪽)

천두슈는 이 글에서 민족주의나 애국주의를 뛰어넘어서 백성들에게 국가란 무엇인가 하는 물음을 던진다. 이는 청 왕조가 무너졌지만 백성과 인민들을 더욱 고통스럽게 하는 국가를 그 백성들은 자신들의 국가라고 여겨 지키고 방어할 가치가 있을까 하는 물음이기도 했다. 또한 이 글은 신해혁명으로 중화민국이라는 공화정이 세워졌지만 인민 대중에게 실질적인 개혁을 가져다주지 못한 현실을 비판하는 것이기도 했다. 신해혁명의 실패와 위안스카이의 황제 즉위 등의 사태에 대해 천두슈가 내린 결론은 민주주의와 과학이었다. 그는 사회 저변에 민주주의와 과학적 사고를 확대하여 사회 구조와 구성원들의 의식을 바꾸고자 했다. 1915년 중국으로 돌아온 천두슈는 바로 민주주의와 과학을 내세운 『신청년』 잡지를 발간했고, 이 잡지가 신문화운동의 기관지가 됐다.

신해혁명을 전후로 많은 개혁파 인사들이 중국 사회를 구하고(救囮) 대중을 계몽(啓蒙)하기 위해 『신민총보』(新民叢報), 『민보』(民報), 『갑인』(甲寅), 『노력주보』(努力周報) 등의 잡지들을 발간했지만 천두슈와 『신청년』이 신문화운동을 대표한다고 말할 수 있었던 것은 바로 그 당시 중국 사회가 필요한 바를 가장 잘 표현했기 때문이었다. 천두슈가 편집자로 있었던 『신청년』에는 애국주의나 민족주의, 공화주의, 개혁주의, 실용주의, 공리주의, 생디칼리즘(공단주의), 아나키즘, 사회주의, 마르크스주의 등 다양한 조류들이 공존했고, 아나키즘과 볼셰비즘의 논쟁[3]이나 '문제와 주의' 논쟁[4]처럼 다양한 쟁점을 두고 토론과 논쟁이 벌어졌다.

그럼에도 신문화운동은 개인의 자각과 각성(개인주의), 공교에 반대하는 근대적 사고와 실험정신(과학), 프랑스가 이룩한 근대문명(민주주의) 등에 기반을 두고 중국 사회 변화를 추구했다. 천두슈는 자각한 개인을 '신청년'이라 규정하고 이들에게 다음과 같이 촉구했다.

> "자주적이어야지 노예적이어서는 안 된다. … 진보적이어야지 보수적이어서는 안 된다. … 진취적이어야지 퇴영적이어서는 안 된다. … 세계적이어야지 쇄국적이어서는 안 된다. … 실리적이어야 하며 허식적이어서는 안 된다. … 과학적이어야 하며 상상적이어서는 안 된다."
>
> (천두슈, 『천두슈 사상 선집』, 54~64쪽)

또한 천두슈는 그 당시 급진 민주주의자로서 프랑스 사회가 근대 부르주아 혁명을 통해 구축한 성과들을 적극 받아들일 것을 주장한다. 그는 프랑스 근대문명의 세 가지로 인권론, 생물 진화론, 사회주의를 지목했다.

신문화운동 당시 천두슈는 프랑스의 장 자크 루소 등 사회계약론자들의 주장을 받아들여 국가나 사회보다도 개인의 우선성을 주장했다. 즉 민족이나 사회보다는 개인이 먼저이고 이 개인들의 사회적 합의가 국가나 민족 등으로 표현된다는 것이다. 천두슈의 이런 방법론적 개인주의 사상은 근대 서구의 계몽주의 사상의 철학적 기초를 이루는 것이었고, 또 백성을 괴롭히는 국가나 사회를 전복시키자는 '애국심과 자각심'의 주장과도 일맥상통했다. 이런 점에서 신문화운동 당시 천두슈의 사상은 급진적 민주주의(radical democracy)였다.

다른 한편 신문화운동 당시 천두슈의 입장은 중체서용보다는 전반서화론자(全般西化論者)와 가까웠다. 천두슈는 량치차오나 량수밍(梁漱溟) 등이 주장한 바처럼 중국 사회의 변화에서 중국의 문화와 철학을 기본으로 하자는 주장에는 반대했지만 그렇다고 해서 중국의 문화적 전통을 모두 부정하자고 주장한 것은 아니었다. 서로 이질적인 문화, 제도, 종교 등이 접하면서 대립과 갈등 그리고 혼합과 변종이 생기기 마련인데, 이런 점에서 중국의 모든 문화와 제도 등을 버리고 서방의 문물을 받아들이자는 전반서화론자들의 주장은 매우 극단적이다. 또 중국의 것을 본체로 해서 서양의 기술을 활용하자는 중체서용도 이치에 맞지 않은 주장인데, 서양의 기술에는 그들의 과학적 사고와 세계관이 반영돼 있기 때문이다. 따라서 중국과 서양 사이에는 과학기술과 문화 그리고 가치관 등의 교류와 상호영향은 당연히 존재할 수밖에 없다.

천두슈는 서구에서 발전하여 뿌리를 내린 근대적 사상체계를 수단으로 중국 사회를 개혁하고자 했다. 하지만 그는 근대적 사상체계가 보편적 정의를 추구하고 사회의 모든 인민들에게 프랑스 대혁명의 이념이었던 자유와 평등 그리고 박애를 제공하지 못한다는 점을 보지 못했다. 천두슈는 서구의 근대 사상 또는 급진 민주주의가 가진 모순을 제1차세계대전 종전 후 서방 열강들의 전후 강화회의에서 깊이 깨달았다. 천두슈가 급진 민주주의자에서 마르크스주의자 또는 사회주의자로 변모한 주된 이유도 바로 이 때문이었다.

1919년 중국의 5·4운동은 열강들의 전후 처리과정에서 중국의 요구가 묵살된 사실에서 비롯했다. 제1차세계대전 직후 중국은 특히 일본 제국주의에게 빼앗긴 영토를 되찾을 수 있을 것이라고 기대했지만, 돤치루이(段祺瑞) 군벌의 친일 행위로 인해 위안스카이와 일본 정부 사이에 체결된 21개 조항이 파리강화회의에서 서방 열강들에 의해 인정됐다. 그 결과 산둥반도의 각종 이권이 일본의 권리로 인정됐다. 이에 분노한 북경의 학생들이 교통총장 차오루린(曹汝霖)의 집을 습격하여 불태웠다.

1919년 초반 천두슈는 한국의 3·1운동을 보며 "우리는 찬미와 애상과 흥분과 기대와 수치 등 갖가지 느낌"(천두슈, 『천두슈 사상 선집』, 118~119쪽, 2017)을 가지고 있음을 토로하던 차에 5·4운동이 벌어진 것이다. 마오쩌둥이 천두슈를 "5·4운동의 총사령"이라고 평가했듯이, 그는 5·4운동을 주도했다. 그 당시 베이징대학 문과대학 학장직을 맡고 있는 동안 학생과 시민들의 투쟁을 적극 고무했고, 6월 10일에는 '베이징시민선언'이라는 제목의 유인물을 배포했고(천두슈, 『천두슈 사상 선집』, 137~138쪽, 2017), 이 사건 때문에 북경의 군벌 정부로부터 80여 일 동안 감옥에 갇히게 됐다.

사회적 여론과 명망가들의 적극적인 탄원으로 감옥에서 나온 천두슈는 『공산당 선언』을 비롯한 마르크스주의 저작들을 접하고 마르크스주의자로 바뀌었다. 북경 정부의 감시를 뚫고 상하이로 온 천두슈는 학생과 노동자들로 구성된 사회주의 조직을 건설하는 작업에 매진했다. 천두슈가 급진 민주주의자에서 사회주의자로 변모한 데에는 두 가지 요소가 작용했다.

첫째는 전후 처리를 둘러싼 제국주의 열강의 행태에 대한 실망과 분노 때문이었다. 제1차세계대전이 종전될 때만 해도 천두슈는 공리가 강권을 이긴 것으로 여겨 전후 처리에 기대를 걸고 있었다. 더욱이 미국 대통령 윌슨의 민족 자결주의는 일본 제국주의에 맞서 중국의 권리를 옹호하는 논리로 작용할 수 있을 것으로 봤다. 하지만 전후의 승리자였던 영국과 프랑스는 피억압민족의 이익을 내팽개쳤고, 민족 자결주의를 내세웠던 미국은 중남미에 자신들의 식민지를 건설하는 쪽으로 나아갔다. 반면 그 당시 사회주의를 표방하던 러시아의 볼셰비키 정부는 외무인민위원 카라한을 통해 차르 정부가 중국에 대해 갖고 있던 모든 이권을 포기한다고 선언했다.[5]

둘째는 신문화운동이 지니고 있는 한계 때문이었다.

신문화운동은 유교와 중국의 전통적인 가치관에 대한 반대에서는 한목소리를 냈지만 자체적으로는 다양한 조류로 발전했다. 앞서 언급한 '문제와 주의' 논쟁처럼, 이 운동의 방향을 두고 여러 조류들이 서로 대립하고 갈등을 빚었다. 따라서 천두슈는 신문화운동을 더 발전시키기 위해 무엇이 필요한지를 선택할 필요가 있었다. 이런 그의 고민은 그가 신문화운동을 이끌면서 수용한 프랑스의 계몽주의 사상이 지닌 한계와도 관련이 있었다. 좀 더 기계적으로 말하면 사회의 기득권 세력들이 그 사회 구성원들의 욕구와 바람을 무시하거나 억누를 때 이를 어떻게 해결할 것인가 하는 문제이기도 했다. 천두슈는 언론의 자유가 있어서 베이징의 군벌 정권을 자유롭게 비판할 수 있다손 치더라도 그것만으로는 그 군벌 정권이 제국주의 열강들과 한편이 돼서 중국의 영토를 외세에 내주거나 이권을 헐값에 매각하는 것을 저지시키지는 못한다고 생각했다. 그는 언론의 자유뿐 아니라 그 외의 또 다른 더 강력한 무엇이 필요하다고 생각했다. 그는 이런 생각을 「민치 시행의 기초」에서 이렇게 주장했다.

> "정치적 민주주의에 대한 우리의 해석은 인민이 직접 헌법을 제정하고 헌법으로 권한을 제한하며, 대의제로 헌법의 규정에 따라 민의를 집행하는 것이다. 한마디로 말하면 바로 지배자와 피지배자의 계급적 차이를 철폐하여 인민 자신이 지배자인 동시에 피지배자가 되는 것이다. 솔직히 말하면 소극적으로는 수동적인 관치를 거부하는 것이요, 적극적으로는 자발적인 인민자치를 실행하는 것이다."
>
> (천두슈, 『천두슈 사상 선집』, 141쪽)

천두슈는 「빈민들의 울부짖는 소리」에서 처음으로 계급 분화에 따른 빈부격차의 확대에 대해 언급하는데, 이는 급진 민주주의에서 한발 더 나아가 계급 지배와 착취에 기초한 마르크스주의를 수용하고 있음을 보여 주는 것이었다.

> "구미 각국에서 빈부격차가 생겨나는 원인은, 돈 있는 사람이 공장을 열어서 많은 가난한 사람들을 고용해 대신 일을 시키고는 일해서 번 돈 대부분을 그들 주머니에 넣고 그중 일부만 노동자들에게 임금으로 주기 때문이다. 공장이 커지고 많아질수록 공장을 운영하는 소수의 자본가들은 더 부유해지지만 노동을 하는 수많은 가난한 사람들은 여전히 가난하다. … 차츰차츰 그런 무산계급이 유산계급에 대해 일으키는 사회혁명의 분위기가 조성되어간다."
>
> (천두슈, 『천두슈 사상 선집』, 126쪽)

5·4운동 당시 천두슈가 왜 자유주의나 개혁주의를 선택하지 않고 마르크스주의와 사회주의를 선택했는지 하는 문제가 있다. 특히 1919

년 5·4운동이 벌어지기 직전에 미국의 진보적인 철학자 존 듀이(John Dewey)가 북경을 방문해 지방자치와 일자리에 근거한 동업조합인 길드 사회주의(guild socialism)를 주장해 큰 호응을 얻었다.[6]

그런데 이 당시 중국은 점진적 개혁을 통해 사회를 변화시킬 수 있는 상황이 아니었다. 군벌들이 중국 전역을 쪼개어 통치하고 있었고, 유교나 여성 차별적 의식 등 봉건적 잔재들이 여전히 남아 있는 상황에서 서구의 근대문화와 제도가 유입되고 있었다. 자본주의 발전으로 상업과 제조업이 성장하고는 있었지만 여전히 서방 열강들과의 사업적 연관 속에서 이뤄졌다. 또한 홍콩이나 광저우 등지에서 자본주의가 발전하면서 자본가와 노동자 사이의 계급적 갈등도 점점 부각되고 있었다. 한마디로 그 당시 중국은 경제적으로 후진적이지만 선진적인 서구 문명이 들어와 불균등하면서도 서로 기묘한 조합을 이루고 있는 상황이었다.

그래서 중국 사회를 바꾸려면 제국주의 열강과 연관을 맺고 있는 군벌들을 제거해야 했고, 이 군벌들이 지지기반으로 삼고 있는 지주계급을 제거해야 했다. 또한 계급적 갈등도 해결할 필요가 있었다.

이 때문에 자본주의 발전이 어느 정도 이뤄진 미국에서 지역 사회의 점진적 개선을 목표로 하는 존 듀이의 길드 사회주의는 중국에서 채택하기 힘들었다. 1921년 당시 천두슈는 「사회주의 비판」이라는 글에서 이렇게 주장했다.

"오직 러시아 공산당만이 명의상으로나 실질적으로나 진정한 마르크스주의라고 할 수 있다. … 우리 중국인은 이 두 가지 사회주의 중 대체 어떤 것을 선택해야 하나? 나는 중국의 개혁과 존립은 대부분 국제사회주의 운동의 도움에 의존해야 한다고 생각한다."

(천두슈, 『천두슈 사상 선집』, 265쪽)

천두슈는 이미 40대 초반의 나이임에도 노동자 투쟁에 투신하고 사회주의 조직을 건설하기로 했는데, 그 당시 젊은이들의 선택도 비슷했다. 따라서 천두슈가 5·4운동을 거치면서 사회주의로 전향하고 나아가 중국공산당을 창당한 것은 그 당시 시대적 현상이라고 말할 수 있다.

Ⅳ. 중국공산당의 창당과 활동

1920년대에 중국 공산주의 운동에서는 남진북이(南陳北李)라는 말이 유행했다. 남쪽에는 천두슈가 북쪽에는 리다자오가 있다는 의미였다. 실제로 이 두 사람이 중국 공산주의 운동의 뿌리를 내렸다고 말해도 과언이 아니었다. 하지만 마르크스주의를 수용하고 1917년 러시아 혁명의 경험을 본받아 중국에 적용하려 했던 인물은 천두슈였다. 1920년에 상하이로 온 천두슈가 상하이 노동자 투쟁에 개입하고 학생들을 모아 사회주의 단체를 건설했을 뿐 아니라 주요 지역에 자신을 따르는 사람들을 보내 거기서 조직을 건설하도록 했다. 바로 이런 공헌과 기여 덕분에 천두슈가 중국공산당을 창당했다는 말이 과장은 아니게 됐다.

중국공산당은 1921년 7월 상하이의 프랑스 조계 지역에서 창당했다.

창당 당시만 해도 전국에서 모인 50여 명 정도의 지식인들로 이뤄진 선전그룹에 지나지 않았다. 그 당시 노동자들은 서방 자본이 들어와 있는 연안 지역, 특히 홍콩과 광저우 그리고 상하이 등지에서 많이 분포해 있었고, 그 지도자들은 중국국민당의 당원이거나 그 당을 지지하고 있었다.

혁명에 성공한 소련공산당과 전 세계 공산주의 혁명 사업을 추진하던 공산주의 인터내셔널(코민테른)은 중국에서 공산당 건설과 공산주의 운동에 많은 도움을 줬다. 소련공산당과 코민테른이 중국에 보낸 특사 보이틴스키(G. Voitinsky)와 마링(Maring)[7] 등이 중국공산당 건설과 노동자 조직 방법 등에 대한 조언들을 많이 제공했다.

이런 조언 중의 하나가 바로 제1차 국공합작이었다.

소련공산당과 코민테른은 중국공산당에게 국민당에 입당해 활동하도록 권고했다. 그 당시 국민당은 비록 자본가 정당이지만 반봉건과 반제국주의 과제를 해결하기 위해 국민혁명이 필요하다고 주장하고 있었다. 또한 국민당은 막 성장하던 노동자들과 농촌의 농민협회 건설 운동을 벌이던 농민들로부터 지지를 받고 있었다.

소련공산당과 코민테른은 신생 중국공산당이 노동자 계급에 뿌리내리기 위해서는 국민당에 입당해 활동하는 것이 도움이 될 것이라고 판단했다. 사실 소련공산당과 코민테른은 창당한 지 얼마 되지 않은 영국공산당에게도 영국 노동당에 입당해 활동하도록 조언한 바가 있었다.

하지만 천두슈, 장궈타오(張國燾) 등 중국공산당의 지도적 인물들은 국공합작이 중국공산당의 독립성을 해친다는 이유로 국민당에 입당해 활동하는 국공합작에 반대했다. 이들은 국민당에 입당하는 당내합당이 아니라 국민당과 공산당의 연합 조직인 당외합작(黨外合作)을 선호했다. 하지만 코민테른의 대표자 자격으로 중국에 온 마링은 중국공산당의 지도부에게 자신의 권위를 활용해 당내합작을 강요했다. 천두슈는 이 방식에 반대했지만 소련공산당과 코민테른의 경험과 권위에 눌려 어쩔 수 없이 찬성했다.

그 결과 1923년 1월에 국민당의 쑨원과 소련 외무인민위원의 자격으로 중국을 방문한 아돌프 요페(A. Joffe)가 국공합작을 알리는 선언을 했다. 국민당은 '소비에트 러시아와 연합하고, 공산주의 세력과 연합하며, 농민과 노동자를 지지한다'(聯俄, 聯共, 扶助農工)는 방침을 천명했고, 공산당은 개인 자격으로 국민당에 입당했다. 공산당은 국민당에 입당해 국민당의 이름으로 노동자와 농민들을 조직하는 성과를 얻을 수 있었고, 국민당은 소련으로부터 재정적 지원을 받을 수 있었다. 광저우에 설립된 황포군관학교와 학교 생도들을 무장시키는 무기를 소련이 제공했다.

국공합작 덕분에 공산당 당원수는 1921년 57명에서 1926년에는 5만 7천 명으로 비약적으로 증가했다. 국민당의 우파 지도자 다이지타오(戴季陶)는 공산당원이 없으면 (국민)당이 돌아가지 않는다고까지 말했다.

국공합작이 진행되면서 공산당의 영향력이 확대되자 이를 위협으로 여기는 세력들이 국민당 내에서 등장했다. 1925년 쑨원이 죽고 그 유훈에 따라 국공합작을 공공연히 반대하지는 못했지만 국민당과 공산당의 결별을 주장하는 세력이 등장했다. 이들은 쑨원의 시신이 안치된 베이징 인근 서산(西山)의 백운사에 모여 회의한 것을 계기로 서산회의파로 불렸다.

국민당 내 우파들이 위협을 느낀 것은 단순한 과장은 아니었는데, 왜냐하면 1923년 이후로 노동자 투쟁과 농민 운동이 점차 증대했고, 1925년에는 오삽운동(5·30운동)이 거대하게 벌어졌기 때문이다. 일본인 공장에서 가혹한 대우에 항의한 중국인 노동자들의 시위에 발포하면서 노동자 투쟁이 거대하게 벌어졌다. 이 투쟁은 외국인 소유 공장뿐 아니라 중국인 공장으로도 번질 조짐을 보였다.

소련공산당과 코민테른은 중국공산당에게 국공합작을 제안하기만 했을 뿐이지 그것을 중단할 조건과 시기에 대해서는 조언해주지 못했다. 주된 이유는 소련공산당 내의 변화 때문이었다.

1924년 레닌이 죽고 그 자리를 스탈린이 차지하면서 레닌과는 다른 정치 전략을 추진했다. 스탈린은 중국혁명이 부르주아와 그 정치적 대표체인 국민당에 의해 수행돼야 하며 중국공산당의 사회주의 혁명은 아주 먼 미래의 일이라고 생각했다. 그래서 중국 국민당이 북벌을 통해 군벌을 제거하고 국가를 통일하는 과제를 추진할 때 중국공산당은 이를 지지하고 후원해야 한다고 생각했다. 그러니 국공합작은 당분간 유지돼야 한다고 주장했다.

이런 생각은 철저하게 소련의 이해관계에 따라 국제 관계를 보는 것이었다. 중국에서 국민당이 집권하고 있으면 제국주의 열강들이 자신들의 이권 때문에 중국에 발이 묶여 있을 것이고 따라서 그 군대가 소련을 겨냥하지 않을 터였다. 또한 전 세계 공산주의 운동에서 유일하게 성공한 사회주의 혁명이 중국으로 확산되면서 국제적 초점이 중국으로 이동하는 것도 싫었다.

반면 소련공산당 내에는 스탈린의 이런 정책에 반대하는 경향이 있었는데, 바로 러시아혁명의 핵심 지도자였던 트로츠키(L. Trotsky)를 따르는 집단이었다. 이들은 중국공산당이 국민당에서 탈당해 독자성을 유지해야 한다고 주장했다. 하지만 소련공산당 내에서 스탈린이 우위를 점하면서 트로츠키를 따르던 집단들은 소련 내에서 탄압을 받았고 트로츠키 자신은 소련공산당에서 출당 조치와 함께 나중에는 유배까지 당했다.

1926년 국민당의 장제스가 소련 고문들을 억류하고 중국공산당 지도자들을 체포하고 홍콩과 광저우의 노동조합들을 탄압했던 중산함(中山艦) 사건을 벌였을 때 스탈린은 중국공산당이 국민당에서 탈당하지 않도록 지시했다. 하지만 장제스가 벌인 중산함 사건은 바로 1년 뒤에 벌어질 반혁명을 위한 예행 연습이었다.

1927년 상하이에서는 노동자들이 무장봉기를 일으켜 황색 노동조합에 영향을 미치던 깡패들과 그 지역의 군벌 쑨촨팡(孫傳芳)을 몰아냈다. 하지만 소련공산당과 코민테른은 공산당원과 노동조합원들에게 무장해제를 하고 국민당의 명령에 따를 것을 지시했다. 1927년 4월 12일 장제스 군대는 무장봉기를 했던 상하이 노동자들을 학살하면서 반혁명을 일으켰고, 이 사건으로 국민당은 장제스의 우파와 왕징웨이(汪精衛)의 좌파로 분열됐다.

1926년과 1927년의 상하이 혁명에서 천두슈의 두 아들이 장제스의 군대에 의해 살륙당했다. 그럼에도 천두슈는 소련공산당과 코민테른의 지시에 따라 4월 12일 이전까지는 국민당과의 국공합작을 유지하기 위해 최선을 다했고, 장제스의 반혁명 뒤에는 국민당 좌파인 왕징웨이와 국공합작을 유지하는 데 온힘을 쏟았다.

하지만 1927년 7월 왕징웨이는 장제스와 같은 반혁명 행위를 했고, 그 때문에 공산당은 어쩔 수 없이 국공합작을 중단할 수밖에 없었다. 1927년 8월 7일 중국공산당 중앙위 회의에서는 그 해에 벌어진 일련의 사태에 대한 책임을 천두슈에게 돌렸다. 그가 우익 기회주의 때문에 당을 위기로 몰아넣었다는 것이 그 이유였다.

1991년 소련이 붕괴하면서 소련공산당 문서고에 있던 비밀문서들이 개방되면서 소련공산당과 코민테른이 중국공산당에게 내린 지시들이 낱낱이 공개됐고, 그 덕분에 1927년 혁명에서 천두슈의 잘못된 지도의 책임을 조금은 덜 수 있었다. 천두슈로서는 코민테른의 지부인 중국공산당이 코민테른 집행위원회와 소련공산당의 권고와 조언을 무시할 수 없었다. 그럼에도 중국공산당의 잘못을 모두 자신의 잘못으로 돌린 것에 대한 불만과 분노가 가슴 속 깊숙이 있었을 것이다.

그런데 1927년 중국대혁명의 실패가 왜 벌어졌는지에 대해서는 어느 누구도 속 시원히 설명해주지 못했다. 이 때문에 중국공산당은 실수를 반복할 수밖에 없었다.

첫째는 천두슈를 이어 중국공산당 지도부가 된 취추바이(瞿秋白)와 리리싼(李立三)이 보인 초좌익 모험주의였다. 사실 이런 경향은 스탈린이 사주한 측면도 있었는데, 자신이 우익 기회주의적으로 지도한 것을 감추기 위해 그 반대쪽으로 막대기를 과도하게 구부렸기 때문이다. 그래서 1927년과 1928년 중국공산당은 역량도 되지 않고 준비도 안 된 채 광둥과 그 인근 지역인 하이펑·류펑(海豊·陸豊)에서 소비에트를 건설하는 무장봉기를 일으켰다가 공산당원과 그 지지자 수만 명이 학살당하는 일이 벌어졌다. 또 농촌 지역에서는 농민들의 추수봉기를 조직했다가 국민당 군대에 의해 전멸당했다. 마오쩌둥도 추수봉기의 책임을 지고 농촌에 내려갔다가 실패하고 징강산(井崗山)으로 도피할 수밖에 없었다.

둘째는 중국공산당이 농촌 지역으로 활동 무대를 옮긴 일이었다. 도시에서 준비 안 된 무장봉기로 근거지와 영향력을 완전히 상실한 중국공산당은 국민당의 군사적 공세에 떠밀려 농촌의 오지로 대장정을 할 수밖에 없었다. 이런 변화는 중국공산당을 노동자 정당에서 농촌 게릴라들의 조직으로 바꾸는 것이었다. 결국 1949년 혁명은 노동자 투쟁 없이 농촌에 근거지를 둔 게릴라들이 도시를 점령한 사건이었다.

V. 마지막 15년의 정치 활동

천두슈는 1927년에 중국공산당 총서기에서 물러났지만 대중의 정서를 파악하는 정치적 감각은 뛰어났다. 이를 잘 보여 주는 일이 중동로 사건에 대한 태도였다. 국민당의 장제스가 민족주의적 선동을 통해 중동로에 대한 소련의 영향력을 제거하려 했을 때 스탈린의 지시를 충실히 따르던 중국공산당은 중동로 문제에 대해 소련의 권리를 옹호하고 있었다. 하지만 천두슈는 중동로 사건이 단지 중국과 소련의 이해관계의 다툼만이 아니라 미국과 일본이 만주 지역에 영향력을 확대하려는 제국주의적 쟁탈전의 성격을 띠고 있음을 종합적이고 총체적으로 봐야 하고 이 사건을 계기로 국민당의 반동적인 성격과 제국주의 세력의 소련 침략 의도를 폭로해야 한다고 지적했다(천두슈, 『천두슈 사상 선집』, 363~371쪽, 2017).

중국공산당 중앙은 천두슈의 이런 지적을 달가워하지 않았다. 하지만 중국공산당 중앙이 천두슈를 당에서 제명하기로 결정했던 것은 바로 천두슈가 트로츠키주의를 받아들인 점 때문이었다. 천두슈는 자신의 사촌 조카를 통해 트로츠키의 1927년 중국혁명에 관한 글을 접하고 트로츠키의 주장에 동의했다. 천두슈는 1929년 12월 10일 「전당의 동지들에게 알리는 글」에서 이렇게 지적했다.

> "지금 당의 과오는 지엽적이고 국부적인 문제가 아니라 과거와 마찬가지로 스탈린이 이끄는 코민테른의 총체적인 기회주의 정책이 중국에서 모습을 드러낸 것이다."
>
> "우리 모든 당원들에게는 당을 구해야 할 책임이 있으므로 마땅히 볼셰비키 정신과 정치노선을 회복해서 강고하게 일치단결함으로써 … 코민테른과 당 중앙의 기회주의자들과 끝까지 싸워야 한다."
>
> (천두슈, 『천두슈 사상 선집』, 407쪽)

그 당시 중국공산당은 스탈린의 충실한 부하 미프(Mif)의 지도를 받고 있던 왕밍(王明, 본명은 천사오위陳紹禹)과 28인의 볼셰비키들에 의해 움직이고 있었다. 따라서 스탈린을 비판하는 트로츠키의 주장에 공감하는 천두슈를 그대로 두고 볼 수는 없었다. 그 결과 중국공산당은 천두슈를 출당 조치를 내렸고, 1930년대에는 천두슈가 일본 헌병으로부터 매달 얼마간의 돈을 받고 일본의 첩자 노릇을 했다고 비난했다. 하지만 천두슈가 일본 첩자라는 주장은 날조이자 중상모략이었다. 그럼에도 1978년 개혁·개방 직후 천두슈가 일본의 첩자는 아니었다는 사실이 중국 학계에서 받아들여지기 전까지 이 중상모략은 심심치 않게 제기됐다. 1931년에 천두슈는 소련의 스탈린과 코민테른에 반대하는 국제좌익반대파에 참가했다. 하지만 중국 내에서 트로츠키주의 단체는 서로 갈등을 빚다가 트로츠키의 제안에 따라 우여곡절 끝에 통합 당대회를 개최했다. 하지만 통합 당대회를 개최한 지 며칠 지나지 않아 내부 고발자 때문에 단체의 간부들이 국민당 특무에 체포됐다. 다행히 천두슈는 1년 동안 활동하다가 1932년에 체포돼 8년형을 선고받았다. 천두슈가 트로츠키주의를 받아들인 뒤로 얼마 활동하지도 못하고 감옥에 갇힌 셈이었다.

1936년 서안사변이 벌어지고 제2차 국공합작이 추진될 즈음 장제스는 국민당과 공산당이 힘을 합쳐 일본 제국주의를 몰아내야 한다는 분위기에서 천두슈를 조기에 석방시킬 수밖에 없었다.

1937년에 출옥한 뒤 천두슈는 중국공산당과 트로츠키주의 단체 모두로부터 독립적으로 행동했다. 하지만 여러 정치세력들이 천두슈를 자신들 편으로 끌어들이고자 노력했다. 중국공산당 중앙은 당시 옌안에 있었는데, 둥비우(董必武), 예졘잉(葉劍英), 보구(博古), 저우언라이(周恩來) 등을 보내 천두슈의 공산당 입당을 추진했다. 하지만 당시 마오쩌둥이 이끌던 중국공산당은 국제좌익반대파가 틀렸음을 천명하고 그들과의 관계를 단절할 것을 복당의 요구조건으로 내걸었다. 천두슈는 트로츠키주의 단체와의 연계는 없었지만 중국공산당이 제시한 복당의 조건을 수용하지 않았고, 그 결과 복당도 이뤄지지 않았다.
다른 한편 장제스는 후스를 보내 노동부장을 제안했고 쑨원의 부인인 쑹칭링(宋慶齡)을 통해 관직을 제의했지만 천두슈는 이를 모두 거부했다. 또한 천두슈는 장진(江津)에서 매우 빈궁하게 살았지만 장제스가 제공하는 돈은 한 푼도 받지 않았다.[8] 이 당시 천두슈는 일본 제국주의에 맞서 국민당과 공산당이 힘을 합쳐야 하는 시기이기에 두 아들을 죽인 불구대천의 원수인 장제스에 대한 비판을 잠시 억누르고 있었다.

트로츠키도 천두슈의 명성과 영향력을 안타까워하며 그에게 미국 이주를 제안했다. 하지만 천두슈는 트로츠키의 이 제안을 거부했다. 후스는 천두슈를 두고 '종신적 반대파'(終身的反對派)라고 불렀지만, 트로츠키와 함께 활동했던 정차오린(鄭超麟)은 말년의 천두슈를 다르게 평가했다. 정차오린은 천두슈가 출감한 뒤에 트로츠키주의 단체와 거리를 두고 그 존재를 부정했던 것은 그 당시 장제스 정부의 탄압 때문이었다고 지적하면서 그가 죽을 때까지 트로츠키주의를 비판하거나 부정하지는 않았다고 말했다. 또 천두슈가 난징 감옥에 있을 때 방문해 잠깐 함께 지냈던 왕판시(王凡西)도 천두슈가 그 당시 트로츠키주의 단체의 미숙하고 경험 없는 젊은 지도자들에 대한 반감은 있었지만 트로츠키나 트로츠키주의에 대한 호의는 갖고 있었음을 지적했다. 정말 정차오린의 말처럼 그가 좀 더 살았더라면 어떤 행보를 보였을지 궁금할 따름이다. 따라서 천두슈의 마지막 15년은 옛 소련의 스탈린주의를 재평가하고 민주주의와 사회주의의 관계를 천착할 수 있는 계기를 제공한다.

1942년 5월 27일 쓰촨성 장진(江津)시 스짱위안(石藏院)에 살던 천두슈는 손님에게 대접한 돼지고기 요리를 먹고 배탈이 나서 죽었다.

VI. 에필로그

천두슈의 임종을 지켜본 유일한 혈육은 첫째 부인의 세 번째 아들인 천쑹녠(陳松年)이었다. 그는 평생을 고생하다가 1978년 개혁·개방 정책 이후에야 비교적 편안한 삶을 살았다. 사실 그의 삶의 굴곡은 천두슈에 대한 평가에 따라 이루어졌다.

사실 중국 현대사에서 천두슈에 대한 진지한 평가는 거의 없었다. 왜냐하면 마오쩌둥이 천두슈를 두고 "5·4운동의 총사령"이나 "중국의 플레하노프"라고 평가하긴 했지만 대체로는 우익 기회주의자, 심지어는 지주 출신의 자본가, 한간 등으로 비판을 받았기 때문이다. 그래서 1963년에 쑨스바이(孫思白)가 '천두슈 전기의 사상 해부'라는 글을 발표한 뒤로 가혹한 비판을 받았다(孫思白, 「陳獨秀前期思想解部」, 1963).

그런데 1979년 중공 제11기 삼중전회 이후 천두슈에 대한 역사적 평가가 약간 달라지기 시작했다. 1979년에 샤오커(肖克)가 천두슈의 오류에 대해 새로운 평가를 내놓았고, 1988년에는 런지위(任繼愈)도 5·4 시기 천두슈의 기여에 대한 중요한 새로운 연구 성과를 내놓았다(朱洪, 『陳獨秀哲學思想研究』, 2-3쪽, 1999). 그럼에도 천두슈는 마르크스주의자가 아니라 급진 민주주의자였다는 평가가 일반적이었고, 간혹 '좋지 못한'(不好) 마르크스주의자였다는 평가도 있었다. 천두슈가 과학과 민주주의를 내세워 중국에서 근대문화를 확립하는 데 공헌했다는 평가가 가장 일반적이었다.

1979년에는 쓰촨대학교 역사학과의 선생과 학생들이 천두슈에 대한 평가 문제를 두고 토론했으며, 같은 해 중국 신민주주의혁명사연구회도 천두슈라는 역사적 인물에 대한 평가 토론회를 개최했다. 1985년에는 왕홍모(王洪模)는 '천두슈 일생의 활동에 대한 평가에 관하여'라는 글을 발표했는데, 이 글은 1979년 이후로 천두슈 평가의 변화를 총정리하는 내용이었다(王洪模, 「關於陳獨秀一生活動的評價」, 1985). 그 뒤로 천두슈는 1927년 상하이의 3차 무장봉기 때 노동자들을 이끈 주요한 지도자라는 평가도 생겨났다.

1979년 이후 10여 년이 지난 뒤에 천두슈 사상 연구가 두 번째 부흥을 맞이했다. 1989년 3월 베이징, 상하이, 안후이성의 천두슈 연구자들이 베이징 당사학회의 도움으로 제1차 천두슈 토론회를 개최했다. 또 1989년 5·4운동 70주년 때 안후이대학은 제1차 "천두슈와 후스의 문화학술사상토론회"를 개최했는데, 이 때 천두슈의 5·4운동에서의 공헌, 그의 민주주의관, 2차혁명론 문제 그리고 당에서 제명당한 사실 등을 집중적으로 토론했다.

1992년 5월에는 천두슈연구회가 천두슈 서거 50주년을 맞이해 안칭시에서 제2차 전국 천두슈 학술토론대회를 개최했고, 1994년 10월에는 장진에서 제3차 천두슈 학술토론대회를 개최했으며, 1997년 5월에는 상하이에서 제4차 진독수 학술토론대회를 개최했다(朱洪, 『陳獨秀哲學思想研究』, 9-13쪽, 1999).

최근에는 천두슈가 베이징대학 문과대학 학장으로 있을 당시의 숙소가 혁명가가 거처했던 역사적 유적지로 개방됐다. 이처럼 1978년 이래로 천두슈에 대한 부정적이고 매우 박한 평가가 점차 완화되고 있다. 그럼에도 천두슈가 마지막 15년의 생애 동안 트로츠키주의를 받아들인 것 때문에 천두슈에 대한 중국공산당의 평가는 지금까지도 매우 인색하고 심지어는 왜곡돼 있다. 1978년 이래로 중국공산당은 실사구시를 강조하지만 자신들의 초대 총서기에 대한 평가에서는 실사구시의 태도를 찾아볼 수가 없다. 문화혁명 때 주자파로 내몰렸던 대다수 인사들이 사면과 복권이 됐지만 죽을 때까지 적어도 마르크스주의자로 살았던 천두슈는 아직 복권되지 않았다.

비교적 가장 최근에 출판돼 나온 천리밍(陳利明)의 『陳獨秀傳』에는 천두슈에 대한 최근까지의 중상모략과 왜곡이 많이 사라졌고 천두슈의 행보에 대한 객관적 서술이 두드러지지만, 중국공산당과 중국혁명의 역사에서 천두슈의 역할에 대한 긍정적인 평가는 없는 편이다(陈利明, 『陳獨秀傳』, 2014). 따라서 천두슈에 대한 복권과 그에 대한 객관적이면서도 긍정적인 평가를 기대해 본다.

Ⅶ. 못다 한 이야기

이 글의 제목이 "천두슈, 20세기 중국을 열다"인데 천두슈를 지칭하는 가장 적절한 말이라는 생각이 듭니다. 20세기의 중국 역사를 만든 두 가지 사건을 꼽으라면 첫째가 신문화운동, 둘째가 공산당의 창당을 꼽을 수 있지요. 천두슈는 바로 이 신문화 운동의 리더였고, 또 중국공산당의 실질적 창립자였습니다. 그러나 살아생전에 그리고 사후에도 그에 대한 평가는 여전히 인색한 것이 사실입니다. 이런 점에서 천두슈의 삶과 사상을 되짚어 본 것은 상당히 의미가 있다고 할 수 있습니다. 그러면 본문에서 못다 한 이야기를 나눠보도록 하겠습니다.

1. 20세기 중국을 열었던 실천적 지식인 천두슈에 대한 평가가 여전히 부정적이라고 하는 것이 상당히 안타까운데 그래서 먼저 천두슈에 대한 현재 평가가 어떤지 궁금합니다.

결론을 먼저 말씀드리면 "천두슈는 중국 국민당에게 타협적인 우익기회주의 지도자였다"는 평가가 여전히 지속되고 있습니다. 사실 이 평가가 좀 박하긴 한데요. 예를 들어 1927년 중국대혁명 때 천두슈가 잘못한 면이 없지는 않습니다. 그런데 그 당시 중국공산당을 실질적으로 지도했던 건 소련 공산당이나 스탈린 또는 코뮤니스트 인터내셔널(즉 코민테른)이었습니다. 이들 기구가 중국공산당을 실질적으로 지도했고 그들의 잘못 또한 천두슈 못지않게 크다고 할 수 있는데도 모든 책임이 천두슈에게 떠넘겨졌습니다.

1978년 개혁·개방 이후에 천두슈에 대한 평가는 좀 우호적으로 바뀌었는데요. 마오쩌둥 자신이 천두슈를 "신문화운동과 5.4운동의 총사령"이라고 평가했습니다. 마오쩌둥의 이런 평가에 기초해서 개혁·개방 이후 지금까지 중국 학계에서는 천두슈가 신문화 운동의 지도자 또는 5·4운동의 총사령이라는 평가뿐 아니라 부녀해방의 선구자였다든지 중국 근대화의 지도자였다는 평가들도 나오고 있는데요. 하지만 천두슈가 민주주의 운동의 지도자라고는 하지만 1949년 중국 혁명의 초석을 놓았다고는 보지 않는다는 점에서 그에 대한 우호적인 평가도 한계가 있는 것 같습니다. 그 때문에 천두슈에 대한 지금까지의 평가에 대한 재평가가 필요하다고 생각합니다.

2. 천두슈의 중요한 공헌 중 하나인 신문화운동 때에 그의 역할은 인정하고 있는거네요?

예 맞습니다. 그 때문에 최근의 소식에 의하면 천두슈가 북경대학 문과대학장으로 있을 당시에 5.4운동을 겪었는데요. 그 당시 그가 살았던 집이 혁명열사의 구거(舊居)로 지정이 됐다고 합니다. 이런 걸 보면 천두슈에 대한 재평가가 이루어지지 않을까 하는 희망도 가지는데요. 그럼에도 예를 들면 문화대혁명 때 주자파(走資派)로 알려져 있던 류샤오치의 경우 이미 복권이 됐습니다. 그럼에도 천두슈는 아직 복권되지 못하고 있는데요. 천두슈는 사회주의에 대해 잘못된 견해를 갖고 있다는 평가가 여전히 지배적입니다. 그런데 천두슈에 대해서 깊이 있게 연구하고 또 새롭게 바라보면서 재평가 같은 것이 이루어질 필요가 있다고 생각합니다.

3. 저는 20세기 여러 지식인들 중에서 천두슈가 유독 맨 앞에 나설 수 있었던 원동력은 무엇일까 하는 게 상당히 궁금했거든요. 어떤 중요

한 역사적 현장에 참여한다는 건 충분히 가능할 수 있어요. 그런데 맨 처음 앞장선다는 건 정말 어려운 일이라고 생각하기 때문이죠. 그래서 그것이 천두슈의 개인적인 가정사 때문인지 아니면 성격 때문인지, 그것도 아니라면 당시 어떤 가치를 지향하고 있었던 것 때문은 아닌지 궁금했습니다. 혹시 이 글을 준비하시면서 이 부분에 대해서 어떻게 생각을 해보셨는지요?

이 질문을 약간 바꿔보겠습니다. 사실 중국 근현대사에서 청 왕조 말기부터 근현대로 넘어올 당시에 중국 사회를 변화시키고자 한 사람들은 아주 많았습니다. 실제로 자신들의 주장을 펴기도 하고 또 심지어는 목숨을 내걸고 중국 사회를 바꾸고자 했던 사람들도 되게 많았습니다. 그런데 천두슈 말고 그 많은 사람들 대부분이 천두슈처럼 이렇게 성공하지는 못했습니다. 오히려 천두슈 같은 경우는 신문화운동이나 5·4 운동에서 정말로 큰 공헌을 세웠고 또 큰 성공을 거뒀다고 말씀드릴 수 있을 텐데요.

이런 성공을 거둔 이유를 저는 두 가지로 꼽고 싶은데요. 하나는 대중의 열망, 대중의 바람을 잘 표현해준 재능이 있었다는 점과 두 번째로는 그 당시 시대적 사명을 잘 표현하고 또 그 나름으로 해결책을 잘 제시해줬다는 점입니다. 우선 첫 번째와 관련돼서는 이미 천두슈가 『신청년』이라고 하는 잡지를 낸 것은 많은 사람들이 알고 있지만 이미 1904년에 『안후이 속화보』라는 대중적 언어로 쓴 잡지를 발간해서 큰 성공을 거뒀다는 사실은 잘 모릅니다. 사실 그 잡지는 애국주의적 내용을 담고 대중적 언어인 백화체로 쓰였고 그래서 그 당시 나라가 열강 제국주의에 의해 찢기는 그런 울분들을 잘 표현해줘서 큰 성공을 거뒀었는데요. 『신청년』과 마찬가지로 『안후이 속화보』도 대중적 열망을 잘 표현해준다고 생각을 합니다. 두 번째로는 『신청년』에서 그 당시의 시대적 필요가 바로 과학과 민주주의라고 하는 점들을 밝힘으로써 『신청년』 또한 큰 성공을 거두었습니다. 저는 천두슈가 지닌 바로 이 두 가지 재능과 자질 때문이라고 생각합니다.

제가 아주 오래 전에 토마스 쿠오의 『진독수 평전』이라는 책을 읽은 기억이 나요. 그 책을 다 읽고 나서 정말 답답함을 많이 느꼈거든요. 왜냐하면 천두슈라고 한 사람이 정말 개인적으로 행복했던 적이 있었을까 싶을 정도로 그의 삶 자체가 고난의 삶이라는 생각이 들었어요. 그리고 또 게다가 사후평가 역시 상당히 부정적이었기 때문에요. 그런데 오히려 시대적 이슈를 적절히 제기하는 정치적 감각도 있었고, 또 신문화운동을 성공하게 하였다는 점을 지적하시네요. 충분히 설득력 있는 의미 부여라고 생각합니다.

4. 신문화운동 때 천두슈의 역할이 상당히 중요했고, 또 그렇기 때문에 신문화운동도 성공했다고 표현할 수는 있겠는데요. 그럼에도 불구하고 사실은 중국공산당 출당 이후에 천두슈는 비주류의 길을 걸었다고 할 수 있습니다. 천두슈 사상의 흐름도 상당히 중요한 부분이라고 생각하는데요. 혹시 이와 관련해서 이 글에서 못다 한 이야기가 있을까요.

한 가지 지적하고 싶은 게 있는데요. 천두슈가 1937년에 장제스의 국민당 감옥에서 나오게 됩니다. 그 뒤 천두슈의 행보를 보고 수많은 사람들이 천두슈가 이전에 가졌던 사상을 많이 바꿨다라고 평가합니다. 이런 평가들이 널리 있는데, 저는 이 부분에 대해서 사실관계를 알려드리고 싶습니다. 두 가지인데요.

하나는 천두슈가 자본주의를 옹호하고 받아들였다는 주장입니다. 사실 천두슈는 「우리는 자본주의를 두려워해서는 안 된다」라고 하는 글에서 "중국 사회가 발전할 때 자본주의를 불가피하게 받아들여야 된다면 두려워하지 말고 그냥 받아들이자"는 주장을 폈습니다. 사실 이 말은 맥락상으로 이해할 필요가 있는데, 중국이 후진적인 사회이다 보니까 빨리 발전해야 된다는 그런 필요성 때문에 이런 주장을 했다고 볼 수 있습니다. 따라서 이 말을 자본주의에 대한 옹호론으로 해석하기에는 좀 과도하지 않은가 싶습니다.

두 번째로는 그 당시 감옥에서 나온 뒤의 세계정세는 히틀러의 파시즘과 자유민주주의 세계가 전쟁을 벌이고 있던 시기였습니다. 천두슈는 이 두 세력 전부 제국주의 세력이라고 비판했습니다. 그럼에도 히틀러의 파시즘보다는 자유민주주의 세계가 그래도 민주주의가 좀 더 많이 있는 것 아니냐고 평가했습니다. 물론 제국주의라는 점과 좀 더 민주주의라는 점이 서로 모순적일 수는 있지만 그는 그 당시 대립하던 두 진영을 민주주의라고 하는 측면에서 살펴보면서 평가하고자 했던 점을 곱씹어 볼 필요가 있고, 그런 점에서 그의 말년의 사상을 다시 검토해볼 필요가 있지 않을까 생각합니다.

5. 그러면 일반적으로 천두슈의 사상이 그때 변화했다고 부정적으로 평가하는데, 사실은 그렇지 않다는 의미입니까?

예, 그렇습니다. 특히 그는 중국공산당 또는 소련공산당 또는 공산주의 인터내셔널이라고 하는 것에 반대하는 반대파의 역할을 하고 있습니다. 특히 그가 반대파의 길을 가게 되었던 주된 이유 중 하나도 사회주의라고 하는 소련 사회에서 민주주의가 억압당하고 출판·결사·집회의 자유가 억압당하는 분위기에서 민주주의가 필요하다는 주장을 폈고 그런 점에서 서구 자유민주주의나 히틀러의 파시즘 또는 소련 사회에도 모두 민주주의가 결여돼 있는 것이 아닌가 하는 비판의 관점에서 주장했다고 생각합니다. 어떻게 보면 그는 신문화운동의 시기에 화두로 제시한 민주주의 문제를 1930년대의 시기에도 계속 붙잡고 있었다고 볼 수 있을 것 같습니다.

6. 한국 학계에서 천두슈 사상을 연구한다는 것이 여러 가지 여건상 그렇게 쉽지는 않을 거 같습니다. 천두슈를 연구 대상으로 삼게 된 어떤 특별한 이유가 있을까요?

저는 사실 현대 중국경제를 전공했는데요. 특히 1949년 이후 소위 사회주의이라고 하는 현대 중국 경제를 공부했습니다. 중국의 경제 문제를 살펴보다 보니까 정치적 요소, 특히 중국공산당의 역할이 지대하게 크다는 것을 알게 됐습니다. 그래서 중국공산당은 언제 등장했고 또 그들의 역할이 무엇인지에 대한 관심을 기울이다 보니까 중국공산당을 창당했던 천두슈까지 가게 됐는데요. 천두슈에 대해 알아나가다 보니 천두슈는 사실 시인이자 문학가이기도 했고 사상가이고 정치가이고 또 문자학자로서 문자를 연구했던 학자이기도 했습니다. 정말 다방면에 걸쳐 많은 공적을 남겼는데요.

저는 특히 천두슈의 정치사상에 관심이 많았는데요. 다시 말하면 그가 신문화운동과 5·4운동 때 급진적 민주주의자로서 출발해서 바로 그 뒤에 중국공산당을 창당할 당시에는 마르크스주의자이자 사회주의자로 변신하게 됐는데, 바로 이 과정에 대해 관심이 많았습니다. 왜냐하면 이런 변화는 천두슈 개인의 사상적 변화이기도 하지만 그 당시 시대적 변화가 그 당시를 살았던 지식인들에게 요구한 바를 천두슈가 반영한 것이 아닌가 하고 생각했거든요. 그래서 저는 천두슈의 사상적 변화를 통해서 중국 사회의 변화를 읽게 되고 또 중국 사회의 변화의 추이를 보면서 파란만장했던 천두슈의 삶을 이해하기 시작했던 것입니다.

7. 천두슈는 20세기 중국의 격동기에 정말 파란만장한 삶을 살았던 지식인 중의 한 명이었어요. 이러한 천두슈의 삶과 사상이 오늘날 우리 사회에 주는 메시지나 울림 같은 것들이 있을까요?

천두슈가 스무 살 때에는 청나라 말기였는데, 그 때 그는 청나라를 무너뜨리겠다고 생각을 했습니다. 그리고 그 뒤에도 급진적 민주주의자로서 삶을 살았고요. 한 40살 정도 됐을 때 마르크스주의자이자 사회주의자가 됩니다. 사회주의자로서 그는 중국공산당을 창당하고 공산주의 활동을 하는데요. 천두슈가 사회문제에 대해 관심을 기울이고 눈을 뜨고 그렇게 해서 그가 죽을 때까지 초지일관 가졌던 삶의 자세, 변하지 않은 그런 삶의 자세를 보면서, 그의 사상에 동의하든 동의하지 않든 간에, 그의 이런 삶의 자세가 사람들에게 뭔가 울림 또는 감흥을 주는 게 있다는 생각이 들었는데요. 천두슈는 사회의 부조리나 모순을 보면 그것을 바꾸려고 적극적으로 뛰어들었습니다. 1915년에 『신청년』 초판을 냈을 때 그가 「삼가 청년에게 고함」이라는 글을 쓰게 됐는데요. 그 글에서 그는 자신의 삶의 자세를 드러내준 것이 아닌가 하는 생각이 듭니다. 인용해 보면 이렇습니다.

"사람은 자주적이어야지 노예적이어서는 안 된다, 진보적이어야지 보수적이어서는 안 된다, 진취적이어야지 퇴영적이어서는 안 된다, 세계적이어야지 쇄국적이어서는 안 된다, 그 다음에 실리적이어야지 허식적이어서는 안 된다, 과학적이어야지 상상적이어서는 안 된다."

아마 20세기 중국을 열었던 천두슈의 이런 사상과 삶의 자세가 21세기를 살고 있는 오늘날 우리에게도 삶의 교훈과 자극을 줄 수 있을 것이라는 생각이 들었습니다.

천두슈는 정치에서 자신의 원칙을 굳건히 지켰고 또 그의 급진주의는 많은 사람들에게 방향을 제시했습니다. 그럼에도 그의 정치적 견해 때문에 오랫동안 반대자의 역할을 했지요. 그러나 그가 주창한 신문화운동 시기의 기치는 오늘날 중국에서 그리고 우리 사회에서도 여전히 중요한 화두라고 생각합니다.

후주

1 중국의 명청 시대 과거시험에 쓰인 문체로, 문체에 고정된 엄격한 격식을 갖고 있다.

2 왕시옌은 앞에서 언급한 천두슈의 절친한 친구인 왕멍쩌우의 형이다.

3 1920-1년 중국공산당 창당 전에 벌어진 아나키스트와 마르크스주의자 사이의 논쟁으로 『신청년』에서 천두슈와 오우성바이(區聲白) 사이에 벌어진 논쟁이 대표적이다. 이 논쟁의 쟁점은 프롤레타리아 계급정당과 프롤레타리아 계급독재가 필요한가 하는 문제다(조세현, 2000; 王紅霞, 2007).

4 1919년 7-8월 후스와 리다자오가 벌인 논쟁으로 후스는 주의나 이념을 적게 말하고 문제를 많이 제기하는 게 중요하다는 견해였고, 이에 반대해 리다자오는 사회 문제를 해결하는 정치적 견해나 입장이 더 중요하다는 견해였다. 사실 이 논쟁은 후스가 표방하는 실용주의와 자유주의 경향 대 리다자오의 마르크스주의와 사회주의 경향 사이의 대립이었다. 이런 대립은 1920년대 초반 과학과 인생관 논쟁으로 이어졌다(천두슈, 2016, 11-22쪽).

5 러시아 혁명 정부는 중국에 대한 많은 이권을 포기했지만 레닌이 죽고 스탈린(Stalin)이 집권하면서 다시 러시아의 이권을 추구하는 쪽으로 돌아섰다. 그 결과가 1929년 중동로(中東路) 철도에 대한 갈등이었다.

6 존 듀이는 중국 신문화운동의 주역 중 한 명인 후스의 지도교수이기도 했다.

7 코민테른의 특사 자격으로 보이틴스키의 후임으로 중국에 왔다. 그의 본명은 스니블리트이고 네덜란드령 식민지 인도네시아 자바에서 활동하면서 인도네시아 공산당의 전신인 사회민주연맹을 인도네시아 민족주의 대중조직인 이슬람교연맹에 가입해 활동하도록 하여 큰 성공을 거둔 경험이 있다. 그는 이 경험을 중국공산당에게 적용했다.

8 평소 천두슈에게 현상금 3만 위안을 걸었던 장제스가 천두슈의 부의금으로 1만 위안을 보냈다. 가족들은 그 돈으로 빚을 갚고 장례를 치렀다.

인용 고전과 참고문헌

<인용 고전>

천두슈 저, 심혜영 옮김, 『천두슈 사상 선집』, 산지니, 2017.

<참고문헌>

조세현, 「중국 5·4운동 시기 아나키즘-볼셰비즘 논쟁」. 『역사비평』, 역사비평사, 2000.
천두슈 저, 한성구 옮김, 『과학과 인생관 : 20세기 초 중국 사상계를 흔든 과학과 인생관 논쟁』, 산지니, 2016.
토마스 쿠오 저, 권영빈 옮김, 『진독수 평전』, 민음사, 1985.
孫思白, 「陳獨秀前期思想解部」, 『曆史教學』 1963年 第10期.
王洪糢, 「關於陳獨秀一生活動的評價」, 『中國社會科學』, 1985年 第5期.
王紅霞, 「試論陳獨秀和區聲白關於無政府主義的論戰」, 『四川理工學院學報』(社會科學版) 第22卷 第3期. 2007年 6月.
張紅, 「陳獨秀評價之變遷」, 『北京黨史』, 2010(1).
朱洪 著, 『陳獨秀哲學思想研究』, 安徽大學出版社, 1999.
陳獨秀, 任建树·张统模·吴信忠 编, 『陳獨秀著作選』 第一卷, 上海人民出版社, 1993.
陈利明, 『陳獨秀傳』, 团结出版社, 2014.

제4장

후스胡適, 영원한 자유주의자로 살다

이호현 (고려대)

※이미지 출처

https://commons.wikimedia.org/wiki/File:胡適2.jpg

한 시대에는 그 시대의 문학이 있다.

(「역사적 문학관념론」, 『신청년』 제3권 제3호, 1917.5.1.)

'죽은 문언으로는 결코 살아 있는 문학을 창작할 수 없다'. 만약 중국에 살아 있는 문학이 있기를 바란다면 반드시 백화를 사용해야 하고, 반드시 국어를 사용해야 하며, 반드시 국어의 문학을 만들어야 한다.

(「건설적 문학혁명론」, 『신청년』 제4권 제4호, 1918.4.15.)

'나의 생각과 다른 것이 반드시 그른 것이 아니고, 나와 생각이 같다 하여 반드시 옳은 것이 아니다. 자유를 쟁취해야만 하는 이유는, 우리 모두가 자기와 다른 생각이나 신념을 상호용인할 수 있기를 바라기 때문이다. 나와 다른 의견을 가진 사람의 자유를 인정하지 않는 사람은 자유를 쟁취할 자격이 없으며, 자유를 말할 자격도 없다.

(「胡適致陳獨秀信搞」『胡適來往書信選(上)』, 中華書局香港分局, 1983.)

(서신 날짜는 1925년 12월로 추정)

용인이 없으면 자유는 아예 말할 수도 없고, 현대 들어와서 자유를 보장받으려면 최소한 상호 용인의 정신이 있어야 한다

(『자유중국(自由中國)』 제26권 제6기, 1959. 3.14.)

위의 인용문들은 '신문학운동'의 핵심 인물 후스(胡適)가 한 말이다. 후스는 비교적 젊은 나이에 베이징대학 철학과 교수가 되었고, 이후 '백화문 사용'을 주장하며 적극적으로 문학혁명을 이끌었다. 그는 국제적

명성을 지닌, 당대 학술사상계의 중심인물이었다. 사람들과 교류를 즐겨 인맥도 상당히 넓었으며, 소신있고 책임감이 강하여 사회개혁에도 적극적으로 참여한 대표적 지식인이었다. 이 글에서는 문학혁명가이자 자유주의자로서의 후스의 모습을 그의 저술을 통해 살펴보고자 한다.

Ⅰ. 후스의 생애

후스의 고향은 안후이성(安徽省) 지시현(績溪县)이지만, 태어난 곳은 상하이(上海)이며, 1891년 12월 태어났다. 본명은 스먼(嗣糜)이고 이후 개명하였다. 어릴 적 고향에서 고전 교육을 받았고, 13살이 되던 1904년 상하이로 가서 근대교육을 받았다.

어려서부터 백화소설인 '홍루몽(紅樓夢)', '수호지(水滸誌)', '유림외사(儒林外史)' 등을 즐겨 읽었으며, 상하이에서 학교 다닐 때, 직접 '경업순보(競業旬報)'라는 잡지를 창간하여 백화로 된 글을 발표하기도 했다. 여기에서 말하는 '백화문'이란 바로 '구어체(口語體)'로 된 글을 뜻한다. 당시 지식인들은 글을 쓸 때 '문어체(文語體)'를 주로 사용하였다. 물론 백화문으로 된 책도 있기는 했으나 흔하지 않았고, 백화문은 경시되는 경향이 있었다.

후스는 학업을 위해 상하이로 떠나기 전, 어머니의 권유로 장동쉬우(江冬秀)와 정혼하였다. 그녀는 전족을 한, 전형적인 구시대 여성이었다. 당시 대도시 혹은 외국으로 학업을 위해 떠나는 사람 가운데는, 어린 나이임에도 떠나기 전 정혼을 하고 정혼자를 그대로 고향에 남겨두고 떠나는 경우가 많았다. 그리고, 그런 이들 중에는 학업을 마친 후 고향의 정혼자를 버리고 대도시에서 신식여성과 결혼해 버리는 경우 또한 많았다. 이에 비해 후스는 정혼 후 10여년이 지나, 미국 유학을 마친 후 정식으로 정혼자와 결혼하였다. 후스는 장동쉬우와 해로하였다. 훗날 후스는 자신의 결혼생활에 대해 회고하길, 어머니에 대한 연민이 있었고, 어머니와 정혼자 두 여인과의 약속을 저버릴 수 없었다고 하였다. 그의 어머니는 어린 나이에 청상과부가 된 후, 나이 많은 후스 아버지와 재혼하여 대가족을 이끌며 많은 고생을 하였다. 후스는 그런 어머니에 대해 늘 연민과 존경을 지니고 있었던 듯 하다.

후스의 삶에 가장 큰 영향을 끼친 것은 미국 유학이었다. 그는 1910년 국비유학생으로 코넬대(Cornell University)에 입학하여 농학을 전공하였다. 그러나 얼마 지나지 않아 존 듀이(John Dewey, 1859.10 - 1952.6)의 사상에 매료되어 콜롬비아대학(Columbia University)으로 옮겨 철학을 전공하였고, '선진명학사(先秦名學史)'로 박사학위를 받았다. 존 듀이의 사상은 그의 학술사상에 큰 영향을 끼쳤다. 후스는 자신의 사상에 가장 큰 영향을 끼친 사람은 헉슬리(Aldous Leonard Huxley)와 듀이 두 사람이라고 하였다. 그는 두 학자가 끼친 영향에 대해 "헉슬리는 나에게 어떻게 회의하고 의심할 것인지, 충분한 증거가 없는 모든 것을 믿지 말 것을 일깨워 주었다. 듀이는 어디에서든 눈앞의 문제에 집중해서 사고해야 함을, 생각하는 방법과 모든 학설은 증명되기를 기다리는 가설임을 깨닫도록 일깨워주었다."라고 말하였다. 우리가 '실용주의(Pragmatism)'

라고 알고 있는 존 듀이의 사상을 후스는 '실험주의'라는 용어로 사용하였다. 특히, 후스의 실험주의적 사고방식은 '가설은 대담하게, 논증은 세심하게'(大胆的j假説 , 小心的求證)라는 '10글자 비결'로 유명해 졌다.

유학 중, 후스는 잡지 『신청년(新青年)』에 '문학혁명'에 관한 글을 기고한 바 있다. 그의 글을 유심히 본 천두슈(陳獨秀)가 추천하여, 당시 베이징대 총장인 차이위안페이(蔡元培)는 후스를 철학과 교수로 초빙하였다. 이후 후스는 베이징대 교수로서, '신문화운동'과 운동의 중요 잡지인 『신청년』의 주요 인사가 되어 천두슈와 함께 '문학혁명'을 이끌고 나가게 되었다.

베이징대학에서 그의 강의는 학생들에게 인기가 많았다. 당시 한 학생은, '후스는 순수한 학자의 분위기가 있었고, 말투가 대단히 진지하고 정중하면서도 약간 어수룩한 면이 있어서 사람들을 감동시켰다.' 라고 회상하였다.

후스는 평생을 통해 철학사와 문학사 방면에 많은 업적을 남겼다. 그는 『신청년』, 『매주평론(每周評論』 같은 영향력 있는 잡지의 편집과 집필에 참여하였다. 또한, 『노력주보(努力周报)』 ,『독립평론(獨立評論)』, 『신월(新月)』, 『독립시론(獨立時論)』 등을 주관하며 정치평론가로도 활동하였다.

후스는 국제적으로도 중국을 대표하고 잘 설명할 수 있는 지식인의 한 사람으로서 인정받았다. 그는 중국어는 물론 영어로도 능숙하게 강연을 할 수 있었고, 강연하기를 좋아하였다. 간혹, 문장이 깊이가 없다는 평을 듣기도 했지만, 논지나 표현이 정확하고 의미를 분명하게 전달하는 강연으로 유명하였다.

혁명과 격동의 시기, 후스의 정치 성향은 그의 평판에 많은 영향을 끼쳤다. 1928년 국민당의 북벌(北伐)이 성공하여 베이징을 함락하고, 동북역치(東北易幟)를 통해 중국 통일을 완수한 이후 국민정부는 훈정(訓政)을 실시하였다. 이에 대해 후스는, 인권 보장을 위한 법적 보장이 없는 체제라고 혹독하게 비판하였다. 중원대전(中原大戰) 중에는, 장제스(蔣介石)에게 약법(約法)제정을 요구하였다. 또한, 30년대 중국 지식인 사이에서 일어난, 독재와 민주에 관한 논쟁에서는, 민주헌정제(民主憲政制)를 지지하기도 했다. 그러나, 1931년 만주사변(滿洲事變) 발발 이후 후스는, 현대화만이 중국을 살릴 수 있는 길이며, 그 현대화를 시행할 수 있는 것은 장제스정권뿐이라고 여겼다. 1935년 8월, 헌정(憲法)과 다당제(多黨制) 실시를 조건으로 그는 장제스를 지지하였다.

중일전쟁(中日戰爭) 시기, 후스는 1938년부터 4년간 주미중화민국 대사를 지냈고 1945년 베이징대학 총장이 되었다. 이후, 공산당의 베이징 함락이 임박하자, 베이징대학 50주년 기념행사에서, 기념 연설을 한 직후 장제스가 보내온 비행기를 타고 난징으로 갔다. 이 유명한 일화는 지금까지도 사람들에게 회자되고 있다. 사실, 당시 중국공산당은 후스를 공산당에 합류시키고자 노력하였다. 그러나 후스는, '과거는 잊을테니 남으라'는 마오쩌둥의 권유를 뿌리치고 떠났으며, 난징에서 다시 미국으로 이주하였다. 중화인민공화국 성립 이후 중국공산당은 후스를, '문화 제국주의를 추종하는 반동 부르주아 지식인'으로 규정하였고, 그에 대한 비판을 강화하여 1950년대 대대적인 '후스 비판운동'이 일어나기도 했다.

후스는 1958년 타이완(台灣)으로 영구 귀국하였고, 그의 말년 4년여 기간을 타이완중앙연구원 원장으로 지냈다. 후스는 사적인 관계를 통해 장제스에게 민주적 개혁을 촉구하였으며, 독재 정치를 위한 장제스의 3선(選)을 반대하였고, 중화민국 내부의 장제스 비판 세력에 대해 높이 평가하는 등, 타이완의 민주주의를 위해 노력하였다. 당시 후스는 국제적 명성이 너무 높아 국민당 정권도 함부로 하기 어려울 정도였다. 더욱이 어찌되었든 후스는 국민당 정권의 정통성을 뒷받침해주는 거물 인사였다. 따라서 장제스도 그를 어찌하지 못하였다. 후스는 중국의 수많은 세력들과 싸워오면서 곧고 결백한 성격이 더욱 강고해졌다. 그는 장제스가 중화문명의 우수성으로 대륙을 재탈환할 것이라는 주장을 펼치면, 장제스의 발언이 끝나자마자 그의 면전에 대고 “중화민족의 보편성이란 것은 전 세계 어느 문명이나 모두 지니고 있는 건데, 총통의 애국심이 너무 지나치신 모양이다”라고 빈정댈 정도였다. 아마도 후스는 타이완에서 국민당을 비판할 수 있는 유일한 인물이었을 것이다. 그러나 그런 그도 1962년 2월 4일, 회의 중 심장마비로 사망하였다.

후스의 두 아들 중 장남은 미국으로 넘어가 공부하였지만, 차남인 쓰두(思杜)는 열렬한 공산주의자로서 중화인민공화국에 남아 있었다. 그는 1950년대 중국대륙에서 일어난 ‘후스 비판운동’에 동원되어 「나의 아버지 후스를 비판함」이라는 글을 발표하기도 하였다. 물론 개인 인편으로 보낸 글에서는 아버지의 건강을 염려하는 아들이었다. 쓰두는 대륙에서 일어난, 언론 자유를 보장하는 “백화제방(百花齊鳴), 백가쟁명(百花爭鳴” 시기, “좀 더 자유로운 교육이 필요하다”며 공산당을 비판했다가 이후 일어난 "반우파투쟁" 때 반동으로 몰려, 결국 1957년 자살함으로써 비극적으로 삶을 마감하였다.

Ⅱ. 살아있는 문학을 위한 백화문 전용을 주장하다

중국역사에서 역사적 한획을 그었다고 평가되는 오사운동(五四運動)은 신문화운동(新文化運動)이 있었기 때문에 가능했다. 알다시피 신문화운동의 중심이었던 '신청년(新青年)'잡지는 문학혁명의 중심지였으며, 바로 후스의 '문학개량추의'라는 글이 이 잡지에서 발표되면서 문학혁명이 촉발되었다라고 할 수 있다. 그렇다면, 문학개량추의의 내용은 무엇인가? 그보다 먼저 왜 이 시기에 백화문운동(白話文運動)이 일어난 것인가?

후스나 천두슈가 처음으로 백화문사용을 주장한 것은 아니었다. 백화문운동은 청말부터 시작되었는데, 이 때 백화문운동은 단순히 글자를 모르는 일반 민중들에게 이해하기 쉬운 백화문으로 새로운 문화와 사상을 전달하려는 것이었다. 때문에 본격적인 백화문운동은 1917년 후스가 '신청년'에 '문학개량추의'를 발표함으로써 시작되었다라고 할 수 있다

후스는 '문학개량추의' 발표 이후 '역사적 문학관념론'과 '건설적 문학혁명론'을 연속 발표하면서, 전통적으로 문학의 도구로 사용되어 온 문언문(文言文)을 폐기하고 백화문을 전용하자고 주장하였다. 그렇다면 그의 주장을 신청년에 실린 글을 통해 살펴보도록 하겠다.

'문학개량추의(文學改良芻議)'

1917년 1월1일 신청년 2권 5호에 문학개량추의라는 글이 실렸다. 그 내용을 보자면,

"오늘날 문학개량에 관한 논의는 반드시 이 여덟가지 항목부터 시작해야 한다고 생각한다. 여덟가지 항목이란 무엇인가? 첫번째, 말에는 반드시 내용이 있어야 한다. 두번째, 옛사람을 모방하지 않는다. 세 번째, 반드시 문법을 중시해야한다. 네번째, 병도 없이 신음하는 글을 짓지 않는다. 다섯번째, 진부한 상투어를 없애는 데 힘쓴다. 여섯번째, 전고를 인용하지 않는다. 일곱번째, 대구를 따지지 않는다. 여덟번째, 속자(俗字), 속어(俗語)를 기피하지 않는다."

(『신청년』 2권5호. 1917.1.1.)

이것이 소위 '팔불주의(八不主義)'라고 불리며 유명해진 글이다. 각 항목이 무엇을 뜻하는지 글의 원문을 통해 살펴보겠다.

첫번째, 말에는 반드시 내용이 있어야 한다. ……옛 문인들은 성조(聲調)나 자구(字句)에만 연연할 뿐 심오한 사상이나 진솔한 정감이 없으니, 문학이 쇠락한 것도 이 때문이다. 꾸밈이 과도한 폐단은 바로 언어에 내용이 없다는 것이다. 이 폐단을 바로잡으려면 마땅히 내용으로 해야 하는데, (그럼 그)내용이란 무엇인가? 바로 정감과 사상 이 두 가지이다. ……(여기서) 내가 말하는 '사상'이란 견해, 판단력, 이상 세 가지를 통틀어 일컫는다.

두번째, 옛사람을 모방하지 않는다. ……문학이란 시대에 따라 변천

하는 것으로, 한 시대에는 그 시대의 문학이 있다. 즉, 문학은 그 시기의 시세, 풍조에 따라 변천하여 시기마다 각각의 특징을 지니고 있다. 나는 오늘날의 문학을 말할 때마다 세계 "제일류'문학과 비교하여 손색이 없는 것은 오직 백화소설밖에 없다고 했다. 그 이유는 다름 아니라, 이러한 소설들이 모두 옛사람들을 모방하지 않고 오직 오늘날 사회의 실상을 사실적으로 그렸기 때문에 진정한 문학이 될 수 있었던 것이다.

세번째, 반드시 문법을 중시해야 한다.……요즘 글이나 시를 쓰는 사람들은 문법의 구조를 중시하지 않는다. 그 예가 너무 많아 열거할 수 없을 정도이고, ……문법을 중시하지 않는다는 것은 '뜻이 통하지 않음'을 의미한다.

네번째, 병도 없이 신음하는 글을 짓지 않는다. 요즘 젊은이들은 자주 비관하여 별호를 '식은 재' '무생명' '꺼진 재'라고 짓기도 한다. …… 그 폐단이 극에 달하여 무기력함을 양성하게 되니, 분발하여 무슨 일을 하거나 힘써 보국(保國)할 생각을 하지 않고 불평하는 소리나 한탄하는 글을 쓰기만 한다. 작자는 장차 그 수명을 재촉하게 될 것이며 독자 또한 그 기개가 위축될 것이니, 이것이 내가 말하는 '병도 없이 신음하는 것'이다. 나라에 우환이 많다는 것을 내가 어찌 모르겠는가? 그러나 나라가 병들어 위급할 때 통곡하며 눈물을 흘린들 무슨 소용 있겠는가?

다섯번째, 진부한 상투어를 없애는 데 힘쓴다. 오늘날 식자들은 머릿속에 문학적인 상투어 몇 가지 기억하고 있으면 시인이라고 자칭한다.……내가 말하는 진부한 상투어를 없애는 데 힘쓰자는 것은 다른 방법이 있는 것이 아니라, 오직 사람들마다 스스로 보고 듣고 경험한 사물들을 자신만의 표현으로 묘사하면 되는 것이다.

여섯번째, 전고(典故)를 인용하지 않는다. 여기서 말하는 전고는 좁은 의미의 전고로서, 문인이나 사인들이 스스로 표현을 만들어 눈앞의 경관이나 가슴속의 생각을 써 낼수 없기 때문에 적절하지 못한 또는 완전히 부적절한 고사나 진부한 말을 빌려 대충 넘기려고 하는 것을 의미한다.

일곱번째, 대구(對句)를 따지지 않는다 짝을 이루는 것은 인류 언어의 한 특성이다. 때문에 노자나 공자의 글같은 고대의 문장에도 간혹 대구가 있다. ……그러나 이는 모두 언어가 자연스러우며 억지로 맞춘 흔적이 없다. ……그러나 후세 문학의 말단에 이르러 글에, 내용이 없고 형식만 앞서게 되었다.……(이는) 단지 보잘것 없는 문학의 잔재주로 취급해야한다.

여덟번째, 속자, 속어를 기피하지 않는다. 오늘날의 시각으로 보면 중국문학은 원대(元代)에 가장 흥성했고, 후세에 전할 만한 불후의 명작도 원대 가장 많이 나왔다는 것은 의심의 여지가 없다. 이 시대에 중국문학이 언문일치에 가장 근접했고 백화가 거의 문학의 언어가 되었다. ……오늘날 역사의 진화라는 시각에서 바라보자면, 백화문학이 중국문학의 정통이 될 것이며, 장래 문학이 반드시 써야 할 이기가 될 것이라고 단언할 수 있다.

이와같이 후스는 당대 지식인의 문학풍토를 비판하며 백화문사용을 주장하였다. 이 후 그는 '역사적 관념문학론', '건설적 문학혁명론'을 연이어 발표하며 그의 신문학론을 완성하였다.

'역사적 문학혁명론(歷史的文學革命論)'

후스는 1917년5월『신청년』3권3호에 '역사적 문학혁명론'을 발표하였다. 글의 요지는 다음과 같다.

> "오늘날 문학개량을 논한다면 당연히 '역사적 문학관념'을 중시해야 한다. 한마디로 말해서 한 시대에는 한 시대의 문학이 있다. 이 시대와 저 시대 사이에 비록 계승 발전관계가 있지만, 결코 완전히 모방해서는 안된다. 완전히 모방한 것은 진정한 문학이 될 수 없다. 나는 오직 이 이치를 굳게 믿기 때문에 옛사람들이 이미 옛사람들의 문학을 만들었으니 오늘날 사람들은 오늘날 사람들의 문학을 만들어야 한다고 생각한다.
>
> (『신청년』 3권3호. 1917.5.1.)

'건설적 문학혁명론(建設的文學革命論)'

역사적 문학관념론 발표 약 일년 후 발표한 '건설적 문학혁명론'에서 후스는 한마디로 국어의 문학, 문학의 국어를 주장하였다. 여기서 '국어의 문학'이란 국어로 쓰인 문학이며, '문학의 국어'는 일상적인 국어가 아니라 문학작품 속에 쓰임으로써 예술적 수식을 가하여 세련미를 부여한 이른바 '문학적인 국어'를 의미한다.

발표 글 속에서 그는 다음과 같이 언급하고 있다.

> 나의 '신문학건설론'의 취지는 단지 10글자로 '국어의 문학, 문학의 국어'이다. 우리가 제창하는 문학혁명은 단지 중국을 위해 국어의 문학을 창조하고자 하는 것이다. 국어의 문학이 있어야 비로소 문학의 국어가 있을 수 있다.

> 문학의 국어가 있어야 우리의 국어는 비로소 진정한 국어라 할 수 있다. 국어에 문학이 없으면 생명도 없고 가치도 없으며, 또 성립할 수도 없고 발전할 수도 없다...독자들은 오해하지 말았으면 한다. 백화로 쓴 책은 모두 가치가 있고 생명이 있다고 말하는 것은 아니다. 내가 말하고자 하는 바는 죽은 문언으로는 결코 생명있고 가치있는 문학을 만들어낼 수 없다는 것이다.
>
> (『신청년』 4권4호 1918.4.15.)

사실, 후스는 '백화문사용'을 이론적으로만 주장한 것이 아니라 자신이 직접 모든 글을 백화문으로 발표하였다. 특히 백화문으로 쓰기 힘든 시를 지어 최초로 백화문으로 된 '신시집(新詩集)'을 발표하였다. 시험작품집이란 의미에서 '상시집(嘗試集)'이란 이름으로 1919년 출간하였는데, 내용이 유치하다라는 혹평에도 불구하고 출판 이후 독서계의 폭발적인 인기를 얻었다. 2년 만에 1만부가 팔려 출판계의 이변으로 간주될 정도였다. 그 중에서 여기에선 '나의 아들'이란 시를 소개하고자 한다. 한글로 번역한 것이라 백화문 시의 맛과 조금 다를 수 있다. 그러나, 그의 반전통, 반유교적 사상은 잘 드러나 있다.

> '나의 아들'
>
> 나는 아이가 필요없었네. 그러나 아이 스스로 왔네. 나의 후손 안 갖기 주장은 이제 더 이상 내걸 수가 없게 되었네 / 나무에 꽃이 피고, 꽃이 지면 우연히 열매가 맺듯, 그 열매는 너고, 그 나무는 바로 나. / 나무가 본디 열매 맺을 생각이 없었듯이, 나 역시 너에게 베푼 건 아니다. 그러나 너는 이미 태어났다 / 그러니 나는 너를 먹이고 가르치고 하지 않을 수 없다. 이는 사람의 도리로서의

의무일 뿐 / 너에게 은혜를 베푸는 것은 아니다 / 훗날 네가 다 커서, 내가 어떻게 아이를 가르쳤는가를, 잊지 마라. / 나는 네가 당당한 사람이 되기를 바랄 뿐, 너는 나의 효자가 될 필요는 없다

'我的兒子'

我實在不要兒子，兒子自己來了 / '無後主義'的招牌，於今掛不起來了! / 譬如樹上開花，花落天然結果。/ 那果便是你。那樹便是我。/ 樹本無心結子，我也無恩於你。/ 但是你既來了，我不能不養你教你，/ 那是我對人道的義務，並不是我待你的恩誼。/ 將來你長大時，這是我所期望於你 / 我要你做一個堂堂的人，不要做我的孝順兒子。

(「상시집(嘗試集)」,『신청년』, 1920.)

이 시는 부모와 자식의 관계에서 나타나는 불합리성과 효의 허구성을 개인주의 시각에서 시니컬하게 묘사한 것이다. 이 시로 후스는 지식계의 혹독한 비판을 받았다. 혹자는 후스의 시가 자식이 효자가 되어서는 절대 안된다는 의미로 받아들여질 수 있다고 비판하였다. 그러나 후스는 효도가 의미 있으려면 사회적 강요가 아니라 자식된 자, 개인의 마음속에서 우러나와야 한다고 생각했다. 바로 '개인주의'입장에서 효의 의미인데, 당시 뿌리 깊은 유교사회였던 중국에서 당연히 해야만 하는 '효도'를 정면으로 반박한 것이었다.

반유교에 대한 주장 뿐만 아니라 후스의 백화문운동에 대한 시각도 비판을 많이 받았다. 바로 그의 백화문전용은 단순한 형식의 개혁으로서 문언문을 백화문으로 바꾸는 것에 지나지 않으며, 문학 혁명에서 중

요한 것은 내용이라며 그의 주장을 폄하하였다.

여기에 대해 후스는 "문자는 문학의 기초이며 따라서 문학 혁명의 첫걸음은 문자문제의 해결부터 시작해야한다. 우선 문체의 해방이 이루어져야 새로운 사상과 새로운 정신을 나르는 수단이 될 수 있다"라며 백화문사용의 중요성을 강조하였다. 이러한 그의 백화문운동은 소수의 사람들만이 독점해 오던 오래되고 낡아빠진 문어체 글에서 문학을 해방시켜, 많은 대중의 사고와 감정을 반영할 수 있게 됨으로써 다수의 청년 지식인들의 지지를 얻을 수 있었다.

더 중요한 것은 오사운동 당시 발표된 정치적 성질의 많은 글들이 모두 백화문을 사용함으로써 청년세대들이 더 대담하고 직접적으로 옛것을 깨부수면서 마음껏 자신의 의사와 감정을 표현할 수 있게 되었다는 점이다. 바로 시대정신과 표현수단이 적절하게 호응하며 상호 확산되어 나갈 수 있었던 것이다. 때문에 오사운동이 없었다면 백화문은 이렇게 신속하게 확대되지 않았을 것이며, 백화문운동이 없었다면 오사운동 역시 그러한 규모, 위세와 영향을 미치지 못했을 것이다.

Ⅲ. 새로운 패러다임을 개척하다

후스와 같은 시대의 중국인들에게 그의 이름을 대면 먼저 연상되는 것이 문학혁명과 '중국철학사대강(中國哲學史大綱)' 그리고 실험주의일 것이다. 실험주의는 후스가 학술사고방식의 기본으로 삼은 듀이의 사상이다. 앞서 후스가 코넬대에서 콜럼비아대학으로 옮긴 것도 존 듀이때문이라고 언급한 바 있다. 듀이의 영향은 여러 차례 그 스스로 언급하고 있지만, '신사조(新思潮)의 의의'라는 글에서도 볼 수 있다. 그는 "독립자주의 사상을 가지고 대상에 대하여 비판적 태도를 갖는 것이 신사조의 근본의의"라고 한 바 있다.

그는 "비판은 모든 (기존)가치를 다시 평가하기 위한 방법이다. 이 비판적 태도를 가지고 유교의 가치를 (오늘날 입장에서) 재평가하기 위해 유교를 논하며, 전시대 구문학의 가치를 재평가하기 위해 문학을 논평하였다. 이 모든 것들이 곧 '문제의 연구'였고 그것은 가설과 검증이라는 듀이적 추론방법을 통해서 가능한 것이었다"라고 언급하였다.
여기서 "유교의 가치를 (오늘날 입장에서) 재평가하기 위해 유교를 논하며'라고 했는데 그러한 태도는 중국철학사 , 중국사상사 연구에 큰 공로를 인정받은 "중국철학사대강(상)"에서 엿볼 수 있다. 이 책은 현대 중국에서 '사학혁명을 일으킨 획기적인 저술이었다'라고까지 평가되기도 하는데, 속권이 완성되지 못한 채 상권으로 끝나 이 후 '중국고대철학사'로 이름이 바뀌어 출판되었다.

사실, 후스는 구학(舊學)에 대한 기본 바탕, 신학(新學)에 대한 지식, 그리고 사상의 깊이, 이론적 체계화 등 각 방면에서 아주 뛰어나다라고 평가되지는 않는다. 그러나 후스의 '중국철학사대강'은 수 백년에 걸친 중국 전통의 역사와 사상사의 오래된 관념, 기준, 규범과 통칙을 가장 먼저 깨뜨려 새로운 패러다임의 변혁을 이루었다라고 평가되고 있다.

이 책은 베이징 대학에서 진행한 강의안을 정리하여 상하이 상무인

서관(商務印書館)에서 1919년 2월 베이징 대학 총장 차이위엔페이 칭찬이 가득한 서문을 붙여 출판한 것이다. 저술형식도 파격적이었다. 백화문으로도 학술문장을 쓸 수 있음을 보여주었고, 문장의 뜻을 독자에게 정확하게 전달하기 위해 구두점 부호를 사용하였다.

고전문언문은 문체도 문체려니와 단락이 나누어져 있지도 않은데, 구두점 표시도 없어 문장의 뜻을 잘 파악하는 데에는 오랜 시간과 훈련이 필요했다. 때문에 독자가 작자의 뜻을 오해하는 경우가 많아 그의 구두점 표기는 가히 획기적이라 할 수 있었다.

그러나 무엇보다 새로운 패러다임의 변혁이라 평가받은 이유는 이 책이 이 전 학자들이 감히 건드리지 못하던 금기 즉 경학에 대한 태도를 타파했기 때문이었다. 경학(經學)은 모두 알다시피 유교의 가르침을 적은 유가 경전을 연구하는 학문이다. 여기서 '경(經)'은 성현의 교훈을 쓴 책으로서, 사회의 모든 성원은 그것을 해석하고 신봉할 뿐, 그것을 의심하지도 논의하지도 못했으며 더구나 비판하는 것은 있을 수도 없었다. 당시 요(堯), 순(舜), 우(禹), 탕(湯), 문(文), 무(武), 주공(周公), 공자(孔子)는 모두 성인으로서 오로지 그들을 경배할 뿐 비판하는 것은 불가능했다.

그러나 후스는 전통학문을 숭배, 모방의 대상이 아니라 객관적인 연구대상으로 삼았다. 그는 유교(학파)를 다른 학파의 사상과 동등하게 다루면서, 유교를 포함한 모든 학파를 해당 시대의 역사적 산물로 보았다. 또한 유교의 공자와 다른 사상가들을 똑같은 지위에 놓고 논평한 것이 하나의 대변혁이었다라고 할 수 있었다. 바로 서양에서의 철학사 연구방법론을 처음으로 중국철학 연구에 적용한 것이었다. 이로써, 2천년 동안 불변의 것으로 여겨져 온 전통적 가치에 대한 우상파괴적 비판의식이 형성되었고, 이는 절대적 권위를 인정하지 않는다는 점에서 민주주의에 대한 지향점과도 연결된다고 할 수 있다.

Ⅳ. 자유를 위해 '용인(容忍)'을 중시하다

후스는 1919년 7월 『매주평론』31호 '문제(問題)를 좀 더 많이 연구하고 주의(主義)는 조금만 논하자'는 글을 발표하였다. "무슨 무슨 '주의'라고 이름붙여진 추상명사만을 내세워 그것으로 모든 문제를 한꺼번에 근본적으로 해결하겠다고 하지말고, 해결해야 할 구체적 문제를 찾아 그것을 어떻게 해결할 것인가 하는 방안을 제시하라는 것"이 주된 내용이었다. 이 글의 비판대상은 당시 젊은 학생층 사이 널리 유행하던 설익은 무정부주의, 새로 전파되어 가고 있던 마르크스주의였다. 그는,

> '이 문제를 어떻게 해결할지, 저 문제는 어떻게 해결할지를 더 많이 연구하고, 이 주의가 얼마나 신기한지, 저 주의가 얼마나 오묘한지 헛된 공론은 하지 마십시오. 지금 중국은 시급하게 해결해야 할 문제들이 아주 많습니다. 인력거꾼의 생계 문제부터 대총통의 권한 문제까지, 매춘문제에서 매관과 매국문제까지, 어느 것 하나 시급하지 않은 문제가 있습니까?
>
> 우리는 지금 인력거꾼의 생계를 연구하지 않으면서 사회주의에 대해 열띤 토론을 벌이고 있습니다! 여성을 어떻게 해방시킬 것인지, 가족제도를 어떻게

> 바로잡을 것인지는 연구하지 않고 공처주의와 자연연애만을 소리높여 이야기하고 있습니다. 그러면서도 '우리가 말하는 것이 근본적인 해결책이다' 라고 의기양양하게 뽐내기까지 합니다. 주의를 입에 올리는 사람들이 왜 이렇게 많을까요? 문제를 연구하는 사람들은 왜 이렇게 적을까요?
> 문제를 연구하는 것은 아주 어렵고, 주의를 목소리 높여 논하는 것은 아주 쉽습니다. 그렇지만 독자들이 나의 뜻을 오해하지 말기를 바랍니다. 나는 모든 학설과 주의를 연구하지 말라고 권하는 것은 아닙니다.
>
> (『매주평론』 31호, 1919. 7.)

라고 말하면서 그러나 무엇보다 중요한 것은 구체적인 문제를 알아본 뒤에야 해결 방법을 찾을 수 있는 것이지, '근본적 해결'을 주장하며 '혁명'만을 강조하는 사회주의자들에 대해 비판적 입장을 보였다.

소위 '문제와 주의'논쟁으로 이어진 리따자오(李大釗)와 논쟁에서, 리따자오도 후스가 말한대로 근래 신문이나 잡지에 발표된 '주의'의 주장이 실제문제와 관련이 적은 것은 인정하며 앞으로 이 방면에 더 노력해야한다고 인정하였다. 그러나 그는 문제를 해결하는데 필요한 도구로서, 공동의 이상으로서의 '주의'의 필요성은 강조하였다.

결론적으로 후스 주장의 골자는 '모든 주의, 모든 학문 이론은 연구하되, 그것을 하나의 가설로 잡을 뿐 고칠 수 없는 절대적인 신조로 삼아서는 안된다, 단지 논증에 참고되는 재료로 삼아야 하지, 금과옥조의 종교로 떠받들어서는 안된다'는 것이었다. 그의 "문제는 좀 더 많이 연구하고 주의는 '조금만 논하자'"의 참뜻은 '주의를 근본해결의 방법으로 보지 말고 하나의 가설로 삼아 연구하되, 검증의 결과에 따라 폐기할 수도 있다'는 뜻이었다.

이러한 그의 태도는 어떤 주어진 결론에 논증없이 승복하는 것을 거부하며, 문제 하나하나에 대해 회의, 가설, 논증의 단계를 거치는 방법으로 사고하는 한, 혁명이나 근본적 해결은 있을 수 없었다. 그저 한 발자국씩 개혁만이 있을 뿐이었다. 이 점에서 실험주의와 자유주의적 개혁주의는 연결되는 것이었다.

후스는 또한, 중국 전통 속의 자유 의미를 끄집어 내고 있다 "중국 고문(古文)에서 '자유'란 '자신으로 말미암다'라는 뜻입니다. 다시 말해 외력에 의한 것이 아니라 '스스로 주인이 된다'는 뜻으로 유럽언어에서 '자유'는 '해방'의 의미가 있습니다. 외부의 제재에서 해방되어야만 '스스로 주인이 될 수 있다'는 뜻입니다."라고 하였고,또 "옛날 중국 사람들은 '자유(自由)', '자연(自然)' 속에 들어있는 '자(自)'라는 글자를 매우 중하게 여기고 외부에서 구속하는 힘은 가볍게 여겼습니다. 일부러 외부의 압력을 무시하고 자기 내면에서 안위와 자유를 구했던 것 같습니다." 라며 중국 전통 속의 자유 의미를 끄집어내고 있다.

이러한 그의 자유주의는 신문화운동시기 가장 강조되었던 '민주'의 문제와 연결되어 있었다. 그는 "동양의 자유주의 운동은 정치적 자유라는 특수한 중요성을 갖지 못했기 때문에 정치적 민주를 수립하지 못했습니다. 서양의 자유주의가 가장 크게 기여한 점이 바로 이것입니다. 그들은 민주정치가 실현되어야만 인간의 기본적인 자유를 보장받을 수 있다는 사실을 깨달았기 때문에 정치 분야에서는 자유주의가 민주를 옹호하는 형태로 나타난 것입니다." 라고 지적했다.

특히 "자유주의는 200년 동안 변화하면서 과거에는 없었던 특수한 정치적 의의를 갖는데, 반대당을 용인하고 소수의 자유와 권리를 보장하는 것이 바로 그것이다."라며, "사람들이 그렇게 생각하니 타인을 용인하는 태도를 가지지 않을 수 없게 되었고, 소수의 기본적인 자유를 존중하지 않을 수 없었다. 근대 민주국가에서는 반대당을 용인하고 소수의 권리를 보장하는 것이 지극히 당연한 정치 풍토로 자리 잡았는데, 용인이 바로 자유의 뿌리이기 때문이다.", "용인이 없으면 자유는 아예 말할 수도 없고, 현대 들어와서는 자유를 보장받으려면 최소한 상호 용인의 정신이 있어야 한다."고 주장하였다.

하지만 후스의 염원은 생전에 열매를 맺지 못하였다. 혁명적 방법, 근본적 해결을 반대하고 일관되게 한 걸음 한 걸음 자유주의적 점진적 개혁을 주장했던 후스의 노력은 혁명을 표방하는 국민당이나 공산당 모두에게 거부당하였다. 아쉽게도 후스의 자유주의는 당시의 대세 주류가 될 수 없었다.

V. 후스에 대한 비판, 그리고 한국인과 교류

후스에 대한 평가는 중국에서 상당 기간 제대로 이루어지지 않았다. 바로 자유주의자로 평가되는 후스의 정치적 입장 때문이었다. 더욱이 1930년대 이후 국민당 장제스 편에서 활동한 이력으로 그의 평가는 폄하 되었다.

사실 1920년대 후스는 분명하게 북양 군벌정부를 반대하였고 1929년에는 '인권과 약법', '우리는 언제 헌법을 갖게 되었는가' 등 국민당 통치를 비판하는 글을 써 인권, 법률, 자유를 강조하다가 국민당으로부터 출판 금지를 당하기도 했다. 하지만 1930년대, 후스는 국민당 장제스 정권 편에 서서 국민당을 지지하였다. 여전히 법률 등을 강조하는 자유주의 구호 아래 국민당을 지지하였지만 지식인들과 청년들 사이에 어용학자로 비판받기 시작했다. 특히 마르크스주의에 비판적이었던 후스는 공산당 정권이 중화인민공화국을 세운 이후, 더욱 격렬한 비판의 대상이 되었다. 앞서 언급하였듯이 둘째 아들이 직접 아버지 후스를 비판하는 글을 발표하였고, 그는 결국 반우파 투쟁 때 반동으로 몰려 자살하는 비극적인 최후를 맞기도 했다.

그리고 바로 그 반우파 투쟁의 선도적 역할을 한 것이, 1954년부터 전국 지식인을 대상으로 본격적으로 시작된 후스비판운동이었다. 당시 후스는 장제스와 함께 나란히 타도되어야 할 대표적인 사람으로서, '학술계의 공자'라고 비판 당하였다. 거의 모든 지식인을 동원하여 그의 잘못을 찾아내고 그를 비판한 이 운동은 사실, 후스에 대한 비판을 통해 전체 지식인에 대한 철저한 사상개조를 목적으로 한 운동이었다. 1955년, 베이징 삼련서점(三聯書店)에서 『호적사상비판(胡適思想批判)』이란 이름의 책이 간행되었다. 그 내용을 보면 대부분 후스사상 그 자체의 결점을 찾아 논하는 것이 아니고, 후스 사상은 '부르주아 관념론이었기 때문에, 모든 면에서 절대적으로 잘못되어 있다'라는 전제 아래 진행된 비판 내용이었다.

당시, 후스는 자신의 비판 서적을 직접 구입해 읽고는 "오늘날 대륙을 지배하고 있는 그들이 아직도 자유정신을 두려워하고 있다"라며 언젠가 자신이 재평가될 것이라고 얘기하였다. 그리고 그의 예언대로 중국의 개혁개방정책 실시 이후 80년대부터 후스의 재평가가 활발해져, 그의 이전 평가는 정치적 영향력 때문이었음이 입증되었다.

마지막으로 후스가 한국에서 어떻게 받아들여 졌는지에 대해 애기해 보고자 한다. 후스는 근대 한국에서 중국을 대표하는 지성으로 인식되었다. 1920년대 중국 신문화운동의 선구자로서 문학혁명론과 백화문운동을 중심으로 그의 글이 소개되었고 1930년대는 학술사상가로서 그의 철학사상 등이 알려지게 되었다.

그러나 이보다 이른 시기 무엇보다 후스가 미국 코넬대 유학하던 시기 1914-1915년 사이 한국 독립운동가로 활동하게 될 김현구와 교류하며 한글 자모를 익힌 것으로 알려져 있다

이 후, 1920년 4월1일 '동아일보' 창간 즈음, 베이징 특파원으로 파견된 김동성(金東成)의 내방을 받고 그에게 창간 축사를 써 주기도 했다. '동아일보' 창간호에는 쑨원(孫文), 차이위안페이(蔡元培) , 량치차오(梁啟超) 등 친필 축사가 게재되었는데, 후스의 축사는 실제로 게재되지는 않았지만 당시 후스가 쑨원 등과 같은 주요 인사로 받아들여지고 있음을 보여준다고 할 수 있다.

또한 중국문학을 번역 소개해 오던 양백화(梁白華)도 1920년 12월 개벽사의 요청으로 후스와 교류하기 위해 직접 서신을 보냈고, 후스는

답신과 함께 '개벽의 발전을 축하합니다"라는 축사를 보내왔다. 이는 '개벽'제7호(1921년 1월1일)에 게재되었다. 사실, 양백화는 가장 이른 시기 후스를 소개했다. 잡지 '개벽(開闢)'1920년 11월호부터 1921년 2월호에 걸쳐 후스의 문학혁명운동에 관한, 일본인 아오키 마사루의 저작을 번역하여 '후스씨를 중심으로 한 중국의 문학혁명'이라는 제목으로 번역문을 연재하였다. 이윤재(李允宰)는 1923년, 잡지 '동명(東明)'에 후스의 문학혁명론의 실질적인 내용을 담고 있는 '건설적 문학혁명론'을 번역 게재하였다.

한편, '조선일보'에는 정래동(丁來東)이 번역한 '후스의 자기사상소개' 라는 글이 총9회에 걸쳐 연재되었고(1931년 6-7월), '동아일보' 상하이 특파원 신언준(申彦俊)은 1931년 8월 '동광(東光)'에 '실험주의 철학자 후스'라는 글을 발표하였는데, 그는 이 글에서 "후스씨는 천두슈씨와 같이 안후이의 2대 사상가로 근대 중국의 역사위에 찬란한 인물이다'라고 평하며 사상가로서 후스의 위상을 강조하였다. 이 후 1940년대 이육사(李陸史)는 후스의 대표적인 문학사 저작의 하나인 '중국문학오십년사(中國文學五十年史)'('문장(文章)' 1월호, 4월호)를 초역하여 게재하였다.

이러한 후스의 학술사상 소개 이외 후스가 주미대사(駐美大使)로 있을 때 또 다른 교류도 있었다. 1938년 6월, 미국에서 유미고려학생연회(留美高麗學生聯會) 회식 모임에 후스가 초대되어 한국유학생에게 강연을 하였다. 또한 한국의 상하이 임시정부 초대 대통령을 역임한 이승만(李承晩)과 여러 차례 회동을 갖고 그에게 충칭에 있던 한국임시정부 지도자 김구(金九)와 연락할 수 있도록 주선해 주기도 했다. 이런 상황들로 유추해 볼 때, 후스가 한국인에게 잘 알려져 있었으며, 한국의 독립에도 적극적으로 지지하는 의사를 보여주고 있음을 알 수 있다

이상에서 후스의 저술을 통해 그의 삶과 사상을 이야기 해 보았다. 그는 신문화운동시기 핵심인물로 문학혁명을 이끌었다. 또한 실험주의적 입장에서 중국문명을 근대사회에 적용할 수 있는 새로운 것으로 개조하고자 전통문화, 특히 권력 정치와 연관된 도덕적 가치에 대하여 일관되게 치밀한 비판을 가하였다. 그는 민족 자존심의 이름으로 종종 제창되는 문화적 국수주의를 철저히 비판하고, 근대서양문명을 되도록 많이 섭취할 것을 주장한 근대화론자였다.

그는 무슨무슨 주의가 아닌 구체적 문제의 구체적 연구를 통해 학술사상을 연구한다는 평생 일관된 태도를 갖고, 조금씩 개혁해 나가는 의회민주와 언론자유를 주장한 자유주의자였다. 특히 자기와 다른 생각이나 신념을 용인하는 자유주의적 태도를 강조하였다.

그의 명성은 평생 유지되었지만, 자유주의는 대세 주류로 받아들여지지 않았다. 그러나 공산당이 혁명으로 세운 중화인민공화국과 국민당 장제스가 꾸려나간 타이완의 정권이 어떠한 모습이었는가? 오늘날까지도 아직 후스의 주장은 유효하며 우리에게도 시사하는 바가 크다라고 생각한다.

VI. 못다 한 이야기

후스는 신문화운동 시기 문학혁명을 주도하면서 개인주의, 자유주의를 중국에 소개하고 일관성 있게 주장합니다. 그는 중국의 서구화를 꿈꾼 자유주의자이기도 했습니다. 베이징대 교수로 학술계에 큰 영향력을 행사했지만, 그의 사상은 주류가 되지 못했습니다. 그럼 20세기 신문화운동을 대표하는 후스의 삶과 사상에 대해 못다 한 이야기를 나누어보겠습니다.

1. 우선 개인적으로 어떻게 후스를 알게 되었는지 궁금합니다.

중국사를 연구하다보면, 중요한 1차 사료를 직접 중국이나 타이완에 가서 구해야 할 때가 있습니다. 저도 논문을 쓰기 위해 자료 수집 차 타이완 최고 학술기관인 중앙연구원을 가게 되었습니다. 그런데 중앙연구원 안에 바로 후스기념관이 있는데요, 그 곳은 후스가 중앙연구원 원장을 지냈기 때문에 그의 집과 집무실을 기념관으로 만들어놓고 일반인들이 방문할 수 있도록 꾸며놓은 곳입니다. 그 때 책에서만 보던 후스, 그 후스가 직접 살던 집, 집무실, 그의 친필 원고 등을 보며 마음이 설렜던 기억이 남아 있습니다. 그 후 갈 때마다 후스기념관을 들르곤 했습니다.

굳이 연구자가 아니라도 우리 학생들이 타이완 여행을 하면서 이곳을 방문하면 좋을 텐데 라는 생각이 드네요.

중앙연구원은 국제적인 학술연구기관의 품격을 느낄 수 있는 곳입니다. 여권만 있으면 도서관 출입도 가능하고, 여기에 후스기념관 방문은 덤이라고 할 수 있겠죠. 위치도 시내와 별로 멀지도 않습니다. 지하철과 버스를 이용하면 됩니다. 참, 기념품 지금은 보통 굿즈라고 하죠? 저는 예전에 마우스패드와 작은 찻잔 등을 사 가지고 왔는데, 마우스패드는 낡아서 쓸 수 없지만, 찻잔은 지금도 잘 쓰고 있습니다.

2. 신문화운동은 알려져 있다시피 전통에 반대하는 '계몽운동'이었습니다. 후스는 철저하게 전통과 유가를 비판하고 '전면 서구화'를 외친 대표적 지식인이었죠. 그러나 오사운동을 전후로 신문화운동을 주장했던 지식인들 간에 의견이 나뉘어지면서 길을 달리하게 되는데요. 그 중에서 후스는 루쉰과 종종 비교되는 인물입니다. 이번 후스에 대한 글을 쓰면서 어떤 측면이 루쉰과 비교되는지, 의견을 듣고 싶습니다.

후스에게 있어 중국이 나아갈 방향은 분명했습니다. 전면적 서구화 외에 중국 문화의 미래는 없다고 보았습니다. 중국 미래의 장애물로 빈곤, 질병, 무지 등의 오구 즉 다섯 가지 귀신이 봉건의 잔재이며, 이것이 중국 민중에게 파고든 나쁜 구습이라고 주장했습니다. 그렇기 때문에 봉건의 극복과 근대로의 진입이 그에게 분명하고도 당면한 과제였으며, 계몽의 목적과 대상, 방법도 분명했습니다. 특히, 후스는 계몽의 주체였지 대상이 아니었기 때문에 강력한 계몽운동의 추진력도 얻을 수 있었습니다. 즉, 계몽의 대상과 주체가 달랐기 때문에 오히려 더 추진력을 얻을 수 있었습니다.

루쉰의 유명한 소설 "광인일기"에서 광인은 선각자이지만 식인의 공모자라는 원죄 의식을 갖고 있었습니다. 광인이 바로 루쉰 자신을 의미하는데요. 루쉰은 이러한 원죄의식이 있기 때문에 자신은 과거 시대의 마지막 인물로 사라지겠다고 하거든요. 이렇게 보면 후스와 달리 자신은 계몽의 주체이자, 대상으로 그 경계에 서 있다고 볼 수가 있습니다. 이런 점이 상당히 후스하고 달랐던 것 같습니다.

그래서 후스는 낙관적 자유주의자이고 루쉰은 비관적 급진주의자라고 평가하기도 합니다.

루쉰은 현실에 대해서 끊임없이 비관하고 또 절망하지만 거기서 그치는게 아니라 그 절망에 대해서도 반항을 하거든요. 그래서 앞이 무덤일지라도 끊임없이 나아간다고 하죠. 이런 점에서 비관적 급진주의자라고 이야기할 수 있을 것 같습니다.

3. 후스는 당시 학술계의 거물 인사였다라고 말할 수 있는데요, 그는 자유주의를 주장하면서 여타 다른 정치권력도 정치이념에 대해 모두 비판적인 태도를 보였습니다. 예컨대 쑨원의 삼민주의, 공산당, 국민당 모두에 비판적이었습니다. 그런데 결국 국민당에 기울어지게 됐는데요. 그리고 말년에 타이완 행을 선택합니다. 후스가 결국 타이완

행을 선택한 이유는 무엇이라고 생각하는지요?

후스는 '문제와 주의' 논쟁에서 보이듯이 기본적으로 어떠어떠한 주의주장에 대해 반대하는 입장이었습니다. 특히 개혁을 진행할 때 수단으로서 '폭력'을 아주 싫어했습니다. 학생들의 시위도 폭력적인 방법이라고 강력반대를 하였는데요, 그래서 학생들과 갈등을 겪기도 했습니다. 그렇지만 학생들이 붙들려 가면 자신의 인맥을 동원해서 구해내려고 애쓰는 면도 보여주고 있습니다. 후스는 자신이 학술계 뿐만 아니라 사회개혁 지도자로서의 역할, 책임감이 아주 강한 인물이었습니다.

후스가 단순히 공산당을 비판하고, 국민당을 추종했다 이렇게 이분법적으로 보기는 어렵다고 생각합니다. 예컨대, 장제스의 일당 독재가 계속되자 당대의 지식인들이 모여 중국민권보장동맹이란 단체를 조직하는데 여기에 루쉰, 후스 모두 참여합니다. 물론 후스는 곧이어 동맹과 사이가 틀어져 제명되긴 합니다만. 어쨌든 자유주의자로서 국민당의 일당 독재에도 반대하지만, 또 그러면서도 공산당의 조직, 활동에 대해서도 비판적일 수밖에 없지 않았나 싶은 생각이 듭니다.

후스의 경우 폭력적인 방법을 싫어했기 때문에 공산당과 애초부터 같이 하기는 힘들었을 것 같고, 다만 초기 개혁의 한 방법으로서 사회주의를 긍정적으로 본 글도 있기는 있습니다. 그러나 국민당과 공산당이 갈등을 겪으면서 그나마 중국을 위해 국민당에게 희망을 걸었던 것 같습니다. 그러면서 자연스럽게 국민당 장제스의 권유로 중일전쟁 시기 주미대사를 지내면서 미국이 중국을 원조하는데 큰 역할을 하게 됩니다.

4. 중일전쟁 시기 주미대사를 역임하면서 결국 장제스와 미국과 관계를 밀접하게 하는 데 상당한 도움을 주었던 것이군요. 중국적 상황 특히 중일전쟁이라는 국가적 위기 상황 속에서 후스가 결국 장제스의 국민당정부에 힘을 실어 준 것은 아니었나, 또 그럴 수밖에 없는 상황은 아니었나 싶은 생각은 듭니다. 그럼 그 뒤에 후스는 어떤 행보를 보였나요?

후스가 사실은 공산당에 의해서 베이징이 점령당했을 때(1949년), 마오쩌둥이 후스의 명성이 워낙 크니까 베이징 대학에 남기를 원했다고 하더군요. 하지만, 후스는 결국 장제스가 보내 준 비행기를 타고 난징으로 갔고, 이후 미국에서 생활을 하게 됩니다. 말년 4년여 간을 타이완으로 가서 중앙연구원 원장을 맡게 되는데요, 많은 사람들의 반대에도 갔던 이유는, 자신이 타이완에서 민주국가를 이루는데 힘이 되고 싶다는 생각이 있었던 것 같습니다. 그래서 "자유중국(自由中國)", "문성(文星)" 같은 잡지를 통해 특히 언론자유를 주장하였습니다. 장제스의 독재정권하에서 쉽지 않은 일이지만, 후스의 명성이 워낙 대단해서 장제스도 어쩌지 못했다고 하더군요. 그래서 '타이완에서 유일하게 언론자유를 누린 사람은 후스밖에 없다'는 말이 나왔다고 합니다. 하지만 그가 일관되게 주장한 자유주의, 즉 개인의 자유, 언론의 자유, 정치적 민주화 이런 것

등은 주류 사상도 되지 못하고, 제대로 실현되지도 못하였습니다.

그는 당시 아주 명망 높은 학자였으나 그의 사상은, 자유주의라고 하는 그의 사상은 결국 주류가 되지는 못했다 이렇게 요약해 볼 수 있겠군요. 흔히들 얘기하듯이 20세기 중국이 '구망이 계몽을 압도한 시기다' 라고 얘기하는데요, 어떤 망국에 대한 위기, 이런 구국이 계몽을 압도한 시기였기 때문에 자유주의자로서 후스의 길은 사실, 용인되기 어려웠던 것 아닐까하는 그런 생각이 듭니다.

5. 후스의 삶과 사상이 오늘날 우리사회에 주는 메세지는 무엇이라고 생각하는지요

후스는 당연히 '문학혁명가'로서 역사에 이름을 새길 만한 큰 역할을 한 인물이었고 그 방면에서 지금까지 스포트라이트를 받아 온 것이 사실입니다. 그러나 저는 자유주의자로서 그를 더 주목해 봐야 한다고 생각합니다.

'개인의 자유', '언론자유' 등의 문제는 지금까지도 유효한 주제이며, 정치적 사회적 경제적 민주는, 어떻게 이루느냐, 그 방법론의 차이가 있을 뿐이지 우리 모두가 추구하는 바라고 생각합니다. 특히 요즘 어떤 사회 문제에 대해 의견이 '양극단'으로 나뉘거나, 심하게는 상대방을 '혐오'하는 현상까지 나타나는 경우가 있는데, 후스가 주장한 자유주의의 뿌리로서 '용인', 즉 상대방의 말을 귀 기울여 들어줄 줄 아는 그런 태도는 우리에게 시사하는 바가 크다고 생각합니다. 여러분이 이 글을 통해 이런 주제들에 대해 한번 더 생각하는 계기가 되었으면 좋겠습니다.

루쉰이 사회주의 중국에서 신격화되었던 것과 달리, 후스는 공개적으로 비판의 대상이 됩니다. 그 비판자들 중에는 그가 남겨두고 온 아들, 그의 벗, 제자도 포함됩니다. 아들 쓰두(思杜)는 아버지 후스를 '제국주의의 주구', '인민의 공적', '자신의 적'이라고 어쩔 수 없이 비난해야만 했습니다. 그리고 반우파 운동에서 우파로 몰려 결국 자살하고 말지요. 후스의 타이완 행과 중국공산당 비판은 이런 혹독한 대가를 치러야했습니다. 이미 후스비판운동은 과거가 되었습니다. 그리고 후스의 사상에 대한 중국의 평가도 이전과는 달라졌습니다. 후스가 추구한 자유와 관용은 20세기 뿐 아니라 오늘날 우리에게도 여전히 의미가 있지 않을까 생각합니다.

인용 고전과 참고문헌

<인용 고전>

「문학개량추의」, 『신청년』 2권5호. 1917 1.1.

「역사적 문학관념론」, 『신청년』제3권제3호, 1917.5.1.

「건설적 문학혁명론」, 『신청년』제4권제4호, 1918.4.15.

'나의 아들(我的兒子)' 「상시집(嘗試集)」, 『신청년』, 1920.

『매주평론』 제31호, 1919. 7.

『자유중국(自由中國)』 제26권제6기, 1959. 3.14.

「胡適致陳獨秀信搞」『胡適來往書信選(上)』, 中華書局香港分局, 1983.

<참고문헌>

천두슈 후스 저, 김수연 옮김, 『신청년의 신문학론』, 한길사, 2012.

후스 저, 함홍근·송긍섭·민두기 등역, 『중국고대철학사』, 대한교과서주식회사, 1962.

후스 저, 민두기 편역, 『호적문선(삼성문화문고 4)』, 삼성문화재단,1972.

후스 저, 차주환 옮김, 『사십자술(을유문고 116)』, 을유문화사,1973.

후스 저, 한상덕 옮김, 『상시집』, 지식을 만드는 지식,2013.

후스 저, 김수연 옮김, 『중국문학 50년(1872-1922)』, 서울대학교출판문화원, 2018.

후스 저, 허유영 옮김, 『인생에서의 가장 어려운 문제』, 유노북스, 2016.

리쩌허우 저, 김형종 옮김, 『중국현대사상사』론, 지식산업사, 1992.

홍석표, 『중국의 근대적 문학의식 탄생』, 선학사, 2007.

민두기, 『중국에서의 자유주의의 실험』, 지식산업사, 1997.

조경란, 『20세기 중국지식의 탄생』, 책세상, 2015.

첸리췬 저, 「베이징대학교수의 다른 선택 - 루쉰과 후스를 중심으로 -」, 쉬지린 편·김경남 등역, 『20세기 중국지식인을 말하다』 2, 도서출판 길, 2011.

제5장

리다자오李大釗, 청춘 중화를 꿈꾸다

김형열 (동의대)

※이미지 출처

http://weekly.chosun.com/news/articleView.html?idxno=7116

청춘의 나를 통해
청춘의 가정, 청춘의 국가,
청춘의 민족, 청춘의 인류,
청춘의 지구, 청춘의 우주를
만들어야 한다.

(「청춘」, 『신청년』 제2권 제1호, 1916.)

Ⅰ. 짧고 강렬하게 생을 불사르다

리다자오(李大釗)는 중국 현대의 격변기에 치열하게 삶을 살았던 중국의 지식인이자 애국자요, 공산주의자였다. 리다자오는 5·4 운동 시기 중국에 마르크스주의를 소개하고 전파하여 중국 사회주의의 기원이라고 일컬어 졌으며, 1921년에는 중국 공산당 창당에 참여하는 등 천두슈(陳獨秀)와 더불어 대표적인 중국 초기 공산당원으로 잘 알려져 있다. 그의 사회적 활동기간은 최초로 정론(政論)을 발표하기 시작한 1913년부터 베이징에서 체포되어 사형당하는 1927년까지 겨우 15년에 불과하였다. 하지만 그 동안에 그는 21개조 반대운동, 위안스카이 반대운동, 러시아혁명의 소개 및 마르크스주의의 도입, 5.4 운동, 중국공산당 창당, 국공합작, 농민운동 등 중국현대사의 핵심적인 문제에 관여하거나 주도적인 역할을 담당하였다. 이렇게 그는 당시의 여러 국가적·사회적 문제에 직면하여 중국의 역사적 방향을 설정하고 국민을 인도하려 한 진보적 지식인이었다. 특히 그의 사상이 중국 사회주의에 특수한 성격을 부여하였다는 것은 주목할 만한 일이라 할 수 있다.

리다자오는 1916년에 발표한 청춘이라는 글에서 "청춘의 나를 통해 청춘의 가정, 청춘의 국가, 청춘의 민족, 청춘의 인류, 청춘의 지구, 청춘의 우주를 만들어야 한다.(「청춘」, 『신청년』)"고 쓰고 있다. 리다자오의 삶과 사상에서 중요한 의미를 지니는 '청춘'은 과연 무엇을 나타내는 것이었을까? 또한 왜 리다자오는 그토록 청춘의 국가, 즉 청춘 중화를 만들고자 노력했던 것일까?

1927년 4월 6일, 당시 베이징을 장악하고 있던 군벌 장쭤린(張作霖) 휘하의 군경이 베이징 공사관 구역에 나타났다. 그리고 이들은 리다자오를 체포하기 위해서 소련 대사관에 들이닥쳤다. 당시 리다자오는 중국공산당 북방구 책임자이자 국민당의 북방 집행부 및 정치위원회 북방 분회의 일원으로서 군벌과 제국주의에 대한 반대 운동을 지휘하고 있었다. 소련 대사관을 포위 습격한 군경은 100여 명의 소련인과 리다자오 등 다수의 중국인을 체포하였다. 그리고 1927년 4월 28일 리다자오는 만 38세의 나이로 열아홉 명의 다른 중공 당원들과 함께 교수형에 처해지고 말았다.

당일 소련 대사관에 있던 리다자오의 숙소에 몰아닥친 군경의 강제적인 체포와 구금 장면을 리다자오의 장녀인 리싱화(李星華)는 16년 후에 다음과 같이 회상하고 있다.

> 돌연 회색 제복과 검은 장화를 신은 군경과 사복을 입은 수사관들 그리고 검은 제복 차림의 민간 경찰들이 좁은 방으로 밀려들었다. 악마 떼처럼 그들은 우리를 둘러쌌는데 제각기 권총을 빼들고 냉혹하게 아버지와 나를 겨누었다. … 그들이 아버지의 권총을 빼앗고 몸을 수색했다. 아버지는 보통 때의 평온한 태도를 유지했다. 그는 아무 소용이 없음을 알았기 때문에 그들과 다투지 않았다. … 잔인하고 난폭한 저주를 퍼부으면서 그들은 아버지를 결박했다.
>
> (리싱화, 「十六年前的回憶」, 1943)

리다자오는 자신의 최후를 직감했는지 가족들에게 움직이지 말라고 얘기를 하고는 순순히 체포되었다. 그 다음날 자신의 아내와 두 딸도 함께 체포되어서 그들은 같이 감옥에 갇히게 되었다. 재판에서 리다자오는 사형을 언도받았고 결국 형장의 이슬로 사라지고 말았다. 리다자오의 장례식은 그가 사형당한지 4년이 지나서야 거행되었다. 1931년 4월 24일자 베이징발 로이터 통신은 당일의 장례식 모습에 대해 다음과 같이 이야기를 하고 있다.

> 전 베이징대 교수이며 저명한 중국 공산당 지도자였던 故 리다자오의 장례식은 과격한 시위의 계기가 되었으며, 그 결과 40여 명의 학생들이 경찰과 헌병대에 의해 체포되었다. 대부분이 학생·노동자인 7백여 명의 인파가 장례식에 참석했는데 장례행렬은 1927년 리다자오가 장쭤린에 의해 처형된 이래 시신이 묻혀있었던 선무문(宣武門) 밖의 불교 사원에서 출발하였다. … 교통의 혼란과 수많은 구경꾼들을 이용해, 행렬 속의 일부 과격한 학생들이 인터내셔널 가를 부르면서 공산주의 유인물을 배포하기 시작했다. 경찰과 헌병이 즉

시 개입하여 유인물을 계속 배포하지 못하게 했으나 학생들은 개의치 않았다. 충돌이 생기고 40여 명의 학생들이 체포되었으며 나머지는 탈출했다.

(모리스 메이스너, 『李大釗 - 중국사회주의의 기원』, 297~298쪽)

이러한 기사를 통해서 당시 얼마나 많은 사람들이 리다자오의 사망에 대해서 애도하고 그의 짧은 생애를 아쉬워했는지 알 수 있다. 이처럼 많은 공산주의자 및 노동자·농민에게 사랑하는 지도자이자 스승이었던 리다자오는 혼란스러운 시대 속에서 뜨거운 삶을 살았다. 청년 시기를 거치며 신해혁명, 5.4 운동, 제1차 국공합작이라는 중국 현대사의 대사건들을 경험하였던 리다자오의 삶에는 과연 어떠한 고민과 노력, 신념과 실천이 담겨져 있었을까? 다음에서 리다자오의 짧지만 강렬했던 생애를 간단히 살펴보도록 하자.

리다자오는 1889년 10월 29일 허베이성(河北省) 러팅현(樂亭縣)에서 중농가인 리런룽(李任榮)의 외아들로 출생하였다. 하지만 리다자오의 어린 시절은 그리 순탄하지 않았다. 바로 출생 7개월 전에 아버지를, 그리고 태어난 지 16개월 만에 어머니를 여의고 조부인 리루전(李如珍)에 의해서 부양되었던 것이다. 리다자오는 어려서부터 명석하여 3세 때 글을 알았고 7세에 사서오경 및 사서(史書)를 공부하였다. 한편 당시의 중국 전통 관습에 따라 11세에 자오런란(趙紉蘭)이라는 여성과 결혼하여 슬하에 2남 4녀를 두었다.

리다자오가 16세가 되던 1905년에 영평부(永平府) 부시(府試)에 합격을 했으나 과거제가 폐지되는 바람에 영평부 중학에 입학을 하였다. 그리고 영평부 중학 졸업 후 1907년 북양법정전문학교(北洋法政專門學校)에 입학하였다. 북양법정전문학교는 일본의 근대 교육을 본떠서 북양 군벌이 설립했던 근대식 교육기관이었다. 1913년 졸업 때까지 리다자오는 북양법정전문학교에서 정치, 경제, 법률, 일본어, 영어 등을 학습했다. 바로 이 시기 리다자오는 정치에 관한 지식이 쌓이면서 중국을 재건하겠다는 뜻도 높아져 갔으며 정치적 견해를 담은 정론을 발표하기 시작하였다.

북양법정전문학교 재학 중에 리다자오는 신해혁명, 중화민국 건립, 제2차 혁명 등과 같은 사건들로 점철되어 있는 정치적 격동기를 겪게 되었다. 이러한 과정 속에서 리다자오는 1912년 북양법정학회를 조직하였고 1913년 북양법정학회 편집부장이 되면서 『언치(言治)』라는 잡지에 정론을 피력하였다.

한편 리다자오는 그와 정치적 유대를 가졌던 진보당의 지도자였던 탕화룽(湯化龍)의 재정적 지원을 받아 1914년 일본 유학길에 올랐다. 1916년 9월 와세다(早稻田) 대학 정치 본과에 입학한 그는 1916년 유학을 마칠 때까지 많은 서구 사상을 습득하였다. 따라서 1914년부터 1916년까지의 일본 유학 기간에 리다자오는 부르주아 민주주의라고 할 수 있는 유민주의 사상을 수용하였고 당시 중화민국의 독재자였던 위안스카이(袁世凱)에 저항하는 여러 가지 정론을 발표하게 된다.

1916년 4월 진보당의 지도자이던 탕화룽의 요청으로 일본 유학을 마치고 귀국하여 상하이로 가게 된 리다자오는 진보당의 헌법연구회와 함께 위안스카이에 대한 반대 운동에 가담하였고, 위안스카이의 제제(帝制) 운동에 반대한 3차 혁명에 대해서도 자신의 의견을 활발히 피력하였다. 또한 같은 해 베이징으로 가서 진보당 기관지인 『신종보(晨鐘報)』 편집장이 되었고, 1917년에는 당시 입헌주의자였던 장스자오(章士釗)의 초빙에 의해 『갑인(甲寅)』이라는 일간지의 편집인이 되었다.

1918년에 리다자오는 베이징대학 문학부장이었던 천두슈(陳獨秀)의 추천으로 베이징대학 도서관 주임 겸 역사학 교수가 되었다. 신문화운동을 이끌었던 잡지 『신청년(新青年)』과의 인연은 바로 천두슈와의 만남으로 인한 것이었다고 볼 수 있다. 1918년 1월 『신청년』 편집진의 일원이 된 리다자오는 1918년 11월 유명한 「서민의 승리」, 「볼셰비즘의 승리」라고 하는 논설을 발표하게 된다. 리다자오는 1918년 후반기부터 마르크스 이론을 공부하기 시작하여 1918년 말 베이징대학 도서관에 있는 자신의 사무실에서 마르크스주의 연구회를 설립하였다. 리다자오의 사무실은 1919년의 5.4 운동과 1920년대의 공산주의운동에서 주도적인 역할을 수행할 광대한 급진적 학생 그룹의 회합장소가 되었다. 따라서 그 당시 많은 중국인들은 리다자오의 사무실을 홍루(紅樓)라고 부르기도 하였다. 리다자오는 1919년 5월 초 『신청년』에 「나의 마르크스주의관」을 발표하면서 마르크스주의 수용의 신호탄을 쏘게 된다.

온건한 진보 지식인이었던 리다자오는 1919년 5월 4일에 시작된 5.4 운동 참여를 계기로 급진적인 행동주의자로 변모하게 된다. 그는 「문제와 주의를 재론함」이라는 논설을 통해서 후스(胡適)의 실험주의 논조에 반대하여, 문제의 해결을 위해 사회주의와 같은 이념들을 좀 더 적극적으로 학습해야 함을 주장하면서 마르크스주의 이념의 수용을 알렸다. 또한 최종적으로 「물질변동과 도덕변동」이라는 논설을 통해 마르크스의 모든 유물사관 원리를 다 수용하게 되었음을 보여주면서 명실상부한 공산주의자가 되었음을 천명하였다.

국가 및 사회 문제의 해결을 위해 공산주의 활동에 투신하게 된 리다자오는 1920년 4월 코민테른의 극동담당 책임자였던 보이틴스키와 만나서 중국공산당의 건립 필요성을 논의하였다. 이에 따라 1920년 5월 천두슈가 상하이에서 중국공산당 임시 중앙위원회를 조직하였고 8월에는 천두슈와 리다자오가 각각 상하이와 베이징에서 공산주의 소조를 조직하였다. 바로 이 시기 남쪽의 천두슈, 북쪽의 리다자오를 뜻하는 남진북이(南陳北李)라는 말이 나오게 되었다. 그리하여 드디어 1921년 상하이에서 중국공산당 제1차 전국대회가 개최되었다. 이와 함께 1921년 12월 코민테른이 파견한 마링이 쑨원을 만나서 국민당과 소련의 협력 및 국민당과 공산당의 합작 기반을 마련하였고, 1922년 8월 리다자오가 중공 당원 중에 가장 먼저 국민당에 입당하였다. 리다자오는 1924년 1월 국민당 제1차 전국대표대회의 5인 주석단 중 한 명이 되었으며 국민당 중앙집행위원회 정식위원 24명 중 한명으로도 선출이 되었다. 이후 리다자오는 사망하기 전인 1927년 3월까지 노동운동, 화베이 및 몽골 등지에서의 공산당 조직 확대, 군벌의 폭압 및 제국주의 열강 침탈 반대 운동 등을 주도하면서 철저하게 공산주의자로서의 활동에 전념하였다.

Ⅱ. 새로운 중국의 혼란 속에서 : 언치(言治)

1911년 신해혁명이 발발했을 때, 23세의 리다자오는 북양법정전문학교 학생이었다. 이 시기 리다자오는 서양의 정치사상을 배우면서 사회에 대한 안목을 넓혀가고 있었다. 신해혁명이 일어나자 표면적으로는 군주전제제도가 무너지고 공화국이 설립되었지만, 광범위하게 잔존하고 있던 구세력과 공화정치에 대한 경험부족 때문에 실질적인 공화제는 실행되지 못하였다. 이와 같은 사태의 추이를 지켜보면서 리다자오가 혁명의 성과에 걸었던 기대는 곧 실망과 슬픔으로 바뀌었다. 그리고 이러한 상황을 개선하고자 하는 애국적·민족주의적 사상은 그가 이 시기 발표한 정론(政論)의 특색을 이루게 되었다.

1912년 가을 북양법정전문학교 내에 북양법정학회가 성립되자 리다자오는 이 학회의 편집부장에 추대되어 『언치(言治)』 월간을 편집하게 되었다. 북양법정전문학교 마지막 해인 1913년, 리다자오는 『언치』 월간 제1기부터 제6기까지 그의 정치적 견해를 담은 여러 편의 글들을 실었다. 1912년부터 1913년에 이르는 이 '언치기(言治期)'는 당시 중국의 현실이 안고 있던 갖가지 병폐를 지적하고 이를 개선시킴으로써 명실상부한 공화국을 건설하고자 하는 그의 구국적 사상과 더불어 민(民)에 대한 초보적 의식이 형성되던 시기였다. 리다자오는 이 시기 중국의 정치적·사회적 상황을 민생과 관련지어 생각함으로써 민생의 형편을 국가와 사회 상황의 좋고 나쁨을 가름하는 시금석으로 보았다.

리다자오는 1913년 4월에 「대애편(大哀篇)」을 발표하여 구체적이고 강도 높게 사회의 피폐상을 제시하였다. 또한 그는 혁명 후 정치인들의 이권 다툼으로 인해 방치된 사회의 비참한 상황 속에서 국민들에게 민정(民政), 민권(民權), 행복과 같은 기본적 권리가 주어질 수 없다고 보았다.

> 농민은 땅을 잃고, 노동자는 직업을 잃고, 상인은 원천을 잃었으며, 부모와 형제와 처자가 뿔뿔이 흩어져 시름겹기가 그지없다. 전쟁에다 수재와 화재와 같은 천재가 겹치고, 그 위에 인재(人禍)가 닥치니, 안락한 거처가 없이 전전하다 굶어 죽어서 시체와 해골이 구릉에 나뒹굴고 들판에 버려져 있다. … 소위 민정(民政)이란 것은 소수의 포악하고 교활한 자들의 전제정이지, 우리 국민이 자주적으로 참여하는 정치가 아니다. 민권(民權)이란 것은 소수의 포악하고 교활한 자들이 훔쳐간 권리이지, 우리 국민 각자에게 주어진 권리가 아니다. 행복이란 것은 소수의 포악하고 교활한 자들이 약탈한 행복이지, 우리 국민이 편안히 누리는 행복이 아니다.
>
> (「대애편」, 『언치』 제1기, 1913.4.1.)

한편 리다자오는 신해혁명의 성과가 군벌과 구관료의 수중에 떨어진 근본원인이 군벌의 횡행과 정당인의 부패뿐만 아니라 중국 민중의 민권이 낙후된 데에도 있다고 보았다. 그는 중국의 민중이 권리를 갖지 못하고 고통 받는 이유에 대해 설명하면서, 국민이 권리를 누릴 만한 능력이 없을 때 민권은 빼앗기게 된다고 단언하였다. 그가 보기에 중국 민중에게는 덕(民德)과 역량(民力)이 부족하여 권리를 누릴 수 없기에, 혁명 후 민권의 실추는 당연한 것이었다. 민중 개개인의 덕이 부족하므로 사회의 덕(君德) 또한 쇠약하게 되었다. 따라서 리다자오는 1913년 3월

숭자오런(宋教仁)이 암살되자 이를 사회의 덕이 쇠하여 무력과 폭력이 난무하게 된 결과로 단정 지었다. 이처럼 덕과 역량이 부족한 민중을 이끌고 진정한 민주공화를 실현시키기 위해서는 국민교육을 행하여 덕과 역량을 향상시키는 방법 밖에 없었다. 이 때문에 그는 혁명당의 사람들이 정권 쟁탈에서 벗어나 바로 이러한 국민교육의 임무에 종사해 줄 것을 희망하였다.

> 신해혁명 후 불행하게도 전제의 액운에 빠지게 되었다. 정권은 무단적이고 야만적인 군인이 아니면 포악하고 교활한 폭력당에게 주어지고, 백성은 깊은 물속이나 불속에 빠져 민생은 황폐해지고 나라의 근심이 극에 달하게 되었다. 이러한 국면을 조성하게 된 원인은 "공화"에 있지 않고 "폭력"에도 있지 않으며 바로 우리 국민의 덕이 쇠약하고 국민의 역량이 부족한 데에 있었다. 국민의 권리는 국민의 역량으로부터 나오고 국민의 역량은 국민의 덕에서 나오니 덕이 없는 국민에게 어찌 역량이 있겠는가? 역량이 없는데 어찌 권리를 누릴 수 있겠는가?
>
> ……
>
> 어진 자와 군자가 (그동안) 분주하게 혁명 정신을 발휘하며 온 힘을 다하던 정권 쟁탈에서 벗어나 (이제부터) 국민교육에 종사하면 십년 후 그 효과를 볼 수 있을 것이다. 국민의 역량이 커지면 권리는 자연히 돌아올 것이요, 선각 군자들이 민권의 쟁취라는 목표에 구속되지 않을 것이니, 우리 국민을 위해 정권 쟁탈을 할 필요가 없을 것이다.
>
> (「민권의 실추를 논하다(論民權之旁落)」, 『언치』 제3기, 1913.6.1.)

Ⅲ. 민중에 눈을 뜨다 : 유민주의(唯民主義)

리다자오는 1914년 초부터 1916년 초까지의 2년여에 걸친 일본 유학을 통해서 서구사상을 거의 완전하게 습득하였고 위안스카이의 본질을 파악하게 됨과 동시에 '언치기'에 보여주었던 초기 민본주의 사상에서 벗어나 부르주아 민주주의 사상을 완성할 수 있었다. 이처럼 리다자오가 일본유학시기 상당한 수준까지 민주사상을 발전시킬 수 있었던 데에는 당시 일본사회의 상황 및 중국유학생계의 동향이 일정한 영향을 주었다고 볼 수 있다. 먼저 리다자오가 유학할 당시 일본은 다이쇼(大正 ; 1912-1926) 시대에 접어들어 있었다. 그리하여 노동자·농민의 투쟁이 날로 고조되는 한편 광대한 중소 부르주아계급이 군중운동, 즉 다이쇼 민주운동을 일으키고 있었다. 다음으로 리다자오가 다녔던 와세다 대학의 학풍은 국가권력과 긴밀히 결합되어 있던 도쿄 제국대학과는 달리 매우 자유스러웠다. 여기에 헌정옹호운동의 발전까지 가세하여, 와세다 대학의 교수들은 강단에서 민주주의와 자유주의를 널리 알리고 있었다. 마지막으로 장스자오(章士釗)가 도쿄에서 창간한 『갑인(甲寅)』 월간은 '정치의 근본정신'을 추구하는 것을 방침으로 삼고, 체계적으로 '천부인권' 관념을 선전하였는데 리다자오는 자신의 글을 여기에 투고하면서 장스자오 및 천두슈와 친분을 쌓고 있었다. 따라서 이러한 상황 속에서 리다자오가 민주주의와 입헌주의 그리고 민중과 군중운동에 대한 정치적 의식을 발전시키게 되었으리라는 것은 쉽게 이해할 수 있다.

일본 유학 기간에 리다자오가 '언치기'의 수동적이고 냉소적인 지식인의 자세에서 벗어나 적극적이고 실천적인 지식인으로 변화했음을 보여주는 사건이 있었는데 그것은 바로 천두슈와 벌인 '애국심과 염세심' 논쟁이었다. 이 논쟁은 1915년 『갑인(甲寅)』 월간에 실린 논설을 통해 진행되었는데 이들 논설은 중국의 정치적 발전을 위한 지식인의 역할에 대한 내용을 담고 있었다.

1912년 2월 위안스카이는 쑨원의 양위에 의해 중화민국 대총통의 자리에 오른 이후 자신의 권력 강화를 위해 여권 정당을 만들고 야당에 대한 정치적 탄압을 자행하였다. 하지만 1913년에 거행된 총선에서 쑹자오런이 이끄는 국민당이 압승을 하면서 여소야대의 형국이 만들어지고 말았다. 이에 위안스카이는 국정을 자기 마음대로 주무르기 위해서 국민당의 영수였던 쑹자오런을 암살하고 국회를 해산시키고 말았다. 이러한 무단통치에 반발하여 제2차 혁명이 일어났지만 위안스카이 군대에 의한 무자비한 진압으로 인해 실패로 끝나게 되었다. 뿐만 아니라 1915년에는 일본이 독일을 대신해 차지하였던 산둥의 권익을 일본에 승계시키라는 내용의 21개조 요구 사항을 위안스카이 정부에 제출하였고 중국 정부는 일본의 차관과 정치적 지원을 대가로 그 요구를 비밀리에 수용하는 굴욕적인 사건도 발생하게 되었다. 당시 중국의 지식인들은 위안스카이의 독재와 일본 제국주의의 강압적인 요구에 대한 굴복을 보면서 아주 절망적인 분위기 속에 빠져들고 있었다.

중국 지식인들 사이에서 만연하던 절망감은 천두슈의 논설인 「애국심과 자각심」(『갑인(甲寅)』 월간, 1915. 4)에 반영되었다. 중국의 지식인들은 곧 닥칠 위안스카이의 입헌군주제 채택과 일본 제국주의의 강압적 요구 및 이에 대한 위안스카이 정권의 굴복을 공포와 무력감을 가지고서 바라보았다. 바로 이러한 암담한 상황이었기에, 천두슈는 중국에 진정한 국가의 선행조건인 '자각심'이 결여되어 있으므로 중국은 결코 진정한 나라가 아니라는 결론을 내렸다. 천두슈는 중국이 '애국심'을 통해서는 '자각심'을 얻을 수 없다고 보았다. 왜냐하면 중국의 상황 하에서는 진정한 애국자가 존재할 수 없기 때문이었다. 그는 '애국심'이 기존 체제와 구 전통에 대한 맹목적 충성을 불러일으키기 때문에 '자각심'의 발전에 장애가 될 뿐이라고 주장하였다. 중국이 요구하는 것은 감정적으로 고무된 애국자보다는 구체적 문제에 대해 명확히 사고할 수 있는 사람이었다. 오직 지식을 통한 '자각심'의 발전 이후에만 애국심이 중국인의 삶에 진보적 힘이 될 수 있다는 것이었다. 천두슈 주장의 요지는 국가에 대한 잘못된 충성심 때문에 중국의 지식인들이 부패한 정치 투쟁에 힘을 낭비하지 말라는 것이었다. 오히려 특별한 사회 문제에 대한 지식을 먼저 얻어야 하며, 무엇보다도 공부하고 배워야한다는 것이었다. 그러므로 정치적·사회적 조건이 생산적인 정치 참여의 기회를 제공하게 될 때까지 정치적 삶에서 발을 빼고 교육활동과 도덕개혁에 헌신해야 한다고 그는 주장하였다.

리다자오는 천두슈의 「애국심과 자각심」에 대한 답글로서 「염세심과 자각심」(『갑인(甲寅)』 월간, 1915. 8)이라는 논설을 썼다. '애국심'을 '염세심'으로 바꿈으로써 그는 후자가 전자보다 자각심을 성취하는 데 더 큰 장애물이란 점을 제시하였다. 사실상 그는 당시 중국 지식인들을 잠식하던 "비관주의 기운"에 대해 천두슈가 일조를 했다는 점을 신랄하게 비판하였던 것이다. 리다자오는 중국을 절망적인 상황에서 구해낼 준비를 하던 자각적인 지식인들의 출현을 막은 것은 바로 비관주의와 절망감이었다고 하였다. 염세적이고 결정론적인 견해는 투쟁정신을 약화시키고, 상황을 우리의 의지에 맞게 변화시키고자 전진하는 노력을 가로막게 된다고 그는 주장하였다. 게다가 애국심은 지식을 수용하는 데 걸림돌이 되는 것이 아니라 오히려 자각적인 행동의 필수적 선행조건이며 국가를 새로운 기반위에서 재건하게끔 사람들을 고무하는 중요한 수단이라고 하였다. 그는 국가는 인간의 창조물이며 지식인들은 그들의 의지와 의식에 따라 국가를 개조할 의무가 있다고 보았던 것이다. 그리고 국가의 개조는 지식인들이 기꺼이 정치에 능동적으로 참여하지 않으면 결코 이루어질 수 없는 것이었으며 또한 국민의 '애국심' 없이는 성취될 수 없는 것이기도 하였다.

리다자오의 이러한 논설은 그가 이전에 보였던 온건한 애국주의자의 모습을 벗어나 적극적인 행동주의자로 변하고 있음을 보여주는 것이었고 이와 함께 그가 새로운 사상을 발전시키고 있었음을 암시하는 것이었다.

1916년 초 리다자오는 귀국을 몇 개월 남겨두고 일본유학시기 사상발전의 총결산이자 앞으로의 활동과정과 인생방향의 기초를 설정해 준 작품을 집필하였다. 1916년 5월 그가 주편한 『민이(民彜)』 창간호에 발표한 「민이(民彜)와 정치」는 바로 인민주권 사상이 집대성되어 나온 '민이' 사상을 대표하는 글이었다. 그는 이 글을 발표함으로써 한층 성장한 자신의 정치철학과 역사관을 드러내 보였다. 그리고 그것은 모두 정치적 행동방침이자 철학적 기반으로서 이후의 사상체계 속에 스며들어 새로운 사상을 잉태시키는 요소로 작용하였다.

「민이와 정치」의 핵심적 부분인 '민이'는 리다자오가 그 동안 발전시켜온 부르주아 민주주의 사상을 기반으로 하여 중국의 정치문제를 다루고 이에 해결책을 제시하기 위해 사용한 독특한 개념이었다. 이(彝)라고 하는 것은 원래 종묘에 비치해 두고 제례에 사용하는 제기(祭器), 즉 제사에 쓰는 그릇을 의미하는 것이었다. 고대 중국의 종법사회에서는 제사가 곧 정치였고 종묘의 제기였던 종이(宗彝)는 국가의 신성과 존엄을 대표했다. 따라서 리다자오는 중국의 전통적 '종이(宗彝)' 개념에서부터 출발하여 '민(民)'과 '이(彝)'를 결합시킴으로써 '민의(民意)' 또는 민의 기본적 '상성(常性)', 더 나아가 사물의 '도리'나 우주의 '법칙'이라는 의미로 사용하였고, 국민의 뜻인 '민이'가 국가의 가장 중요한 존엄성이며 국가의 뜻이라고 보았다. 그리고 국민이 천부의 자유를 지니고 있을 뿐만 아니라, 정치는 바로 민의를 드러내는 과정임을 밝혔다. 따라서 리다자오는 이 글을 씀으로써 정치의 주체는 바로 민의이며 정치가 민의를 억압하거나 민의의 자유를 침범해서는 안 된다는 것을 명시하고자 하였다. 이것은 중국의 정치가 소수 권력자들에 의해 좌우되는 전제정치여서는 안 되며 국민 대다수의 의사를 반영하는 민주정치여야 한다는 것을 시사한 것이었다. 따라서 이 글은 위안스카이가 지향하는 전제군주정치를 크게 비판하고 국민들에게 이를 극복할 수 있는 정치적 자각심을 심어주기 위해 쓰인 것이라고 할 수 있다. 그럼 다음에서 「민이와 정치」 일부분을 살펴보도록 하겠다.

이 세상의 문명화된 선진국의 국민은 민이(民彝)를 신뢰하고, 민이를 밝힘으로써 최적의 정치를 경쟁적으로 구하지 않은 적이 없다. 우리 국민이 이제 용기를 갖고 힘써 싸워, 이 시대의 정신을 따르고 최적의 정치를 구해야 하는 것에 어찌 의심이 있겠는가. 그렇다면 이러한 최적의 정치는 궁극적으로 어떠한 정치인가? 이는 곧 유민주의를 그 정신으로 하고, 대의제도를 그 형식으로 하는 정치이다. 쉬운 말로 표시하면, 즉 국법과 민이 사이의 연계가 더욱 쉽게 소통되는 정치이다. 이러한 정치를 추구했던 선진국의 국민은 목이 잘리고 피를 흘리면서도 죽음을 두려워하지 않고, 민권과 자유의 정신을 고취하고 전파하였으니, 세월이 흐름에 따라 더욱 번성하여 오늘에 이르러 크게 발전하게 된 것이다. 대개 그 노력은 생명의 욕구로부터 나오고, 자주의 본능으로부터 나와서, 그 강렬함은 겨룰 바가 없을 정도이다. 우리 국민의 정치에 대한 요구가 비록 선진국의 국민에 비해 미약하고 정치의식의 각성 또한 그들에 비해 낮다 할지라도, 혁명의 풍운이 온 세상을 다 뒤덮고, 예전에 없던 흥성의 기운을 뚜렷하게 보게 되니, 이 민권과 자유의 정신이 실로 이미 중국에 꽃봉오리를 맺게 하고 있음을 알 수 있다. 우리 국민이 정치의 주체라는 심지를 굳게 하고, 어떠한 어려움도 무릅쓰고 행하여, 탄압을 물리치고 점진적인 노력으로 그 광채를 널리 퍼지게 하는 것은, 곧 우리 민족이 해내야 할 천직(天職)이요, 우리 동포가 외쳐야 할 주장이다.

(「민이와 정치(民彝與政治)」, 『민이(民彝)』, 1916.5.)

「민이와 정치」는 리다자오의 부르주아 민주주의 사상을 포괄적으로 서술한 글이라고 할 수 있는데 그는 이러한 정치사상을 '유민주의(唯民主義)'라고 불렀다. 즉 그는 최상의 정치란 "유민주의를 그 정신으로 하고 대의제도를 그 형식으로 하는 정치"라고 단언하였던 것이다. 리다자오는 우리가 흔히 '민주주의'라고 부르는 'Democracy'의 개념을 정치체제나 정치제도보다는 정치사상 또는 정치정신이라는 의미로 받아 들였다. 따라서 오직 국민만이 정치의 실체라는 의미로 '유민주의'라는 용어를 사용하였고, 민주주의 사상인 '유민주의'를 실현할 수 있는 정치상의 제도로 대의제도를 주장하였다. 이것은 유민주의를 그 정신으로 하는 대의정치가 바로 국법과 민이 사이의 소통이 가장 쉽게 이루어질 수 있는 정치라고 보았기 때문이었다. 리다자오는 민의라고 하는 것은 결코 어떠한 압제와 속박 속에서도 자신을 실현시키고 역사를 앞으로 끌고 나가는 제압할 수 없는 동력으로 인식했다. 하지만 민중이 아닌 민의 즉 민중의 뜻이라고 하는 것을 역사 창조의 주체로 보았던 것은 국민의 뜻에 의해서 정치가 이루어져야 하는 것을 의미한 것이지 민중의 자발적 혁명성을 의미한 것은 아니었으므로 리다자오가 당시에 형성했던 부르주아 민주주의 사상의 성격과 그 제한성을 드러내는 것이라고 할 수 있었다.

Ⅳ. 중화는 부활한다 : '청춘(靑春)' 우주관

리다자오는 일본 유학을 마치고 중국으로 돌아온 지 몇 달 지나지 않은 1916년 7월, 탕화룽 등의 요청에 따라 상하이를 떠나 베이징으로 갔다. 당시 탕화룽은 하원의 대변인 위치에 처해 있었다. 탕화룽의 추천을 받아 리다자오는 진보당의 기관지인 『신종보(晨鐘報)』의 편집장을 맡게 되었다. 그가 탕화룽과의 불화로 『신종보』 편집을 그만둘 때까지 한 달 여 동안 그는 이 잡지에 「"신종"의 사명-청춘중화의 창조」, 「신생명 잉태의 노력」, 「제3」, 「철학자 톨스토이 소개」, 「철학자 니체 소개」, 「베이컨의 우상설」과 같은 글들을 발표하였다. 이 글들은 중국 재건을 위한 애국심, 계몽주의, 정치적 긍정주의로 가득 차 있었다. 이는 불과 몇 개월 전 일본 유학 시기에 발전시킨 '민이 사상'을 종합적으로 피력함으로써 인민주권과 대의정치를 설파한 「민이와 정치」의 단호한 논조의 정치사상과는 차이가 있었다. 그것은 탕화룽과의 관계라든지 진보당 기관지의 편집장이라는 위치를 의식하지 않을 수 없었던 데서 기인하기도 했겠지만, 일본 유학 시기 정치적 비판과 반대 운동의 주요 대상이었던 위안스카이가 죽고 난 후, 현실에 기반 한 정치사상을 확립하지 못한 데서도 그 이유를 찾을 수 있다. 그런데 그가 『신종보』의 편집장을 맡게 된 1916년 7월부터 탕화룽 및 진보당과 결별하는 1916년 10월 사이의 시기와 관련하여 한 가지 유의해야 할 점은, 새로운 정치사상을 정립시키지는 못했으나 오히려 기존의 전통사상과 접목된 독특한 세계관을 형성하여 이와 관련된 글들을 처음으로 발표하기 시작하였다는 점이다. 그 글들에 담겨진 세계관은 이미 일본 유학 시기부터 온양되고 있었는데 앞으로의 정치적 성향에 영향을 주게 될 철학사상이 구체화 된 것이었다. 이 사상은 한마디로 상호 모순적이고 대립·저항적인 두 현상과 가치체계가 병존과 일치를 이룰 수 있다는 대립·병존의 세계관이자 인생관이라 할 수 있었다. 이러한 세계관은 동적, 모순적, 다변적, 순환적, 투쟁적, 낙관적, 발전적, 창조적 성격과 내용을 지니고 있었다. 이런 새로운 세계관이 새로운 정치철학으로 넘어가지는 못했지만, 부르주아 민주주의 사상에서 점차 사회주의 사상으로 넘어가는 과도기에서 그에게 매우 중요한 유심론적 세계관을 형성하는 데 도움을 주게 되었다.

바로 이러한 세계관은 '청춘 우주관'이라고 이름 붙일 수 있는데, 리다자오는 1916년에 발표한 「"신종"의 사명 - 청춘중화의 창조」, 「청춘」으로부터 1917년과 1918년에 발표한 「자연의 윤리관과 공자」(1917.2), 「지금」(1918.4), 「새로운 것! 낡은 것!」(1918.5)에 이르기까지 그의 새로운 우주관과 인생관을 드러내는 다양한 글들을 집필하였다. 이 글들은 하나같이 젊고 새로운 것을 낡고 오래된 것과 대립·대비시키는 문장 구조를 가지고 있었다. 「청춘」의 문장을 한번 살펴보도록 하자.

> 우주가 유한한가 아닌가는 그것이 처음과 끝이 있느냐 없느냐에 달려 있다. 우주는 과연 처음이 있는가? 처음은 무(無)로부터 시작하였다. 과연 끝은 있는가? 그 끝도 무에서 끝날 것이다. 처음이 무로부터 시작하였다는 것은 처음이 없다는 것과 같고, 무에서 끝난다는 것은 끝이 없다는 것과 같다. 처음과 끝이 없다는 것은 공간에 있어서 무한하고, 시간에 있어서 무극(無極)하다는 것으로, 결국 (모두) 무(無)일 뿐이라는 것이니 이것은 우주의 절대적 측면을 말한 것이다. 상대적 측면에서 보면 우주에는 진화라는 것이 있다. 진화가 있으면 반드시 퇴화가 있으니 이에 수많은 다양한 개체(萬象)가 생겨난다. 수많은 개체가 존재하니, (각각의 개체는) 전체에 있어서는 한 개체일 뿐이고, 모든 개체의 삶에 있어서는 하나의 삶일 뿐이다. 한 개체가 아무리 광대하다 해도 결국 유한할 뿐이요, 한 생명이 아무리 유구하다 해도 결국 끝이 있을 뿐이다. 삶이 있으면 죽음이 있고, 흥성이 있으면 쇠락이 있으며, 음이 있으면 양

이 있고, 막힘이 있으면 통함이 있으며, 상처가 있으면 아묾이 있고, 굽힘이 있으면 펼침이 있으며, 적어짐이 있으면 커짐이 있고, 번영이 있으면 폐허가 있으며, 길(吉)이 있으면 흉(凶)이 있고, 화가 있으면 복이 있으며, 청춘이 있으면 노인이 있고, 건장이 있으면 쇠로가 있으니 결국 (모두) 유(有)일 뿐이다.

……

청년이 자각해야 할 것은 일체 과거 역사의 사슬을 끊고, 낡고 진부한 학설의 감옥을 부수며, 죽은 시체로 하여금 현재의 활발한 나를 속박하지 못하게 하는 것이다. 나아가 현재 청춘의 나를 풀어놓아, 과거 청춘의 나를 버리고 금일 청춘의 나를 살리며 내일 청춘의 나를 맞을 준비를 하여야 한다.

(「청춘」, 『신청년』, 1916.9.)

리다자오의 '청춘 우주관'에 보이는 문장은 겉보기에 낡고 오래된 것을 비판하고 젊고 새로운 것을 찬양하는 것처럼 보이나 실상은 젊고 새로운 것이 낡고 오래된 것으로부터 나온다는 것, 다시 말해 낡고 오래된 것은 곧 젊고 새로운 것을 배태하고 있다는 점을 보여주려 하고 있다. 즉 서양 및 새로운 사상·제도는 청춘(청년)으로 표현되고 중국(동양) 및 낡은 사상·제도는 노년(노인)으로 표현되는데 청년과 노인이 영원히 불변하지 않듯이 서양과 중국(동양)도 영원히 청년과 노인으로 고정되어 있는 것이 아니라 언제든 노인과 청년으로 변화할 수 있음을 나타내고자 한 것이다. 청년과 노인이 영원히 변하지 않는다면 서양과 중국 사이에 형성된 우열관계는 변하지 않을 것이며 노쇠한 제국인 중화의 낡은 사상과 제도 또한 변하지 않을 것이다. 하지만 노인은 곧 청년을 품고 있기에, 아니 노인이 곧 청년이기에 서양과 중국 사이의 우열관계는 극복

될 수 있으며 노년 중화는 청춘 중화로 변화할 수 있음을 역설한 것이다. 그가 생각할 때 새로운 사상, 새로운 제도는 곧 청춘이요, 낡은 사상과 낡은 제도는 바로 노인이었다. 또한 현재의 중국은 늙은이의 중화이지만 미래의 중화는 청춘 중화임을 확신하였다. 즉 그가 내세우는 새로운 중국이라고 하는 것은 새로운 사상과 제도로 무장한 미래의 중화, 즉 청춘 중화였다. 비록 현재의 청춘이 서양이고 현재의 노인이 중국이라고 할지라도 이것이 또한 바뀌어서 미래에는 서양이 노인이 되고 중국이 청춘, 즉 청년이 될 수도 있다는 것이었다. 그는 「"신종"의 사명 - 청춘중화의 창조」에서 다음과 같이 말하고 있다.

> 하루에는 하루의 새벽이 있고 한 해에는 한 해의 새벽이 있으며, 개인에게는 개인의 청춘이 있고, 국가에는 국가의 청춘이 있다. 오늘날 백발의 중화(中華)는 망하려 하고 청춘의 중화는 아직 잉태되지 않았다. 지난해의 황혼은 이미 사라졌고, 새로운 해의 여명이 장차 도래하려고 한다. 바야흐로 죽거나 살고, 부서지거나 생성되고, 파괴하거나 건설하고, 폐쇄하거나 개설하는 시기에 이르러, 우리들은 이 "새벽종(晨鐘)"을 울린다.
>
> ……
>
> 내가 우주 대조화의 흐름을 생각해 볼 때, 흥성과 쇠퇴는 반복하고 순환은 다함이 없어, 살아 있는 것은 죽지 않을 수 없고, 부서진 것은 반드시 만들어지며, 건장함의 앞에는 쇠약함이 있고, 늙어짐의 뒤에는 청춘이 있으며, 새로운 생명의 탄생은 본래 늘 누누이 쌓여온 죽음 속에 있는 법이다.
>
> ……
>
> 과거의 중화는 늙은이가 소유한 중화요, 역사의 중화요, 무덤 속의 중화다. 미

래의 중화는 청년이 소유한 중화요, 이상의 중화요, 잉태 중의 중화다. 무덤 속의 중화는 될 수 있는 한 늙은이의 기록을 보고, 두 손을 맞잡고 인사하며 늙은이에게 양보하여 (기록을) 가지고 다니게 하였다. 잉태중의 중화는, 단호히 늙은이의 침체되고 퇴폐적이며 쇠락하여 썩고 고갈된 혈액이 새로운 생명에 침투하는 것을 허락하지 않는다.

……

거침없이 돌진하는 청년이여, 이미 적지 않은 성과를 거두었으나 다시 더욱 분발하여 향상함으로써, 지금까지의 역사를 부수고 불사르고, 종전의 문명을 장사지내도록 하라. 약자의 윤리는 강자의 인생으로 바꾸고, 범인(凡人)의 철학은 천재의 종교로 바꾸고, "타인"의 문명은 "나"의 문명으로 바꾸고, "구(求)"하는 행복은 "취(取)"하는 행복으로 바꾸어라.

(「"신종"의 사명-청춘중화의 창조」, 『신종보(晨鐘報)』, 1916.8.)

그의 '청춘 우주관' 속에서 리다자오는 과거의 역사로부터 벗어나 새로운 중국을 건설할 주체로 '청년'을 제시하였다. 그가 제시한 이 '청년'은 연령을 들어 말한 것이 아니라 바로 정신에 근거하여 말한 것이었다. 마찬가지로 파괴와 개혁의 대상인 '노인' 또한 연령에 빗대어 말한 것이 아니라 그 정신과 활력에 빗대어 말한 것이었다. 그리고 '청년'과 '노인'은 개인에 빗대어 말한 것이 아니라 그러한 상태에 처한 사회를 두고 말하는 것이었다. 새로운 중국, 새로운 사상, 새로운 제도를 통해 만들어 가야 할 것은 겉모습만 젊고 새로운 사회가 아니라 젊고 새롭고 역동적인 정신과 활력을 가진 사회여야 했다. 즉 그는 일견 노쇠해 보이는 중국이 내적으로 청년의 마음가짐과 청년의 역동성을 가지게 된다면 충분히 새로운 중국, 새로운 사상, 새로운 제도를 만들어 갈 수 있을 것이라 생각했다. 새로이 건설해야 할 중국이 청춘중화 즉 청년중국이듯이 이러한 운동에 뛰어들어 중국의 역사와 정치를 이끌어 나갈 사람은 새로운 사상과 가치관으로 무장한 '청년'이어야 했다. 비록 연령상으로는 청년에 해당하더라도 현재를 비관만 하고, 자신이 처한 환경을 개혁하고자 하는 용기와 기백을 갖지 못한 사람은 늙은이나 다름없었다. 이러한 '청년관'에 근거하여 그는 청년들이 청춘중화를 창조해 줄 것을 당부하였다.

이와 같은 리다자오의 실천적인 우주관과 세계관은 새로운 중국을 만들기 위한 지식인의 정치적 각성과 인위적 노력을 끌어내는 작용을 하였다. 그럼으로써 국민들이 청년중국의 부활에 걸림돌이 되는 구중국적 요소인 전제주의를 일소하고 그것을 대체할 요소로서 민주주의를 요구하도록 만들어 주었던 것이다.

V. 사회주의의 수용 : '나의 마르크스주의관'

리다자오가 청년중국 재건의 길을 모색하는 한편 폭력과 혼란으로 점철된 미성숙한 중국 의회정치에 점차 염증을 느껴가고 있을 때인 1917년, 러시아에서는 세계사적인 대사건이 일어났다. 바로 차르의 전제주의를 무너뜨린 2월 혁명과 러시아를 사회주의국가로 변모시킨 10월 혁명이 발생하였던 것이다.

부르주아혁명인 2월 혁명이 러시아 군주정치를 타도하자 리다자오는 1917년 3월 즉각적으로 「러시아 혁명의 원인(遠因)과 근인(近因)」 및 「러시아 대혁명의 영향」을 발표하여 공화제는 파괴될 수 없으며 제정 또한 부흥할 수 없는 것임을 다시 한 번 천명하였다. 이미 신해혁명과 위안스카이 반대 투쟁을 통하여 중국의 군주전제정치에 대항한 경험을 지닌 리다자오와 중국 지식인들에게 러시아 2월 혁명은 그리 생소하지 않은 사건이었다. 따라서 그들은 전제주의란 다시 부활될 수 없으며 민권 또한 억누를 수 없는 것임을 중국의 낡은 관료들에게 확인시켜 준다는 의미에서 2월 혁명을 크게 환영하였다. 그러나 이러한 즉각적인 반응에 비해 10월 혁명에 대한 리다자오의 공식적 입장을 밝힌 글은 8개월 정도의 긴 시간을 기다려서야 접할 수 있었다. 이것은 10월 혁명의 성격을 분석하는 과정에서 리다자오가 받아들이기 어려운 부분이 있었으며, 이에 대한 그의 입장을 정리하는 데에 상당한 시간이 필요했다는 것을 보여주는 것이었다. 그리고 이것은 그가 사회주의 사상에 눈을 뜨기 시작한 초보적 단계에 처하게 되었음을 의미하기도 하였다.

중국에는 사회민주주의의 전통이 결여되어 있었고 1918년까지 중국 지식인들에 대한 마르크스주의의 영향은 거의 없었다. 이러한 사실은 러시아 10월 혁명이 몰고 온 볼셰비즘과 그 안에 내재한 마르크스-레닌주의를 받아들이는 데 많은 시간이 필요했던 이유를 잘 설명해 준다. 따라서 대부분의 중국 지식인들은 베르사이유 강화회의와 5.4 운동이 일어나기까지 볼셰비즘의 혁명적 메시지가 그들 자신의 상황에 맞아떨어진다고 생각하지 않았다. 리다자오 또한 10월 혁명에 대한 최초의 지지를 선언한 「프랑스 러시아 혁명의 비교관」과 그 이후에 발표한 「서민의 승리」, 「Bolshvism의 승리」에서조차 볼셰비즘의 계급투쟁에 초점을 맞추기 보다는 러시아혁명이 이루어낸 자유와 인도주의적 세계질서의 재편성을 중시하거나 러시아 상황의 후진적 특수성에 맞추어 새로운 청년중국 재건의 가능성을 타진하기도 하였다.

1918년 7월 리다자오가 발표한 「프랑스 러시아 혁명의 비교관」은 인도주의적 관점에서 러시아혁명의 성격을 해석하고, 이를 중국 정치운동의 돌파구이며 중국 재건의 이론적 근거로 삼고자 하였다. 그가 보기에 러시아혁명은 '세계혁명적 색채'를 지닌 사회주의 혁명이었으며 러시아 인도주의 정신을 기초로 한 것이었다. 또한 러시아혁명은 세계사에 있어서 모든 나라에 영향을 줄 수 있는 보편적인 중요성을 지니고 있었는데 그것은 동과 서를 연합하는 새로운 세계질서 탄생의 메시지를 담고 있었기 때문이었다. 이는 아시아와 유럽 두 문명의 영향을 받은 러시아가 동서문명을 조화시켜 신문명을 창조할 수 있는 것과 마찬가지로 중국 또한 자유와 인도주의 원칙에 기반을 둔 새로운 세계질서의 일부분으로서 신문명의 탄생에 기여할 수 있다는 민족적 자신감과 가능성을 심어준 것이었다. 또한 리다자오는 러시아혁명이 가진 역동성의 원인을, 문명의 진화에 있어서의 상대적 후진성으로 인해 러시아가 긴 시간동안 축적할 수 있었던 '발전의 여력'에서 찾았다. 바로 이러한 러시아의 경제적·사회적 후진성의 개념은 구중국의 껍질을 깨고서 "청년중국"이 부활한다는 리다자오의 철학적 가정을 확신시켜주는 것이었다. 따라서 그는 러시아혁명을 20세기 세계혁명의 선구로 보고, 볼셰비즘을 20세기 세계

혁명의 새로운 신조로 받아들였던 것이다. 이제 리다자오에게 남은 문제는 이러한 세계혁명의 조류에 동참하기 위해서 중국을 어떻게 변화시킬 것인가 하는 것이었다. 여기에서 그는 마르크스-레닌주의를 혁명적 정치운동의 이론적 기반으로서 연구하기 시작하였고, 볼셰비즘의 '보편적 조류'가 약속하는 것처럼 보이는 중국의 재생을 위해 실용적인 정치활동을 계획하게 되었다.

러시아 10월 혁명의 성공은 리다자오를 깊이 고무시켰고 그로 하여금 마르크스주의를 레닌주의의 형태로 받아들이게 하는 직접적 계기가 되었다. 10월 혁명을 기점으로 하여 리다자오는 마르크스주의를 깊이 있게 연구하기 시작하였고 그와 동시에 러시아혁명사를 다루게 되었다. 이 과정에서 그는 그의 농민에 대한 인식과 마르크스주의의 중국화에 큰 영향을 주게 될 사상을 접하게 되었는데 이것이 바로 러시아 인민주의(Narodnikism) 사상이었다. 러시아 인민주의는 1870년대를 절정으로 하여 1860년대와 1880년대 사이에 주로 헤르첸(Alexander Ivanovich Gertsen)과 체르니셰프스키(Nikolay Gavrilovich Chernyshevsky)의 사상적 영도 하에 전개된 러시아 특유의 사회주의 운동이었다. 인민주의 사상은 19세기 중엽 러시아의 낙후된 사회제도의 산물로서 존재하고 있던 촌락공동체 'mir'를 중심으로 한 평등하고 무정부주의적 이상사회 건설을 지향한 유토피아 사회주의 사상이었다. 인민주의자(Narodniki)들은 광대한 농민대중이 러시아의 '인민(narod)'을 대표한다고 생각하였고 그들 자신도 인민의 대변자임을 자처하였다. 또한 그들은 농민을 자발적인 사회주의 성향과 혁명적 잠재력을 지닌 혁명의 주요세력으로 간주하였고 이들 농민대중이 유지하고 있던 농민공동체(mir)를 이상화하여 그것을 새로운 사회주의적 이상사회 건설의 기반으로 보았다.

러시아 인민주의의 영향은 중국사회의 실제상황과 결합되어 독특한 특색을 지닌 관점을 형성시켰다. 그리고 이것은 중국에서의 농민의 중요성을 인식하고 그들의 역량을 자각시켜 사회의 주요세력으로 삼고자 한 리다자오의 인민주의적 민중관 즉 농민관에서 점차 드러났다. 즉 리다자오는 러시아 사회주의 특히 인민주의의 영향을 받아 그의 자산계급 민주사상에서 보였던 막연한 '민중'으로부터 실질적으로 중국의 인민을 대표하는 '농민'으로 눈을 돌릴 수 있었던 것이다. 그리고 이러한 비마르크스주의적 사회주의 사상을 거치면서 그는 이후 중국적 프롤레타리아와 사회주의혁명의 중국적 실현을 모색하는 데 필요한 민중적 기반을 마련할 수 있었다.

러시아혁명을 통해 마르크스주의를 접하게 된 리다자오는 1918년 후반기부터 마르크스주의 이론을 집중적으로 연구하기 시작하였다. 그 해 11월 베이징대학 안에 설립된 '마르크스주의 연구회'는 그가 마르크스주의를 접하면서 형성한 최초의 정치적 산물이라고 할 수 있었다. 이 연구회는 마르크스주의 이론의 연구와 향상을 목적으로 조직된 중국에서의 첫 번째 단체였다. 그리고 많은 미래의 중국 공산주의자들이 베이징대학 도서관 리다자오의 사무실에서 열린 이 비밀집회를 통해 마르크스주의를 접하였다. 그러나 리다자오가 마르크스주의 이론을 연구하면서 내세운 초기의 주장은 오히려 매우 비마르크스주의적인 요소를 지니고 있었다. 그리고 이러한 비마르크스주의적 요소의 존재는 당시 중국 지식인 대부분이 정치적 혁명도구로서 마르크스-레닌주의를 수용했으며 리다자오 역시 마르크스주의의 재해석과 그것의 중국적 적용을 위해 고심했음을 알려주는 것이었다.

리다자오가 마르크스주의를 어떻게 재해석했는가 하는 것은 러시아 혁명 이후 쓰인 여러 논설의 내용을 통해서 볼 수가 있다. 리다자오는 부단히 러시아 혁명과 볼셰비즘이 지닌 인도주의적인 성격을 강조하였고 크로포트킨의 호조론과 인민주의의 관점에 입각해서 세계와 민중을 바라보았다. 또한 마르크스주의 이론에서 역사 및 사회 변화의 원인을 계급투쟁적인 경제현상과 물질적 변동에만 의존하는 것에 대해서 비판을 가하고 '물심양면의 개조, 영육일치의 개조'를 주장함으로써 물질이 모든 것을 주도하고 물질에 의해서 모든 것이 바뀐다고 하는 유물주의를 배격하였다. 여기서 '물심'과 '영육'은 '물질'과 '정신'의 양면을 말하는 것으로 그의 '청춘' 우주관과 '조화론' 사상으로부터 꾸준히 계승되어 온 '대립적 양면의 조화와 통일'이라는 개념이 다시 한 번 드러난 것이었다. 리다자오는 이러한 '물질'과 '정신'의 조화를 마르크스주의에 도입하여 경제조직과 계급경쟁은 '물질'적 요소로, 인도주의와 호조원리는 '정신'적 요소인 것으로 보았다. 즉 인도주의로 인류정신을 개조하고 사회주의로 경제조직을 개조할 것을 주장하고, 최후의 계급경쟁을 사회조직 개조의 수단으로 삼고, 호조의 원리를 인류정신 개조의 신조로 삼을 것을 주장하였던 것이다. 이를 통해 그는 물질과 정신 양면의 개조와 영육 일치로 이루어진 '청춘중화'의 창조를 희망하였다. 그가 초기에 받아들였던 마르크스주의의 해석을 「나의 마르크스주의관」의 문장을 통해 살펴보자.

> 마르크스는 그의 사관에 근거하여 사회조직이 어떠한 근본원인에 의해 변화해 왔는지를 확정 지었다. 그 후 이 확정된 원리에 근거하여 현재의 경제 상태를 관찰하고 자본주의의 경제조직에 대해 분석적 연구를 가하여 현재의 자본주의적 조직이 머지않아 필연적으로 사회주의적 조직으로 이행하리라고 예언했다. 또한 이 예견에 근거하여 사회주의를 실현하는 수단과 방법이 최후의 계급투쟁에 있다고 단정 지었다. 계급투쟁설은 한 가닥 금실처럼 이 3대 이론(유물사관, 자본주의경제론, 사회주의운동론)을 근본적으로 연결시키고 있다. 그의 유물사관에서는 "지금까지의 모든 사회의 역사는 계급투쟁의 역사다."라고 말한다. 그의 자본론 역시 일관된 근거는 "오늘날의 사회조직 아래서의 부르주아와 프롤레타리아는 불가피하게 서로 적대시하고 충돌할 수밖에 없는 관계에 놓여 있다"는 사상적 입론에 있다. 실제적 운동의 수단에 관해서도 그는 또한 최후의 계급투쟁에 호소하는 것 외에는 다른 좋은 방법이 없다고 주장하였다.
>
> 우리는 물질적 변화에만 의존해서는 안 된다. 이 점이 우리가 마르크스주의에서 바로잡아야 할 점이다. 인도주의에 따라 인류의 정신을 개조하고 동시에 사회주의에 의해 경제제도를 재건하는 것이 우리의 목적이다. 경제제도를 재건함이 없이 인간정신을 개조한다는 것은 허사이다. 그러나 인간의 정신을 개조함이 없이 경제제도를 재건하려고 한다면 이 역시 실패하지 않을까 염려된다. 우리는 마음과 물질, 즉 영(靈)과 육(肉)을 동시에 재건해야 한다.
>
> (「나의 마르크스주의관」, 『신청년』, 1919.11.)

1919년 5.4 운동이 일어나자 이 시기의 격렬했던 사상적 분위기는 리다자오에게 마르크스주의에 대한 신념을 확인시켜주는 역할을 하여 그가 「나의 마르크스주의관」(1919. 5), 「계급경쟁과 호조」(1919. 7), 「'소년중국'의 '소년운동'」(1919. 9) 등에서 보였던 마르크스주의에 대한 많은 유보사항이 점차 사라지게 되었다. 그러한 와중에서 리다자오가 마르크스주의 원리의 전면수용으로 돌아서는 계기가 되었던 사건이 바로 1919년 여름에 있었던 '문제와 주의' 논쟁이었다. 그는 후스(胡適)와 열띤 논전을 벌인 끝에 결국 비조직적이고 정체된 나라가 안고 있는 '문제'들이 마르크스 '주의'의 근간인 경제구조의 근본적 변화 없이 따로따로 해결될 수는 없다고 주장하며 비로소 물질적 개조를 근본적 해결책으로 내놓았던 것이다. 이제 계급투쟁이라는 형태로 표현되는 대중의 의식적 운동을 통하여 경제혁명을 일으켜야만 사회구조를 근본적으로 변화시킬 수 있다는 유물사관의 기본가정을 받아들인 리다자오는, 논설 「물질변동과 도덕변동」을 통해 모든 윤리체계와 인간의 의식은 물질적 생활의 반영임을 주장함으로써 마르크스주의의 전면적 수용을 알리게 되었다.

Ⅵ. 리다자오에 대한 평가

리다자오는 지금까지 어떠한 평가를 받아왔을까? 다음에서 그에게 붙여진 몇가지 이름표를 통해 그에 대한 세간의 평가를 알아보도록 하자.

첫 번째는 민족주의적 지식인이었다는 점이다.

학창 시절부터 5.4 운동 시기까지 리다자오는 여러 신문과 잡지의 편집인 또는 발행인으로서 수많은 논설을 통해서 민족의 발전을 저해하는 정치적 불의와 병폐를 공격하는 한편 사회적 결점을 지적하고 계몽하였다. 결국 리다자오가 러시아혁명 이후 인민주의와 호조론을 거쳐서 마르크스주의를 접하고 수용하게 되는 계기 중 하나 역시 국가와 민족의 재건을 바란 민족주의적인 신념이었다는 것을 통해서 보더라도 리다자오는 마르크스주의자이기 이전에 민족주의자였던 것이다.

리다자오는 중국이 프롤레타리아 국가라고 하는 이론을 발전시키게 된다. 보통 계급투쟁에서는 한 국가 내에서 부르주아와 프롤레타리아, 즉 각 계급끼리의 투쟁을 통해서 프롤레타리아 혁명을 이루게 된다고 하는 것을 서술하고 있다. 그런데 리다자오는 중국 자체가 바로 프롤레타리아 민족이라고 주장하고 있다. 중국이 가지고 있는 광대한 농민이 곧 프롤레타리아 민족인 것이고, 중국이 프롤레타리아 민족이기 때문에 중국이 다른 제국주의 국가로부터 해방되어야 한다는 새로운 계급투쟁을 상정하게 되는 것이다. 중국 민족 전체가 프롤레타리아라면 민족투쟁과 계급투쟁은 동일한 것이 되고 만다. 즉 민족주의적인 이해와 동기는 중국이 세계혁명에 기여하기 위한 합법적 형태가 되는 것이다. 이러한 리다자오의 민족주의는 곧 국제주의적 사상으로 나아갈 수 있었다.

리다자오가 그의 사상 전반에 걸쳐서 지속적으로 끌고 나갔던 제 1 목표는 중국 또는 중국 민족이 어떻게 새로운 중국 속에서 제국주의적인 압제로부터 해방되어서 새롭게 살아갈 수 있을 것인가라고 하는 부분이었다. 그런 점에서 볼 때 리다자오는 민족주의적인 지식인이라는 평가를 받을 수 있었던 것이다.

두 번째 평가는 시대의 변혁에 나선 독창적인 사상가라는 점이다.

청춘우주관에서도 볼 수 있다시피 리다자오는 매우 독특한 사상을 발전시키게 된다. 이러한 사상은 중국의 고대 사상과 서양의 근대사상을 융합한 웅대한 규모의 우주론이자 세계관이라고 할 수 있었다. 바로 이러한 청춘 우주관은 재생의 변증법이라고 하는 칭호가 붙을 정도로 아주 새롭고 독창적인 사상이었다. 이는 서로 대립되지만 병존한다고 하는 조화론에 입각한 세계관이었던 것이다.

농민의 혁명적 개발에 바탕을 둔 인민주의의 영향 아래에서 중국 농민을 혁명의 주체로 삼았던 것도 결국은 이러한 조화론 및 대립 병존의 세계관을 통해서 나온 것이라고 볼 수가 있다. 즉 노동자와 농민 그리고 부르주아와 프롤레타리아 사이의 계급투쟁에 있어서 가장 중요한 요소를 그의 독창적인 청춘 우주관에 나온 재생의 변증법을 통해서 새롭게 해석하고 있었던 것이다. 따라서 농민을 혁명의 주체로 삼을 수 있었던 것은 바로 이러한 독창적인 사상에서 나온 것이라고 할 수 있다.

또한 마르크스의 재해석에서 물질 뿐만 아니고 물질과 정신의 조화를 부단히 강조하고 있다. 이러한 리다자오의 유심론적인 사상과 유물론적인 사상의 결합은 그가 민족을 위해서 새로운 사상을 접하는 데 주저함이 없었고 그러한 사상을 자신의 새로운 사상으로 변모시키는 데 계속적으로 그의 모든 에너지를 쏟아 넣고 있었음을 보여준다. 그는 국제주의와 민족주의가 결합할 수 있는 그 접점에서 새로운 사상을 적용시키고 있었던 것이다.

세 번째로 리다자오는 투철한 행동주의자라는 평가를 받고 있다. 이러한 점은 천두슈와의 '애국심, 염세심' 논쟁에서도 드러나고 있다. 바로 「염세심과 자각심」이라고 하는 논설 속에서 그의 의지적 행동주의가 드러나고 있었던 것이다. 리다자오는 일생 동안 일관되게 정치적, 사회적 신념의 실현을 위해서 헌신적인 실천에 매진했다. 그리고 리다자오의 이러한 투철하고 기민한 실천성이 오히려 그의 희생을 가져오게 된 원인이 되고 말았다. 그가 만 38세의 나이로 희생되었던 것은 그가 투철하게 공산주의 이념을 현실 정치에 투여하고자 한 행동주의적인 노선에서 만들어졌던 것이라고 볼 수 있다. 실천적인 혁명가로서 국가 재건과 사회주의 이념을 실현시키기 위해서 그는 순교를 택했던 것이다. 바로 이러한 행동주의자로서의 리다자오의 사상과 노선은 그의 농민 혁명 전략이 마오쩌둥 노선에 계승되게끔 영향을 미치게 된다. 바로 농민들에 대해서 철저히 연구하고 조직하고, 농민운동을 지속적으로 전개했던 그러한 행동주의자로서의 모습이 결국은 농민의 자각을 이끌어내게 되고, 농민을 혁명의 주체로 하는 혁명전략으로 나아갈 수 있었던 것이다.

한편 리다자오는 마오이즘의 기원으로서도 평가받고 있다. 이미 리다자오는 일본 유학시기 무정부주의 사상을 접했고 러시아혁명을 계기로 인민주의 사상도 수용하였으며 크로포트킨의 호조론과 톨스토이주의의 영향도 받았다. 그러한 과정 속에서 마르크스주의를 수용하게 되는데, 「나의 마르크스주의관」이라는 논설에는 유심적이고 인도주의적이고 무정부주의적인 사상이 혼재되고 있다는 것을 볼 수가 있다. 그러한 과정

속에서 결국은 농민을 혁명의 주체로 삼는 사상이 만들어지게 되었던 것이며 또한 마오이즘의 기원이라고 하는 평가도 받게 되는 것이다.

중국공산당에서는 리다자오를 중국공산당의 진정한 창건자이자 마르크스주의의 중국적 노선의 예시자, 그리고 가장 영웅적인 순교자라고 평가를 하고 있다. 바로 38세라는 젊은 나이에 치열하게 공산주의 이념을 적용시키기 위해서 순교했기 때문이다. 이러한 중국 공산당의 평가와 더불어 리다자오가 받아야 할 평가는 중국의 재건을 위해서 노력했던 애국적 지식인이라는 평가여야 할 것 같다.

이상으로 리다자오의 삶과 사상에 대해서 알아보았다. 이 글의 주제로 내세웠던 "청춘 중화를 꿈꾸다"는 바로 리다자오가 평생에 걸쳐서 염원했던 그의 이상과 목표를 드러내는 것이라고 할 수 있다. 즉 새로운 중국에서 모든 중국인들이 새로운 제도와 새로운 이념을 가지고 살아갈 수 있게끔 한다는 것, 바로 이것이 리다자오가 진정 중국에서 펼치고자 했던 그의 정치적 목적이 아니었을까?

Ⅶ. 못다 한 이야기

리다자오는 인간의 의지를 강조한 마오이즘의 기원을 연 인물로 평가됩니다. 천두슈와 함께 중국 공산당 창당을 주도한 인물로 많은 사람들의 기억 속에 남아 있지요. 이 글을 통해 일반적으로 알려진 공산주의자로서가 아니라 20세기 격동의 시대를 앞서간 지식인으로서 리다자오의 삶과 사상을 이해할 수 있었습니다. 그는 중국 현대사의 핵심적인 문제에 관여하거나 주도적 역할을 담당하였지요. 그러나 젊은 나이에 비극적 죽음을 맞이한 안타까운 인물이기도 합니다. 그럼 미처 못다 한 이야기를 나누어 보겠습니다.

1. 우선 어떻게 해서 리다자오에 대해 관심을 갖게 되었는지 궁금합니다.

제가 대학원 석사 과정에 있었을 때 앞으로의 연구 주제에 대해 깊이 고민을 한 적이 있었습니다. 이미 중국 근현대사를 전공하겠다는 결심은 섰는데 막상 어떤 분야를 연구해야 할지 결정하기가 어려웠습니다. 그러다 중국사의 거대한 흐름을 주도하는 원동력이 무엇인가 살펴보던 중 바로 중국 농민들이 역사의 흐름을 바꾼 거센 물줄기로서의 역할을 담당했다는 것을 깨달았습니다. 따라서 중국 근현대에 있어 이러한 중국 농민들의 거대한 혁명 역량을 개발하여 혁명의 주체세력으로 전환시킨 사상과 전략이 어떻게 형성되었는가에 대해 자연스럽게 관심이 생겼습니다.

그러다 리다자오의 저작을 읽고 공부하게 되는 기회를 갖게 되면서, 리다자오가 농민을 혁명주체로 인식하는 이론체계를 갖추고 있었고 농민문제에 대해서도 깊이 관여하고 있었음을 알 수 있었습니다. 그리고 마오쩌둥의 농민 혁명 사상이 리다자오의 농민 민족주의 사상의 영향하에 온축될 수 있었다고 보게 되었습니다. 그 결과 지금까지 리다자오에 대한 연구를 지속해 오고 있습니다.

석사학위를 준비하면서 관심을 가졌던 리다자오에 관한 연구를 지금까

지도 계속하고 있는 것이군요.

2. 제목을 '청춘 중화를 꿈꾸다'라고 하였어요. 일반적으로 리다자오와 연관해서 언급되는 키워드와는 조금 달라 보입니다. 청춘 중화라는 말이 무엇을 의미하는 것인지요. 그리고 이러한 제목을 붙인 이유가 궁금합니다.

리다자오는 비록 매 시기 수용한 사상의 내용은 달랐지만 그가 지닌 사상을 통해 지향한 정치적 목적은 새 시대에 걸맞은 새로운 제도와 체제를 갖춘 새로운 중국의 창조였으며, 이를 이미 중국이 배태하고 있는 영원성 속에서 찾으려 했습니다. 여기서 '청춘'은 단지 젊고 새롭다는 의미만을 가지고 있는 것이 아니라 무한히 순환하는 우주의 영원성을 상징하는 것이라 할 수 있습니다. 그런 의미에서 사라져야 할 것은 당시 중국이 가졌던 구체제, 구사상, 구계급이지 중국 자체가 아니었고, 중국과 중국 민족은 부활을 통해 영원히 지속되어야 할 존재였습니다. 따라서 리다자오의 평생의 일념이 바로 영원토록 번영할 새로운 중국이었다는 점에서 '청춘 중화를 꿈꾸다'를 리다자오의 삶과 사상을 대표할 주제로 선정했던 것입니다.

영원히 번영하는 새로운 중국이란 의미에서 청춘 중화란 표현을 쓴 것이네요.

3. 리다자오는 마오이즘의 기원을 연 인물로 평가됩니다. 리다자오는 신문화운동 시기 '나의 마르크스주의관'을 발표하여 처음으로 마르크스주의를 받아들이게 되죠. 신문화운동 시기 다양한 사상이 만개하는데 리다자오는 어떤 사상의 흐름을 거쳐 마르크스주의를 수용하게 되는지 궁금합니다.

흔히 리다자오에 대해 말한다면 중국 공산당 창당이라던지 제1차 국공합작 등 공산주의자로서의 활동을 먼저 떠올리게 되는데요, 사실 리다자오는 생애의 매 시기마다 조금 복잡한 사상적 궤적을 가지고 있었습니다. 그가 언론활동과 정치활동을 펼친 시기가 도합 14년 정도가 되는데, 마르크스주의를 받아들이게 되는 1919년 말을 기점으로 해서 앞 시기의 리다자오는 애국주의와 계몽주의, 민족주의로 가득 찬 유심론적 사상 경향을 가지고 있었습니다. 그리고 그의 민족주의적 성향은 마르크스주의의 유물론을 완전히 수용한 이후에도 변함없이 그가 가진 사상의 본질을 꿰뚫고 있습니다.

리다자오는 새로운 중국, 즉 청춘 중화를 건설하기 위해 필요하다면 어떠한 이론과 사상체계도 마다하지 않고 학습하고 수용하였습니다. 그가 일본 유학 시기에 완성한 부르주아 민주주의 사상이나, '청춘' 우주관에서 볼 수 있는 조화론 사상, 그리고 크로포트킨의 호조론에 영향을 받은 무정부주의 사상이나 러시아혁명을 통해 접하게 된 인민주의 사상 모두 중국의 현실을 개혁하고 민중의 권리를 신장시켜 압제와 착취로부터 벗어난 새로운 국가를 건설하기 위해 수용하였던 사상이었습니다. 그리고 그가 마지막으로 수용한 마르크스주의 역시 그 연장선 위에 있었다고 할 수 있습니다. 따라서 민족주의적 애국 지식인으로서의 본질은 그대로 유지한 채 그 행동 강령으로서 그가 여러 사상들을 필요에 따라 수용하게 되었다는 것을 알 수 있습니다.

그가 새로운 중국 건설을 위해 다양한 사상을 수용하는 과정에서 마지막으로 선택한 것이 마르크스주의라고 할 수 있겠군요.

4. 리다자오는 군벌 장쭤린에 의해 38세의 나이로 처형되지요. 비극적 희생입니다만 마오쩌둥과의 연계성으로 그는 영웅적인 혁명 순교자로 숭배됩니다. 리다자오가 젊은 나이에 체포되어 죽음을 맞이하지 않았다면 이후 그의 삶과 사상은 어떻게 전개되었을까요. 역사에 가정은 없습니다만....

중국 공산당 내에서 그리고 많은 역사연구에서 리다자오가 '영웅적인 순교자'로서 지칭되고, 좋은 평가를 받을 수 있었던 것은 리다자오가 일찍 희생당했기 때문이 아닌가 생각합니다. 당시 중국 공산당이 나아가야 했던 길의 최선봉에서 가장 열정적으로 활동하고 있던 와중에 희생당했기 때문에 리다자오에게서는 공산주의에 대한 헌신적 신념이 그대로 배어 나오고 있었습니다. 그로서는 공산주의 이념이 그 시기 가장 적합한 행동강령으로 적용되고 있었기 때문에 그것을 대체할 또 다른 사상체계를 찾거나 수용할 필요가 없었습니다. 그가 희생당하던 시점에 리다자오는 누가 보더라도 가장 헌신적이고 치열한 공산주의자였습니다.

하지만 만약 리다자오가 38세에 희생당하지 않고 더 오래 살았다고 한다면 오늘날 그가 듣는 '중국식 공산주의의 예시자'라거나 '순교한 공산당원'이라는 호칭은 달라지지 않았을까 하는 생각이 듭니다.

만일 그가 생존했다면 오늘날 그에게 따라붙는 호칭은 달라졌을 것이다... 왜 그렇게 생각하시죠?

물론 그가 계속 생존했다 하더라도 중국 공산당과 공산 혁명에 끼친 영향과 업적은 달라지지 않겠지만 아마 그가 꿈꾸던 청춘 중화의 재건을 위해 또다시 새로운 사상체계를 접하고 수용하는 과정을 거치지 않았으리라고 단언하기 어렵습니다. 그렇게 되었다면 비판적 평가를 받았을 가능성을 배제할 수 없는 것이지요.

리다자오의 애국적 행동주의는 마치 식민지 조선의 해방을 위해 치열하게 항거하고 투쟁하였던 김구의 모습을 떠올리게 합니다. 개인적 사리사욕이나 정치적 야심 없이 오직 하나의 목적을 위해 묵묵히 걸어가다 정쟁에 휘말려 희생당하는 모습이 아마도 리다자오가 겪게 되었을 숙명적 결과이지 않았을까 조심스럽게 추측해 봅니다.

5. 영웅적인 혁명 순교자로서 리다자오의 평가는 천두슈에 대한 평가와 비교됩니다. 천두슈는 공산당 참패에 대한 책임을 뒤집어쓰고 우파 기회주의자로 몰리고 더 나아가 공산당에서 제명되며 트로츠키주의

자 혐의를 받습니다. 리다자오는 '성공한' 사상가, 천두슈는 '실패한' 사상가로 규정하지요. 중국 공산당을 창당하는데 주도적 역할을 한 이 두 지식인의 평가에 대해 어떻게 생각하시나요.

제 견해를 말씀드린다면 리다자오와 천두슈에게 붙여진 '성공한' 사상가 또는 '실패한' 사상가라는 수식어와 평가는 다분히 정치적인 굴레라고 생각합니다. 1927년 혁명 실패의 책임을 물으며 우파 기회주의로 몰았던 천두슈가 국민당에게 의존적이었다고 하나 국공합작을 가능하게 한 것은 또한 리다자오의 역할도 컸습니다. 코민테른과 소련 공산당의 지시에 따라 중국 공산당원 중에 가장 먼저 국민당에 입당한 사람이 바로 리다자오였으며, 또한 1927년까지 국민당 북방 집행위원회 및 정치위원회 북방 분회의 일원이기도 하였던 것입니다. 만약 리다자오가 살아 있었다면 1927년 혁명 실패의 책임에서 자유로울 수 없었을 것이라 생각합니다. 하지만 리다자오는 1927년 당시 희생당한 많은 중국 공산당원과 함께 죽임을 당하였고, 그러한 희생은 '순교자'라는 칭호를 받기에 적합한 것이었다고 보입니다.

1차국공합작에서 일반적으로 천두슈의 역할이 크다고만 알려졌는데 리다자오 역시 중요한 역할을 한 거네요.

그렇습니다. 다만 같은 문제를 놓고 해결하는 방안에서 리다자오와 천두슈에게는 성향 상의 차이가 있었다고 보입니다. 예를 들어 리다자오가 천두슈와 벌였던 '애국심', '염세심' 논쟁에서, 천두슈는 지식을 강조한 반면 리다자오는 열정과 행동을 강조했습니다. 리다자오 또한 지식인으로서 지식의 배양이 얼마나 중요한지 알고 있었지만 현실 문제를 해결하기 위해서는 책상에 앉아 지식을 습득하는 것만으로는 부족하다고 보았던 것입니다. 따라서 그는 천두슈의 논설이 사회에 대한 청년들의 태도를 비관주의로 이끌까 염려하여 우선 현실 정치문제에 청년이 참여하는 것으로부터 문제의 해결을 시작하라고 당부하고 있습니다. 천두슈는 장기적 안목에서 문제의 근원이 되는 부분부터 하나하나 해결해 나가야 한다고 생각했던 반면에, 리다자오는 지금 당장 사태 해결을 위한 자그마한 행동부터 시작해야 한다고 보았던 것입니다.

결국 리다자오와 천두슈 모두 중국 공산당을 창당하고 공산주의의 전파를 위해 노력했던 것은 같으나 천두슈가 '교조주의'로 비판을 받고 리다자오가 '중국식 공산주의의 기원'으로 호평 받는 것은 그들이 걸었던 길의 궤적이 달랐기 때문이 아니라 어떤 방식으로 길을 걸어갔는가의 차이 때문이 아닐까요?

천두슈는 근원적 문제의 해결을 강조했던 반면, 리다자오는 열정과 행동을 강조했던 것이군요.

6. 리다자오의 삶과 사상이 오늘날 우리 사회에 주는 메시지는 무엇이라고 생각하십니까?

리다자오는 당시 많은 중국의 계몽적 지식인들이 그러했듯이 중국인들에게 그들이 걸어가야 할 길을 끊임없이 비쳐주는 등대와 같은 역할을 했습니다. 생의 각 단계에서 그가 발표한 논설들은 하나같이 당시에 발생한 사건과 현실을 바탕으로 문제에 대처하기 위해 가장 필요한 방안들이 무엇인가를 알려주는 구체적인 내용을 담고 있었습니다.

그의 논설을 읽어보면 우선 수려한 문장에 놀라게 됩니다. 어려서부터 전통학문을 습득하면서 받은 전통사상의 영향이 그의 문장을 통해 드러난 것이지요. 하지만 그의 학문적 기반이 전통사상에 있었음에도 불구하고 또한 얼마나 많은 서구 근대사상과 관련된 책을 읽고 그 이론과 사상을 이해하려고 애썼는지를 보며 새삼스럽게 감탄하게 됩니다. 뿐만 아니라 현실에 대한 냉소나 묵인보다는 비판과 대책을 중심으로 인심과 사회의 개조를 부단히 추구합니다. 이는 일부 지식인들에게서 보이는 학자연하는 태도와는 거리가 있는 것으로 끊임없이 대중들에게 경고하고 설득하고 고무하고 계몽하고 있습니다. 이는 당시 중국이 처한 현실 속에서 꼭 필요한 지식인의 역할이었습니다.

그 역시 당시의 중국 지식인이 그러했듯이 고전을 배우면서 성장한 전통 지식인이면서 동시에 근대 학문과 사상을 수용하면서 새로운 세상, 새로운 중국을 열망하였죠. 그러나 학자연하는 사람들과 달리 대중 앞에서 설득하고 고무하고 계몽하는 실천적 지식인의 면모를 갖추었다고 이해할 수 있겠습니다.

이러한 실천적 지식인으로서의 리다자오의 태도는 당시 중국 사회의 필요에 따라 본인의 사상체계를 변모하는 데까지 이르게 했습니다. 리다자오에게 있어 이론은 실천을 위해 필요한 것이었으므로 이론 자체에 대한 교조주의적 집착을 배제하였던 것입니다. 따라서 리다자오는 본인의 유심론적 사상 경향에도 불구하고 마르크스주의의 유물사관을 완전히 수용하는 데까지 갈 수 있었고, 한번 수용한 사상체계를 십분 활용하여 그가 목적으로 하는 것을 이루기 위한 행동강령으로 삼을 수 있었던 것입니다.

우리 사회에서도 각종 이론은 난무하지만 실제 사회문제를 해결하기 위해 실천적 지식인으로 나서는 사람은 그리 많아 보이지 않습니다. 자신의 해박한 지식을 나열하기에 급급한 사람들은 많지만 약자들의 가슴을 어루만져줄 따뜻한 멘토를 지향하는 사람은 그리 많지 않은 것 같습니다. 생각하는 것과 실천하는 것은 서로 다른 일이라고 생각합니다. 이제 청소년기에서 벗어나 청년기에 접어드는 대한민국이 당면한 사회문제를 어떻게 해결할 것인가에 대해서, 지식인과 사회 각 계의 리더들이 함께 고민하면서 문제의 해결을 위해 나부터 실천해야겠다는 마음을 갖게 될 때 우리 사회가 따뜻하고 안정되게 성장할 수 있지 않을까 생각해 봅니다.

리다자오는 자기희생을 인생 최고의 성취라 말하며 지식인으로서 강한 책임감을 실천하였습니다. 그는 젊은 나이에 희생됩니다만 리다자오가 살아남았다면 중국공산당사에서 어떤 인물로 기록되었을까요. 성공한 리다자오, 실패한 천두슈라는 도식에서 벗어나 중국 근현대 지성사 속에서 이들 사상이 자리매김 될 수 있기를 기대해봅니다.

인용 고전과 참고문헌

<인용 고전>

리다자오선집(李大釗選集), 1978.
리다자오문집(李大釗文集), 1999.
리다자오전집(李大釗全集), 1999.

<참고문헌>

모리스 메이스너 저, 권영빈 옮김, 『李大釗 - 중국사회주의의 기원』, 지식산업사, 1992.
체스타 탄 저, 閔斗基 옮김, 『中國現代政治思想史』, 지식산업사, 1977.
李澤厚 저, 金衡鍾 옮김, 『중국현대사상사의 굴절』, 지식산업사, 1992.
Edited by C. Hsueh, Revolutionary Leaders of Modern China, New York, Oxford Univ. Press, 1971
Edited by Immanuel C. Y. Hsu, Readings in Modern Chinese History, New York, Oxford Univ. Press, 1971.
Arif Dirlik, The Origins of Marxist Historiography in China, 1919-1937, Univ. of California Press.
呂明灼 著, 『李大釗思想研究』, 河北人民出版社, 1983.
中共中央黨史研究室科研局 編, 『李大釗研究文集』, 中央黨史出版社, 1991.
許全興, 『李大釗哲學思想研究』, 北京大學出版社, 1989.
丸山松幸, 齊藤道彦 編, 『李大釗文獻目錄』, 東京大學東洋文化研究所 附屬東洋學文獻センタ, 1970.
朱志敏 著, 『李大釗傳』, 山東人民出版社, 1998.
張靜如, 馬模貞, 『李大釗』, 上海人民出版社, 1981.
編寫組 編, 『李大釗傳』, 人民出版社, 1980.
『回憶李大釗』, 人民出版社, 1980.
李星華 著, 『回憶我的父親李大釗』, 上海文藝出版社, 1981.
張靜如, 馬模貞, 廖英, 錢自强 編, 『李大釗生平史料編年』, 上海人民出版社, 1984.
編寫組 編, 『李大釗年譜』, 甘肅人民出版社, 1984.
韓一德, 姚維斗 編, 『李大釗生平紀年』, 黑龍江人民出版社, 1987.

金貞和,「李大釗 思想에 대하여」, 성균관대학교 대학원논문집, 1976.
金永鎭,「李大釗의 革命論에 관한 硏究」, 서울대학교 학위논문, 1987.
尹瀅晀,「5.4 운동기 李大釗의 思想 변화에 대하여」, 공주사범대학 학위논문, 1989.
林東園,「Marx 理論의 影響과 李大釗의 民族主義 哲學」, 성균관대학교 학위논문, 1991.
梁賢慶,「李大釗의 마르크스주의 受容 硏究」, 이화여자대학교 학위논문, 1990.
李漢雨,「李大釗의 사회주의 수용의 특성」, 서강대학교 학위논문, 1990.
李炳柱,「5.4期 李大釗 思想의 轉變-맑스主義 受容問題를 중심으로 -」, 歷史의 再照明(한림과학원 編), 소화출판사, 1985.

제6장

루쉰魯迅, 그래도 희망은 길이다

이은상 (부산대)

※이미지 출처
https://zh.wikipedia.org/zh-tw/鲁迅

길이란 무엇인가.

밟고 지나감으로써 생기는 것이 아닌가.

가시덤불을 헤치고 가는 것이 아닌가.

길은 옛날에도 있었고 앞으로도 영원히 있을 것이다.

(「생명의 길」, 『열풍』)

희망이란 원래 있다고도 할 수 없고 없다고도 할 수 없다.

그것은 지상의 길과 같다.

원래 지상에는 길이 없었다.

가는 사람이 많아지면 길이 되는 것이다.

(「고향」, 『외침』)

Ⅰ. 루쉰 로드—사오싱(紹興)에서 상하이까지

1. 루쉰 로드—사오싱, 난징(南京)

앞서 인용한 첫 번째 글은 루쉰(1881.9.25.-1936.10.19)의 산문집 『열풍』(熱風)에 수록된 「생명의 길」(1919), 두 번째 글은 소설집 『외침』에 수록된 「고향」(1921)의 일부이다. 여기서 중요한 키워드는 무엇일까. 바로 '희망'이다. 그런데 이 희망에는 전제조건이 있다. 밟고 지나가거나, 가시덤불을 헤치고 걸어가는 현실적 행위가 있어야 한다. 루쉰에 따르면 희망이란 원래부터 있는 것이 아니고 그렇다고 아예 없는 것도 아니다. 걸어가야만 희망이 있다. 걸어가지 않으면 희망이 없다. 이것이 루쉰의 독특한 희망론이다.

루쉰은 상하이와 난징 중간에 위치한 아름다운 물의 도시 사오싱에서 태어났다. 사오싱은 루쉰의 고향으로 유명하지만 여성 혁명가 추진(秋瑾)의 고향으로도 잘 알려졌다. 진사 급제한 엘리트 지식인으로 신해혁명에 참여한 차이위안페이(蔡元培)도 루쉰과 동향이다. 사오싱은 저 멀리 춘추시대 월나라의 고도(古都)로, 월왕 구천(句踐)의 와신상담 고사로 유명한 곳이다. 루쉰은 반골의 고향에서 태어난 월나라의 후예였다. 사오싱은 루쉰 문학의 뿌리로, 현재 루쉰옛집, 루쉰이 공부하던 삼미서옥(三味書屋), 루쉰기념관 등을 찾아볼 수 있다.

루쉰의 본명은 저우수런(周樹人)이다. 관료 집안 출신으로 어려서부터 경서를 배웠다. 그런데 진사 급제하여 청왕조의 관료를 지낸 조부가 과거시험 뇌물사건으로 투옥되는 충격적인 사건이 발생하고, 부친이 병석에 눕게 되면서 집안이 몰락하게 된다. 루쉰은 어려서부터 거의 매일 전당포와 약방을 드나들었다. 그럼에도 4년 만에 부친은 사망하였다. 이 상황을 루쉰은 『외침』의 「서문」(1922)에서 다음과 같이 담담하게 서술하고 있다.

> 나는 4년 남짓한 동안 자주, 아니 거의 매일 전당포와 약방을 드나들었다. 몇 살 때인지는 잊었지만, 아무튼 약방 계산대가 내 키만큼 높았고, 전당포의 계산대는 내 키의 갑절이나 되었다. 나는 내 키의 갑절이나 되는 계산대에 옷이며 장신구 따위를 올려놓고 전당포 주인의 경멸어린 눈초리를 받으며 돈을 건네받고는, 다시 내 키만큼 높은 한약방 계산대에 가서 오랜 병을 앓고 계신

> 아버지를 위해 약을 지었다……그런데도 아버지의 병은 날로 더하기만 했고, 끝내는 돌아가시고 말았다.
>
> (「서문」, 『외침』)

그는 부친 사망 후 난징행을 결심하게 된다. 난징행을 결정한 이유는 무엇일까. 루쉰에게 전통 학문을 배워 과거시험에 응시하는 것은 더 이상 의미가 없었다. 집안이 몰락하는 과정에서 친인척들의 냉대와 모멸감은 어린 루쉰에게 상처를 주었다. 부친 사망 이후 고향을 벗어나 생활하고 싶은 마음이 왜 없었으랴. 그러나 어머니에게 루쉰의 난징행은 커다란 슬픔을 주었다. 아래 인용한 글에서 난징행을 결심한 루쉰의 복잡한 마음을 짐작해볼 수 있다.

> 나는 넉넉한 집안에서 살던 사람이 갑자기 가난에 떨어졌을 때, 그 추락의 과정에서 세상 사람들의 참모습을 볼 수 있다고 생각한다. 내가 N시로 가서 K학당에 입학하려 한 것은 아마 다른 길, 다른 곳으로 가서 다른 사람들과 사귀어 보고 싶다는 생각 때문이었던 것 같다.
>
> 어머니는 하는 수 없이 8위안의 여비를 마련해 주시며 네 맘대로 하라고 하셨다. 그러면서 어머니는 우셨다. 그 당시의 사회 통념으로는 경서를 배워서 과거시험을 치르는 것이 정도(正道)였다. 양학(洋學)을 배운다는 것은, 궁지에 몰린 사람이 서양 오랑캐에게 영혼을 팔아넘기는 짓이라며 사람들로부터 손가락질을 당해야 했기 때문이다.
>
> (「서문」, 『외침』)

난징에는 중국의 근대화운동 곧, 양무(洋務)운동 시기 만들어진 강남수사학당(江南水師學堂)이 있었다. 해군 양성을 목적으로 설립된 이 학교는 학비가 면제되고 매월 보조금이 지급되었다. 그러나 이 학당의 시스템은 뒤죽박죽이었다. 몇 개월 뒤 루쉰은 다시 시험을 봐서 광산과 철도기술자를 양성하는 광로학당(鑛路學堂)에 입학하였다(「사소한 기록」, 『아침 꽃을 저녁에 줍다』).

> 이 학당에서 나는 비로소 세상에는 소위 물리라든가 수학, 지리, 역사, 미술, 체육 같은 것들이 있음을 알았다. 생리학은 별로 배우지 못했지만, 우리들은 목판본인 "전신체신론"이니 "과학위생론"이니 하는 것들을 볼 수 있었다……아울러 일본사 번역본을 통하여 일본의 유신은 대부분 서양의학에서 발단되었다는 사실도 알게 되었다. 이런 유치한 지식 덕분에, 나는 일본의 어느 시골 의학전문학교에 적을 두게 되었다.
>
> (「서문」, 『외침』)

위의 글에 따르면 이 학당에서 루쉰은 처음으로 물리, 수학, 지리, 역사, 미술, 체육 등이 있음을 알게 되었다. 그리고 '이런 유치한 지식 덕분에' 일본의 시골 의학전문학교에 적을 두게 되었다.

2. 루쉰 로드—도쿄, 센다이(仙台)

루쉰의 일본 유학 기간은 20대 7년이었다. 20대 거의 전부를 일본에서 보냈기 때문에 루쉰에게 미친 영향은 크다 할 수 있다. 루쉰은 1902

년 22세의 나이로 도쿄에 가서 우선 일본어를 배웠다. 일본에 갈 때 만해도 루쉰은 변발을 하고 있었다. 변발은 청나라 만주족의 고유한 머리 형태로 앞머리는 밀고 뒷머리는 모아 길게 늘어뜨리는 것이다. 청나라는 중국을 지배하면서 한족에게도 변발을 강요하였는데 루쉰은 일본에 간 그 다음해 변발을 자르고 기념으로 사진을 찍었다. 루쉰의 첫 사진이다. 그리고 시를 지었다. 제목은 「자제소상」(自題小像, 사진에 부쳐, 1903)이다.

> 내 마음은 결국 큐피트의 화살을 피할 수 없고
> 비바람은 무겁게 덮여 고향 땅이 어두워진다
> 차가운 별에 부친 마음 고운 임은 몰라주어도
> 나의 이 뜨거운 피 헌원(軒轅)에 바치리라
>
> 靈臺無計逃神矢 風雨如磐暗故園
> 寄意寒星荃不察 我以我血薦軒轅

(「自題小像」, 『集外集拾遺』)

루쉰은 이 시에서 20대 청년답게 나의 이 뜨거운 피 헌원(軒轅)에 바치리라고 맹세한다. 헌원은 중국의 시조로 알려진 황제(黃帝)를 지칭하는 단어로, 헌원의 후손은 청조 타도 즉 배만(排滿) 혁명론자들의 중요한 구호였다. 루쉰은 청나라 남자의 머리 상징인 변발을 자르고 황제 헌원씨의 후손임을 강조했던 것이다.

그는 이후 다른 학생들과는 조금 다른 길을 선택한다. 도쿄를 떠나

센다이에 있는 의학전문학교에 입학한 것이다. 이 학교의 유일한 외국인이 루쉰이었다. 루쉰은 "꿈에 부풀어 있었다. 졸업하고 귀국하면 내 아버지처럼 잘못된 치료를 받고 있는 환자의 고통을 덜어주리라"(「서문」, 『외침』). 이렇게 말이다.

루쉰은 센다이에서 두 가지 사건을 겪게 된다. 하나는 그의 영원한 스승 후지노 선생을 만난 것이고, 다른 하나는 소위 '환등 사건'으로 2년 만에 의대를 포기한 것이다. 루쉰은 「후지노 선생」(1926)에서 이 두 사건을 다음과 같이 담담하게 서술하였다.

> 나는 센다이 의학전문학교로 갔다……해부학은 두 분의 교수가 분담하였다. 첫 시간은 골학(骨學)이었다……"저는 후지노 겐구로라고 합니다."……나는 필기한 노트를 건넸다. 그는 가져갔다가 이 삼 일 지나서 돌려주었고, 그러면서 일주일에 한 번씩 노트를 가져오라고 했다. 가지고 돌아와 노트를 펴보고는 나는 깜짝 놀랐다. 동시에 불안하기도 하고 감격스럽기도 했다. 내 노트는 처음부터 끝까지 붉은 글씨로 고쳐지고, 빠뜨린 부분은 써넣었을 뿐 아니라, 문법이 틀린 곳은 일일이 잡아주었다……
>
> 기말시험이 끝난 후 나는 도쿄에 가서 여름을 보냈다. 초가을에 학교로 돌아와 보니 이미 성적이 나와 있었다. 백여 명 동료들 가운데 나는 중간 쯤이었고 낙제는 하지 않았다……어느 날 학년 학생회 간부들이 하숙집에 와서는 노트를 보여달라고 했다……작년 해부학 시험 때 후지노 선생이 노트에 표실을 해줘 내가 시험 문제를 미리 알았고, 그래서 내가 그런 점수를 받았다는 것이다……나는 이 일을 후지노 선생에게 알렸다……중국은 약한 나라이고, 그러니 중국인은 당연히 저능아일 테니 60점 이상을 받는 것은 자기 능력이 아니

라는 것이다. 그들이 이렇게 의심한 것도 무리는 아니었다.

그런 뒤 나는 중국인을 총살하는 것을 구경하는 운명에 놓이게 되었다. 2학년 때 세균학 수업이 있었고, 세균의 모양은 모두 슬라이드로 보여주었다. 한 단원이 이미 끝났는데도 시간이 남아 있으면 시사 필름을 보여주곤 했다. 물론 일본이 러시아에 이기는 장면 뿐이었다. 그런데 중국인이 거기에 들어 있었다. 러시아군의 스파이라 하여 일본군에 체포되어 총살당하는 장면이었다. 둘러싸고 구경하고 있는 사람들도 중국인들이었다. 그리고 또 한 사람의 중국인인 나도 교실에서 있었다. "만세!" 그들은 박수를 치며 환호성을 질렀다. 슬라이드가 한 장 한 장 넘어갈 때마다 이런 환호성이 계속되었다. 그 환호성은 유난히 귀를 따갑게 자극했다. 나중에 중국에 돌아온 뒤에도, 죄인들이 총살당하는 것을 태평스레 구경하는 사람들을 보았다. 그들이 술에 취한 듯 갈채를 보내지 않은 적이 있었던가. "아아, 어쩔 수가 없구나!" 그 때 거기서 내 생각은 달라졌다.

(「후지노 선생」, 『아침꽃을 저녁에 줍다』)

일반적으로 루쉰이 의대를 포기하게 된 계기는 환등 사건 때문으로 알려졌다. 그런데 이 글에서 환등 사건 이전에 루쉰의 성적 사건이 있었음을 알 수 있다. 그 이전부터의 생각이 환등 사건을 계기로 폭발했으리라. 린시엔즈(林賢治)의 표현에 따르면 루쉰은 환등 사건 이후 "온 산을 헤매고 다니며 고래고래 노래를 불렀다." "문득 자신이 깊은 산 속에 버려진 짐승 같다는 생각을 했다"(린시엔즈, 『인간 루쉰』(상), 281쪽). 결국 루쉰은 후지노 선생을 찾아갔다.

2학년이 끝날 때 나는 후지노 선생을 찾아가, 의학 공부를 그만두고 싶다는 것, 센다이를 떠나겠다는 것을 말했다. 그는 슬퍼보였고 무엇인가 말하려는 것 같았지만, 아무 말도 하지 않았다……떠나기 며칠 전 그는 나를 집으로 불렀고 사진 한 장을 주었다. 뒷면에는 '석별'이라는 두 글자가 씌어 있었다. 내 사진도 보내달라고 했다. 하지만 그 때 적당한 사진이 없었다. 사진도 보내고 종종 편지로 차후의 일을 알려달라고 했다.

센다이를 떠난 후에도 나는 여러 해 동안 사진을 찍지 않았고 내 상황도 좋지 않아서, 실망스러운 소식을 전하게 될까 봐 편지도 차마 쓰지 못했다. 그런데 왠일인지 나는 지금도 자주 그가 생각난다. 내가 스승이라고 여기는 사람 가운데 나를 가장 감동시킨 사람이 그이고, 나를 격려해주었던 분 중의 하나가 그다……내 눈과 마음 속에서 그는 위대한 사람이다……

나는 그가 고쳐주었던 두꺼운 노트를 세 권으로 묶어 영구히 기념하기 위해 소중히 간수해두었다……그런데 불행히 그 노트도 잃어버렸다……그러나 그의 사진만은 지금도 베이징 방 동쪽 벽에 책상과 마주 보게 걸어놓고 있다. 저녁에 피곤하여 게으름을 피우고 싶어질 때면 고개를 들어 등불 밑의 그 검고 야윈 얼굴을 본다. 그러면 당장에라도 그 특유의 느린 어조로 말을 할 것 같아 나는 양심이 되살아나고 용기가 샘솟는다.

(「후지노 선생」, 『아침꽃을 저녁에 줍다』)

일반적으로 루쉰의 글은 무겁고, 날카롭고 매정하다. 하지만 이 글은 국경을 넘어 스승과 제자의 이야기를 담담하게 그려내고 있다. 정치색이 없기에 오히려 잔잔한 감동을 준다. 그러면 후지노 선생은 루쉰의 존재를 언제 알게 되었을까. 후지노 선생은 센다이 의전이 도호쿠대(東北大)

의대로 승격되면서 교수직을 그만두고 고향에서 개업의로 생활하였다. 후지노 선생은 장남의 지인을 통해 이 글을 알게 되었다고 한다. 루쉰은 선생의 소식을 듣고 싶어했지만 루쉰 생전에는 이루어지지 못했다. 후지노 선생은 루쉰 사후 「삼가 저우수런 군을 애도한다」(1938)는 글을 썼다. 루쉰이 죽고 나서야 후지노 선생이 글로 화답한 셈이다.

3. 루쉰 로드—사오싱, 난징, 베이징

루쉰은 7년 간의 유학 생활을 마치고 귀국 후 사오싱 등지에서 교편을 잡았다. 곧이어 신해혁명(1911)이 일어났다. 이 혁명으로 중국의 마지막 왕조인 청나라가 무너지고 중화민국이 탄생하였다. 혁명 정부는 난징을 수도로 했는데 루쉰은 동향 출신 혁명가 차이위안페이의 주선으로 혁명 정부에서 교육부 관리가 되었다. 혁명 정부가 베이징으로 이전하자 루쉰도 베이징으로 거처를 옮겼다.

루쉰의 베이징 생활 기간은 대략 14년 정도이다. 앞의 7년은 사오싱 출신이 베이징에 왔을 때 거처로 사용했던 사오싱회관(紹興會館)에서 생활하였고, 뒤의 7년은 가족과 같이 거주하였다. 그는 신문화운동이 한창이던 1918년 38세의 나이로 첫 소설 「광인일기」(狂人日記)를 계몽잡지 『신청년』(新青年)에 '루쉰'이라는 필명으로 발표하였다. 이어 중편소설 「아Q정전」(1921)을 『신보』(晨報) 부록판에 연재하였다. 이 두 소설을 포함하여 십 여 편의 소설을 모아 첫 소설집 『외침』, 산문(루쉰의 표현에 따르면 잡문)을 모아 첫 산문집 『열풍』을 출간하였다. 베이징에서 루쉰은 이미 문학가로 유명인사였다. 이런 명망 덕분에 베이징대, 베이징여사대(北京女師大)에 출강하면서 '중국소설사'를 강의하였다.

베이징에서 또 하나 중요한 사건은 바로 쉬광핑(許廣平)을 만나게 되었다는 것이다. 당시 베이징여사대에는 미국 유학파 신여성 양인위(楊蔭榆)가 교장으로 부임하였다. 그러나 양인위는 매우 보수적 인물로 독단적으로 학교를 운영하면서 학생들의 저항에 부딪혔다. 학생들은 교장 배척운동을 벌이게 되는데 쉬광핑은 이 운동의 리더였다. 루쉰도 학생 편에서 이 사건에 적극 관심을 가졌다. 쉬광핑은 사건이 한참 진행될 무렵 루쉰에게 처음 편지를 쓴다(쉬광핑과 루쉰의 편지는 『먼 곳에서 온 편지』 수록). 1925년 3월 11일이다.

> 루쉰 선생님
>
> 지금 당신께 편지를 쓰고 있는 저는 선생님의 수업을 들은 지 곧 2년이 되는, 매주 『중국소설사략』 강의를 목 빼고 기다리는 학생입니다. 당신께서 강의하실 때 번번이 당돌하고 직설적으로, 그에 걸맞은 강경한 말로 즐겨 발언하던 어린 학생입니다. 이 학생이 흉중에 오랫동안 품고 있던 수많은 의혹과 갑갑증을 이제는 더 누르고 있을 수가 없을 것 같아서 선생님께 호소합니다.
>
> 1925년 3월 11일, 가르침을 받고 있는 어린 학생 쉬광핑

> 광핑 형 오늘 편지를 받았습니다……
>
> 3월 11일, 루쉰

쉬광핑은 처음으로 루쉰에게 편지를 보내 답답함을 토로하였고, 루쉰은 의외로 당일에 답장을 하면서 쉬광핑의 호칭을 '형'이라고 하였다.

형은 벗, 동료의 의미이다. 쉬광핑은 루쉰의 당일 답장에 고무되었을 것이다. 이후 두 사람은 며칠 간격으로 편지를 주고 받는다.

> 그저 가장 유용하고 가장 경제적인 시간에 저 꼬마도깨비(샤오궤이, 小鬼)가 끼어들어 소란을 피우면 부적을 태우고 주문을 외워도 효과가 없을 것이니, 선생님께서는 어쩔 수 없이 약간의 시간을 낭비하게 되겠지요. 꼬마도깨비는 송구할 뿐입니다.
>
> 3월 20일, 당신의 학생 쉬광핑 올림

> 어쩌면 꼬마도깨비에게도 그리 도움이 되지 않을 것입니다. 시간이라면 오히려 문제 되지 않습니다. 내가 설령 편지를 쓰지 않는다고 하더라도 무슨 대단한 일을 하는 것이 아니기 때문입니다.
>
> 3월 23일, 루쉰

쉬광핑은 3월 20일자 편지에서 자신을, 소란을 피우는 '꼬마도깨비'라고 칭했다. 꼬마도깨비인 자신의 편지가 루쉰의 시간을 빼앗지 않을까 우려의 말을 전했다. 그런데 루쉰은 꼬마도깨비에게, 답장을 쓰지 않는다고 다른 대단한 일을 하는 것이 아니므로 얼마든지 편지를 써도 된다고 격려해주고 있다.

더 나아가 쉬광핑은 4월 10일자 편지에서 자신의 호칭을 좀 더 과감하게 '루쉰 선생님의 허락을 받은 이름' 꼬마도깨비라고 하였다. 그리고 이틀 뒤 4월 12일 동급생과 같이 전격적으로 루쉰의 거처를 방문하였다.

20일에는 동급생들과 루쉰과 같이 나들이를 가서 박물관을 관람하였다. 이후 편지에는 사적인 내용이 포함된다.

말하자면 루쉰의 적막을 깨뜨린 꼬마도깨비가 출현하게 된 것이다. 루쉰은 44세, 쉬광핑은 27세로 두 사람의 나이 차는 17년이었다. 당시 루쉰은 가정적으로 매우 힘들어했다. 루쉰의 부인 주안(朱安)은 일본 유학 시절 '고통스런 어머니의 선물'로 문맹인데다가 전족을 한 전통 여성이었다. 이 두 사람의 관계가 원만했을 리 없다. 게다가 일본 유학을 같이 갔고 귀국 후 신문화운동의 동지였으며 베이징대 교수였던 동생 저우쭈어런(周作人)과의 결별(1923.7)은 루쉰을 더욱 힘들게 하였다. 이런 상황에 쉬광핑이 다가왔고 루쉰은 이를 차마 거절하지 못했을 것으로 짐작된다.

베이징에는 루쉰옛집과 박물관이 있다. 루쉰옛집으로 명명된 곳은 루쉰이 베이징에서 마지막으로 거주했던 집이다. 루쉰은 이 집을 구입한 뒤 설계도를 직접 그렸는데, 루쉰의 방은 북쪽으로 삐죽 나온 방으로 '호랑이 꼬리'(老虎尾巴)라고 불렀다. 그 앞 양쪽으로 어머니, 부인의 방이 있었다. 루쉰은 군벌 돤치루이(段祺瑞)가 반정부 시위를 탄압한 3.18 참사(1926.3.18) 후 베이징을 떠났다. 가족은 그대로 베이징에 남았지만 루쉰 옆에 쉬광핑이 동행하였다.

4. 루쉰 로드-샤먼(厦門), 광저우(廣州), 상하이

루쉰은 마지막 10년을 남방에서 보냈다. 쉬광핑과 베이징을 떠나 동남부 개항장 샤먼의 샤먼대, 광저우의 중산대(中山大) 교수를 거쳐 상하이로 이주하였다. 상하이에서 두 사람은 공식적으로 동거를 하였다. 그리고 유일한 아들 하이잉(海嬰)을 얻었다. 하이잉은 '바다의 아이'라는 의미이다.

중국 상황도 급변하였다. 국민당과 공산당의 합작이 결렬되고, 좌, 우익 대립은 격화되었다. 군벌정부를 무너뜨리고 전국을 통일한 장제스의 국민당은 일당 독재를 시행하였다. 좌익 세력 뿐 아니라 국민당을 비판하는 진보적 지식인도 탄압을 받았고, 백색 테러의 위협에 시달렸다. 루쉰 역시 그 위협에서 자유로울 수 없었다.

루쉰은 중국 현대 목판화운동의 선구자로 알려졌다. 그는 민중 계몽에 판화가 중요하다고 생각하여 목판화를 수집하고, 전시회를 개최하였다. 루쉰은 목판화전시회장에 참석하여 청년들과 담소를 나누었다. 이것이 루쉰의 마지막 사진이다(1936.10.8.). 10일 후 그는 폐결핵으로 사망하였다.

상하이 루쉰옛집은 루쉰이 마지막 거주했던 집이다. 여기서 멀지 않은 곳에 우치야마 서점(內山書店)이 있다. 루쉰은 일본서적을 전문적으로 판매하는 우치야마 서점을 자주 드나들면서 서점 주인 우치야마 간조(內山完造)와 깊은 우정을 쌓았다. 우치야마는 루쉰에게 대량의 서적을 공급하였을 뿐 아니라 루쉰옛집을 소개하고, 테러의 위협이 있을 때 은신처를 제공하였다. 사망 당일 루쉰은 우치야마에게 일본인 의사의 진료를 요청하는 쪽지를 보낼 정도였다.

상하이 루쉰기념관은 루쉰의 묘소가 있는 루쉰공원에 있다. 이 기념관 벽에 루쉰의 유명한 시 「자조」(自嘲, 1932.10)가 새겨져있다. 자조는 스스로 조롱한다는 의미이다. 일본은 만주사변을 일으킨 지 얼마 되지 않아 상하이사변(1932.1)을 일으켰다. 상하이에서 일본군대와 중국군대의 무력 충돌이 발생한 것이다. 루쉰은 상하이사변으로 신변의 위협을 느껴 도피 생활을 하였다. 이 시는 이러한 루쉰의 곤경, 그러면서도 아이들에게 미래의 희망을 기탁하는 내용이 담겨있다. 이 시를 인용하면서 '사오싱에서 상하이까지 루쉰 로드'를 마무리하려고 한다.

화개운(華蓋運)이 덮였다니 무엇을 할 것인가
뒤척이지도 못하고 벌써 머리에 부딪혔다
낡은 모자로 얼굴 가리고 시장통을 지나고
물 새는 배에 술을 싣고 강물 속을 떠다닌다
분노한 눈으로 냉랭하게 사람들 손가락질과 맞서고
고개 숙여 기꺼이 아이들의 소가 되련다
좁은 누각에 숨어서도 나의 정신 한결 같으니
그들의 춘하추동 마음대로 해보라지

運交華蓋欲何求　未敢翻身已碰頭
破帽遮顔過鬧市　漏船載酒泛中流
橫眉冷對千夫指　俯首甘爲孺子牛
躱進小樓成一統　管他冬夏與春秋

(「自嘲」, 『集外集』)

Ⅱ. 적막 속에서 외치다

> 한 사람의 주장이 남의 찬성을 얻으면 전진하는 데 힘을 얻고, 반대를 받으면 분발을 촉진한다. 그러나 낯선 사람들 속에서 홀로 외쳤는데 아무 반응이 없으면, 즉 찬성도 반대도 없다면 마치 끝없는 벌판에 홀로 버려진 듯 자신을 어찌해야 좋을지 모른다.
>
> 이 얼마나 큰 비애인가! 그 당시 내가 느꼈던 것은 적막이었다. 그 적막감은 하루하루 자라났고, 독사처럼 내 영혼을 감아왔다.
>
> (「서문」, 『외침』)

루쉰은 베이징에서 14년을 지냈다. 사오싱회관에서 생활한 전반부 7년은 적막한 시기였다. 그 적막감이 독사처럼 그의 영혼을 칭칭 감아왔다. 루쉰은 왜 적막감을 느꼈을까. 당시 중국의 상황 때문이었을 것이다. 신해혁명으로 청왕조는 무너졌지만 군벌 위안스카이가 정권을 장악하였다. 위안스카이는 더 나아가 황제가 되려는 야심을 꿈꾸다 사망하였다. 이후 중국은 위안스카이 휘하의 군벌이 할거하는 시대로 들어서게 된다.

이런 적막의 시기에 신문화운동이 발생하였다. 그 주창자 천두슈(陳獨秀)는 청년 지식인의 각성을 외치며 계몽잡지 『신청년』을 창간하였다. 그는 유가와 공자를 비판하고, 서구의 민주와 과학을 외쳤다. 당시 미국에 유학 중이던 후스(胡適)가 백화문(白話文, 구어체) 사용을 주장하면서 이 운동에 동참하였다. 루쉰은 어떠했는가. 사오싱회관에서 적막한 생활을 하고 있던 루쉰은 처음에는 이 운동에 관심이 없었다. 그러나 결국 늦게 참여하게 된다. 그 이유는 무엇일까. 루쉰의 유명한 '철의 방'의 비유를 인용해보자.

> 몇 년 동안 나는 방에 틀어박혀 옛날 비문을 베끼고 있었다……그러면서 나의 생명은 점점 깜깜한 어둠 속으로 사라져가고 있었다. 그것이 또한 나의 유일한 바람이기도 했다……
>
> 그 때 가끔 놀러와서 이야기를 나누곤 했던 사람은 옛 친구인 진신이였다……
>
> "자네 이런 걸 베껴서 뭐 하려고 그러나?"
>
> 어느 날 밤, 그는 내가 베낀 옛 비문의 초본을 펼쳐보며 궁금한 듯이 물었다.
>
> "아무 소용도 없지."
>
> "그럼 뭐하러 베끼나?"
>
> "아무 이유도 없어."
>
> "내 생각엔 말이야. 자네가 글을 좀 써 보는게 어떨까 싶어"……
>
> 하지만 나는 이렇게 말했다.
>
> "가령 말일세, 창문이 없고 절대 부술 수도 없는 철로 된 방이 하나 있다고 하세. 그 안에는 많은 사람들이 깊이 잠들어 있네. 머잖아 모두 숨이 막혀 죽겠지. 그러나 잠든 상태에서 죽어가니까 죽음의 비애는 느끼지 않을 걸세. 지금 자네가 큰소리를 질러 비교적 깨어 있는 몇 사람을 일으켜, 그 불행한 몇 사람들이 구제할 길 없는 임종의 고통을 겪게 한다면, 도리어 그들에게 미안한 일이 아닐까?"
>
> "그러나 몇 사람이라도 일어난다면, 그 철로 된 방을 부술 희망이 전혀 없다

고 할 수는 없지 않는가?"

그렇다, 비록 내 나름의 확신을 갖고 있기는 했으나, 그렇다고 희망이라는 것을 말살시킬 수는 없었다. 왜냐하면 희망이란 미래에 속한 것이기에, 반드시 없다고 하는 내 주장으로, 있을 수 있다는 그의 주장을 꺾을 수는 없기 때문이었다. 그래서 마침내 그에게 쓰겠다고 응답했다. 이것이 첫번째 작품인 「광인일기」이다……

그래서 나는 나의 단편들을 함께 모아 인쇄에 부치고, 앞에서 말한 연유로 하여 「외침」이라는 제목을 붙이기로 했다.

(「서문」, 『외침』)

여기에서 '철의 방'은 절망을 상징하는 표현이다. 루쉰이 생각하기에 세상은 절망적이다. 그러나 루쉰은 희망이 없다고 단언하지도 않았다. 왜냐하면 희망은 미래 소관이라서 내가 희망이 없다고 하더라도, 찾아온 친구가 희망이 있을 수 있다고 말하는 것을 꺾을 수는 없었기 때문이다. 그래서 글을 쓰겠다고 응답했다. 이것이 「광인일기」(1918)이다.

모든 일은 연구를 해야 알 수 있는 법이다.

옛날부터 흔히 식인을 해왔다는 것을 나도 기억하지만, 분명하지는 않았다.

나는 역사책을 뒤졌다. 이 역사책에는 연대가 없고, 페이지마다 삐뚤삐뚤 '인의 도덕'이라는 글자가 적혀 있었다.

나는 잠을 이룰 수가 없어서 한밤중까지 자세히 들여다보았다.

그러자 글자들 틈에서 다른 글자가 보이면서 책에 온통 '식인'이라는 두 글자가 적혀 있었다!……

생각을 할 수 없다. 사천 년 동안 식인을 해온 곳.

오늘에야 알았다.

나도 그 속에 여러 해 동안 섞여 있었음을……

4천 년 식인의 이력을 지닌 나. 처음에는 몰랐지만 이제는 알았다.

진정한 인간을 만나기가 어렵다는 것을!

식인을 해보지 않은 아이가 혹시 아직도 있을까?

아이들을 구하라……

(「광인일기」, 『외침』)

「광인일기」의 핵심은 두 가지이다. 하나는 광인의 공포이다. 나는 잡아먹힐 것이라는. 이에 광인은 공포의 정체를 연구해보기로 한다. 그랬더니 인의 도덕으로 포장된 역사가 사실은 식인의 역사였음을 발견하게 된다. 두 번째는 광인의 자각이다. 광인은 자신이 잡아먹힐 것이라고 공포를 느꼈는데 사실은 자신이 '4천년 동안 식인의 이력을 지닌' 식인의 공모자였다는 사실을 깨닫게 된다. 피해자가 아니라 가해자였던 것이다. 여기서 반전이 발생한다. 마지막으로 결론은 광인의 외침이다. 식인을 해보지 않은 아이들이 있으면 그 아이를 구하라고 광인은 절규한다.

「광인일기」는 백화문으로 쓴 반(反)유가, 반(反)전통 계몽소설로 신문화운동을 상징하는 작품이다. 여기서 광인은 누구일까. 광인은 각성한 인물 곧, 지식인을 뜻한다. 그러나 자신도 식인의 공모자임을 자각하면서 원죄의식을 갖게 된다. 광인은 바로 루쉰 자신이다. 광인의 원죄의식은 루쉰의 원죄의식으로 연결되고, 이는 루쉰 문학에 중요한 영향을 미치게 된다.

Ⅲ. 절망에 대한 반항

> 앞길이 무덤임을 잘 알고 있다고 해도 기어이 가려고 합니다.
> 다시 말하면 절망에 반항하는 것입니다.
> 왜냐하면 나는 절망하며 반항하는 것이 어렵다고 해도,
> 희망하며 전투하는 것에 비하면 훨씬 용맹하고 훨씬 비장하다고 여기기 때문입니다.
>
> (1925년 4월 11일, 자오치원에게, 『서신』 1)

위의 서신은 상당히 무겁고 비장하다. 무덤인 줄 알면서도 기어이 가려고 하는 것, 루쉰은 이를 절망에 대한 반항이라고 표현하였다. 사실 루쉰은 경험적으로 희망을 믿지 않았다. 현실은 절망, 적막감으로 가득 차 있다. 그러나 자신이 경험한 절망에 대해서도 회의하였다. 왜냐하면 증명할 수 없기 때문에. 따라서 절망의 이름으로 희망이 없다고 반박하지도 않았다. 루쉰의 표현에 따르면 "절망과 희망은 모두 허망하다"(「희망」, 『들풀』, 1925). 그래서 "무덤인지 알고 있으면서도 가는 것이다"(「행인」, 『들풀』, 1925).

그러면 루쉰이 생각한 절망이란 무엇일까. 중국 전통, 현실 정치, 좌우를 가리지 않는 위선적 지식인들……루쉰은 이러한 절망에 대해 반항하고 몸부림치며, 절망적 항전을 누구도 벗어날 수 없는 역사적 책임이라고 생각하였다.

아Q는 전에는 속으로만 중얼거리던 것을 나중에는 죄다 입 밖으로 내버리곤 했다. 그래서 아Q를 놀리는 사람들은 그에게 이런 정신적인 승리법이 있다는 것을 알게 되었고, 그의 변발을 잡아당길 때면 미리 아Q에게 이렇게 말했다.

"아Q, 이건 자식이 아비를 때리는 게 아니라 사람이 짐승을 때리는 거야. 네 입으로 말해봐. 사람이 짐승을 때린다고."

아Q는 두 손으로 자기 머리채를 틀어쥐고 고개를 비틀며 소리쳤다.

"버러지를 때리고 있는 거라고 하면 어때? 난 버러지야!"

십 초도 못되어 아Q 역시 만족해하며 떠났다.

그는 스스로를 경멸하고 업신여기는 데에는 자기가 첫째가는 사람이라고 여겼다. 여기서 '스스로를 경멸하고 업신여기는 데에는'이라는 말을 제외하면 첫째가는 사람이라는 말만 남으니, 자기가 세상에서 제일이라고 생각했다.

(제2장 승리의 기록, 「아Q정전」, 『외침』)

"혁명도 좋은 것이구나." 아Q는 생각했다.

"그 빌어먹을 것들을 혁명해버리자. 그 나쁜 것들! 가증스러운 것들!……그래. 나도 혁명당에 가담해야지."

그는 우쭐한 나머지 절로 큰 소리로 외쳤다. "반란이다! 반란!"

"좋구나, 좋아, 원하는 것은 모두 다 내 것이고, 마음에 드는 여자도 모두 내 차지다. 얼씨구, 덩덩, 쇠 채찍으로 네놈들을 후려치리라."

(제7장 혁명, 「아Q정전」, 『외침』)

「아Q정전」(1921)의 전반부는 아Q의 정신승리법이다. 정신승리법이란 현실의 패배와 굴욕을 정신 조작을 통해 승리했다고 간주하는 것으로 중국인의 노예의식을 표현한 말이다. 후반부는 아Q의 혁명이다. 여기서 혁명은 신해혁명을 의미하는데 아Q는 원하는 것을 차지하기 위해 혁명에 가담하려 하지만 거부당했고, 오히려 물건을 훔쳤다는 이유로 혁명당에 의해 처형되었다. 여기서 혁명이란 단순히 이름 바꾸기, 주인 바꾸기, 낡은 의자 빼앗기였을 뿐임을 드러내고 있다. 루쉰은 이후 다시 혁명이 일어난다면 아Q식 혁명이 여전히 계속될 것이라고 비판하였다(「아Q정전을 쓴 이유」, 『화개집속편의 속편』, 1926).

> 나도 가끔은 관용이 미덕이라는 생각이 들기는 한다.
> 그러나 그럴 때마다 금세 의문이 떠오른다.
> 관용이 미덕이라는 건 비겁자가 생각해낸 것은 아닐까,
> 보복할 용기가 없는 비겁자가 생각해낸 말은 아닐까 하는 것이다.
> 이것이 아니라면 비겁한 악인이 생각해낸 것으로,
> 자기는 남에게 위해를 가하면서도 남의 보복을 받는 것을 두려워해 관용이라는 미명으로 기만하는 것은 아닌가 하는 생각이 든다.
>
> (「잡다한 추억」 3, 『무덤』)

위의 글 「잡다한 추억」3(1925)에서 루쉰은 관용이 미덕이라고 생각하는 사람들을 예리하게 비판한다. 여기에는 두 부류가 있다. 하나는 보복할 용기가 없는 비겁자, 다른 하나는 자신은 남에게 위해를 가하면서도 남의 보복을 두려워하는 비겁한 악인이다. 그래서 루쉰은 보복이 나쁘지 않다고 이야기한다. 그의 출신이 와신상담의 고사 월나라의 후예, 반골의 고향 사오싱인 것과도 무관하지 않을 것이다.

> 린위탕(林語堂) 선생이 '페어플레이'를 이야기하며 중국에서는 이 정신이 가장 부족하기에 적극 고취시켜야만 한다면서, 물에 빠진 개를 때리지 않는 것이 바로 이 페어플레이의 의미라고 보충 설명을 하였다. 내가 말하려는 요점은, 물에 빠진 개는 때리지 말아야 하는게 아니라 오히려 더욱 때려야 한다는 것이다. 만일 일률적으로 페어플레이를 적용하여, 그는 당신에게 페어하지도 않는데 당신만 그에게 페어했다가는 결국 자신만 손해를 본다. 그러므로 페어플레이를 하려면 먼저 상대를 똑똑히 보고, 페어를 받을 자격이 없는 자라면 조금도 페어하게 대할 필요가 없다. 상대가 페어하게 나온 다음, 그에게 페어해도 늦지 않다.
>
> (「페어플레이는 아직 이르다」, 『무덤』)

위의 글은 루쉰의 유명한 「페어플레이는 아직 이르다」(1925.12)이다. 여기에서 린위탕은 미국 유학파로 베이징대, 베이징여사대 교수였다. 그는 중국에서 페어플레이 정신이 부족하다면서 실패한 사람은 더 이상 공격하지 말아야 한다고 주장하였다. 위의 글은 린위탕의 이러한 주장에 대한 루쉰의 반박 글이다.

이 상황을 이해하기 위해선 시대적 배경에 대한 설명이 필요하다. 앞서 쉬광핑과 루쉰이 베이징여사대 사건을 계기로 가까워졌다고 언급하였다. 베이징여사대 사건은 여기서도 등장한다. 사건이 불거지자 군벌 돤치루이, 교육청장 장스자오(章士釗)는 여사대 교장 양인위를 지지하였다. 당시는 제국주의 타도, 군벌 타도를 목표로 국민당과 공산당이 합작하여 전국적으로 혁명의 분위기가 고양되고 있던 때였다. 1925년 11월 베이징에서도 군벌 반대 시위가 일어났는데 공격 대상이 돤치루이, 장스자오였다. 결국 양인위 교장과 장스자오가 사직하면서 여사대 사건은 마무리되었다. 이러한 상황에서 페어플레이 정신을 말하는 지식인들이 등장하였다. 린위탕이 대표적 인물이다, 반면 루쉰은 악에 단호해야 선을 시킬 수 있다고 주장하면서, 돤치루이에게 페어플레이는 아직 이르다고 단언하였다.

루쉰의 이 말은 현실이 되었다. 돤치루이는 몇 달 후 1926년 3.18 참사를 일으켰다. 이 참사의 희생자 중에는 루쉰의 여사대 제자도 포함되었다. 루쉰도 블랙리스트에 올라 도피해야만 했다. 아래 글에서 루쉰은 1926년 3월 18일을 '민국 이래 가장 어두운 날'이라고 하면서 "먹으로 쓴 거짓이 피로 쓴 사실을 가릴 수는 없다"고 결연한 의지를 표현하였다.

> 이것은 사건의 끝이 아니라 사건의 시작이다.
> 먹으로 쓴 거짓이 피로 쓴 사실을 가릴 수는 없다.
> 피의 빚은 반드시 같은 것으로 갚아야 한다.
> 그 빚은 갚음이 늦으면 늦을수록 이자가 크게 늘어나기 마련이다!
> 이상은 모두 빈말이다. 붓으로 쓴 것이 대체 무슨 소용이 있단 말인가.
> 총에 맞아 청년의 피가 쏟아졌다. 피는 먹으로 쓴 거짓으로는 가릴 수 없으며, 먹으로 쓴 만가(輓歌)로도 취하게 할 수 없다.
> 그 어떠한 위력으로도 짓누를 수 없다. 그것은 더 이상 속지도, 죽지도 않기 때문에 그렇다.
>
> 1926년 3월 18일
> 중화민국 이래 가장 어두운 날에 쓰다
> (「꽃이 없는 장미」 2, 『화개집속편』)

Ⅳ. 꽃을 위해 기꺼이 썩는 들풀

나는 그저 그림자였을 뿐,
이제 당신과 헤어져 어둠 속에 가라앉으련다.
하지만 어둠은 또 나를 삼켜버릴 것이고, 빛도 나를 삼켜버릴 것이다.
하지만 나는 어둠과 빛 사이에서 방황하고 싶지 않다.
차라리 어둠 속에 가라앉으련다.
나는 혼자 멀리 갈 것이다. 그대도 없고, 어둠 속에 다른 그림자도 없을 것이다.
내가 어둠 속에 가라앉으면 그 세계가 온통 내 것이 될 것이다.

(「그림자의 작별」, 『들풀』)

위의 글 「그림자의 작별」(1924)에서 루쉰은 자신을 그림자에 빗댄다. 그림자는 어둠과 빛 사이에서 방황하고 싶지 않다. 어둠과 같이 가라앉겠다. 그래야 빛이 도래할 수 있으므로. 이것이 루쉰이 말한 중간물 사상이다.

모든 사물은 변화의 과정에서 중간물이 얼마간 있기 마련이다. 동물과 식물, 무척추동물과 척추동물 사이에는 모두 중간물이 있으며, 진화의 고리에서 모두가 중간물이라고 말할 수도 있다.
그들은 낡은 진영에서 왔기 때문에 그곳 사정에 비교적 밝아, 돌아서서 치면 쉽게 적들에게 치명적인 타격을 줄 수 있다. 그러나 그들은 의연히 세월과 함께 사라지고 점차 스러져야 한다. 기껏해야 다리에 들어간 나무 하나나 돌 하나에 지나지 않으며 무슨 앞길의 목표나 본보기일 수는 없다.

(「무덤 뒤에 쓰다」, 『무덤』)

중간물 사상이란 구체적으로 무엇일까. 위의 글 「무덤 뒤에 쓰다」(1926)에 따르면 중간물은 다리의 역할을 한다. 중간물은 낡은 진영에서 왔기에 낡은 진영과 싸우면 치명적인 타격을 줄 수 있다. 그러나 사라진다. 새로운 세상으로 건너가는 것이 아니다. 그러므로 앞길의 목표나 본보기일 수는 없다.

루쉰이 말한 중간물 사상의 특징은 대략 세 가지로 정리할 수 있다. 첫째, 강렬한 자기 반성과 자기 부정이다. 앞서 광인은 루쉰 자신이고, 식인의 공모자라는 광인의 원죄 의식은 루쉰의 원죄 의식이라고 하였다. 이에 루쉰은 자신이 과거 시대의 마지막 인물이 되어 희생하겠다고 선언한다. 둘째, 낙관적인 황금시대를 부정한다. 당시 유행한 여성해방, 자유연애에 대해 루쉰은 냉소적인 반응을 보인다. 마지막으로, 중간물은 과거와 같이 사라지기 때문에 삶과 죽음이라는 인생 명제에 관심을 갖는다(왕후이, 『절망에 반항하라』, 209-216쪽).

그러면 루쉰은 여성해방에 대해 어떤 생각을 갖고 있었을까. 루쉰의 베이징여사대 강연 제목은 「노라는 집을 나간 뒤 어떻게 되었는가」(1923.12)이다.

> 인생에서 가장 고통스러운 것은 꿈에서 깨어났을 때 갈 길이 없는 것입니다. 노라는 이미 깨어났습니다. 다시 꿈나라로 돌아간다는 것은 어렵습니다. 그러므로 그녀는 집을 나가는 수밖에 없었습니다.
> 그러나 집을 나간 뒤, 경우에 따라서는 타락할 수도 있고 돌아올 수도 있을 것입니다. 그렇지 않다고 한다면, 저는 이런 질문을 드리고 싶습니다.

> 그녀는 각성한 마음 이외에 또 무엇을 지니고 나갔는가? 단도직입적으로 말하자면 돈이 있어야 합니다. 그러기에 노라를 위해서는 돈, 고상한 말로 경제가 제일 중요합니다. 자유는 물론 돈으로 살 수 없습니다. 하지만 돈에 팔릴 수는 있습니다.
>
> 베이징여사대에서 한 강연
> (「노라는 집을 나간 뒤 어떻게 되었는가」, 『무덤』)

노르웨이의 극작가 입센의 작품 『인형의 집』은 주인공 노라가 집을 나가는 것으로 끝나지만, 루쉰은 집을 나간 뒤의 노라에 관심을 갖는다. 집 나간 노라에게는 경제력이 필요하다. 그렇지 않으면 타락하거나 다시 집으로 돌아올 수밖에 없다. 장미빛 미래가 아니라 냉혹한 현실을 직시하라는 의미이다.

루쉰의 중간물 사상의 절정은 산문집 『들풀』의 「머리글」(1927)에 잘 나타나 있다. 여기서 루쉰은 스스로 꽃을 위해 기꺼이 썩는 들풀이 되겠다고 외친다.

> 들풀은 뿌리도 깊지 않고, 꽃과 잎도 예쁘지 않다.
> 하지만 들풀은 이슬을 먹고 물을 마시고
> 오래 전에 죽은 사람의 피와 살을 먹고 자라 저마다 자기 삶을 누린다.
> 들풀은 살아가면서 인간들에게 짓밟히고, 낫에 베이기도 한다.
> 그러다 결국 죽는다. 썩는다.
> 그러나 나는 담담하다. 기쁘다. 나는 크게 웃는다.
> 나는 노래한다.

나 자신을 위해, 벗과 원수, 사람과 짐승,
사랑하는 사람들과 사랑하지 않는 사람들을 위해
이 들풀이 하루빨리 죽고 썩기를 희망한다.
가거라, 들풀아. 나의 머리글과 더불어!

(「머리글」, 『들풀』)

V. 모로 선(橫站) 전사

발바리 무리는 두려울 것이 없습니다.
제일 두려운 것은 겉 다르고 속 다른 소위 '전우'들입니다.
왜냐하면 방비하기가 어렵기 때문입니다.
뒤쪽을 방비하기 위해서 나는 적과 맞서지 못하고
모로 서 있을 수밖에 없습니다.

(1934년 12월 18일, 양지원에게, 『서신』 3)

위의 서신에서 흥미로운 표현은 '모로 서다'이다. 적과 동지 모두에게서 공격을 받아 양쪽을 방비하기 위해 엉거주춤 가로로 서 있다는 의미이다. 상하이에서 루쉰의 처지를 표현한 단어라고 할 수 있다.

루쉰은 상하이에서 마지막 9년을 보낸다. 루쉰과 쉬광핑이 상하이에 갔을 때 그를 기다린 것은 동지라고 여겼던 급진 좌익작가들이었다. 국민당과 공산당의 합작이 결렬되고 좌, 우익 대립이 격렬했던 시기였다. 상하이는 그 한복판에 있었다.

이들 젊은 좌익작가들은 혁명문학 고취를 위해 문단의 유명인사 루쉰 문학을 깎아내려야 한다고 생각하였다. 「죽어버린 아Q의 시대」라는 상징적 글에서 루쉰 문학을 비판하면서 아Q의 정신과 유골을 매장하라고 외쳤다. 더 나아가 인신 공격을 퍼부며 루쉰의 시대는 끝났다고 선언하였다. 여기서 흥미로운 부분은, 루쉰은 원래 사회주의를 알지 못했는데 이들 작가들과 논쟁하면서 사회주의 서적을 구입, 탐독하는 과정에서 사회주의에 관심을 갖게 되었다는 것이다.

루쉰이 좌익작가들과 혁명문학 논쟁을 하고 있을 때 장제스가 이끄는 국민당 정부는 군벌의 할거 시대를 끝내고 전국을 통일하였다. 이후 '훈정'(訓政, 군정과 민정의 중간 단계)의 명목으로 국민당 일당 독재를 하면서 좌익 세력을 탄압하였다.

루쉰과 혁명문학 논쟁이 식어갈 무렵 좌익작가들은 혁명문학 단체를 결성하였다. 이것이 좌익작가연맹(좌련)이다. 그런데 여기에 루쉰이 참여하였다. 루쉰은 원래 정치적 조직이나 단체에 가담하는 것을 기꺼워하지 않았다. 게다가 좌련에는 얼마 전까지만 해도 루쉰을 신랄하게 비판하던 작가들도 포함되었다. 그러면 루쉰은 왜 좌련에 참여했을까.

> 사다리 이론은 아주 정확합니다……만약 나중에 일어난 제공들이 진정으로 여기에서 더 높은 곳으로 올라갈 수 있다면 내가 사다리가 되는 것이 어찌 아쉽겠습니까……중국에서 사다리가 될 수 있는 사람은 사실 나 이외에 몇 명 되지 않습니다……그렇지만 뛰어난 인재가 중국에서 나오기 바라는 마음은 결국 사그라들지 않아서 이번에도 청년들의 요청에 응하여 자유동맹 이외에 좌익작가연

맹에도 가입했습니다.

(1930년 3월 27일, 장팅첸에게, 『서신』 2)

루쉰은 청년들에게 희망을 갖고 자신이 그들을 위한 사다리가 되겠다고 생각하였다. 이에 청년들의 요청에 응해서 좌련에 가입하고, 창립기념식(1930.3)에 참석하여 연설하였다. 그러나 가만히 덕담만 할 루쉰은 아니다.

저는 현재 좌익작가는 쉽게 우익작가가 된다고 생각합니다. 왜 그럴까요.
첫째, 실제로 사회 투쟁과 접촉하지 않고 단순히 유리창 안에서 글을 쓰고 문제에 대해 연구한다면, 그것이 아무리 격렬하다고 해도, 그런 '좌'는 모두 쉽게 해낼 수 있기에, 오히려 실제 현실과 부딪히면 그 즉시 산산이 깨지기 때문입니다. 방안에 틀어박혀서 철저한 주의에 대해 고담준론을 늘어놓는 것은 아주 쉬운 일이지만, 동시에 우경화되기도 아주 쉽습니다. 서양에서 '살롱 사회주의자'라고 부르는게 바로 이걸 두고 하는 말입니다.

(「좌익작가연맹에 대한 의견」, 『이심집』)

루쉰은 좌련 창립일에 좌련 작가들을 앞에 놓고 좌익작가는 언제든지 우익작가가 될 수 있다면서 '살롱 사회주의자'를 경계하였다. 그 자리에 참석한 좌익작가들은 루쉰의 연설을 들으며 어떤 생각을 했을까. 루쉰다움을 보여주는 연설이라고 할 수 있다.

장제스의 국민당 정부가 좌련 조직을 그대로 둘 리 없었다. 결국 좌련 참여자 5명의 젊은 작가들이 국민당 정부에 의해 희생되었다(1931,

좌련 5열사). 희생된 5명 중 루쉰의 제자 러우스(柔石)도 포함되었다. 국민당 정부에 체포되기 직전 러우스는 루쉰을 만나서 루쉰의 출판사 계약서를 건네받았다. 루쉰도 이 사건에 간접 연루됨으로써 젊은 작가들의 희생을 슬퍼할 틈도 없이 몸을 피할 수밖에 없었다.

엄혹한 상황에서 여성작가 딩링(丁玲, 딩링의 남편은 좌련 5열사의 한 사람인 후예핀(胡也频)이다)은 잡지 『북두』(北斗, 1931.9)를 창간하였다. 루쉰은 이 창간호 표지로 독일 나치 시절 여성 저항작가 케테 콜비츠의 작품 '희생'을 골랐다. 한 어머니가 자기 아들을 비통한 마음으로 바치고 있는 목판화인데 루쉰의 "마음 속에서 알고 있는 러우스에 대한 기념인 셈이었다"(「망각을 위한 기념」, 『남강북조집』).

루쉰은 현대 목판화에 관심이 많았다. 앞서 언급한 케테 콜비츠의 작품을 수집하여 판화집을 출간하기도 하였다. 더 나아가 중국 청년을 위한 목판화 강습회를 개최하였다. 루쉰의 일본인 친구 우치야마 간조의 남동생(우치야마 가기치, 內山嘉吉)이 상하이에 왔을 때, 루쉰은 미술교사였던 그에게 강습을 요청하였다. 강습회에서 루쉰은 일본어 통역을 담당하였다.

루쉰은 좌련 5열사가 희생된지 2년 뒤에 가서야 이들에 대한 추모의 글을 썼다. 「망각을 위한 기념」(1933)이라는 제목의 글이다.

> 젊은이가 늙은이를 기념하는 글을 쓰는 게 아니라,
> 지난 30년 동안 내가 목도한 수많은 청년들의 피가 층층이 쌓여 숨도 못 쉬게
> 나를 억눌러 이런 필묵으로 몇 구절의 글을 쓰게 만드니,

진흙 속에 작은 구멍을 뚫어 간신히 숨을 쉬며 연명하고 있는 셈이다.

그것은 어떤 세계일까.

밤은 바야흐로 깊어가고 길 역시 한참 멀다.

나는 차라리 망각하고 말하지 않는게 낫겠다.

하지만 나는 알고 있다. 내가 아니라도 미래에 그들을 기억해낼 것이고, 그들의 시대를 다시 이야기할 것이라는 사실을.

(「망각을 위한 기념」, 『남강북조집』)

일반적으로 기념은 기억을 위해서 하는 것이다. 그러나 루쉰은 기억이 너무 고통스러워 망각을 위해 기념하겠다고 역설적으로 말한다. 그럼에도 미래에 이들을 기억하고, 그 시대를 이야기할 것이라는 확신으로 글을 끝맺는다.

국민당 정부의 독재가 계속되자 당대 지식인들이 참여하여 중국민권보장동맹을 조직하였다. 이 단체의 주석은 쑨원의 부인 쑹칭링(宋慶齡)이었고, 루쉰도 참여하였다. 그러나 창립된지 6개월 만에 실질적으로 이 단체를 운영했던 양취엔(楊銓)이 국민당 특무조직에 의해 암살되면서 조직은 와해되었다. 루쉰은 비통해하면서 양취엔의 장례식에 참석하였다. 당일 장례식 참석자에 대한 암살 소문이 파다하였다. 그는 장례식 참석 후 「양취엔을 애도하는 시」(1933.6)를 지었다. 후술하겠지만 장례식장에서 식민지 조선의 민족시인 이육사는 루쉰을 만나게 된다.

어떻게 옛날 같은 호방한 맘 있겠는가
꽃이 피든 꽃이 지든 되는대로 살아간다
강남 비에 눈물 뿌릴 줄 어찌 생각했으랴
이 민중을 위하여 이 투사를 통곡한다

豈有豪情似舊時 花開花落两由之
何期淚灑江南雨 又爲斯民哭健兒

(「悼楊銓」, 『集外集拾遺』)

루쉰은 매우 곤란한 처지에 놓였다. 상하이에는 국민당 특무조직에 의한 백색 테러의 공포가 만연하였다. 루쉰은 이미 상하이를 떠나 도망갔다는 유언비어도 퍼졌다. 루쉰의 저서는 판매 금지되었고, 루쉰은 더 이상 글을 발표할 지면을 얻지 못했다. 좌익작가 진영의 일부 작가들은 루쉰을 비방하였다. 루쉰은 가까이 있던 친한 벗들을 떠나보내는 슬픔을 겪기도 했다.

이러한 상황이 복합적으로 작용하면서 루쉰은 폐결핵 진단을 받았다. 치료는 불가능하였다. 죽기 한 달 전 루쉰은 일종의 유서라고 할 수 있는 「죽음」(1936.9.5.)을 발표하였다. 「죽음」의 일부를 소개해보자.

1. 장례식을 위해 누구에게도 한 푼도 받지 말 것. 친구는 예외다
2. 즉시 입관하여 묻어 버릴 것
3. 어떤 기념행사도 하지 말 것
4. 나를 잊고 자기 생활을 돌볼 것. 그러지 않으면 정말 어리석다

5. 아이들은 커서 재능이 없으면 조그만 일을 하며 살아가게 하라. 절대로 실속 없는 문학가나 미술가가 되지 말게 하라

6. 남이 주겠다고 약속한 것을 믿지 마라

7. 남의 이와 눈을 망가뜨리고도 보복에 반대한다면서 관용을 주장하는 사람과는 절대 가까이 하지 마라

이 밖에도 더 있지만 잊어버렸다. 열이 몹시 심할 때, 유럽사람들은 임종 시에 의식을 치러 다른 사람들이 자기를 너그럽게 용서해주길 바라고 자기도 다른 사람들을 너그럽게 용서한다는 생각이 떠올랐다.

나는 원한을 산 사람들이 많은데, 신식 인물들이 내게 물으면 어떻게 대답할까. 나는 생각해본 뒤 이렇게 결심했다. 그들이 나를 증오하도록 내버려두어라. 나 역시 용서하지 않겠다.

(「죽음」, 『차개정잡문말편』)

나를 용서하지 마라. 나도 아무도 용서하지 않겠다! 생의 마지막에서도 루쉰다움을 잃지 않은 글이다. 루쉰은 예정된 죽음이라는 절망에 반항하고 있었다.

VI. 루쉰과 중국, 그리고 한국

루쉰은 중간물로 살기를 원했고 썩어 없어지는 들풀이 되기를 바랐으며, 죽고 나서 어떤 기념행사도 하지 말라고 하였으나 현실은 그렇지 않았다. 루쉰 사후 대대적인 장례식이 거행되었다. 마오쩌둥은 「신민주

주의론」(1940)에서 루쉰에 대해 "그는 위대한 문학가일 뿐 아니라 위대한 사상가이자 혁명가다"라고 선언하였다. 사회주의 중국에서 루쉰은 신격화되고, 루쉰 문학은 사회주의 문학의 정전(正典)이 되었다. 개혁 개방 이후 루쉰 문학의 정치적 색채를 제거하고 '인간 루쉰'을 강조하는 움직임이 본격화되었다(린시엔즈의 방대한 루쉰 평전의 제목은 『인간 루쉰』이다).

한국의 지식인은 루쉰과 루쉰 문학에 큰 관심을 갖고 있었다. 그 이유는 무엇일까. 하나는 한국과 중국의 비슷한 역사적 상황 때문이고, 다른 하나는 루쉰 문학의 철저한 자기 해부, 저항 의식과 비판 정신을 높이 평가하기 때문일 것이다.

루쉰 생전 식민지 조선의 지식인 류수인, 양백화는 1920년대 후반에 각각 루쉰의 대표적 소설 「광인일기」, 「아Q정전」을 번역하였다. 동아일보 상하이 특파원 신언준은 1933년 5월 상하이에서 루쉰을 만나고 난 뒤 「중국의 대문호 루쉰 방문기」를 썼다. 신언준은 자신이 루쉰 문학을 잘 알지 못한다고 겸손해했지만 루쉰과 루쉰 문학을 묘사한 그의 붓끝은 예리하였다. 아래 신언준의 글 일부를 인용해보자.

> 루쉰! 중국이 낳은 '동양의 대문호'! 그의 이름은 들은 지 오래다. 그러나 면회해볼 기회는 없었다. 그의 글에서, 그의 소설에서 얻은 인상은 한 '냉혹한 사람' 또는 한 '괴인물'(怪人物)인가 하였다. 마치 메스를 들고 만나는 사람마다(물론 그 사람들은 모두가 환자이다) 마취약도 바르지 않고 그들의 환부를 해부하는 괴의생(怪醫生)같이 보이었다. 그는 그렇게도 무정하고 괴돌(怪突)하지만, 그의 해부술은 예리하고 대담스럽고 이지(理智)에 밝은 것은 짐작하였

다. 그의 해부는 냉혹 무정하지만 그의 메스의 예첨(銳尖)이 찌르는 것은 아프면서도 통쾌를 느끼게 하는 것이라고 알았다……

조룩조룩 여운 이마, 홈 속 들어간 두 볼, 히끈히끈 반백이 넘은 머리털은 파란중첩한 그의 반생(半生)을 그려놓았다. 그의 키는 오척도 못 되는 적은 키다. 그의 수염은 한 번 보고 곧 기억할 만치 중국 사람 중에는 보기 드문 다수자(多鬚者)다. 그의 육체는 한 평범한 사람이다. 아무 특이한 무엇을 발견할 수 없다. 오척에 불과한 소구(小軀)가 대문호 루쉰이다!……

필자는 문예에 대하여 문외한이다. 문예를 모르는 필자로 문호의 문예를 평론할 수는 없다. 다만 방문기로 그를 소개할 뿐이다. 독자여 용서하라.

(「중국의 대문호 루쉰 방문기」, 『신동아』 1934년 4월호)

식민지 조선의 민족저항시인이자 독립운동가 이육사는 루쉰 사후 장문의 루쉰 추도문을 4차례에 걸쳐 『조선일보』에 게재하였다. 이육사는 중국민권보장동맹을 실질적으로 책임졌던 양취엔의 장례식장에서 루쉰을 처음 만났다.

1933년 6월 초 어느 날 아침이었다……당시 중국과학원 부주석이요, 국민혁명의 원로이든 양싱포(楊杏佛)가 남의사원(藍衣社員)에게 암살을 당하였다는 기사였다……R씨와 내가 탄 자동차는 만국빈의사 앞에 닿았다. 간단한 소향의 예가 끝나고 돌아설 때, 젊은 두 여자의 수원(隨員)과 함께 들어오는 쑹칭링 여사의 일행과 같이 연회색 두루막에 검은 마고자를 입은 중년 늙은이, 생화에 쌓인 관을 붙들고 통곡을 하던 그를 나는 문득 루쉰인 것을 알았으며……루쉰은 R씨로부터 내가 조선청년이란 것과 늘 한번 대면의 기회를 가지려고 했더란 말을 듣고 나의 손을 다시 한 번 잡아 줄 때는 그는 매우 익숙하고 친절한 친구이었다.

아 그가 벌써 56세를 일기로……어찌 조선의 한 사람 후배로서 이 붓을 잡는 나 뿐이랴……이 위대한 중국 문학가의 영 앞에 고요히 머리를 숙이면서 나의 개인적으로 곤란한 타형(惰形)에 의하여 문호 루쉰의 윤곽을 뚜렷이 그리지 못함을 참괴(慚愧)히 알며 붓을 놓기로 한다.

(「루쉰추도문」, 『조선일보』, 1936년 10월 23일, 24일, 25일, 27일)

위의 글에서 이육사는 자신을 '조선의 한 사람 후배'로 지칭하였다. 추도문의 분량이 많아 인용문에서는 생략했지만 이육사는 추도문의 대부분을 루쉰 문학을 비평하는데 할애하였다. 「광인일기」, 『외침』의 「서문」, 그리고 다수의 산문집에서 루쉰의 문장을 직접 인용하면서 루쉰의 문학 정신과 창작 정신을 분석하였다. 이육사는 식민지 조선의 지식인 중 루쉰 문학을 가장 정확하게 비평한 인물이라고 할 수 있다.

해방 이후에도 루쉰에 대한 관심은 끊이지 않았다. 대표적으로 리영희와 루쉰의 관계를 언급해보자. 한국의 실천적 지식인으로 잘 알려진 리영희는 『전환시대의 논리』, 『우상과 이성』, 『8억인과의 대화』 등을 저술했고, 이 때문에 엄혹한 군사정권의 탄압을 받았다. 그의 대표적 저작 『우상과 이성』(1977)의 서문을 인용해보자.

잘 알려진 노신의 글 가운데 빛도 공기도 들어오지 않은 단단한 방 속에 갇혀서 죽음의 시간을 기다리는 사람에게, 벽에 구멍을 뚫어 밝은 빛과 맑은 공기를 넣어주는 것이 옳은 일인지 아닌지를 궁리하면서 고민하는 상황의 이야기가 있다. 방 속의 사람은 감각과 의식이 마비되어 있는 까닭에 그 상태를 고통으로 느끼지 않을 뿐 더러 자연스럽게까지 생각하면서 살아가고 있다. 아니 죽어가고 있다.

그런 상태의 사람에게 진실을 보는 시력과 생각할 수 있는 힘을 되살려 줄 신선한 공기를 주는 것은 차라리 죄악스러운 일일 수도 있지 않느냐 하는 말이다. 노신은 물론, 당시의 중국의 사회와 중국인의 상태를 안타까워해서 쓴 것이다. 진실을 안다는 것은 괴로운 일이다.

(「읽는 이에게」, 『우상과 이성』)

리영희는 위의 글에서 루쉰의 유명한 비유 '철의 방'을 우상으로 규정하고 그것을 깨는 것이 이성이라고 하였다. 책의 제목을 『우상과 이성』으로 정한 이유는 이 때문이다. 위의 글을 포함하여 리영희는 여러 편 루쉰 관련 글을 발표하였다. 「영원한 스승, 노신」, 「나의 스승 노신」, 「노신의 작품에는 왜 조선이 없는가」, 「노신과 나」, 「파시스트는 페어플레이의 상대가 아니다」 등(『리영희저작집』 2, 7, 8, 9, 12집).

리영희는 루쉰의 산문 「페어플레이는 아직 이르다」를 가장 좋아했다고 한다. 더 나아가 루쉰의 이 산문을 빗대어 「파시스트는 페어플레이의 상대가 아니다」(1988)를 발표한다. 여기서 파시스트는 1980-1987년 전두환 정권과 그 권력자를 지칭하는데, 리영희는 이들에게 페어플레이는 이르다고 경고한다.

노신의 1925년 작품에 '페어플레이는 아직 이르다'라는 것이 있다. 이 작품에서 노신은 동료 작가 임어당(린위탕)이 중국인에게는 페어플레이 정신이 없다고 개탄한 데 대해서 비꼬았다. 노신에 의하면 물에 빠진 개에는 세 종류가 있다. 조금 길지만 그의 작품 일부를 옮겨보자……

선량한 중국 국민은 삽시간에 군벌 권력자들의 먹이가 되었다. 그 시대 중국 군벌들의 행태와 횡포와 타락의 극치는 바로 1980년부터 87년까지 대한민국이라는 나라에서 계속된 전두환 정권과 권력자들이 보여준 그것이다. 그런 자들에게 페어플레이 정신을 발휘하자는 이들이 있다. 관용을 베풀자는 소리도 들린다. 보복을 하지 말자는 정당도 있다. 파시스트들의 근성은 그런 것이다. 페어플레이는 좋다. 그러나 그것은 페어플레이 정신을 이해하고 행동할 줄 하는 상대에 대해서만 적용될 미덕이다.

(「파시스트는 페어플레이의 상대가 아니다」, 『희망-리영희 산문집』)

리영희는 '30년 집필 생활의 회고'에서 "나의 평론의 원형은 루쉰의 평론에 있다"고 언급하였다. 리영희에게 루쉰은 실천적 지식인의 원형이었다. 루쉰의 산문(잡문)식 문장을 익힌 리영희의 글쓰기는 군사독재, 반공이데올로기에 신음했던 사람들의 눈을 뜨게 해주었다. 이렇게 루쉰의 생전, 그리고 사후에도 루쉰과 한국의 지식인은 넘나들고 있었다.

Ⅶ. 못다 한 이야기

루쉰은 중국 뿐 아니라 한국에서도 많이 알려진 중국 문학가, 사상가입니다. 그는 「광인일기」, 「아Q정전」 등으로 대표되는 소설가로 유명하지만 사실 그의 진면목은 잡문, 우리식으로 표현하자면 산문에 있습니다. 루쉰은 당시 중국의 현실에 절망하고 그 절망에 대해 반항합니다. 그리고 외부의 적 뿐 아니라 내부의 소위 동지들과도 끈질긴 싸움을 합니다. 그러면서도 자신은 중간물로 썩어 없어지는 들풀이 되겠다고 선언하지요. 이러한 것들이 모두 그의 글 속에 투영되어 있는데요. '계몽의 전사'로 알려진 루쉰의 삶과 그의 글쓰기에 대해 못다 한 이야기를 해보겠습니다.

1. 중국을 대표하는 현대 작가를 말하라면 의심의 여지없이 루쉰을 꼽습니다. 일반적으로 루쉰의 문학은 중국현대문학 분야에서 다루는 중요한 주제죠. 어떻게 해서 루쉰을 만나게 되었는지요.

저는 전공이 중국근현대 역사입니다. 제가 관심을 가졌던 루쉰은, 신문화운동의 주창자로서 천두슈(陳獨秀), 후스(胡适) 외에 루쉰이 있고 그의 소설 「광인일기」, 「아Q정전」이 신문화운동에서 중요한 의미를 갖는다는 것 정도였습니다.

그런데 부산대에서 오랫동안 교양필수로 '고전읽기와 토론' 수업을 하면서 선정한 고전 중 하나가 「아Q정전」이었고, 학생들과 이 책을 읽고 토론하는 과정에서 저도 루쉰에 대해 본격적으로 공부하고 알아가게 되었습니다. 그래서 어쩌다보니 중국 문학계와 사상계의 거목 루쉰에 대한 강의를 '겁 없이' 하게 되었네요.

2. 지금 말씀하셨듯이 일반적으로 루쉰의 소설은 잘 알려졌지만, 루쉰 문학의 또 하나의 큰 축은 산문이라고 할 수 있습니다. 루쉰은 겸손의 표현으로 '잡문'이라고 했지만 루쉰의 세계를 이해하는데 산문은 어떤 의미를 갖는다고 보십니까.

루쉰은 3권의 소설집 외에 루쉰 사후 발간된 것을 포함하면 16권의 산문집을 출간하였습니다. 글의 소재가 그의 삶 자체였습니다. 중국 전통, 현실 정치에 대한 절망, 적막감, 좌우를 가리지 않는 지식인의 위선과 허위의식과 맞서 싸웠고, 그러면서도 미래에 대한 희망과 젊은 청년들에 대한 기대를 가졌습니다. 이 모든 것들이 섞여서 그의 글 속에 투영되었지요.

이 산문집에 시문집, 소설집, 서신집, 일기 등이 『루쉰전집』에 포함됩니다. 한국어로 『루쉰전집』이 2018년 완역되었지요. 사실상 『루쉰전집』은 '루쉰을 통해서 보는 중국현대사'라고 할 수 있습니다.

3. 루쉰의 가족사와 관련하여 부인 주안, 그리고 상하이에 온 이후 실질적 반려자가 된 쉬광핑이란 여성을 빼놓을 수 없습니다. 또한 그의 동생 저우쭈어런은 루쉰과 같이 일본 유학을 갔다 온 신문화운동의 동지였으나 이후 결별을 하게 되는 것으로도 알려졌습니다.

우선, 1923년 7월 동생 저우쭈어런과 결별의 이유가 궁금하네요.

베이징의 루쉰옛집에서부터 이야기를 시작해야 할 것 같은데요. 루쉰의 베이징 생활은 14년 정도됩니다. 이 중 앞의 7년은 사오싱회관에서 적막한 생활을 하지요. 그 뒤 사오싱 고향의 집을 정리하고 가족 모두 베이징으로 이주하게 됩니다. 루쉰의 베이징 첫 번째 집에서 루쉰의 어머니, 부인 주안, 루쉰 남동생 저우쭈어런 가족이 같이 거주합니다.

그런데 1923년 7월 저우쭈어런은 루쉰에게 급작스런 결별을 선언하지요. 그 연유는 저우쭈어런의 일본인 부인 때문이라고 해요. 저우쭈어런은 일본 유학 시절 일본인 여성과 결혼을 하거든요. 어쨌든 동생의 결별 선언 이후 루쉰과 부인 주안은 이 집을 나와서 잠시 생활을 하다가, 어머니를 모시기 위해 좀 더 넓은 집을 마련합니다. 이 집이 베이징에서 루쉰의 마지막 거주지이고, 루쉰옛집으로 명명된 곳입니다.

저도 베이징에 있을 때 루쉰옛집에 가본 기억이 있습니다. 그 바로 옆에 루쉰박물관이 있지요.

이 집에서 루쉰의 방은 '호랑이 꼬리'로 명명된 북쪽으로 삐쭉 나온 방입니다. 부인 주안은 무학인데다 전족을 한 여성이었어요. 루쉰 표현에 따르면 '고통스런 어머니의 선물'이었죠. 이러한 개인사로 인하여 부인이 있음에도 불구하고 쉬광핑이 다가왔을 때 받아들인 것이 아닌가 싶습니다.

쉬광핑과의 관계는 어떠했는지요.

쉬광핑은 베이징여사대 학생이었을 때 베이징여사대 출강을 했던 루쉰을 처음 만나게 되지요. 베이징여사대 사건 이후 두 사람은 학생과 스승의 관계에서 연인관계로 발전합니다. 처음에는 쉬광핑이 훨씬 적극적이었다고 해요. 그러나 한편으로는 루쉰이라는 거목의 그늘 속 동반자로 뒤에 서 있을 수밖에 없었습니다.

상하이에서 루쉰과 공식적 동거 이후 쉬광핑은 잡지사의 일자리를 구했지만 그 월급이 루쉰의 한두 편의 원고료보다 못하다는 이유로 결국 그 일을 하지 못했습니다. 게다가 유일한 아들을 낳게 되면서 양육의 책임까지 떠맡게 되었습니다. 루쉰은 여성 문제를 많이 고민한 지식인 중 한 사람입니다. 그럼에도 쉬광핑은 자신의 옆에서 비서 겸 내조자로 머물러있어 주기를 바랐습니다.

루쉰이 사망하고 나서 쉬광핑의 삶은 어떠했는지요.

루쉰 사망 이후 쉬광핑은 루쉰의 작업을 마무리짓고 그의 정신을 계승하는 일을 하게 됩니다. 루쉰의 원고, 장서를 보존하고 남긴 글을 모아 출판합니다. 이것이 기초가 되어 『루쉰전집』이 처음으로 출간되지요(1938). 사회주의 중국에서 여성지도자로 활동하다가 문혁 때 지병인 심장병으로 사망합니다(1967).

루쉰은 평생 글로써 권력과 싸운 '싸움꾼'으로 어떤 정치적 조직이나 단체와 일정한 거리를 두었던 반면, 쉬광핑은 사회주의 중국에서 끊임없는 자기 개조를 주장하면서 사회주의에 대한 헌신을 표명합니다. 루쉰의 유산을 이용해서 생존 전략을 구사하지요. 물론 마오쩌둥의 발언 때문에 루쉰 문학 사상의 지위가 공고화되었지만, 쉬광핑의 이런 기본적 입장 때문에 가능한 것이기도 합니다.

루쉰도 유명하지만 그 동생 저우쭈어런도 유명했지요. 당시 이들을 저우씨(周氏) 형제라고 불렀습니다. 저우쭈어런은 루쉰과 같이 신문화운동 시기 활발하게 활동했던 지식인으로 베이징대 교수로 재직했지요. 루쉰과 결별 이후 그의 행보 역시 예사롭지 않습니다만.

루쉰과 결별 이후 루쉰은 집을 나왔지만 저우쭈어런은 여전히 루쉰의 첫 번째 집에서 일본인 부인과 같이 생활합니다. 중일전쟁 이후에도 베이징의 집을 떠나지 않죠. 베이징대 교수로 유명한 지식인이었고 부인은 일본인이었기 때문에 친일정부가 들어서면서 저우쭈어런에게 관심을 갖게 되죠. 친일 이력 때문에 그는 사회주의 중국에서 체포, 투옥되었습니다. 석방 후에도 첫 번째 집에서 번역, 창작 활동을 하는데요. 루쉰과는 결별했지만 『루쉰의 옛집』, 『루쉰의 청년시대』, 『루쉰 소설 속의 인물』 등 저서를 출판합니다.

원래 그는 루쉰에 뒤지지 않는 신문화운동의 전사였어요. 중국 근대 문학사를 이해하는데 그를 비껴갈 수 없다고 해요. 그러나 친일 행적 때문에 그의 문학 세계가 제대로 평가받지 못한 것도 사실입니다. 최근 저우쭈어런에 대한 재평가 움직임이 일어나 그의 문학 세계에 대한 연구가 진행되고 있습니다.

4. 이 글의 마지막 부분은 루쉰과 한국이었습니다. 특히 식민지 조선 지식인 이육사, 해방 이후 리영희와 루쉰과의 관계가 매우 인상적이었습니다. 한국의 지식인은 루쉰에 대해 관심이 많았는데 혹시 루쉰이 식민지 조선에 관한 이야기를 언급한 글이 있는지요.

저도 루쉰에 관한 글을 준비하면서 이 부분은 그다지 유념하지 않았습니다. 그런데 리영희의 루쉰 관련 산문을 찾아보는 과정에서 「노신의 작품에는 왜 조선이 없는가」라는 제목의 글을 보게 되었습니다. 이런 문제의식은 한국인으로서 실천적 지식인 리영희이기 때문에 가능했던 것이죠.

리영희는 루쉰 문학사상 내 조선의 부재를 지적하면서, 루쉰의 조선 민족관이 일본 유학 시절 일본의 정치, 문학, 사상의 영향을 받아 형성되었을 것이고, 일본민족의 우수성, 중국민족의 열등성이라는 도식 하에 일본의 조선 식민통치에 아무런 이견을 갖지 않았을 것이라고 추정합니다. 1932년 상하이사변 당시 루쉰은 상하이에서 그 사건을 가까이서 보았습니다. 이 사변으로 인해 도피 생활도 했지요. 그런데 그 뒤 훙커우 공원(현재 루쉰공원)에서 일어난 윤봉길 의사의 의거에 대해서는 충격적인 사건임에도 루쉰의 글에서 발견할 수 없습니다. 루쉰의 일본관, 제국주의관에 대해서는 향후 연구가 필요한 부분이라고 생각합니다.

5. 사회주의 중국에서 루쉰과 그의 문학은 신격화되었다고 이야기하죠. 어떤 부분이 그렇다고 생각하시는지요.

신격화와 관련하여 두 가지를 지적하고 싶습니다. 우선 첫번째 상하이에서 '혁명 전사'로서 루쉰의 이미지가 그러한데요. 루쉰은 혁명문학 고취를 위한 좌익작가연맹에 참여했지요. 또한 장제스 국민당 정부의 진보적 지식인에 대한 탄압에 반대하기 위해 민권보장동맹 등에도 관여했습니다. 젊은 공산당 작가들과 친분을 유지하고 그들에게 도움을 주었지요. 그러나 루쉰은 이들과 다르게 자신의 글을 구국의 도구로 선택했어요. 루쉰이 '계몽의 전사'로 자임한 것은 맞지만, '혁명 전사'라고 규정하기는 어렵습니다. 두 번째로, 여성 문제에 대한 글과 행동의 괴리입니다. 이는 루쉰의 가족사에서도 잘 드러납니다.

6. 이 글을 마무리하면서 루쉰을 어떤 사람이라고 말할 수 있겠습니까.

루쉰은 전통 사대부 가문 출신입니다. 어려서부터 경서를 배웠지요. 과거시험에 응시한 경험도 있습니다. 루쉰은 시인, 서예가, 고고학자였습니다. 그림에도 관심이 많았어요. 이처럼 루쉰은 고전을 배우면서 성장한 전통 지식인이면서 동시에 근대 학문과 사상을 수용하면서 새로운 세상을 열망했습니다.

당시 시대를 앞서간 중국의 지식인들 대부분이 전통학문을 배웠으면서도 새로운 사상을 수용해갔지요. 그럼에도 그의 지식인으로서의 모습은 동시대 다른 지식인들과는 조금 다르게 생각됩니다만.

루쉰은 주로 미국 유학파로 과격주의를 비판하고 군자인 척 고상한 척하는 지식인들을 정인군자(正人君子)라고 불렀습니다. 루쉰은 이들과 다르게 먼지 속 세상 속에서 피 흘리며 버틴 상처투성이 싸움꾼이라고 할 수 있습니다. 권력이라는 외부의 적 못지않게 이른바 내부의 '동지'들과도 한 치의 양보 없는 싸움을 하였습니다. 그래서 적이 많았죠.

루쉰은 산문집 『들풀』에 수록된 「이러한 전사」(1925)라는 짤막한 글에서 "그는 오직 자기 몸뿐이다. 물론 원시인이 쓰던 한 손으로 던지는 투창은 들고 있다"고 말합니다. '외롭게 투창을 든 전사' 이게 루쉰 자신을 표현한 것이라고 할 수 있습니다.

오늘날 한국 사회에서 루쉰의 삶과 문학이 주는 의미는 무엇이라고 생각하십니까.

글을 마치면서 동아시아 지식인의 교류에 관한 생각을 해보았습니다. 식민지 조선의 지식인으로 대표적인 저항시인 이육사는 루쉰을 만났고 루쉰 사후 장문의 추도문을 작성했지요. 신문기자 신언준은 국민당 정부의 블랙리스트로 도피해있는 루쉰을 만나 방문기를 씁니다. 해방 이후 엄혹한 군사정권 하에서 저항한 실천적 지식인 리영희는 루쉰의 삶과 글쓰기를 닮으려고 평생 노력했습니다. 루쉰은 자신이 썩어 없어지는 들풀이 되기를 원했지만 루쉰의 생전, 그리고 사후 지금까지 루쉰 정신은 살아있습니다. 리영희의 표현으로 마무리해볼까 합니다. '루쉰에게서 오늘의 우리와 나를 발견'하게 됩니다.

지금 리영희의 글로 마무리를 했지만, 루쉰의 시대, 리영희의 시대는 과거의 시내가 되었습니다. 그렇지만 지금 우리의 시대와 큰 차이가 과연 있을까요. 이 놀라운 경험을 같이 공유해보고 싶습니다.

인용 고전과 참고문헌

<인용 고전>

소설집 『외침』
「서문」, 1922
「광인일기」, 1918
「아Q정전」, 1921
「고향」, 1921

산문집 『열풍』
「생명의 길」, 1919

산문집 『들풀』
「머리글」, 1927
「그림자의 작별」, 1924

산문집 『무덤』
「노라는 집을 나간 뒤 어떻게 되었는가」, 1923
「잡다한 추억」 3, 1925
「페어플레이는 아직 이르다」, 1925
「무덤 뒤에 쓰다」, 1926

산문집 『화개집속편』
「꽃이 없는 장미」 2, 1926

산문집 『아침꽃을 저녁에 줍다』
「후지노 선생」, 1926

산문집 『이심집』
「좌익작가연맹에 대한 의견」, 1930

산문집『남강북조집』
「망각을 위한 기념」, 1933

산문집『차개정잡문말편』
「죽음」, 1936

서신집
「먼 곳에서 온 편지」
서신

시집
「自題小像」,『집외집습유』, 1903
「自嘲」,『집외집』, 1932
「悼楊銓」,『집외집습유』, 1933

<참고문헌>

루쉰 저, 루쉰전집번역위원회 옮김,『루쉰전집』(1-20), 그린비, 2018.
루쉰 저, 김영문 옮김,『루쉰, 시를 쓰다』, 역락, 2010.
루쉰 저, 이욱연 옮김,『루쉰독본』, 휴머니스트, 2020.
루쉰 저, 이욱연 편역,『루쉰산문집—아침꽃을 저녁에 줍다』, 예문, 2003.
쑨위 저, 김영문 등 옮김,『루쉰과 저우쭈어런』, 소명출판, 2005.
린시엔즈 저, 김진공 옮김,『인간 루쉰』(상, 하), 사회평론, 2007.
왕후이 저, 송인재 옮김,『절망에 반항하라』, 글항아리, 2014.
조관희,『청년들을 위한 사다리 루쉰』, 마리북스, 2017.
이욱연,『루쉰 읽는 밤—나를 읽는 시간』, 휴머니스트, 2020.
고미숙 외,『루쉰, 길 없는 대지』, 북드라망, 2017.
홍석표,『루쉰과 근대 한국』, 이화여대출판문화원, 2017.
윤혜영,『쉬광핑』, 서해문집, 2008.
리영희,『리영희저작집』(2, 7, 8, 9, 12), 한길사, 2006.
임헌영 편,『리영희산문선-희망』, 한길사, 2011.

제7장

라오서老舍, 라오베이징의 상징, 라오바이싱의 작가

한지연 (중앙대)

※이미지 출처

http://www.qiandaobaike.com/pd.jsp?id=30

Ⅰ. 영원한 노스탤지어: 라오서와 베이징

이 글에서는 중국의 저명 현대작가인 라오서(老舍, 1899.2.3-1966.8.24)에 대해 논하고자 한다. 이 글을 통해 인간, 혹은 지식인 라오서의 삶을 되짚어 보고, 라오서의 삶의 궤적에서 중요한 의미를 지니고 있는 고전을 함께 감상함으로써, 라오서의 인생과 그의 문학을 입체적으로 이해하고자 한다. 본론에 들어가기에 앞서 라오서의 생애를 간략하게 소개하면 다음과 같다.

라오서의 본명은 수칭춘(舒慶春), 자(字)는 서위(舍予), 라오서는 필명이다. 베이징에서 출생한 라오서는 만주(滿洲) 정홍기(正紅旗) 출신으로 가난한 환경에서 성장하였다. 베이징사범학교 졸업 후 1922년에 중학교 교사가 되었으며, 1924년에는 영국으로 건너가 런던대학교 SOAS(School of Oriental and African Studies)에서 중국어와 한문을 가르치며 소설을 창작하였다. 5년간의 이국 생활 청산 후 상하이를 거쳐 베이징으로 온 라오서는 여러 문학 강연회에 초빙되었는데, 이때 알게 된 후제칭(胡潔青, 1905-2001)과 결혼한다. 이후 칭다오로 건너가 산둥대학(山東大學), 치루대학(齊魯大學) 등에서 교편을 잡았고, 1936년에 장편소설 『낙타샹즈(駱駝祥子)』를 발표하면서 본격적인 작가의 길을 걷게 된다. 중일전쟁 시기에는 중화전국문예계항적협회(中華全國文藝界抗敵協會) 결성에 참여하였으며, 충칭으로 거처를 옮긴 후 그의 또 다른 장편소설 『사세동당(四世同堂)』을 집필하였다. 항전 이후 1946년에 미국행에 오르며 『사세동당』 제3부를 탈고하고, 1949년에 귀국하여 중국 문예계의 핵심 요직에 임하며 '인민예술가'라는 영예를 얻는다. 하지만 1966년 문화대혁명 당시 반혁명분자로 비판을 받고 스스로 목숨을 끊고 생을 마감한다.

이상으로 라오서의 생애를 간략하게 살펴보았다. 다음으로 '라오서와 베이징'이라는 주제에 대해 설명하고자 한다. 원활한 이해를 위해 다음과 같이 세 개의 키워드를 통해 라오서와 베이징에 대해 논하고자 한다.

첫 번째 키워드는 '사합원(四合院)'이다. '사합원'은 'ㅁ'자 형식의 베이징의 전통가옥의 건축양식을 가리킨다. '사합원'이라는 단어를 들었을 때 가장 먼저 연상되는 것은 아마도 '라오서 옛집(老舍故居)'일 것이다. 라오서 옛집은 베이징의 관광명소인 왕푸징 거리의 북쪽 끝자락에 있으며, 라오서가 생전에 집필과 생활을 했던 곳이다. 여기에는 라오서의 유품과 흔적이 남아있어 베이징 현지인들을 비롯하여 각지 관광객들이 자주 찾는 베이징의 명소이다. 이 라오서 옛집이 바로 사합원의 형태를 띠고 있는데, 구체적으로 라오서 옛집 앞마당을 보시면 전형적인 사합원 형태임을 알 수 있다. 좀 더 구체적으로 라오서가 살았던 사합원 평면도를 살펴보면 다음과 같다. 우선 내원(內院)으로 들어가면 북쪽으로 정당(正堂)이 손님을 맞이하며, 정당의 전면에는 좌우로 모두 네 개의 기둥이 서 있다. 다음으로, 사합원의 중축선을 기준으로 감나무를 좌우 대칭으로 심었는데. 감나무 때문에 라오서는 자신의 집에 '단시소원(丹柿小院)', 즉 '붉은 감나무가 있는 작은 집'이란 뜻을 가진 이름을 붙였다(라오서 기념관은 그가 살았던 '단시소원'을 재단장해 만든 것임).

이어서 두 번째 키워드인 '후퉁(胡同)'에 대해 살펴보겠다. 주지하듯이 후퉁은 근 800여 년 동안 베이징 서민들의 주거지였던 베이징의 좁은 골목을 가리킨다. 후퉁은 베이징의 구도심 곳곳에 있으며, 중국 전통 가옥인 사합원이 빽빽하게 자리 잡고 있다. 이처럼 그 누구도 막을 수 없는 매력적이고 기묘하면서도 아늑한 분위기를 지닌 베이징 구시가지의 '후퉁'은 수많은 관광객의 발길을 끄는 곳이다. 이와 관련하여 라오서는 어린 시절 그가 살았던 '후퉁'에 대해 "여기는 애초에 양(羊) 우리였을지도 모른다. 이 골목은 베이핑(北平, 지금의 베이징)의 일반적으로 곧고 긴 골목과 달리 두 개의 굴곡이 있는데, 그 모양새가 조롱박을 닮았다." 고 묘사했다. '샤오양쥐안(小羊圈)'이라는 후퉁 이름에서도 알 수 있듯이, 후퉁의 모양새가 마치 양의 우리와 흡사했기 때문인 것 같다. "유명한 후퉁은 3600개, 이름 없는 후퉁은 소털보다 많다(有名的胡同三千六, 沒名的胡同賽牛毛。)"는 말처럼, 후퉁은 베이징을 상징하며 소박했던 베이징 서민들의 삶 그 자체를 의미한다.

다음으로 마지막 키워드인 '어머니(母親)'에 대해 살펴보겠다. 어릴 때 아버지를 여읜 라오서는 어머니의 날품팔이, 삯바느질 등으로 생계를 유지할 수밖에 없었다. 생활고에 허덕이며 곤궁하기 그지없던 삶이었으나, 라오서에게 있어 어머니는 언제나 위대한 존재이자 늘 희망과 위안이 되는 존재였다. 이처럼 어머니를 그리워하는 마음은 라오서의 「나의 어머니」에 잘 반영되어 있는데, 라오서는 어머니에 대해 이렇게 회고했다. "생명은 어머니가 주신 것이다. 내가 어른이 될 수 있었던 것은 바로 어머니의 피와 땀이 있었기에 가능했다. 내가 나쁜 길로 빠지지 않았던 것도 어머니의 영향이다. 나의 성격, 습관은 어머니가 물려주신 것이다.……글방부터 소학교, 중학교 때까지 적어도 백여 명의 선생님을 만났으나, 나에게 있어 진정한 선생님은 바로 어머니이며, 성격을 물려주신 분도 어머니이다. 어머니는 비록 글은 모르시지만, 나에게 생명의 소중함을 알려주셨다."며 어머니에 대한 애틋함을 표현했다. 이처럼 라오서에게 있어 '어머니'라는 존재는 그의 고향 '베이징'과 마찬가지로 영원한 노스탤지어의 대상이었다.

Ⅱ. 지식인 삶의 요람: 라오서의 이국 생활

베이징사범학교를 졸업한 라오서는 교사 생활을 하면서 어머니를 모시며 평범한 삶을 살아갔다. 하지만 1924년 여름 어느 날 1924년 여름 어느 날, 옌징대학(燕京大學, 베이징대학의 前身)에서 교편을 잡았던 영국인 교수 로버트 케네스 에반스(Robert Kenneth Evans)의 추천으로 라오서는 런던대학교 소속 SOAS의 중국어 강사로 부임, 이를 계기로 '라오베이징' 라오서는 이국행에 오른다. 고향 베이징을 떠나 처음으로 이국행길에 오른 라오서에게 있어 이국 생활에 대한 설레임과 함께 두려움 또한 엉켜 있었을 것이다. 예상처럼, 라오서의 이국 생활은 그렇게 순탄치 않았다. 우선 중국과는 너무 다른 문화의 차이를 느꼈는지라 적응하는데 시간이 필요했다. 설상가상으로 당시 국비 유학생과는 달리 라오서는 변변치 않은 월급으로 생계를 유지할 수밖에 없었다. 하지만 낯설고 고된 영국 생활에서 라오서는 새로운 도전을 통해 값진 경험을 얻게 되는

데, 그것은 바로 '소설 창작', '고전 번역', 그리고 '중국어 교육'이다.

우선, '소설 창작'이다. 영국 유학 시절에 라오서는 우연히 서양문학(특히 찰스 디킨스의 작품)을 접하면서 소설을 창작하게 된다. 이 시기 라오서는 장편소설 『장씨의 철학(老張的哲學)』(1926), 『자오 선생 가라사대(趙子曰)』(1927) 및 『마씨 부자』(二馬)』(1929)를 발표한다. 특히 『마씨 부자』의 경우 베이징에서 런던으로 이주해 골동품 가게를 운영하며 살아가는 마씨 부자의 삶을 통해 영국인과 중국인의 민족성과 문화적 차이를 그려낸 작품으로 당시 문단의 호평을 받았다. 이 작품들에서 라오서는 특유의 '유머'를 내세워 당시 세태에 대한 풍자를 보여주었는데, 이를 계기로 라오서는 '서민'의 작가, '유머'와 '풍자'의 작가로 불리게 된다.

다음으로 '고전 번역'이다. 라오서는 영국에서 소설 창작뿐만 아니라 중국 고전 번역 작업에 참여하였다. 라오서가 런던 체류 시절에 알게 된 클레멘트 에거턴(Clement Egerton)은 저명 언어학자이자 번역가이자 라오서의 룸메이트였다. 당시 런던대 SOAS에서 중국어를 배우고 있었던 에거턴은 중국 고전에 관심이 많았는데, 그는 이를 계기로 중국 고전 『금병매(金甁梅)』 번역에 착수하게 된다. 당시 에거턴이 『금병매』 번역 때 라오서의 도움을 받았으며, 『금병매』 영역본 서문에 라오서에 대한 감사를 표하기도 했다. 에거턴의 『금병매』는 완역까지 5년이 걸렸으며 1939년에 비로소 정식 출간이 되었다. 여기서 흥미로운 사실은 라오서가 런던 체류 시절 때 자신이 영국 친구를 도와 『금병매』 번역 작업에 참여한 일에 대해 줄곧 함구했다는 점이다. 후에 1946년 미국에서 현대소설에 관한 초청 강연 때 에거턴의 『금병매』 영역본을 언급하면서. "『금병매』는 소설이 생긴 이래 가장 위대한 작품 중의 하나"이자, "산둥 지역 방언으로 쓰인 『금병매』는 매우 엄숙한 작품이자 명작이다."라며 『금병매』 원저에 대해 큰 호평을 했다고 한다. 『금병매』 영역본은 현재 베이징의 라오서 기념관에 전시되어 있다. 비록 라오서 자신이 이 일에 대해서 속 시원히 밝힌 적이 없으나, 당시 중국과 영국 양국의 문화 교류적 측면에서 높이 평가할 수 있겠다.

영국에서 라오서는 창작과 번역 이외에도 중국어 교육 방면에서 큰 공헌을 남겼다. 특히 당시 기준으로 국외에서 라오서 자신의 모국어인 중국어를 가르친다는 것은 결코 녹록지 않았음에도 불구하고, 라오서는 남다른 사명감과 책임감으로 중국어 교육에 매진했다. 주목할 점은 라오서가 외국인을 위한 중국어 교재 "*Linguaphone Oriental Language Course*(言語聲片)"을 편찬한 것이다. 당시 25세의 라오서는 정확한 발음과 청량한 목소리로 중국어의 어휘와 회화를 녹음하였다. 라오서 이외에도 런던대학교 SOAS 소속 교원 2명이 교재 편찬과 녹음에 참여했으나, 실질적으로는 라오서가 전적으로 책임 집필을 맡았다. 후에 해당 음원은 CD로 제작하여 현재 중국현대문학관(中國現代文學館)에 전시되어 있다. 흥미로운 점은 당시 라오서는 직접 친필로 교재 내용을 구성하고 작성하였는데, 여기서 우리는 라오서가 얼마나 중국어 교육에 매진했는지 짐작할 수 있을 것이다.

낯선 이국에서의 삶은 라오서를 외롭게 했지만, 그는 누구보다도 성실히 살았음을 알 수 있다. 흥미로운 점은 영국에서의 체류 기간이 그다지 길지 않았음에도 불구하고 라오서는 '소설 창작'을 통해 작가로서의 재능을 유감없이 드러냈고, (라오서 자신은 끝까지 함구했던) '고전 번역'에 참여하여 까다롭기로 소문난 영국인들의 인정을 받았으며, '중국어 교육'을 통해 자신의 모국어인 중국어를 세계적으로 알리는 데 큰 공헌을 하였다. 이처럼 영국에서의 라오서의 삶과 일화를 통해 우리는 그동안 잘 알지 못했던 라오서를 다방면으로 이해할 수 있는 계기를 마련할 수 있겠다.

Ⅲ. 전업 작가의 새 삶을 시작하다: 라오서와 『낙타샹즈』

본 장에서는 "전업 작가의 새 삶을 시작하다: 라오서와 『낙타샹즈』" 라는 주제를 다루고자 한다.

주지하듯이 『낙타샹즈』는 라오서의 대표작이다. 이와 관련하여 라오서는 「나는 어떻게 『낙타샹즈』를 쓰게 되었는가」라는 글에서 "『낙타샹즈』는 전업작가로서 포문을 연 작품이다. 포문이 열렸으니 이제부터 거리낌 없이 글을 써내려 갈 수 있게 되었다. 대략 계산해보니 한 해에 장편소설 2편은 가능할 것 같다. 창작의 포문이 열렸는데도 아무런 반응이 없다면, 다시 선생 노릇을 할 수밖에 없다. 글 쓰는 흥이 안 나니 창작을 포기하는 것일지도 모른다. 그래서 이 작품은 나의 창작 생애와 아주 중요한 관계를 가지고 있다."며 『낙타샹즈』에 대한 애정을 드러냈다.

『낙타샹즈』는 베이징에 사는 가난한 인력거꾼 샹즈의 비참한 삶을 그려낸 장편소설이자 라오서의 대표작이다. 발간 후 하층 서민의 애환과 어두운 현실에 대한 날카로운 묘사를 통해 현실주의의 새로운 경지를 개척한 점, 그리고 라오서의 창작 목표와 지향점을 가장 잘 드러낸 걸작이라는 호평을 받았다. 더불어 『낙타샹쯔』는 1945년 미국에서 "Rickshaw Boy"라는 제목으로 번역본이 출간되었으며, 영어 이외에도 세계 각국 언어의 번역본 또한 출간되었다. 이 작품은 중국 및 미국에서 베스트셀러 1위를 기록하였는데, 이리하여 라오서는 작가로서 세계적인 명성을 얻게 된다. 또한 2006년 시사주간지 『아주주간(亞州週刊)』에서 선정한 "20세기 중국 문학 베스트 100(20世紀中文小說100强)"에 『낙타샹즈』가 3위에 오르기도 했다.

『낙타샹즈』의 창작 배경이 되는 1920, 30년대 중국은 군벌의 난립과 오사(五四) 운동 및 국공(國共) 양당이 첨예하게 대립했던 시기였다. 당시 중국의 현실은 군벌들 간의 혼전(混戰)을 비롯하여 약탈과 착취 등이 도처에 만연했던, 그야말로 암흑의 시대였다. 당시 영국에서 귀국 후 산둥에서 교편을 잡던 시절, 라오서는 당시 친구와 대화를 나누던 중 인력거꾼에 관한 이야기를 듣게 된다. 인력거를 샀다 팔기를 되풀이하다가 결국 가난뱅이가 된 어느 인력거꾼의 이야기를 비롯하여, 군대에 잡혀갔다가 낙타를 훔쳐 달아난 인력거꾼의 이야기를 듣고 라오서는 『낙타샹즈』 소설을 구상하게 되었다고 한다.

라오서는 「나는 어떻게 『낙타샹즈』를 쓰게 되었는가(我怎樣寫『駱駝祥子』)」에서 『낙타샹즈』의 창작 의도에 대해 "내가 관찰하고자 한 것은 그저 인력거꾼의 의관에서 드러나는 혹은 언어와 태도로 표현되는 그런 자질구레한 것들이 아니었다. 인력거꾼의 내면 상태로부터 지옥이란 게 과연 어떤 모습인지를 관찰하고 싶었던 것이다. 인력거꾼의 겉으로 드러나는 일체의 것은 모두 반드시 그들의 생활과 생명에 근거를 둔 것일 터였다. 그 근원을 찾아내야만 노동자들의 고통스러운 사회를 써낼 수 있을 터였다."고 밝혔다. 이렇게 창작된 『낙타샹즈』의 줄거리를 간략히 소개하면 다음과 같다. 농촌 출신 샹즈는 돈을 벌기 위해 홀로 상경한다. 그는 생계를 위해 인력거 한 채를 마련하여 하루하루를 열심히 살아간다. 하지만 첫 번째로 산 인력거는 군벌 세력에게 빼앗기고 군대에 강제로 끌려간다. 천신만고 끝에 샹즈는 낙타 세 마리를 끌고 군대에서 간신히 탈출한다. 아무런 밑천이 없었던 샹즈는 낙타를 팔게 된다. 입에 풀칠하기도 힘들만큼의 돈을 받았지만 샹즈는 이에 굴하지 않고 갖은 고생을 견뎌내며 돈을 차곡차곡 모아갔지만, 그조차도 쑨 형사에게 빼앗기고 만다. 이후 샹즈는 인력거 회사 주인 딸인 후뉴의 거짓말에 속아 원치 않는 결혼을 하지만, 그녀의 도움으로 인력거를 장만하고 가정도 이룬다. 그러나 결국 후뉴에게 전 재산을 빼앗겨버린다. 설상가상으로 후뉴는 난산으로 사망하고 샹즈는 홀로 남게 된다. 후뉴의 죽음으로 절망에 빠져 있었지만, 샹즈는 이웃집 딸인 샤오푸즈와 사랑을 나누게 된다.모든 것을 잃은 샹즈에게 샤오푸즈는 유일한 희망이었다. 하지만 운명의 장난처럼 샤오푸즈는 이미 살아 있는 사람이 아니었다. 사창가에 팔려간 샤오푸즈는 견디다 못해 자살로 생을 마감하였다. 당시 하층민들에게 참혹했던 현실은 샤오푸즈를 죽음으로 내몰았던 것이다. 연이은 불행은 성실하고 순박했던 샹즈를 하루아침에 바꿔버렸다. 술, 담배, 도박의 유혹에 빠져 방탕하게 세월을 보내고, 사창가 여인과 부정한 관계를 맺어 성병까지 걸리게 된다. 결국 샹즈는 돈을 벌기 위해 인력거꾼들 속에서 혁명 조직을 끌어들이는 정치 활동에 참여하지만, 아무것도 얻지 못한 채 경조사 심부름꾼으로 전락하고 만다.

이어서 『낙타샹즈』 감상을 통해 작품에 대한 이해를 도모하고자 한다.

> "샹즈의 손은 부들부들 떨렸다. 보증서를 받고 인력거를 끌고 오면서 눈물을 흘릴 뻔했다. 외진 곳으로 끌고 가 자신의 인력거를 자세히 살펴봤다. 옻칠한 판대기에 자신의 얼굴을 비춰보기도 했다. 보면 볼수록 마음에 들었다. 자신의 이상과 부합하지 않는 곳도 모두 너그럽게 봐줄 수 있을 것만 같았다. 이미 자신의 인력거가 되었기 때문이었다.……자신의 인력거가 생긴 이후로 그의 생활은 날이 갈수록 활기를 띠었다.……마음이 편하니 손님을 대하는 것도 한결 부드러웠고, 장사도 더욱 순조로웠다. 이렇게 반년을 끌다보니 그의 희망도 더욱 커졌다. 이대로 간다면 한 2년, 길어야 2년 안에 인력거를 또 한 대 살 수 있게 될 것이다."
>
> (『낙타샹즈』 1장, 19쪽)

> "祥子的手哆嗦得更厲害了, 揣起保單, 拉起車, 幾乎要哭出來。拉到個僻靜地方, 細細端詳自己的車, 在漆板上試著照照自己的臉! 越看越可愛, 就是那不盡合自己的理想的地方也都可以原諒了, 因爲已經是自己的車了。……自從有了這輛車, 他的生活過得越來越起勁了。……心裡舒服, 對人就更和氣, 買賣也就更順心。拉了半年, 他的希望更大了; 照這樣下去, 幹上二年, 至多二年, 他就又可以買輛車。"
>
> (『駱駝祥子』 第一章, 9~10쪽)

"그는 숨을 죽인 채 가만히 땅바닥을 기었다. 낙타를 몇 마리 찾기 위해서였다. 낙타가 그에게 도움을 줄 수 있는 것은 아니었지만 낙타 역시 그와 마찬가지로 포로인 처지니 안쓰러운 마음이 들었다.……틀림없이 병사들은 산중으로 도망칠 생각을 할 것이다. 진짜로 산을 타겠다면 낙타를 끌고 가는 것은 불가능하다. 이제 낙타의 운명은 곧 그의 운명이었다.……얼마나 기다렸을까? 끝내 낙타를 끌러 오는 이는 나타나지 않았다. 그는 용기를 내어 일어나 낙타의 쌍봉 사이로 동정을 살폈으나 아무것도 보이지 않고 칠흑처럼 어둡기만 했다. 튀자! 어떻게 되든 일단 도망치고 보자!"

(『낙타샹즈』 2장, 33~34쪽)

"他慢慢的, 閉著氣, 在地上爬, 目的是在找到那幾匹駱駝。他明知道駱駝不會幫助他什麼, 但他和它們旣同是俘虜, 好像必須有些同情。……那麼, 這些兵還得逃回山中去。真要是上山, 他們不能帶著駱駝。這樣, 駱駝的命運也就是他的命運。……不知等了多久, 始終沒人來拉駱駝。他大著膽子坐起來, 從駱駝的雙峰間望過去, 什麼也看不見, 四外極黑。逃吧!不管是吉是凶, 逃!"

(『駱駝祥子』 第二章, 18쪽)

"샹즈는 붉은 빛 가득한 하늘에 대고 몇 번이라도 소리를 지르고 싶었다. 병사들에게 끌려온 이후로 그는 한 번도 태양을 본 적이 없는 것 같았다. 마음속으로 항상 누군가를 저주하며 고개를 푹 숙인 채로 해와 달이 있는지, 하느님이 계신지조차 까맣게 잊고 지냈다. 그러나 지금 그는 아주 자유롭게 길을 걷고 있다. 걸을수록 밝아졌다. 태양은 풀잎 위 이슬 방울에게도 금빛을 나누어주고 샹즈의 눈썹과 머리카락도 밝게 비춰주며 그의 마음까지 따스하게 만들었다. 그는 모든 고난과 위험, 그리고 고통까지 잊었다."

(『낙타샹즈』 3장, 44쪽)

“祥子對著那片紅光要大喊幾聲, 自從一被大兵拉去, 他似乎沒看見過太陽, 心中老在咒罵, 頭老低著, 忘了還有日月, 忘了老天。現在, 他自由的走著路, 越走越光明, 太陽給草葉的露珠一點兒金光, 也照亮了祥子的眉發, 照暖了他的心。他忘了一切困苦, 一切危險, 一切疼痛。”

(『駱駝祥子』 第三章, 24~25쪽)

“샹즈는 때마침 그 오아시스에 도착했다. 사막에서 그처럼 오랜 시간을 헤매던 그에게 이곳은 그야말로 기적이나 다를 바 없었다. 그는 지금까지 차오 선생 같은 이를 만나본 적이 없기 때문에 그를 성현으로 여겼다.……그러나 불행하게도 그 여자와 그놈의 돈 때문에 샹즈는 안심할 수 없었다. 그의 마음은 푸른 잎사귀 같았다. 그것도 애벌레가 고치를 만들려고 실로 돌돌 감아둔 잎사귀.”

(『낙타샹즈』 7장, 105~106쪽)

“祥子恰好來到了這個小綠洲; 在沙漠中走了這麼多日子, 他以爲這是個奇跡。他一向沒遇到過像曹先生這樣的人, 所以他把這個人看成聖賢。……不幸, 那個女的和那點錢教他不能安心; 他的心像一个綠葉, 被個蟲兒用絲給纏起來, 預備作繭。”

(『駱駝祥子』 第七章, 58~59쪽)

“비가 내린 후 시인들은 연잎에 맺힌 물방울과 쌍무지개를 노래한다지만, 가난한 집에서 어른이 아프면 모든 가족들이 배를 주린다. 한바탕 비에 기생과 좀도둑들이 늘어나면서 감옥에 가는 사람도 많아졌다. 어른이 병에 들면 아이들은 좀도둑이 되거나 몸을 팔았다. 그것이 굶는 것보다 훨씬 낫다고 아이들은 생각했다. 비는 부자에게도 내리고, 가난한 사람에게도 내린다. 의로운 사람에게도 내리고, 의롭지 않은 사람에게도 내린다. 그러나 사실 비는 공평하지 않다. 왜냐하면 공평하지 못한 세상에 내리니깐."

(『낙타샹즈』 18장, 287쪽)

"雨後, 詩人們吟咏著荷珠與雙虹; 窮人家——大人病了——便全家挨了餓。一場雨, 也許多添幾個妓女或小賊, 多有些人下到監獄去; 大人病了, 兒女們作賊作娼也比餓著強! 雨下給富人, 也下給窮人; 下給義人, 也下給不義的人。其實, 雨並不公道, 因爲下落在一個沒有公道的世界上。"

(『駱駝祥子』 第十八章, 166쪽)

"한바탕 난리를 겪고 나자 샹즈는 그녀의 몸에 드리운 수많은 어둠이 느껴졌다. 샤오푸즈를 좋아하는 마음에는 변함이 없었지만 그녀의 두 남동생과 술주정뱅이 아버지를 보살필 능력은 없었다. 그는 후니우가 죽었다고 해서 이제 자유롭다는 생각은 할 수 없었다. 후니우는 그녀만의 장점을 가지고 있었다. 적어도 경제적인 부분에 관한한 후니우는 그에게 많은 도움을 주었다. 샤오푸즈가 자기에게만 의존하리라는 생각은 하지 않았지만, 샤오푸즈의 식구 모두 제 밥벌이를 하지 않으리란 사실만은 확실했다. 가난뱅이에게 사랑이란 돈에 의해 결정되는 것이다.……한눈에 반하는 사랑은 오직 부자들에게나 있는 일이다."

(『낙타샹즈』 20장, 309쪽)

"祥子, 經過這一場, 在她的身上看出許多黑影來。他還喜歡她, 可是負不起養著她兩個弟弟和一個醉爸爸的責任! 他不敢想虎妞一死, 他便有了自由; 虎妞也有虎妞的好處, 至少是在經濟上帮了他許多。他不敢想小福子要是死吃他一口, 可是她這一家人都不會掙飯吃也千真萬確。愛與不愛, 窮人得在金錢上決定, '情種'只生在大富之家。"

(『駱駝祥子』第二十章, 180쪽)

"고달픈 사람들의 게으름은, 노력했지만 수렁으로 떨어진 삶의 자연적인 결과다. 고달픈 사람들이 가시를 세우는 데도 나름의 정당한 이유가 있었다.……경험은 삶의 비료 같은 것이다. 어떤 경험을 하느냐에 따라 사람들은 각기 다른 모습으로 변한다. 사막에서 목단이 자랄 수 없다. 샹즈는 완전히 다른 사람이 되었다. 다른 인력거꾼보다도 낫지도, 더 나쁘지도 않은, 그냥 인력거꾼다운 인력거꾼이 되었다. 이렇게 되고 나니 전보다 훨씬 더 마음이 홀가분했다. 다른 사람 눈에도 거슬리는 일이 없었다. 까마귀는 그냥 까만색이다. 그는 혼자 하얀 깃털을 갖고 싶진 않았다."

(『낙타샹즈』21장, 329~330쪽)

"苦人的賴是努力而落了空的自然結果, 苦人的耍刺兒含著一些公理。……經驗是生活的肥料, 有什麼樣的經驗便變成什麼樣的人, 在沙漠裡養不出牡丹來。祥子完全入了轍, 他不比別的車夫好, 也不比他們壞, 就是那麼個車夫樣的車夫。這麼著, 他自己覺得倒比以前舒服, 別人也看他順眼; 老鴉是一邊黑的, 他不希望獨自成爲白毛兒的。"

(『駱駝祥子』第二十一章, 193~194쪽)

"작은 깃발을 들고 고개를 숙인 채, 입에 담배를 물었다. 어정쩡한 표정으로 사람들을 따라가며 아무 말도 하지 않았다. 반드시 함성을 질러야 할 땐 입만 크게 벌릴 뿐, 소리는 내지 않았다. 목청도 아까웠다. 어떤 일에도 힘을 쓰고 싶지 않았다. 힘을 써봤자 지금까지 추호도 좋은 일이 없었기 때문이다. 이렇게 깃발을 들고 소리 죽이며 걷다가도 위험한 낌새가 느껴지면 제일 먼저 도망을 쳤다. 자기 목숨은 자기 손에 넘어갈 수 있을 뿐, 다시는 다른 사람을 위해 희생하지 않을 것이다. 자신을 위해 노력하는 자는 또한 자신을 어떻게 파괴하는지도 잘 알고 있다. 이것이 개인주의의 극단적인 모습이었다."

(『낙타샹즈』 23장, 360~361쪽)

"打著面小旗, 他低著頭, 嘴裡叼著煙卷, 似笑非笑的隨著大家走, 一聲也不出。到非喊叫幾聲不可的時候, 他會張開大嘴, 而完全沒聲, 他愛惜自己的嗓子。對什麼事他也不想用力, 因爲以前賣過力氣而並沒有分毫的好處。在這種打旗吶喊的時候, 設若遇見點什麼危險, 他頭一個先跑開, 而且跑得很快。他的命可以毀在自己手裡, 再也不爲任何人犧牲什麼。爲個人努力的也知道怎樣毀滅個人, 這是個人主義的兩端。"

(『駱駝祥子』 第二十三章, 214~215쪽)

샹즈의 꿈은 소박했다. 그는 부를 바라지도 않았다. 그저 인력거 한 대 장만하여 자신만의 삶을 살고 싶었던 것이었다. 하지만 그의 꿈은 산산조각이 나고, 자포자기해버린 샹즈의 안타까운 모습을 끝으로 작품은 비극으로 마무리된다.

IV. 8년의 뜨거웠던 삶: 충칭에서의 라오서

본 장에서는 "8년의 뜨거웠던 삶: 충칭에서의 라오서"라는 주제를 다루고자 한다. 원활한 이해를 돕고자 다음과 같이 세 개의 키워드를 통해 충칭에서의 라오서의 삶과 그의 행적을 살펴보도록 하자.

첫 번째 키워드는 '항전'이다. 라오서는 「예술가도 전진해야 한다(藝術家也要殺上前去)」는 글에서 다음과 같이 말했다. "오늘날의 예술가는 필히 인민의 자격으로 국가에 충성을 다해야 한다. 그렇지 않으면 인민이 아닌데 무슨 예술을 논한다는 말인가? 역사 속에서 가장 위대한 예술가는 언제나 영웅이었다. 예술가의 마음은 곧 시대의 마음이다. 시대를 망각한 예술가는 그저 별 볼 일 없는 돌멩이에 불과하다."며 작가의 시대적 사명을 강조한다. 라오서가 이처럼 예술가의 시대적 사명을 강조한 데에는 1937년에 발생한 중일전쟁에서 비롯된다.

1937년, 일본에 의해 중일전쟁이 발발한다. 전쟁이라는 초유의 국난을 외면할 수 없었던 라오서는 전쟁이 발발했던 1937년 11월 가족들을 남겨둔 채 홀로 한커우(漢口: 후베이성[湖北省] 우한[武漢]시의 일부)에 당도한다. 1938년 3월 27일, 우한에서 중화전국문예계항적협회(中華全國文藝界抗敵協會, 이하 문협으로 약칭)가 결성되었다. 문협 창립총회가 열렸던 당시, 근 500여 명의 작가와 예술가들이 이 대회에 참가했다고 한다. 당시 라오서는 문협의 상무이사 겸 총무부주임을 맡았는데, 대내적으로는 일상의 업무를 담당하고 대외적으로 문협을 대표하는 실질적인 책임자가 된다. 라오서는 특유의 호방한 성격과 재치 있는 입담으로 주변 사람들의 환영을 받았는데, 특히 사교성이 좋아 친구들을 두루 사귀는 것으로 유명했다. 더군다나 라오서는 정치적 편향성을 지닌 사람이 아니었는지라 당시 문예계의 숱한 분쟁에 일절 개입하지 않았다. 라오서에게 있어 가장 중요했던 것은 작가들을 단결시켜 항일정신을 널리 확산시키고 항전을 위한 문예 활동에 적극적으로 참여하는 데 있었다.

1938년 여름, 일본군의 공습에 우한이 위기에 빠지게 되었고, 라오서는 몇몇 문협 회원들과 함께 당해 8월 14일 충칭으로 가게 된다. 하지만 충칭에서의 생활은 녹록지 않았다. 당시 문협에서 제대로 된 거처조차도 마련해주지 못했는지라 라오서는 여기저기 다니면서 얼마 되지 않는 원고료로 생계를 이어 나갔다. 라오서는 충칭에서 그야말로 청빈한 삶을 살았다. 하지만 충칭에서의 청빈한 삶 속에서도, 전쟁 상황 속에서도 라오서는 여유를 잃지 않고 창작에 임했다. 특히 1939년부터 1943년 사이에 라오서는 무려 9편의 희곡(『殘霧』, 『國家至上』, 『張自忠』, 『面子問題』, 『大地龍蛇』, 『歸去來兮』, 『誰先到了重慶』, 『王老虎』, 『桃李春風』)을 발표하여 왕성한 창작열을 보여주었다. 항전 시기 충칭에서의 삶은 작가 라오서의 문학 생애의 또 다른 전환점이었다. 가족과 자녀가 있었음에도 불구하고 라오서는 아랑곳하지 않고 국가를 위해 항일전선에 뛰어들었다. 라오서는 그 어떠한 정치적 편향성 없이 그가 할 수 있는 모든 일에 적극적이었다. 본래 소설 창작에 능했던 라오서는 경극(京劇), 곡예(曲藝), 만담(相聲) 등 통속적인 문예 작품들을 창작하는 등 일반 대중(인민)을 위해 망설임 없이 자신의 창작 스타일에 변화를 주었다. 그뿐만 아니라 라오서는 항전 독려를 위해 희곡 집필에 주력하여 창작 장르의 폭을 넓혔다. 이처럼 라오서는 기나긴 전쟁 상황 속에서도 굴하지 않고 창작열을 불태웠던, 그야말로 '뼛속까지 작가'였다.

이어지는 두 번째 키워드는 '사랑'이다. 1938년 지난(濟南) 함락 전날 저녁 무렵, 라오서는 '항전(抗戰)'을 위해 가족을 남겨둔 채 홀로 우한으로 갔다.(당시 라오서의 막내딸은 겨우 3개월도 채 안 되었다고 한다.) 우한에 도착하자마자 라오서는 저우언라이(周恩來)가 보낸 젊은 여성 작가와 인연을 맺게 되는데, 그녀는 바로 저명 여류작가이자 화가인 자오칭거(趙淸閣, 1914-1999)였다. 당시 라오서의 나이는 39세, 자오칭거의 나이는 24세였다. 시간이 흐르면서 두 사람의 거리는 점점 가까워졌으며, 젊고 재기(才氣) 넘쳤던 자오칭거는 순식간에 라오서의 마음을 사로잡았다. 서로에 대한 감정을 숨기지 못한 채 그들은 사랑에 빠지고, 결국 연애를 하게 된다. 하지만 꼬리가 길면 밟히는 법이다. 이 사실을 알게 된 라오서의 주변 지인들이 당시 지난에 자식들과 함께 살고 있던 라오서의 부인 후제칭에게 이 소식을 알렸다. 소식을 접한 후제칭은 1942년 가을 어느 날 아이들을 데리고 먼 길을 마다치 않고 충칭으로 오게 된다. 아내의 갑작스러운 충칭행에 라오서는 그야말로 아연실색이었다. 두 여인 사이에서 라오서는 어찌할 바를 몰랐다. 하지만 예상과는 달리 이 삼각관계를 정리한 사람은 다름 아닌 자오칭거였다. 자오칭거는 자존심 강하고 도도했던 여성이었다. (기록에 따르면) 자오칭거는 라오서가 아내를 버리고 자신을 선택할 것이라 굳게 믿었지만, 우유부단했던 라오서의 모습에 실망한 그녀는 모든 것을 정리하고 충칭을 떠났다.

자오칭거가 떠나고 한 가정의 가장으로서 일상을 회복하는 듯했지만, 라오서는 쉽사리 자오칭거를 잊을 수 없었다고 한다. 아내 몰래 서신을 통해 그녀와 연락을 취했던 라오서는 감정을 숨기지 못하고 자오칭거와 함께 도망가자고 제안을 하기에 이른다. 1945년 항전 승리 후 자오칭거는 라오서와의 관계를 정리하기 위해 상하이로 이주했으나, 이 사실을 알게 된 라오서가 그녀를 쫓아 상하이에 갔다. 하지만 그뿐만이 아니었다. 라오서의 아내도 라오서를 쫓아 상하이에 갔다. 라오서의 '도피'는 실패한 거나 진배없었다. 그럼에도 불구하고 라오서는 포기하지 않았다. 그는 또다시 자오칭거와 사랑의 도피를 결심했다. 라오서는 그녀에게 고백했다. "아무도 없는 저 먼 곳으로 갑시다. 조용한 곳에서 나는 글을 쓰고 당신은 그림을 그리면서, 바람과 달빛을 벗삼아 삽시다. 하늘과 땅이 무너져도 우리의 사랑은 영원할 것이오!"

라오서는 시종일관 그녀를 잊지 못했다. 심지어 라오서가 미국에 체류(1946-1949) 때에도 그녀에게 편지를 썼다고 한다. 하지만 현실적으로 두 사람의 사랑은 이루어질 수 없었다. 설령 이루어진다고 해도 그 끝은 불행과 지울 수 없는 상처를 남기기 때문이라는 것을 자오칭거는 알고 있었다. 그리하여 라오서의 지독한 구애에도 불구하고 자오칭거는 라오서에게 영원한 이별을 고하며 두 사람의 인연은 종지부를 찍었고, 이후 자오칭거는 평생 독신으로 살았다.

세 번째 키워드는 '사세동당'이다. 라오서의 『낙타샹즈』가 1930년대 중국 현대문단의 한 획을 그은 걸작이라면, 1940년대에 이르러 라오서는 또 한 편의 걸작 『사세동당(四世同堂)』을 완성한다. 4대가 한집안에 사는 것을 일컫는 '사세동당'이라는 말이 바로 라오서의 장편소설 『사세동당』에서 유래한 것이다.

1943년 말, 라오서의 아내 후제칭은 세 자녀를 데리고 충칭에 오게 된다. 당시 라오서 식구들이 살았던 곳은 충칭 베이베이(北碚)에 위치한 조그마한 별장이었는데, 충칭의 라오서 옛집은 2010년에 '사세동당기념관(四世同堂紀念館)'으로 명칭이 바뀌었다. 여타 라오서가 살았던 옛집과는 달리 충칭 옛집은 동서양의 양식이 혼재된 별장식의 건물이었다. 충칭에서 라오서와 합류한 부인 후제칭은 베이핑(北平)에서의 일본인의 만행을 라오서에게 들려준다. 라오서는 그의 아내가 겪었던 일과 아내가 전해 들려준 일제 치하 베이핑 사람들의 참상을 듣고 『사세동당』을 쓰기로 결심한다. 라오서의 『사세동당』은 바로 충칭 베이베이 옛집에서 집필이 이루어졌으며, 이곳에서 1부 「황혹(惶惑)」과 2부 「투생(偸生)」을 탈고한다. 3부 「기황(飢荒)」의 경우 미국에서 탈고한 후 영문판 "*The Yellow Storm*(황색 폭풍)"을 출간한다.

『사세동당』의 영문판 제목인 "황색 폭풍"은 바로 일본 제국주의의 침략으로 시작된 중일전쟁을 가리킨다. 라오서는 이 소설에서 일본 제국주의에 짓밟힌 베이징의 샤오양쥐안후퉁(小羊圈胡同)을 배경으로 하여 기씨(祁氏) 노인 집안의 '사세동당'의 삶이 일본군의 베이징 점령으로 어떻게 파괴되어 가는지, 그들이 어떻게 그 험난한 시대를 살아갔는지 보여주었다.

충칭에서 라오서는 그야말로 '뜨거웠던' 삶을 살았다. 국가를 위해 그는 모든 것을 버리고 홀로 항일전선(抗日戰線)에 뛰어들어 남다른 애국심을 보여주었다. 주목할 점은 전쟁의 위기 속에서도 라오서는 문학 창작에 대한 불굴의 집념과 뜨거운 열정을 불태웠다는 것이다. 이처럼 척박한 환경 속에서도 청빈한 삶을 추구했던 그는 스스로 "문예 분야에서 맡겨진 책임을 다하는 졸병(文藝界盡責的小卒)"이 되고자 했다.

요컨대 라오서와 충칭은 그의 고향인 베이징과 마찬가지로 불가분의 관계였다. 요컨대 충칭에서의 라오서의 삶의 궤적은 그의 리얼리즘 문학보다 더 리얼했다고 할 수 있겠다.

V. 인민의 역사를 담아내다: 라오서와 『찻집』

본 장에서는 "인민의 역사를 담아내다: 라오서와 『찻집』"라는 주제를 다루고자 한다.

1937년 중일전쟁이 발발하고 그에 맞서 문학예술계 항일민족통일전선에 의해 1938년 3월 27일에 조직된 중화전국문예계항적협회(中華全國文藝界抗敵協會)의 "입회의 즈음한 맹세 선언"에서 라오서는 "내가 무덤 속으로 들어가는 날, 어떤 이가 나에게 조그만 비를 세워 주어 그 위에 '문예계에서 그 책임을 다한 졸병이 여기에 잠들다'라고 적어 주기를 바란다."며 자신의 결의를 밝혔다.

라오서는 항전 시기였던 1937년부터 1945년까지 여러 문예단체에서 활발한 활동을 함과 동시에, '항일(抗日)'을 제재로 하는 작품들을 많이 창작하였는데, 그 대표적인 실례가 바로 '희곡' 창작이다(신진호 옮김, 『찻집』 해설 참고).

라오서와 '희곡' 창작은 필연적인 불가분의 관계라고 볼 수 있다. 우선, 라오서의 희곡 창작은 1930년대 중반부터 시작되는데, 이 시기에는 소설과 함께 희곡을 창작했다. 1949년 중화인민공화국 성립 이후부터 그가 세상을 떠날 때까지는 희곡 창작에 몰두하였다. 이처럼 희곡 창작은 그의 생애에서 두 단계에 걸쳐 있기에 주목하지 않을 수 없겠다. 중일전쟁 시기에 라오서의 작품 주제는 '항일'에 초점을 맞췄다면, 1949년 이후부터는 좀 더 현실적인 소재로 작품을 창작하기 시작했다. 그 대표적인 예로 거론되는 작품이 바로 1950년 초 중국 문단에서 대표적인 희곡작품으로 평가받았던 『룽쉬거우(龍須溝)』이다(신진호 옮김, 『찻집』 해설 참고). 하지만 『룽쉬거우』가 중화인민공화국 성립 초기 정치적 필요에 의해 창작된 이른바 '어용(御用)' 작품이었는지라 라오서 개인으로는 그다지 만족스럽게 생각하지 않았다고 한다. 이에 대한 반작용으로 구상된 작품이 바로 『찻집』(1957)이다. 총 3막으로 이루어진 『찻집』은 1957년 7월에 『수확(收穫)』 창간호에 발표된 라오서 희곡의 대표작일 뿐만 아니라, 당시 문단에서도 많은 호평을 받아 중국 현대 희곡을 대표하는 작품이 되었다(신진호 옮김, 『찻집』 해설 참고).

그렇다면 라오서는 어찌하여 『찻집』을 창작하게 되었을까? 이에 대해 라오서는「『찻집』과 관련된 몇 가지 문제에 답함(<答復有關《茶館》的幾個問題>)」이라는 글에서 "찻집은 온갖 부류의 사람들이 만나는 곳으로서 각양각색의 인물들이 오는 곳이다. 커다란 찻집은 조그만 사회이다. 이 대본은 비록 3막에 불과하지만 50년간의 변천을 써냈다. 이러한 변천 속에서 정치적인 문제를 피해 갈 방법은 없다. 하지만 나는 정치무대에서의 고관대작들을 잘 몰라 그들의 진퇴를 정면으로 묘사해 낼 방법이 없었다. 나는 또한 정치를 잘 알지 못한다. 난 단지 몇몇 소인물들을 알 뿐이다. 이 인물들은 찻집에서 생활하는 사람들이다. 그러면, 내가 만약 그들을 한 찻집에 모아 놓고 그들 생활의 변천을 이용하여 사회의 변천을 반영해내고 그렇게 되면 약간의 정치 뉴스를 측면에서나마 드러낼 수 있지 않을까? 이렇게 하여 나는 찻집을 쓰기로 결정한 것이다(하경심·신진호 공역, 『老舍 희곡선』, 학고방, 2006)"라며 자신의 창작 동기를 밝혔다.

3막으로 구성된 『찻집』은 세 시대의 찻집 생활을 그려낸 작품이다. 극 중의 제1막에서는 수구파와 개혁파 간의 대립이 끊이지 않았던 청말 과도기 중국의 모습을 담아내었고, 제2막에서는 중화민국 초기 군벌 혼전으로 인해 고통받는 중국인들의 모습을 담아내었으며, 제3막에서는 중일전쟁과 국공내전이 빚어낸 개인과 사회의 비극을 담아내었다.

이어서 『찻집』 감상을 통해 작품에 대한 이해를 도모하고자 한다. 『찻집』은 다음과 같은 내레이션으로 시작하는데, 이는 앞으로 발생할 사건들을 짐작게 하며 기대감을 불러일으킨다.

> [막이 열리면 보이는 찻집. 이런 커다란 찻집은 이제는 찾아볼 수 없다. 몇십 년 전에는 각 도시에 최소한 한 군데 정도는 있었다. 여기에서는 차를 팔기도 하고 간단한 간식이나 밥을 팔기도 한다. 애완용 새를 키우는 사람들은 매일 멧새나 꾀꼬리 등을 데리고 돌아다니다가 여기에 와서 쉬면서 차를 마시기도 하고 새들이 노래를 부르게도 한다. 사업을 하는 사람들이나 중매를 서려는 사람들도 여기에 온다. 당시에는 항상 싸움이 있곤 했지만, 나서서 양측을 화

해시키는 사람이 나서서 이리저리 설득하면 모두 차를 마시거나 밀국수를 먹으면서 싸울 일도 평화롭게 끝내곤 했다. 요컨대 이곳은 당시로서는 매우 중요한 곳이었고, 일이 있든 없든 앉아서 반나절을 보낼 수 있는 곳이었다.]

[여기에서는 아주 황당한 소식을 들을 수도 있다. 예를 들어 어느 곳의 거미가 어떻게 애벌레가 되었다가 전기 충격을 받았나 하는 것들이다. 기괴한 의견 또한 여기에서 들을 수 있다. 바닷가에 담장을 쌓아서 서양 군대가 상륙하는 것을 막을 수 있다는 식의 말들이다. 여기에서는 또한 어떤 경극 배우가 어떤 곡조를 새롭게 만들었다든가 아편을 피우는 가장 좋은 방법 같은 것도 들을 수 있다. 또 어떤 사람이 새로 얻은 진귀한 물건, 즉 출토된 옥 부채라든가 삼색 담배 주전자 같은 것들을 볼 수도 있다. 여기는 정말로 중요한 곳으로서 문화 교류의 장이라고 할 수 있다.]

(『찻집』 제1막, 11~12쪽)

[幕啟: 這種大茶館現在已經不見了。在幾十年前, 每城都起碼有一處。這裡賣茶, 也賣簡單的點心與菜飯。玩鳥的人們, 每天在遛够了畫眉, 黃鳥等之後, 要到這裡歇歇腿, 喝喝茶, 並使鳥兒表演歌唱。商議事情的, 說媒拉纖的, 也到這裡來。那年月, 時常有打群架的, 但是總會有朋友出頭給雙方調節; 三五十口子打手, 經調人東說西說, 便都喝碗茶, 吃碗爛肉麵, 就可以化干戈爲玉帛了。總之, 這是當日非常重要的地方, 有事無事都可以來坐半天。]

[在這裡, 可以聽到最荒唐的新聞, 如某處的大蜘蛛怎麼成了精, 受到雷擊。奇怪的意見也在這裡可以聽到, 像把海邊上都修上大墻, 就足以擋住洋兵上岸。這裡還可以聽到某京戲演員新近創造了什麼腔兒, 和煎熬鴉片煙的最好的方法。這裡也可以看到某人新得到的奇珍——一個出土的玉扇墜兒, 或三彩的鼻煙壺。這眞是個重要的地方,簡直可以算作文化交流的所在。]

(『茶館』 第一幕, 6~7쪽)

[캉류] 순쯔야! 내 딸! 아빠는 사람이 아니고 짐승이다! 내가 어떻게 했으면 좋겠니? 밥 먹을 곳을 찾지 못하면 너는 굶어 죽는단다! 내가 은자 몇 냥이나마 얻지 못하면 주인에게 맞아 죽을 수밖에 없단다! 순쯔야, 너는 운명이라고 생각하고 덕을 쌓거라!

[캉순쯔] 저, 저는.......

[류마쯔] 돌아왔군! 그렇게 하기로 한 거지? 좋았어! 총관 나리를 뵙도록 하지! 나리께 인사드려야지!

[캉순쯔] 저는......

[캉류] 순쯔야! 순쯔야!

[류마쯔] 왜 그래?

[캉류] 배고프고 화가 나서 기절한 겁니다! 순쯔야! 순쯔야!

[팡 태감] 난 살아 있는 게 필요한 거지, 죽은 건 필요 없어!

(『찻집』 제1막, 38~39쪽)

[康六] 姑娘! 順子! 爸爸不是人, 是畜生! 可你叫我怎辦呢? 你不找個吃飯的地方, 你餓死! 我不弄到手幾兩銀子, 就得叫東家活活地打死! 你呀, 順子, 認命吧, 積德吧!

[康順子] 我, 我……

[劉麻子] 你們回來啦? 點頭啦? 好! 來見見總管! 給總管磕頭!

[康順子] 我……

[康六] 順子! 順子!

[劉麻子] 怎麼啦?

[康六] 又餓又氣, 昏過去了! 順子! 順子!

[龐太監] 我要活的, 可不要死的!

(『茶館』 第一幕, 19쪽)

제1막에서 캉류(康六)와 캉순쯔(康順子)의 대화 장면이다. 캉류는 베이징 근교에 거주하는 가난한 농민이며, 캉순쯔는 캉류의 딸이다. 캉류는 가난 때문에 자신의 딸을 팔아버리려 했고, 열다섯 살 어린 나이에 팡태감에게 팔려간다. 당시 청나라 말기 부패했던 내정과 외래 자본주의 침입이 야기한 사회 경제적 혼란 속에서 중국인들의 불만은 점점 커져 갔다. 극 중에서 팡 태감은 바로 구시대를 대표하는 인물이자 부패 권력의 상징이기도 하다. 라오서는 이들을 통해 당시 청나라 말기 중국 사회에 만연했던 지배계층의 부패와 이로 인한 백성들의 고통을 여과 없이 그려냈다.

[순경] 자, 형씨들 많이 좀 이해해주시오. 저 양반, 정말 여러분들을 대접할 방법이 없소!
[무장 군인] 제기랄! 누가 지전이 필요하댔나! 대양이 필요하다니까!
[왕리파] 형씨들, 지금 내가 어딜 가서 대양을 구할 수 있단 말이오?
[무장 군인] 제기랄! 이 녀석, 한 번 패 줄까 보다!
[순경] 빨리! 조금 더 드리란 말이오!
[왕리파] 형씨들, 내가 만약 한 푼이라도 더 가지고 있다면 이 집을 불 질러도 좋소!
[무장 군인] 제기랄!
[순경] 됐어요! 내가 당신을 위해서 한바탕 큰 화를 막아 준거라고요! 그 사람들이 가지 않았으면 당신은 끝장나는 거지. 찻잔 하나도 남아나지 않았을걸요!
[왕리파] 내 영원히 나리의 은혜 잊지 않겠습니다!
[순경] 그렇다면 그런 공로를 생각해서 또 성의 표시를 해야 하지 않겠습니까?

[왕리파] 맞아요! 나리께서는 사리가 분명하신데, 저는 흐리멍덩하군요! 하지만 한 번 뒤져 보시죠! 정말 동전 한 닢 없습니다!

[순경] 내 자네를 못 당하겠군! 내일 봅시다. 내일 또 비가 올지 바람이 불지 모르는 일이오!

[왕리파] 살펴 가십시오! 제기랄! 전쟁! 전쟁! 오늘도 싸우고, 내일도 싸우고, 늘 싸우기만 하니, 제기랄 뭐를 위해 싸우는 거야?

(『찻집』 제2막, 52~53쪽)

[巡警] 得啦, 老總們多原諒, 他實在沒法招待諸位!

[大兵] 屌! 誰要鈔票? 要現大洋!

[王利發] 老總們, 讓我哪兒找現洋去呢?

[大兵] 屌! 揍他個小舅子!

[巡警] 快! 再添點!

[王利發] 老總們, 我要是還有一塊, 請把房子燒了!

[大兵] 屌!

[巡警] 得, 我給你擋住了一場大禍! 他們一進來呀, 你就全完, 連一个茶碗也剩不下!

[王利發] 我永遠忘不了您這點好處!

[巡警] 可是爲這點功勞, 你不得另有份意思嗎?

[王利發] 對! 您聖明, 我糊塗! 可是, 您搜我吧, 真一個銅子兒也沒有啦! 您搜! 您搜!

[巡警] 我幹不過你! 明天見, 明天還不定是風是雨呢!

[王利發] 您慢走! 他媽的! 打仗, 打仗! 今天打, 明天打, 老打! 打他媽的什麼呢?

(『茶館』 第二幕, 24~25쪽)

제2막에서 주인공 왕리파와 순경, 그리고 무장 경찰 간의 대화 장면이다. 제1막에서 십여 년이 지난 시점, 위안스카이가 죽고 제국주의가 중국 군벌을 사주하여 중국 분할이 진행되었던 시기이다. 당시 민국 초기 군벌들 간의 혼전은 중국인들에게 많은 재앙을 안겨주었고, 이로 인해 군벌들은 증오의 대상일 수밖에 없었다. 심지어 서민들을 보호해야 할 순경들조차도 뇌물을 받아 사적인 이익을 추구하는 등 그야말로 부정과 부패의 온상이었다. 라오서는 부정부패로 호의호식하면서도 아무런 통제를 받지 않는 권력 세력의 만행을 드러내고, 이로 인해 고통받으며 살았던 서민들의 삶을 그려냈다.

> [친중이] 일본 놈들이 여기에 있으면서 무슨 합작입네 하는 말들을 했는데, 내 공장을 모두 합작해 가 버렸다. 우리 정부가 돌아와서는 어찌된 일인지 공장은 또 반역자의 재산이 되어 버렸지. 창고에 있던 물건들도 모두 끝장났지! 하하!
> [왕리파] 개량, 저는 항시 개량을 잊어본 적이 없어요. 언제나 사람들에게 뒤처지고 싶지 않았죠. 차 파는 게 잘되지 않으면 하숙을 열었죠. 하숙이 없어지고 나서는 설창을 해 봤죠! 설창을 해도 손님이 없었어요. 좋다. 체면 불고하고 여자 접대부를 두었지요! 사람은 어쨌든 살아야 하니까요! 나는 방법을 최대한 생각해 냈죠. 하지만 살아갈 수가 없었어요! 그래요. 뇌물을 줘야 할 곳에는 봉투를 건네기도 했죠. 전 나쁜 짓을 한 적이 없고, 하늘의 이치를 어긴 적이 없는데, 왜 저를 살아갈 수 없도록 만드는 거죠?
> [창 대인] 바라는 건, 바라는 건, 단지 바라는 건, 누구라도 이치를 말하고, 누가 누구에게 속임수나 수모를 당하지 않는 거요! 하지만 눈으로 보는 건 친구들이 하나 하나 굶어 죽지 않으면 사람들에게 살해당하는 것이니, 나는 말이

오, 눈물이 있다고 해도 흘릴 수가 없소! 내 친구인 쑹 대인, 굶어 죽었소. 관조차 없어서 내가 어찌어찌 마련해 주었다오! 그 사람은 그래도 나 같은 친구라도 있으니, 그래도 판때기 네 개짜리 관이라도 구해준 것이지만, 나 자신은? 나는 우리나라를 사랑하오. 하지만 나는 누가 사랑해 준단 말이오? 보시오. 우연히 장례 행렬을 만나서 지전 몇 장을 주워 왔소. 수의도 없고 관도 없으니 난 그저 지전이라도 스스로 준비해야 하지 않겠소. 하하, 하하!

(『찻집』 제3막, 133~135쪽)

[秦仲義] 日本人在這兒, 說什麼合作, 把我的工廠就合作過去了。咱們的政府回來了, 工廠也不怎麼 又變成了逆產。倉庫裡有多少貨呀, 全完! 还有銀號呢, 人家硬給加官股, 官股進來了, 我出來了! 哈哈!

[王利發] 改良, 我老沒忘了改良, 總不肯落在人家後頭。賣茶不行啊, 開公寓。公寓沒啦, 添評書! 評書也不叫座兒呀, 好, 不怕丟人, 想添女招待! 人總得活著吧? 我變盡了方法, 不過是爲活下去! 是呀, 該賄賂的, 我就遞包袱。我可沒作過缺德的事, 傷天害理的事, 爲什麼就不叫我活著呢?

[常四爺] 盼哪, 盼哪, 只盼誰都講理, 誰也不欺侮誰! 可是, 眼看著老朋友們一個個的不是餓死, 就是叫人家殺了, 我呀 就是有眼淚也流不出來嘍! 松二爺, 多麼好的人, 餓死啦, 連棺材還是我給他化緣化來的! 他還有我這麼個朋友, 給他化了一口四塊板的棺材; 我自己呢? 我愛咱們的國呀, 可是誰愛我呢?看, 遇見出殯的, 我就撿幾張紙錢。沒有壽衣, 沒有棺材, 我只好給自己預備下點紙錢吧, 哈哈, 哈哈!

(『茶館』 第三幕, 64쪽)

제3막에서 주인공 왕리파와 친중이, 창 대인 간의 마지막 대화 장면이다. 전쟁으로 말미암아 베이징은 8년 동안 일본에게 점령당했고, 당시 중국인들은 이루 말할 수 없는 고통을 겪었다. 중일전쟁이 끝난 뒤 국민당 정권은 경제 재건을 추진했지만, 그 결과는 중국인들에게 실망감을 안겨 주었고, 민심 또한 흔들리기 시작했다. 게다가 2차 국공내전까지 일어나면서 사회가 큰 혼란에 빠지고 경제도 무너지기 시작했다. 이로 인해 백성들은 점점 더 살기 힘들어질 수밖에 없었다. 정의감 넘치는 애국자이지만 노점상으로 전락하는 창 대인, 유신운동의 결과로 생겨난 민족자본가로서 의욕이 넘쳤지만 결국 파산하고 만 친중이, 처세에 능했던 찻집 주인 왕리파마저도 견디다 못해 자살로 생을 마감하는 등, 라오서는 이들의 모습에 당시 중국의 역사적 운명을 함축적으로 담아내었다.

『찻집』은 청나라 말기, 민국 초기 및 중일전쟁 승리 이후 등 세 역사 시기를 시대적 배경으로 삼아 조정의 부패함, 제국주의의 침략, 군벌 혼전, 국민당의 부패와 이로 인한 백성들의 고통이 여과 없이 그려져 있다. 라오서에 따르면 그는 이 작품을 통해 찻집이라는 '사회'를 분석함으로써 세 역사 시기의 죄악상을 장사 지내고 구시대를 매장함으로써 광명의 도래를 암시하고자 했다. 즉, 라오서는 한 막(幕)에 하나의 시대를 담아 (청말부터 중일전쟁 승리 이후까지) 50여 년에 걸친 중국 사회의 모습과 인물들의 운명을 보여주었다(신진호 옮김, 『찻집』 해설 참고).

VI. '라오바이싱'의 영원한 작가: 라오서의 문학적 성취와 사상

본 장에서는 "'라오바이싱'의 영원한 작가: 라오서의 문학적 성취와 사상"이라는 주제로 라오서의 삶과 문학을 총체적으로 살펴보고자 한다.

라오서의 아들인 수이(舒乙, 1935-2021)는 아버지 라오서에 대해 "아버지(라오서)가 우리에게 남긴 가장 큰 인상은 근면 성실함이다. 당시 아버지의 명성은 높았고, 연세도 많으셨으나, 명절이든 휴일이든 막론하고 쉬는 날이 없으셨다. 오전에 글을 쓰시고 오후에는 일을 하시는 등, 시간만 나면 붓글씨를 연습하셨다.……하지만 지금 생각해보니 그때 아버지는 내심 외로우셨는지도 모른다. 대부분의 시간을 창작에 몰두하셨으니 말이다(수이, 「라오서를 말하다(舒乙說老舍)」, 『南方週末』, 2010.6.17.)."라면서 라오서의 근면 성실함을 언급했다. 이 밖에도 라오서에 대한 주변 사람들의 호평도 이어졌는데, 그 실례로 중국 저명작가 빙신(氷心, 1900-1999)은 라오서를 활달하고, 재치가 넘치며, 소박하면서도 열정적인 사람이었다고 칭찬을 아끼지 않았다. 이처럼 라오서는 지성과 인격을 고루 갖춘 작가였다. 소설과 희곡을 막론하고 라오서는 독자적이면서도 개성 있는 작품 창작을 통해 문학적 성취를 이루어내었다.

우선 라오서가 이루어낸 문학적 성취는 바로 '경미(京味)'이다. '경미'라는 용어는 '北京味兒'의 줄인 말로, 문학사에서는 1920-30년대부터 1980-90년대에 이르기까지 베이징을 중심으로 전개되었던 소설을 '경미소설(京味小說)'이라고 지칭한다. 즉, 일반적으로 베이징을 공간/배경으로 설정, 베이징과 관련된 여러 사건을 다루며, 베이징 사람들을 주요

소재로 삼아 순수 베이징말(北京話)을(를) 문학 언어로 사용한 창작 스타일을 '경미(京味)'로 정의한다.

라오서의 문학 창작은 베이징을 무대로, 베이징 사람을 소재로, 베이징의 문화와 베이징 사람들의 문화습속을 주제로 삼아 베이징 시민사회를 오롯이 담아냈다. 이와 함께 라오서 작품 속 베이징의 시민사회는 여러 계층의 시민 형상들로 구성되어 있는데, 구체적으로 전통을 고수하는 보수파 시민, (중국의 자본주의화와 식민지화에 따른) 신흥 시민, (『낙타샹즈』의 주인공 샹즈처럼) 도시 빈민 등이 이에 해당한다. 그중에서도 라오서의 소설은 도시에 거주하는 하층민을 문학적으로 훌륭하게 형상화하였다. 이 외에도 주목해야 할 점은 바로 라오서 작품의 언어적 특징이다. 주지하듯이 순수 베이징말에는 베이징 특유의 지역적 색채가 반영되어 있다. 특히 라오서는 그의 소설 창작에 있어 베이징의 지역성에 주안점을 두었다. 그는 베이징 구어와 토속어를 사용, 언어의 통속적인 면을 최대한 살리면서 평이하면서도 정제된 언어로 작품을 창작하였다. 이로 인해 라오서는 '언어의 거장(語言大師)'이라는 칭호를 얻게 되었다.

'경미'에 이어 라오서의 또 다른 문학적 성취는 바로 '유머'와 '위트'이다. 작품 본연의 탄탄한 줄거리 속에서 라오서는 한담(閑談), 이야깃거리 등을 소설 창작에 적극 활용, 여기에 유머와 위트를 가미하여 문학성을 구축하였다. 요컨대 라오서는 일상생활 속 구어와 베이징 특유의 토속어로 베이징의 풍속과 문화심리가 반영된 '경미'의 특징을 잘 살려냈다. 더불어 라오서 특유의 간결하면서도 평이한 문체, 풍자적이면서도 해학적인 표현과 작품 곳곳에 유머와 위트를 배치하여 자신만의 문학세계를 구축하였다.

라오서의 소설과 희곡은 그의 문학적 성취를 종합적으로 보여주고 있음과 동시에, 그의 사상과도 밀접한 관계가 있다. 라오서의 모든 작품 저변에는 당시 시대에 대한 라오서의 현실 인식에서 비롯되고 있는데, 라오서의 경우 시대의 변천에 따라 사상이 심화하는 양상을 보여주고 있다. 청년 시절 라오서는 교편 생활을 통해 지식인으로서의 입지를 다져 나갔지만, 그는 소위 일컫는 권력과 지위에 연연해하지 않았다. 그는 당시 중국의 사회적 약자(특히 도시 빈민/하층민)의 불안정한 삶에 깊은 관심을 가졌으며, 이를 작품 창작에 반영함과 동시에 그의 사상을 표현했다. 그렇다면 라오서의 사상은 어떤 특징을 가지고 있을까? 편의상 시기별로 나누어 살펴보면 다음과 같다.

우선 1920년대이다. 이 시기 라오서 사상의 첫 번째 전환점은 바로 '오사(五四)' 운동이다. 오사 운동을 기점으로 오랫동안 전통 사회 속에서 유교적, 봉건적 굴레를 쓴 채 가부장제에 의한 지배와 억압을 받아왔던 중국인들의 의식이 각성되기 시작하였고, 스스로 현실을 인식하고 직시하기 시작하였다. 당시 구(舊)사회의 낡은 제도의 폐해를 몸소 체험했던 라오서 또한 예외가 아니었다. "반봉건은 나에게 인간의 존엄을 일깨워 주었고, 반제국주의는 나에게 중국인의 존엄을 인식하게 해주었다. 인간은 예교(禮教)의 노예가 되어서는 안 되며, 중국인은 양노(洋奴)가 되어서는 안 된다."고 한 라오서의 말처럼, '반봉건주의'와 '반제국주의'는 라오서 사상의 첫 번째 전환점이자 출발점이 되었다.

다음으로 1930, 40년대이다. 이 시기 라오서 사상의 두 번째 전환점은 바로 1930, 40년대 굴곡진 중국의 현대사와 그 맥락을 함께 한다. 1930년대 급변하는 정세 속에서 당시 중국 사회에 만연해 있던 각종 부조리는 각종 문제와 모순을 일으켰다. 이와 함께 1937년에 발발한 중일전쟁으로 인해 중국 민중들은 생존의 갈림길에 서게 된다. 이러한 연유로 인해 1930, 40년대 중국 문단에서는 인간의 문제, 생사의 문제, 도시문명의 모습, 농촌과 도시의 삶, 그리고 더 나아가 민족적 수난을 집약시켜 항일정신과 애국 사상을 고취하는 작품들이 많이 발표되었다.

하지만 1949년 이후 라오서는 변화를 선택한다. 미국에서 귀국 후 마오쩌둥 선집을 읽고, 베이징문학예술계연합회 주석 및 중국작가협회 부주석 등의 직위를 맡는다. 이와 함께 중화인민공화국 성립을 칭송하는 글들을 다량 발표하여 '인민예술가'라는 칭호를 얻고, 당시 시대적 요구에 부응하고자 자신의 대표작 『낙타샹즈』, 『사세동당』 등을 수정한다. 중공 성립 이후 라오서는 「마오 주석은 나에게 새로운 문예생명을 주었다(毛主席給了我新的文藝生命)」(1952)에서 "나는 마오 주석의 말을 들어야 하고, 마오 주석을 따라가야 한다! 마오 주석의 말을 듣는 것은 영광이다(我要聽毛主席的話, 跟著毛主席走! 聽從毛主席的話是光榮的!)"라고 하는 등 마오쩌둥의 공적을 칭송하는 글을 다수 발표한다. 이처럼 라오서는 시대적 요구에 순응하고, 소위 인민을 위해 복무하고 인민의 기대에 부합하는 모습으로 변모하기에 이른다.

하지만 그는 당시 시대에 순응함과 동시에, 한 사람의 지식인이자 작가로서의 신념을 견지했다. 1956년 '백화제방(百花齊放)'과 '백가쟁명(百家爭鳴)'의 구호 하에 진행된 중화인민공화국의 정풍(整風)운동의 흐름 하에 라오서는 "작가들이 자유롭게 창작하고 비평해야지만 문학사업의 발전을 촉진할 수 있다(라오서, 「자유와 작가(自由和作家)」, 1957)"며 자신의 의견을 솔직하고 대담하게 피력했다.

20세기 초 동아시아 작가들의 글 속에는 근대에 대한 열망, 망국의 한, 조국의 앞날에 대한 의문 등 아픈 감정들이 교차하고 있다. 그중에서도 베이징 '라오바이싱'의 삶에 관심을 보이고, 그들의 애환과 고통을 등한시하지 않은 라오서의 작품을 통해 우리는 역사의 수레바퀴에 깔린 중국 근현대 지식인의 고뇌와 번민을 읽어낼 수 있을 것이다. 이러한 고뇌와 번민은 스스로 자신의 생을 마감한 라오서 자신의 운명과도 직결되어있는 듯하다. 특히 1949년 이후 라오서는 시대에 부응하기 위해 스스로 개조하려고 애썼지만, 마음속 깊이 내재되어 있는 작가로서의 '자유' 본성은 쉽게 '개조'할 수 있는 것이 아니었다.

요컨대 라오서의 작품에는 그가 살아온 삶의 궤적이 고스란히 담겨있다. 라오서는 그만의 간결하면서도 섬세한 필법으로 당시 도시 하층민들에 대한 구(舊)사회의 잔혹한 수탈과 참상을 생동감 있게 묘사하여 (신분과 계층을 막론한) '인간 존엄'을 우선으로 삼는 '인도주의(人道主義)'적 면모를 보여주었다. 비록 그의 삶은 비극으로 마무리되었지만, 라오서는 인생의 수많은 굴곡 속에서도 문학에 대한 열정과 창작의 자유를 추구한 '작가'였으며, 베이징 서민들의 애환과 고통을 어루만진, 20세기 중국의 진정한 '휴머니스트'였다.

Ⅶ. 못다 한 이야기

중국을 대표하는 현대 작가가 루쉰이라면 '베이징'을 대표하는 작가는 라오서입니다. 라오서는 만주족 출신입니다. 그의 아버지는 만주 팔기군으로 8개국 연합군의 베이징 침략으로 자금성을 수비하다가 전사하지요. 라오서는 문화대혁명 때 자살로 생을 마감합니다. 그의 신분이 만주족이라는 것, 그리고 아버지와 아들이 모두 중요한 역사적 사건으로 희생되었다는 것 등에서 그의 삶이 예사롭지 않음을 알 수 있습니다.

그러면 라오서의 삶과 글쓰기에 대해 못다 한 이야기를 해보겠습니다.

1. 어떻게 해서 라오서를 알게 되었는지요?

학부 시절 들었던 중국현대문학사 강의에서 라오서의 『낙타샹즈』를 접하게 되었습니다. 사회적 약자나 마찬가지였던 샹즈의 파란만장한 인생이 처절했던지라, 당시 학생이었던 저의 마음을 울렸던 게 기억이 납니다.

2. 라오서가 만주족 출신이라는 점은 그의 작가로서의 정체성에 중요한 영향을 미쳤을 것으로 생각됩니다.
우선 라오서가 태어난 청말 시점 베이징에서 만주족의 생활과, 아버지의 죽음 이후 라오서가 어떻게 생활을 하게되었는지 궁금하네요. 생활이 매우 곤궁했을 것으로 짐작됩니다만.

라오서는 만주족 팔기(八旗) 중에서 정홍기(正紅旗) 출신이며, 그의 아버지는 당시 자금성을 지키는 황궁 수비병이었습니다. 1900년 8국 연합군의 베이징 침략으로 인해 라오서의 아버지는 지금의 전문(前門)인 정양문(正陽門)을 수비하다가 전사했습니다. 아버지의 죽음으로 어머니의 날품팔이, 삯바느질 등으로 생계를 의존해야 하는 처지로 전락한 라오서는 불우하고 곤궁한 어린 시절을 보내야 했고, 그 시절 베이징 밑바닥 하층민의 생활을 경험하게 되었습니다.

물론 아버지의 갑작스런 죽음으로 인한 생활고 또한 라오서의 성장에 큰 영향을 미쳤지만, (본인의 생각으로는) 당시 만주족 기인(旗人)들의 추락, 사회 곳곳에 만연한 배만(排滿)/반만(反滿) 정서 또한 유년 시절 라오서의 정체성 형성에 큰 영향을 주었으리라 여겨집니다.

그럼에도 청나라가 무너지고 중화민국 시기 성장한 라오서가 만주족이라는 신분을 직접 드러내기는 쉽지 않았을 것으로 짐작되는데 어떻습니까?

다만 라오서가 공개석상에서 자신이 만주족이라는 점을 직접적으로 드러내지는 않았습니다. 라오서가 만주족 기인(旗人)이라고 밝힌 인물이 처음으로 등장한 건 1957년에 발표한 『찻집』이나, 그가 공개적이면서도 직접적으로 만주인으로서의 민족의식을 드러낸 건 1961년에서 1962년 사이에 창작한 자전체 소설 『정홍기 아래에서(正紅旗下)』입니다.

하지만 그의 이전 작품에서 만주족 기인(旗人)의 흔적과 정체성을 발견할 수 있습니다. 당시 베이징에 상주했던 인구 중에서 1/3이 만주족 기인(旗人)이었으며, 더불어 라오서의 생활반경 또한 만주족 기인(旗人)

이 살았던 장소였습니다. 이러한 사실은 라오서 창작에 직접적인 영향을 주었습니다. (『낙타샹즈』, 『찻집』 이외에도) 라오서의 수많은 작품에는 만주족을 포함한 베이징의 도시하층민이 등장하고 있으며, 라오서는 그들의 삶을 창작의 주요 모티브로 삼고 있습니다. 또한 이들의 삶을 통해 베이징의 시민, 더 나아가 당시 중국인들의 고통스러웠던 삶과 고민, 미래를 향한 희망을 사실적으로 그려냈습니다.

이러한 연유로 인해 라오서는 그의 작품에 만주족 기인(旗人)의 삶을 일관되게 담아낼 수 있었으며, 라오서만의 문화적 정체성을 이루어낸 것이라고 할 수 있겠습니다.

방금 말씀하셨듯이 라오서가 공개적이면서도 직접적으로 만주인으로서 민족의식을 드러낸 건 자전체 소설 『정홍기 아래에서(正紅旗下)』라고 하던데 그 내용이 궁금합니다. 그리고 창작 시점이 1960년대 초반으로 알고 있는데 이 시점이었던 이유가 있을까요?

『정홍기 아래에서(正紅旗下)』는 라오서가 1961년에서 1962년 사이에 집필한 자전체 소설로, 라오서의 마지막 소설이기도 합니다. 홍위병의 눈을 피해 작품을 숨겨야 했던 문혁 시기가 지난 후, 1979년에야 비로소 연재할 수 있었습니다. 비록 미완성 작품이나, 문학적 가치가 높은 작품으로 평가받고 있습니다.

이 작품은 무술년에 태어난 주인공 '나'의 출생을 둘러싸고 의화단 사건에서부터 청 왕조 몰락에 이르기까지의 역사적 흐름을 주요 내용으로 삼고 있습니다. 그리고 20세기 초 배만(排滿)/반만(反滿)의 사회적 정서로 인해 외부적으로 자신의 정체성을 당당히 드러낼 수 없었던 라오서는 1960년대에 이르러 '정치적 상황의 허락' 하에 오랫동안 구상해 온 작품을 『정홍기 아래에서』라는 제목을 내걸고 발표한 것입니다.

3. 라오서의 삶에서 그의 선택은 중요한 의미를 갖습니다. 라오서는 산둥에서 대학교수로 생활하다가 1936년 "낙타샹즈"를 발표하면서 전업작가가 되지요. 그런데 중일전쟁 발발 후 충칭에 있는 국민당 정부 근거지로 떠납니다. 가족도 두고. 그 이유가 궁금합니다.

라오서가 가족을 두고 간 이유는 당시 둘째 딸이 태어난 지 얼마 되지 않았기에 함께 떠나기 여의찮았던 것 같습니다. 더군다나 라오서의 어머니도 계셨기에(1942년에 작고), 누군가는 남아서 그들을 돌봐야 했습니다. 그리하여 라오서는 홀로 우한으로 떠났고, 라오서의 부인은 홀로 남아 시어머니와 자녀들을 돌보게 된 것입니다.

라오서가 우한에서 충칭으로 옮긴 이유는, 1938년 여름, 일본군의 공습으로 우한이 위기에 빠지게 되었습니다. 이로 인해 당시 문협임시이사회에서는 문협총회를 충칭으로 옮기기로 결정했고, 이에 따라 라오서 또한 몇몇 문협 회원들과 함께 충칭으로 간 것입니다.

라오서의 문협 활동도 주목해야 합니다. 문협은 항일전쟁을 위한 제2차 국공합작에 따른 통일전선의 일환이었습니다. 당시 문협을 이끌어 나갈 수 있는 대표자를 뽑는 게 관건이었는데요. 이때 정치적으로 중립적인 인사를 뽑자는 저우언라이의 건의 하에 라오서가 거론되었고, 이에 대해 국민당 측도 동의했다고 합니다. 문협 창립 후 라오서는 이사회의 추천으로 상무이사 겸 총무부주임으로 선출되었는데요. 당시 라오서는 문예 대중화를 위한 좌담회 개최, 예술인들의 친목 도모 추진, 전선 위문단 구성, 항전을 위한 후원금을 모금하는 등 많은 일을 했습니다.

또 1946년 미국 국무성의 초청으로 미국에 갔다가 1949년 귀국하죠. 당시 국공내전이 거의 마무리될 시점 당대의 지식인들은 타이완 행을 선택하는 경우도 많았습니다. 후스가 대표적 인물이죠. 라오서가 다시 귀국한 이유는 무엇일까요?

시중에 출간된 라오서 전기 혹은 평전에는 라오서가 국가의 안위를 염려하여 서둘러 귀국하였다고 나와 있습니다. 하지만 이는 사실과 다소 다른 것 같은데요. 라오서는 오히려 타이완이 아닌 미국 혹은 영국행을 고민했었다고 합니다. 1948년 2월 27일 라오서가 미국 체류 시 친구에게 편지에서 자신의 고민을 털어놓았다고 합니다. 미국에서의 장기 체류가 거의 불가능한 상태에서 귀국을 하자니 중국 상황도 내전으로 혼란스러웠기에 고민이 많았다고 합니다. 하지만 일찍이 이국 생활의 어려움(1920년대 영국 체류 경험)을 겪었던 라오서는 고심 끝에 결국 귀국을 결심하였습니다.

어찌 보면 후스 같은 유명인사는 타이완으로 모셔갔지만, 라오서는 그

정도 유명인사는 아니었던 것이네요.

4. 사회주의 중국에서 문화대혁명 광풍에서 자유로울 수 있는 지식인은 거의 없다고 생각하는데요. 라오서는 문혁 때 자살을 선택합니다. 비극적 선택이라고 할 수 있는데요. 그 이유를 무엇이라고 보시는지요?

라오서 역시 문화대혁명 초기에 베이징 공묘(孔廟)의 문지방에서 "현행 반혁명분자"의 플래카드를 쓰고 홍위병들에게 구타와 모욕을 당했고, 바로 다음 날인 1966년 8월 24일 이른 새벽에 호수(太平湖)에 몸을 던집니다. 개인적으로 라오서의 자살은 인간이 누려야 할 자유에 대한 억압과 박탈을 향한 '저항'이라고 생각합니다. 이는 특정 당파, 이념에 치우치지 않았던 라오서의 자유의지에서 비롯되고 있다고 생각합니다. 라오서는 시대적 변화에 순응했고 국가를 위해 헌신했지만, 타고난 '자유인'의 본성을 저버릴 수 없었습니다. 당시 문화대혁명의 부조리 속에서 자신의 본성을 선택하는 것은 체제에 대한 저항이며 저항은 곧 죽음을 의미했습니다. 즉, 라오서의 죽음은 문화대혁명이 야기한 자유에 대한 억압과 박탈을 향한 지식인의 '저항'이라고 생각합니다.

5. 마지막 질문인데요. 라오서의 삶과 문학이 오늘날 중국 사회 혹은 우리 사회에 주는 메시지는 무엇이라고 생각하십니까?

우리 사회 혹은 중국 사회를 막론하고, 라오서의 삶과 문학은 현재를 살아가는 우리에게 시사하는 바가 적지 않다고 생각합니다. 라오서 또한 인생의 고난 속에서도 희망을 잃지 않았고, 『낙타샹즈』에서 주인공 샹쯔 또한 성공하겠다는 꿈이 있었기에 희망을 잃지 않았습니다. 우리가 힘든 상황에서도 살아야 하는 이유는 바로 희망이 있기 때문입니다. 현재 이 순간이 아무리 힘들어도 희망이 있기에 버틸 수 있다고 생각합니다. 라오서가 베이징 '라오바이싱'의 비극적 삶에 주목한 점 또한 (샹즈 등과 같은) 비극이 다시는 되풀이되지 않는 사회를 '꿈'꿨기 때문입니다. 요약하자면, 라오서의 삶과 문학은 "절망 속에서도 희망을 잃지 말자"는 메시지를 던져주고 있습니다.

라오서는 "해서파관"의 작자 우한(오함)과 더불어 문화대혁명의 비극의 상징으로 많이 거론됩니다. 저는 그보다 라오서의 만주인이란 신분, 그것이 갖는 정체성에 주목해봅니다. 만주족은 청나라의 지배민족이었지만 중화민국 시기 주변인으로 소수자로서 생활해야 했습니다. 라오서의 작품에는 거의 예외없이 그만의 문화적 정체성이 녹아들어 있습니다. 그는 문화대혁명 때 자살을 택함으로써 '저항'합니다. 그럼에도 불구하고 20세기 격동의 역사를 '살아냈던' 라오서가 마지막으로 문화대혁명 시기를 살아냈더라면 어떠했을까 하는 아쉬움이 남습니다.

인용 고전과 참고문헌

<인용 고전>

老舍, 『駱駝祥子』, 北京: 人民文學出版社, 2000.

老舍, 『茶館』, 北京: 人民文學出版社, 2000.

<참고문헌>

老舍, 『四世同堂』, 『老舍全集』(4)(5), 北京: 人民文學出版社, 2013.

老舍, 「想北平」, 『老舍全集』(14), 北京: 人民文學出版社, 2013.

老舍, 「我的母親」, 『老舍全集』 (14), 北京: 人民文學出版社, 2013.

老舍, 「我怎樣寫 『駱駝祥子』」, 『老舍全集』(16), 北京: 人民文學出版社, 2013.

老舍, 「藝術家也要殺上前去」, 『新華日報』, 1940.2.10.

老舍, 「答復有關 『茶館』的幾個問題」, 『劇本』, 1958.

老舍, 「談 『茶館』」, 『中國青年報』, 1958.4.4.

라오서 저, 심규호·유소영 옮김, 『낙타샹즈』, 황소자리, 2008.

라오서 저, 신진호 옮김, 『찻집』, 지만지드라마, 2019.

關紀新著, 『老舍評傳』, 重慶: 重慶出版社, 1998.

郝貝貝著, 『到老舍故居上班吧』, 北京: 人民十月文藝出版社, 2012.

濟南市考古研究所編著, 『濟南老舍故居』, 北京: 中國文史出版社, 2018.

李耀曦, 周長風編著, 『老舍與濟南』, 濟南: 濟南出版社, 2018.

李波主編, 『國家恒至上: 老舍在重慶』, 重慶: 重慶大學出版社, 2010.

「舒乙說老舍」, 『南方週末』, 2010.6.17.

제8장

에드가 스노Edgar Snow, 중국의 붉은 혁명을 세계에 알리다

차창훈 (부산대)

※이미지 출처

https://www.shine.cn/opinion/2202151881/

Ⅰ. 『중국의 붉은 별(Red Star over China)』에 대하여

이 글은 중국의 붉은혁명을 알린 에드가 스노에 대하여 다루고자 한다. 『중국의 붉은 별(Red Star over China)』은 1937년 출간된 이후 전 세계의 많은 언어로 번역이 되어 당시 중국 공산주의 혁명과 지도자들을 전 세계에 알리는데 커다란 영향력을 갖게 되었다. 이 책에는 미국의 작가이자 저널리스트인 에드가 스노가 1936년 중국의 서북지역 홍구에 들어가서 중국 혁명의 지도자들인 마오쩌둥, 저언라이, 주더, 팽더후이 등을 만났고 인터뷰를 한 기록이 담겨 있다. 그가 그곳을 빠져나온 10월까지 4개월 동안 그곳에 머물면서 홍군 병사들과 함께 어울리고, 수많은 공산주의 지도자들과 대화를 하면서 중국 사회주의 혁명을 기록하여 전 세계 최초로 중국의 공산주의 혁명을 알린 책이 되었다.

이 책은 펄벅의 『대지(Good Earth)』와 함께 당대의 중국을 가장 많이 알리는 영향력 있는 책이 되었다. 뉴욕타임즈는 이 책은 당시의 기자정신으로 저널리즘에 입각해서 현장 취재를 하고 쓴 책이라는 시대성의 한계를 뛰어넘어서 오늘날까지도 널리 읽히는 빛나는 역사적인 작품이 되었다라고 평가한다. 또한 미국의 저명한 중국 역사학자인 페어뱅크(John King Fairbank)는 스노가 없었다면 중국의 혁명은 잘 알려지지 않았거나 잘못 알려졌을지도 모른다라고 평가한다. 왜냐하면 세계는 당시까지 중국의 저 깊숙한 오지에서 무슨 일이 일어나고 있는지를 그만큼 뒤늦게 알았거나 제대로 알게 되지 못했을지도 모른다는 것이다. 그런 점에서 에드가 스노의 이 책은 마르코 폴로 이래 중국을 보는 외부세계의 눈에 가장 큰 영향을 준 것이다. 마오쩌둥 자신도 자기 자신의 전기는 이 책으로 대신한다라고 이야기했을 정도로 이 책의 한 부분에는 현재까지도 다른 어떤 책보다도 마오와의 직접적인 인터뷰를 기록한 부분이 담겨 있다. 이 책에는 마오의 일생에 대해서 아주 소상하게 기록이 되어 있다.

이 책은 전부 12개의 절로 나뉘어져 있다. 초반부는 저자인 에드가 스노가 바오안으로 들어오게 되는 계기와 여정이 담겨 있다. 중반부는 마오쩌둥을 비롯한 공산주의 지도자들과의 인터뷰 기록과 함께 스노가 홍군 병사들과 같이 생활하면서 당시 중국 공산당이 소비에트 지역에서 건설하고 있던 새로운 중국 사회의 모습들을 담고 있다. 후반부는 스노가 당시 중국 대륙에서 진행되고 있던 상황과 관련해서 느꼈던 전쟁과 평화에 대한 시각이 결론으로서 자연스럽게 이어져 있다. 스노는 이 바오안 지역을 빠져나오는 과정을 기술하면서 이 책을 마무리하고 있다.

에드가 스노는 1905년 미국의 미주리주 캔자스시티에서 출생을 했다. 스노는 이 지역에서 자라고 교육을 받았는데, 미주리 대학을 마친 후에 뉴욕의 컬럼비아 대학의 신문학과를 졸업하게 된다. 그리고 그는 자기가 공부한 분야를 살려 지방지인 '스타'라는 신문사의 통신원으로 근무를 하게 된다. 그런데 그는 주식투자로 돈을 좀 벌게 된 것을 계기로 세계로 눈을 돌려나갈 생각을 한다. 그곳은 바로 중국이었다. 그는 1929년 일본을 거쳐 상해에 한 신문사(Consolidated Press Association)의 특파원 자격으로 들어가게 되면서 중국 생활을 시작하게 되었다. 1932년에는 헬렌 포스터(Helen Foster, 후술하게 될 『아리랑』의 작가명 님 웨일즈)를 만나 결혼하였다. 그는 1935년까지 오늘날 북경대학이 위치하고 있던 옌징 대학에서 외국어 등을 강의하면서 중국의 젊은이들 그리고 당내의 지식인들과 많은 교분을 쌓았다.

그는 이 책을 출판한 후에도 1941년까지 중국에 체류하였다. 당시의 <China Weekly Review>, <New York Sun>, <London Daily Herald> 등 다양한 신문사들을 통해 저널리즘을 활동을 하였다. 그는 1942년 미국으로 귀국하였다. 그는 귀국 이후에도 2차 세계대전의 현장인 인도, 중국, 러시아 등을 누비면서 전쟁 특파원으로 취재 활동을 활발히 하였다. 1950년대에는 미국에서 불었던 좌익세력에 대한 메카시즘 광풍으로 활동이 제약받자 스위스로 이주해서 정착하였다. 중국의 문화대혁명 기간인 1966년과 69년에는 중국을 떠난 이후 처음으로 방문해서 마오쩌둥 등 과거의 자기 자신의 친구들인 공산주의 지도자들과 해후하였다. 그는 1972년 제네바에서 사망하였다.

그런데 그의 사망 3일 후 닉슨 대통령이 중국을 방문하는 역사적인 사건이 발생하였다. 1972년 '미중 데탕트' 시대가 전개될 때, 미국 내 보기 드문 중국통인 그가 미중 관계회복에 일정 정도 기여를 했다고 알려져 있다. 그는 죽기 전에 이런 유언을 남겼다고 한다. "나는 중국을 사랑한다. 내가 살아서 그랬던 것처럼 나의 일부는 죽어서도 그곳에 머물고 싶다." 그래서 오늘날에 그의 유해의 일부가 중국에 남아 있는데, 그곳은 바로 북경대학이다. 북경대학 안에 있는 웨이밍후(未名湖)라 불리우는 호수를 산책하다 보면 어렵지 않게 그의 묘소와 조우할 수 있다. 북경을 방문하게 되면 에드가 스노를 한번 만나보는 것도 좋으리라 생각된다.

Ⅱ. 에드가 스노의 삶과 기자정신

에드가 스노의 『중국의 붉은 별』을 통해서 우리는 역사의 현장과 작가 정신에 대해서 생각해 볼 필요가 있다. 시공간을 넓혀 우리의 주위를 둘러보면 역사의 현장에서 작가들의 삶의 체험이 녹아들어 있는 작품을 많이 접할 수 있다. 예를 들면 앙드레 말로는 1921년 중국 상하이에 있었고, 그때 당시의 자기 체험을 기반으로 해서 『인간의 조건』이라는 책을 남겼다. 어니스트 헤밍웨이도 스페인 내전에 자신이 직접 참전하였고, 『누구를 위하여 종을 울리나』, 『무기여 잘 있거라』 라는 그의 유명한 소설을 우리에게 전할 수 있었다. 우리에게 『1984』 그리고 『동물농장』으로 알려진 조지 오웰도 스페인 내전에 참전했었는데, 그 경험을 바탕으로 『카탈로니아 찬가』라는 작품을 남겼다.

많이 알려지지 않았지만 우리 역사와 관련해서 기록을 남긴 유명 작가도 있다. 『강철군화』 작가로 알려진 잭 런던은 러일전쟁의 종군기자로 참전한 바가 있었다. 그는 조선에서의 경험을 바탕으로 『조선사람 엿보기』라는 책을 썼다. 이처럼 작가들은 자기 자신의 당대 기록을 자신의 생애 체험을 통해서 소설 혹은 일종의 다큐멘터리 형식으로 작품을 남기는 사례들을 많이 볼 수가 있다. 에드가 스노의 활동도 이들의 삶과 궤를 같이 한다. 그는 이러한 작가정신으로 중국 혁명의 한복판에 뛰어들었다. 당시 전 세계 어느 누구에도 알려지지 않았던 중국 공산당 지도자들을 만나고, 홍군 병사들과 같이 생활하면서 오늘날까지도 읽혀지는 『중국의 붉은 별』을 남긴 것이다.

Ⅲ. 역사의 시공간: 중국 혁명의 대장정(大長征)

에드가 스노가 홍구지역으로 들어가기 전에 중국의 상황을 이해하기 위해서는 역사의 시간과 공간 속으로 들어가야 할 필요가 있다. 에드가 스노가 1936년 바오안 홍구지역으로 들어가기 전까지의 중국혁명의 상황은 다음과 같다. 중국공산당은 1921년 상해에서 창당을 하게 된다. 그러나 당시 중국 공산당은 당원 50명을 대표하는 13명이 모여 소규모로 창당했고, 소비에트의 국제공산당 조직인 코민테른이 통제하는 새로운 국제공산당 조직의 지원에 힘입었다. 코민테른은 전 세계 프롤레타리아 혁명운동과 반제국주의 혁명을 주도했던 국제공산당 조직이다. 이후 1934년까지 중국 공산주의 운동은 코민테른의 영향력에 있게 되었다. 코민테른이 지도하는 노선에 따라서 중국 공산주의의 지도부들 및 그 노선을 충실히 따르게 되었다. 그 노선은 사회주의 혁명을 위해서는 통일 연합전선을 구축해야 되며, 연합전선에 중요한 핵심 세력은 공업 노동자들이고, 도시에서의 무장 봉기를 통해서 사회주의 혁명을 이루어야 된다는 것이다. 그러나 공업 노동자들을 기반으로 한 사회주의 혁명노선의 잇따른 시도로 이루어진 도시의 무장 봉기는 수차례 실패로 귀결되었다.

제1차 국공합작(1922~27년)이 끝났을 때, 국민당의 장제스는 항일전쟁보다 공산당 토벌을 우선시 하는 방향으로 전환했다. 따라서 중국 공산당은 국민당 장제스의 남벌에 따라 수세에 몰리게 되었다. 따라서 중국 공산당은 주로 농촌 지역으로 스며들어서 자기의 세력을 남기는 생존을 도모하게 되었다. 이 과정에서 마오쩌둥이 등장하였다. 마오쩌둥은 일찍이 '후난 농민운동 보고서'를 제출을 함으로써, 농민을 중심으로 농촌에서 게릴라전을 수행하고, 일종의 지구를 확보하는 혁명전략을 수립할 것을 주장해 왔다. 이에 따라 장시(江西) 소비에트가 처음 구축되게 되었다. 마오쩌둥은 그러한 방식으로 중국의 혁명이 이루어졌다는 전략을 주장하게 되고, 그것을 실천적으로 입증하게 되었다. 따라서 국민당 장제스의 남벌에 의해서 수세에 몰린 공산당세력들이 농촌으로 모여들게 되고, 마오쩌둥은 일찌감치 그 세력들을 규합하면서 공산당의 세력을 농촌지역 중심으로 확보하게 되었다. 그리하여 장제스의 남벌로부터 벗어나기 위해서 수세에 몰린 공산당의 역사적 서사가 발생하게 되었다. 오늘날 '대장정(大長征)'이라 불리우는 중국 공산당의 이 서사는 사실 일종의 도주라고도 할 수 있는데, 오늘날 중국 공산당을 있게하는 생존을 위한 투쟁의 서막이 시작된 것이다.

중국 공산당은 장시소비에트의 징강산에서 출발하여 1934-35년 동안 1만㎞를 포위를 뚫고 옌안으로 이동했는데, 이를 대장정이라 한다. 대장정은 15만 명의 남은 병력을 만리장성에 있는 북서쪽 옌안(延安)지역으로 368일간 2만 5천리, 18개의 산맥과 24개의 강을 건너, 12개의 성과 10개의 지방 토벌군의 포위를 뚫고 거의 매일 전투를 치르며 전진한 역사적인 대사건이다. 대장정은 중국 혁명사의 대서사시로 오늘날에도 수많은 문학과 예술작품의 소재로 재현되고 있다. 중국혁명의 소용돌이는 대장정에 이어 시안사변과 중일전쟁으로 치닫게 된다. 시안사변은 군벌 장쉐량이 장제스를 시안(西安)으로 불러 감금하면서 발생한 사건이다. 장쉐량이 당시의 주요 전쟁의 목표가 공산당을 토벌하는 것이 아니고, 공산당과 힘을 합쳐 일본 제국주의와 맞서 싸울 것을 설득·압박한 사건이다. 1937년 중일전쟁이 발발하자 중국도 제2차 세계대전의 격랑 속으로 들어가게 되고, 국민당과 공산당이 다시 제2차 국공 합작을 하게 되었다.

스노가 중국 공산주의 지도자들을 만났던 시점은 바로 대장정 직후였다. 당시 중국 공산당군은 장제스의 토벌군에게 혼선을 주기 위해서 여러 개의 부대로 나뉘어서 다양한 경로로 이동했다. 스노는 이 책에서 로마 제국 시대에 한니발의 알프스 원정은 대장정에 비하면 휴일의 소풍에 지나지 않는다고 평가하였다. 1935년 10월 약 1년간의 대장정이 끝나고 옌안에 도착했을 때, 생존자는 겨우 2만 명에 불과하였다. 엄청나게 많은 숫자의 사람들이 사망했다. 대장정에 참여했던 수많은 사람들이 굶어 죽고 낭떠러지에서 떨어져 죽고, 국민당 토벌군에 의해서 총 맞아 죽었다. 옌안에 도착한 중국 공산당은 새로운 게릴라 기지를 건설하고, 많은 세력을 다시 규합하고, 국가 건설 이후의 기초가 되는 사회 경제적인 정책들을 시행함으로써 사회주의 중국의 중요한 기반을 닦았다.

대장정이 진행되는 과정 속에서 마오쩌둥은 중국 공산당 내 정치권력을 획득하게 되었다. 대장정 중인 1935년 1월 구이저우(贵州)성의 쭌이에서 개최된 공산당 정치국 회의(遵義會議)에서 마오쩌둥이 다른 공산당 지도자들의 승인을 받아 처음으로 당 총서기로 선출되었다. 이 시점부터 1976년 마오쩌둥이 사망하게 되기까지 그는 중국 공산당의 최고 지도자의 지위를 유지하였다.

Ⅳ. 붉은 중국(紅區, 소비에트)으로 향하며

스노가 붉은 중국, 즉 홍구 소비에트지역으로 향하면서 가졌던 생각들, 떨림, 흥분, 두려움 등을 살펴보는 것도 의미 있을 것이다. 스노가 홍구 소비에트로 가서 공산당 지도자들을 만난 시점에 대하여 패어뱅크 교수는 이렇게 평가하고 있다. "1936년 중국 공산당은 중국 동남부에서 서북지역으로 탈출하는데 성공하고 그들의 통일전선전술을 전개하고 있었다. 이들은 외부 세계에 그들의 이야기를 밝힐 준비가 되어 있었다. 그리고 스노는 그 이야기를 전할 능력이 있었다. 오늘날 이 책을 읽는 독자들은 이러한 요인들이 서로 맞아떨어졌다는 점을 알아야만 할 것이다." 다시 말하자면, 중국 공산당 지도부는 자신들이 건설하려는 국가사회의 비전을 외부세계에 알리고 싶어했고 알릴 준비가 되어있다고 스스로 생각했으며, 그들이 보기에 스노라는 인물은 그러한 이야기를 알릴 만한 적격자였다고 판단했다는 점이다. 따라서 이러한 점들이 가능했기에 이 역사적인 만남이 성사가 되었고, 이 책이 세상에 나올 수 있었던 것이다.

스노는 자기가 거주하고 있던 백구 지역, 즉 국민당 장제스가 통치하고 있는 지역을 벗어나 공산당 통치지역 홍구 소비에트 지역으로 가면서 당시 중국 상황과 관련해서 몇 가지 의문들을 가지고 있었다. 그의 생각으로 당시 지구 위에서 인구가 가장 많은 나라의 중심부에서 투쟁을 벌여온 중국 공산주의자들은 당시의 철옹성처럼 빈틈없는 뉴스의 봉쇄망에 갇혀 외부와 단절되어 있었던 것이다. 즉 뉴스 자체가 공산주의 세력에 대한 소식을 알리지 않았던 것이다. 그래서 스노 자신은 7년간 중국에 체류하면서 홍군과 소비에트 지구 그리고 공산주의운동에 대해 많은 의문이 제기되는 것을 보았고, 자기 자신의 의문점을 6가지로 정리하고 있다.

스노는 이 책을 읽는 독자들이 자기 자신과 동일한 의문점에서 출발하기를 기대한다. 첫째로는 공산주의자들은 농민 혁명을 위하고, 제국주의에 반대하고, 소비에트식 민주주의와 민족해방을 위해 투쟁한다고 주장하고 있으며, 국민당 정부는 공산주의자들은 지능적인 비적 혹은 도적에 불과하며 문화파괴자와 약탈자에 불과한다고 매도하고 있다. 그래서 스노의 생각은 어느 쪽이 옳은가? 혹은 양쪽이 다 옳은가라는 질문을 던진다. 둘째로는 농민, 노동자, 학생, 군인 등 수많은 사람들이 국민당 정부의 학살 위협을 무릅쓰고 이들에게 무력 항쟁을 벌이고 있던 홍군에 가담했는데, 도대체 이들이 홍군에 가담한 이유는 무엇인가라는 점이다. 셋째로는 당시 중국의 정치적인 가장 중요한 두 세력, 국민당과 공산당간의 대립을 자아내는 근본적인 원인들은 무엇이었나라는 질문이다. 넷째로는 중국 공산주의자들은 어떤 특성을 지녔는가이다. 자본론과 레닌의 저술을 읽었는가? 모스크바의 앞잡이에 불과한 것인가? 대체 그토록 불패의 싸움을 벌였던 6천마일의 대장정을 이게 이겨내게 했던 이 전사들은 어떤 사람들인가? 그들의 희망과 목표와 꿈은 무엇이었나? 이들 지도자들은 어떤 사람들인가라는 의문들이었다. 다섯째 의문은 중국의 소비에트는 어떤 형태를 하고 있는가이다. 그들의 영향력을 확고하게 다진 지역에서 사회주의를 어느 정도까지 성취했는가? 홍군의 세력 규모는 어느 정도인가? 이들은 어떤 옷을 입고 무엇을 먹고 살며 어떤 놀이를 즐기고 어떻게 사랑을 나누고 노동하는가라는 질문이었다. 마지막으로 여섯째 질문은 중국 공산주의 운동의 미래와 전망에 대한 것이다. 즉 홍군의 군사적, 정치적 전망은 어떠한가? 성공해서 전쟁에서 승리할 가능성이 있는가? 그리고 만약에 이들이 성공한다면 세계 정치에는 어떤 변화를 일으킬 것인가? 또 세계 역사는 어떤 변화가 이루어질 것인가라는 질문이다

스노는 이런 여섯 가지 질문과 함께 1936년 6월 초 베이징에서 시안(西安)으로 가는 기차에 몸을 싣는다. 그는 당시의 자기 자신의 심정을 다음과 같이 표현하였는데, 다소 조금은 비장하게 느껴질 수도 있다.

> "나는 죽음을 무릅쓰려는 그 목숨에 내 자신이 얼마간 애착을 느끼고 있는지 알았지만, 그 댓가가 감당할 수 없을 만큼 비싼 것은 아니라는 결론을 내렸다. 나는 이처럼 매우 감상적인 기분으로 길을 떠났다."
>
> (『중국의 붉은 별』, 30쪽)

전혀 알지도 못하는 미지의 세계에 자기 자신의 목숨이 위협당할 수도 있는 곳에 그곳을 향해가는 작가의 심정이 단적으로 잘 드러난 것이다. 그리고 그곳에 도착해서 안내원의 인도에 따라서 길을 걸으면서도 이런 생각을 남겼다.

> "우리는 네 시간 동안 구불구불 흐르는 조그마한 냇가를 따라 걸었으나, 길은 전혀 없고 높은 암벽 사이로 빠르게 흘러가는 냇물 바닥뿐이었는데, 암벽 위

로는 다시 황토 흐르니 높이 솟아 있었다. 지나치게 호기심이 많은 양귀(洋鬼 서양 사람을 의미) 한 사람을 죽여 없애버리기에는 더할 나위 없는 좋은 장소였다."

(『중국의 붉은 별』, 58쪽)

홍구지역에서의 생활이 본격적으로 이루어지기 전에 그 길을 향해 가면서 에드가 스노는 굉장히 복잡한 생각을 많이 했던 것이다. 그가 공산당세력들이 머물고 있는 지역에 도착했을 때, 저우언라이의 환영 인사를 받았다. 저우언라이는 중국 공산당 두 번째 지도자로서 외교부 장관과 국무원의 총리를 역임했던 아주 훌륭한 인물로 중국 사람들에게 오늘날까지도 존경받는 인물이다. 저우언라이는 스노에게 다음과 같이 말했다.

"나는 당신이 믿을 만한 언론인이고 중국 인민들에게 우호적이며 또 안심하고 사실을 털어놓을 수 있는 사람이라는 보고서를 받았습니다. 우리는 당신이 공산주의자가 아니라는 점에 개의치 않습니다. 우리는 소비에트지구를 살펴보기 위해 찾아오는 언론인 누구든 환영할 것입니다. 그런 일을 막는 쪽은 우리가 아니고 국민당이지요. 당신은 당신이 목격한 것을 무엇이든 쓸 수 있고, 또 소비에트지구를 조사하는 데 필요한 온갖 지원을 받게 될 것입니다."

(『중국의 붉은 별』, 75쪽)

저우언라이의 환영인사에서도 우리가 확인할 수 있듯이 공산당 지도부는 이 홍구 지역으로 들어오는 서양인 저널리스트를 나름 엄격히 평가했던 것으로 보인다. 그리고 그 평가기준은 자기 자신들의 이야기를 객관적으로 그리고 투명하게 있는 대로 보고, 쓸 수 있는 가라는 점이었다. 그들은 스노가 그들의 평가기준에 부합하는 인물이라는 믿음을 갖고 있었고, 이에 따라 모든 지원을 해줄 준비가 되어 있었다. 저우언라이는 스노에게 92일 간의 체류 일정을 제시했다. 스노는 처음에 자기가 생각했던 것보다 더 많은 일정을 제시해서 더 놀랐다. 스노는 이러한 중국 공산당 지도부의 계획과 배려에 따라 이 지역에서 4개월을 머물게 되고 수많은 경험을 하면서 그 경험을 책으로 남기게 된 것이다.

V. 스노가 본 '중국 혁명'

스노는 중국 혁명 지역에서 수많은 사람들을 만나면서 자신이 가졌던 느낌을 이렇게 표현하고 있다. "중국에 있어서 나 개인의 의미란 역사라는 거다. 역사라는 커다란 물결 위에 떠서 흘러가는 하나의 낟알 이상이라는 사실을 깨닫게 되었다. 중국은 나의 일부가 되어 다음과 같은 생생한 장면과 인격으로 다가왔다." 이 지역에서 오랫동안 머물면서 스노는 자기 자신이 중국인과 동일시되고 중국 혁명의 일부분으로서 자기 자신을 스스로 깨닫게 되었다라는 점을 밝히고 있다.

스노가 가졌던 중대한 의문은 이들은 왜 싸우는가라는 것이었다. 스노는 이에 대한 해답으로 당시의 중국인들은 자유와 생존을 위해서라고 해답을 찾는다. 그것은 기근과 세금으로부터의 자유와 생계를 위해서 싸우는 것이다. 스노에 따르면 이는 4가지 키워드로 설명된다. 기근, 공포, 반역, 공산주의이다. "기근이란 백만 살은 된 것 같은 말라붙은 가슴을 시닌 처녀를 의미했으며, 공포란 불타는 전쟁터에 방치되어 아직 숨이 남아있는 병사들의 살을 뜯어먹는 쥐들을 의미했고, 반역이란 짐승처럼 네 발로 기어다니며 짐을 나르는 아이를 보았을 때 느꼈던 분노를 의미했으며, 공산주의란 집안의 아들 셋이 공산군에 가담했다고 해서 일가족 56명이 처형당한 것에 복수하기 위해 싸우는 젊은 농부를 의미했다" 라고 스노는 기록하고 있다.

더욱 충격적인 것은 스노는 대부분의 이런 마을들에서 아직도 부자와 매점 상인들 그리고 고리대금업자와 지주들이 무장병력의 보호를 받으며, 엄청난 폭리를 취하고 있었다는 사실이라고 설명한다. 도시에는 관리들이 기생들과 어우러져 노래하고 희롱하는 가운데 식량이 산처럼 쌓이기 시작한 지도 벌써 여러 날이 되었다는 것이다. 하지만 죽어가는 사람들의 절대다수는 항의의 몸짓 한번 하지 않고 순순하게 응했고, 나는 스스로에게 물었다고 이야기한다. 스노는 왜 저 사람들은 맞서 싸우지 않는 것일까라고 생각을 하기도 했다. 그러나 그는 이내 생각을 고쳐먹는다. 그는 중국 농민은 비겁자가 아니며, 그들은 방법과 지도력과 실천 가능한 강령과 그리고 무엇보다도 무기가 있다면 싸우려 할 것이라고 생각한다.

스노는 중국에서 공산주의가 발전하는 과정을 보면 그것을 알 수 있다고 생각한다. 그는 공산주의자들이 서북방에서 인기가 높았던 것은 전혀 놀라운 일이 아니다 라면서, 당시 중국인들이 왜 공산당 홍군 세력에 가담해서 국민당 혹은 일본 제국주의와 싸울 수밖에 없었던 그 내면의

심리의 변화 과정을 기술하고 있다. "나는 이와 함께 내 마음속에 어둡게 굳어 있는 공포와 비겁함을 목격하고 유치하게도 한때 나보다 열등한 존재로 보았던 하층민들에게 용기와 결단을 보았던 것이다"라고 자기자신의 느낀 점을 기술하고 있다. 그리고 "또한 이들의 삶은 거의 모두가 한결같이 비극의 상처를 안고 있었지만, 그런 상처의 크기에 기가 꺾이지 않은 것은 아마도 이들이 매우 젊기 때문일 것이다. 내가 보기에 이들은 매우 행복한 듯했다. 또 아마도 이들은 의식에 눈뜸으로써 만족감을 느끼는 중국 프롤레타리아들로서는 내가 만난 최초의 집단일 것이다." 중국인들이 내면에 변화하는 과정속에서 새로운 의식이 싹트는 그리고 그럼으로써 싸울 수밖에 없는 과정을 설명하면서, 이것은 자기 자신이 알고 있던 동양 문명권에서 중국인들이 전통적으로 권력에게, 정부에게, 국가에게 순종적인 성격을 가졌던 생각과 매우 다르다는 점을 인식한 것이다. 그래서 스노는 중국에서는 순종 속에서 만족을 구하는 일이 보편화되어 있는 반면, 자신의 존재에 대한 적극적인 인식을 통해 얻는 더 깊은 의미의 만족감은 좀처럼 찾아보기 어려웠지만, 홍구 소비에트지역에 있는 이들을 보면서 그들은 이와 다르게 그들 자신을 규율하는 것은 거의 완전한 자발적인 의지로 새로운 인식을 갖고 홍군 세력에 가담했다라고 평가하게 되었다.

그래서 스노는 자신이 관찰한 바로 농민들은 동행한 홍군 전사들에 대해 아무런 분노도 품고 있지 않았으며, 어떤 사람들은 이들에게 친근한 우의를 보이고 매우 충실하게 대하는 듯 했는데, 그런 태도는 최근의 농지재분배나 여러 가지 조세철폐와 무관하지 않은 듯했다. 농민들은 가지고 있는 식료품을 아낌없이 내어놓았고, 그 대가로 소비에트 화폐를 거리낌없이 받았다라고 기록하고 있다. 홍군들에게 보이는 농민들의 태도 속에서도 홍군들이 가지고 있는 정치적인 정당성을 설명하고 있다. 또한 아이들과의 대화 속에서도 그들의 마음속에서 홍군을 지지하고 있음을 보여주고 있다. 스노는 아이들에게 공산주의는 어떤 사람들이지라고 묻는다. 아이들의 대답은 "백비나 일본군과 싸우도록 도와주는 사람이에요." 아홉 살이나 열 살쯤 되어 보이는 아이가 새된 목소리로 대답했다. "그 밖에 또 무슨 일을 하지?" "지주나 자본가와 싸우도록 도와줘요." 이 아이들의 생각속에서도 당시 소비에트 지역에 있던 농민들이 갖고 있는 홍군에 대한 생각을 드러낸 것이다.

그러면서 스노는 이 홍구 소비에트 지역에서 당시 공산당은 어떤 사회를 건설하고 있었는가에 대해서도 아주 상세하게 기술하고 있다. 우선 스노는 중국 공산당이 정치적인 기반, 즉 농민들의 지지를 받을 수 있던 이유를 다음과 같이 서술한다. "나도 나와 대화를 나는 농민들 대부분이 소비에트와 홍군을 지지하고 있는 것 같았다는 사실을 인정하지 않을 수 없다. 그들 대부분이 온갖 비판과 불만을 서슴지 않았지만, 과거에 비해 살기 좋았냐는 질문을 받았을 때는 거의 힘주어서 언제나 그렇다라고 대답을 했다." 그 밖에도 대부분의 소비에트들에 대해서 우리 정부라고 라는 말을 들었으며, 당시 농민들의 지지를 확인할 수 있었다고 기록하고 있다.

그 밖에도 스노는 홍군이 농민들의 지지를 얻을 수 있었던 이유를 관찰하고 있다. 새로운 소비에트 지구들에서는 첫 해 동안 모든 형태의 세금을 폐지함으로써 농민들에게 숨쉴 여유를 주었다. 구(舊)지구들에서는 단일 지세를 누진세로 징수하고 단일 영업세를 가볍게 부과했다. 즉 세금과 관련해서 소비에트 지구와 그렇지 않은 지구와의 차이점에 대해서 농민들이 어떻게 느꼈을 것인가라는 점을 지적하고 있다. 둘째로 홍군은 토지에 굶주려 있는 농민들에게 토지를 주었다는 점이다. 즉 거대한 면적의 황무지를 개간하게 하거나 대부분의 부재지주 혹은 도망한 지주의 땅을 농민들에게 주었다는 것이다. 셋째로 토지뿐만 아니라 부유한 계급으로부터 생활필수품 등을 빼앗아다가 이 지역의 가난한 농민들에게 나누어줬다는 점이다. 이러한 공산당 혹은 홍군의 활동을 통해서 농민들은 공산당을 지지할 수밖에 없었다. 세금 착취를 근절하고 토지를 제공해 줌으로써 그들이 생존할 수 있는 여건을 마련해주고, 이와 함께 공산당은 항일 운동에 애국적으로 참여할 것을 호소함으로써, 농민들로부터의 정치적 지지를 확보할 수가 있었던 것이다. 1927년과 1940년 기간 동안 중국 공산당의 당원 수는 약 3만에서 약 120만이라는 수로 급격하게 증가하였다. 그러한 이유로 중국의 가난하고 생존에 허덕이는 농민들이 중국 공산당 혹은 홍군에 가입하거나, 이 지역으로 몰려듦으로써 중국 공산당의 정치적인 지지기반이 상당히 강화된 것을 알 수 있다.

다음으로는 중국 공산당이 홍군 소비에트 지역에 만들었던 정치 사회 제도에 대해서 살펴보고자 한다. 스노는 이 부분들에 대해서도 빠뜨림 없이 정확하게 기술하고 있다. 특히 소비에트 지역을 촌락 소비에트, 지구 소비에트, 중앙 소비에트로 구분하고 이 소비에트 지구마다 각종 다양한 위원회로 공산당의 국가기구가 제도적으로 정비되고 있음을 확인하고 있다. 즉 혁명위원회, 교육위원회, 협동조합위원회, 군사훈련위원회, 정치교육위원회, 유격훈련위원회, 공공위생위원회, 토지위원회, 농촌상조위원회 등이다. 이것은 훗날 중국 공산당이 국가를 건국하고 정비했을 때, 일반적인 국가의 행정부 내 다양한 부서처럼 이러한 위원회가 정부 부처의 중요한 기능적인 역할을 하는 것으로 자리 잡았다. 또한 많은 사회 대중단체들도 이 시기에 만들어지고 실험을 하게 된다. 공산당뿐만 아니라 청년 공산당, 소년선봉대와 아동단 그리고 여성들을 위한 단체, 항일단체, 간호학교, 또 방직학교, 경작대 등 수많은 사회대중단체를 조직하고 이들에게 정치적인 의식을 불어넣었다. 그리고 홍군 소비에트지역은 국가와 마찬가지로 다양한 경제 생산 활동을 독려하고 장려하였다. 개인 기업과 사적인 산업이 허용되었다. 그리고 실질적으로 항일운동 즉 전쟁을 수행할 수 있는 병기공장 그리고 군복을 만들 수 있는 직물공장 피복공장, 제화공장, 양말공장들도 직접 만들고 생산 활동을 장려하였다. 그리고 토지와 그 토지에서 발생되는 생산물의 사적인 거래를 일정한 정도 한계 안에서 허용하고 수많은 기업들의 활동을 장려하게 되었다.

다음으로 스노가 이 책에서 중국 공산당 지도자들과 인터뷰를 하면서 남긴 기록들도 살펴보고자 한다. 이 책이 가지고 있는 특별한 가치 중에 하나는 당시에 만난 수많은 중국 공산주의자들과의 대화를 통해서 남긴 기록이다. 이 책의 독자들은 곳곳에서 알지 못하는 처음 들어보는 수많은 다양한 지도자들의 이름을 접하게 된다. 아울러 이들과 스노와의 대화 속에서 그들이 어떤 사람들이었고 왜 일본 제국주의와의 싸움에 뛰어들었는지에 대해서 충분히 이해할 수 있게 된다. 그 가운데 가장 핵심적인 몇몇 지도자들과 대화를 중심으로 살펴보면 다음과 같다.

첫번째로 마오쩌둥이다. 마오쩌둥은 앞서 언급했듯이 "이 책이 자기 자신의 전기를 대체한다"라고 언명했을 정도로 자기 자신에 대한 소상한 정보를 스노와의 대화를 통해서 남겼다. 스노는 그 내용을 꼼꼼히 기록하고 있는데, 오늘날까지도 마오쩌둥에 대해서 관심이 있는 사람들이라면 이 기록을 마땅히 읽어야 할 것이다. 스노가 남긴 마오쩌둥에 대한 설명을 간략히 정리하면 다음과 같다. 마오쩌둥은 1893년에 태어났고 1976년에 사망하였다. 마오쩌둥의 나이는 스노가 만난 1936년에 43세였다. 스노가 보기에 마오쩌둥에게 무엇인가 비범한 면이 있다면, 그것은 곧 수백만의 중국인, 특히 농민들의 절실한 요구를 신비스러울 정도로 잘 종합해서 드러낸 데 있다는 느낌이 들었다. 그의 진정한 영향력은 당, 정부, 군의 정책에 결정적인 권한을 행사하는 정치국의 지위를 통해서 발의되었다. 그러면서도 마오는 중국 고전의 깊은 소양이 있는 학자이자 닥치는 대로 광범위하게 책을 읽는 남독가이며, 철학과 역사를 깊이 파고드는 학도이자 뛰어난 연설가이다. 기억력과 집중력이 비상한 사람이자 유능한 문필가이고, 또 자신의 습관이나 외양에는 무관심해도 담당 직무 하나하나에 대해서는 놀랄 만큼 세심한 주의를 기울이는 인물이며, 아울러 지칠 줄 모르는 정력을 가진 사람이고 비범한 재능을 지닌 탁월한 군사 정치 전략가였다라고 기술하고 있다.

두번째로 저우언라이이다. 그는 스노가 홍구지역에 도착했을 때, 그를 환대해줬던 인물이었다. 그는 마오에 이어 제2인자로써, 중국 정부의 살림꾼으로써, 중국외교의 지휘관으로써 모든 역할을 훌륭히 수행했고, 마오가 사망하는 해(1976년)에 같이 사망하였다. 그는 오랜 시간 마오의 동지로서 중국 공산혁명을 이끌었던 인물이었다. 스노는 다음과 같이 그에 대해서 평가한다. "저우는 나에게 냉정하고 논리적이며, 경험주의적인 인물이라는 인상을 남겨주었다. 그의 몸에서는 매력이 넘치고 있었으니 이것이 곧 그를 붉은 중국 제1의 외교관으로 만든 다양한 특성 중의 하나였던 것이다." 실제로 저우언라이는 중국 역사에 있어서 중국 외교의 아버지라고 불릴 만큼 커다란 족적을 남겼다.

세번째로는 펑더화이와의 일화와 평가를 소개하고자 한다. 스노는 펑더화이와의 식사 장면을 기술하고 있다. "우리는 여러 차례 함께 식사했다. 그는 간소한 음식을 알뜰하게 먹었는데, 부하들의 식사와 다름이 없었다. 음식은 보통 양배추, 국수, 콩, 양고기로 되어 있었고, 때때로 만두가 나오기도 했다. 펑더화이는 태도와 말에서 개방적이고 솔직하고 정확했으며, 동작이 민첩했고 웃음과 기지가 충만했다. 육체적으로도 매우 활기가 있었으며 말을 뛰어나게 잘 탔다. 그리고 그는 인내력이 강한 사람이었다." 펑더화이는 당시 중국 혁명을 이끌었던 유력한 군사 지도자 중의 하나였고, 마오쩌둥에 의해 한국전쟁 시 중국군의 최고 지휘관이었다.

마지막으로 스노가 자신의 책에서 붉은 중국혁명의 전망과 미래에 대하여 자신의 직접 경험을 바탕으로 나름의 통찰력을 갖고 기술하고 있는 부분을 살펴보고자 한다. 중국 공산당에 대한 소련의 영향력은 앞서 코민테른이 중국 공산당을 창당할 때도 초창기에 지대한 영향을 미쳤다는 점에서 살펴본 바가 있다. 당시 중국인들에게는 러시아가 굉장히 매력적인 국가로 다가왔다. 특히 교육받은 젊은이들 사이에서 러시아가 미친 영향은 굉장히 컸다. 톨스토이나 고리키와 같은 작품들이 당대의 많은 지식인들에게 읽혀지기도 했다. 이와 함께 또 마르크스주의가 새로운 철학으로서 중국의 미래를 열어젖히고 새로운 국가의 비전을 제시할 수 있는 사회사상으로서 젊은이들에게 다가왔던 것이다. 아울러 볼셰비키 혁명을 성공시켰던 레닌도 당시 중국의 젊은이들에게는 경외의 대상이 되었고, 스탈린도 상당히 인기가 있는 지도자였다. 그런데 스노는 자기가 만났던 중국 공산당 지도부가 이러한 소비에트 코민테른에 대한 영향력에서 일정 정도 벗어나 있는 것을 강조한다. 그는 중국 공산주의자들이 코민테른에 대한 집착과 소련과의 일체감이 과거에는 순전히 자발적이었겠지만, 자기가 지금 직접 만난 공산당 지도자부터는 언제라도 내부로부터 중국인들에 의해 청산될 수 있다는 사실을 유념할 필요가 있다고 강조하고 있다. 그래서 분명한 것은 중국 홍군이 러시아 볼셰비키들의 지휘를 받고 있지 않는다는 점이며, 또한 그들이 모스크바가 루불화를 주고 산 용병들, 즉 스탈린의 꼭두각시 괴뢰군이 아니라는 점을 특별히 강조하고 있다.

아울러 스노는 중국 공산주의자들에 대한 이러한 평가와 함께 중국혁명에 대한 미래를 전망하였다. 미래의 전망에 앞서서 당시 레닌이 아시아 지역의 대륙에서의 혁명에 대한 전반적인 평가를 스노는 언급한다. “거대한 중국혁명의 운명이 어떻게 결정되고 또 이 혁명에 대항하여, 지금 문명의 하이에나들이 아무리 날카로운 이빨을 갈고 있다 할지라도 세계 그 어느 세력도 아시아에 옛 노예제를 부활시키지는 못할 것이며, 또한 아시아 국가들의 인민대중이 요구하는 영웅적인 민주주의를 이 지구상에서 말살하지는 못할 것이다"라고 레닌은 주장하였다. 스노는 레닌의 이 언급에 이어서 스노가 던졌던 질문에 대한 마오쩌둥의 대답을 기술하면서 붉은 혁명의 미래를 긍정적으로 전망한다. 마오는 중국혁명의 미래가 긍정적인 이유는 역설적으로 무엇보다도 일본의 침략이 더욱 심각한 양상을 띠게 되었기 때문이라고 평가했다. 일본의 공세가 날로 강화되고 있으며 이제는 그것을 중대한 위협으로 받아들이지 않을 수 없기 때문이다. 따라서 중국의 모든 세력은 단결해야 하며, 많은 애국진영은 인민의 모든 역량을 결집시켜 공동의 적인 일본에 대항하기 위해서는 내전 종식과 자발적인 통합에 기초를 둔 통일전선을 결성해야 한다고 요구한 공산당의 제안을 난징 정부가 받아들여야 한다고 촉구하였다. 이것은 장쉐량이 장제스를 소환해서 감금시켰던 시안사변을 계기로 제2차 국공합작으로 이어졌고, 중일전쟁의 발발로 국민당과 공산당은 내전을 종식하고 항일전쟁을 수행하게 되는 과정으로 이어지게 되었다.

마오쩌둥은 또 공산당이 중국 혁명과 혁명의 주요 목표들을 어떻게 인식하고 있는가에 대해서 설명을 하였다. 그것은 신민주주의론이다. 마오쩌둥에 따르면, 제국주의를 몰아내고 국민당을 타도하려는 것은 중국을 통일시키고 부르주아 민주주의 혁명을 성취시키며, 이 혁명을 더 높은 단계의 사회주의 혁명으로 전환시킬 수 있도록 하는 데 목적이 있다. 그리고 이것은 소비에트의 임무이다 라고 설명을 한다. 그것은 일본을 몰아낸 다음엔 국민당과의 내전상태는 필연적으로 다가올 것이며, 그것이 결국은 사회주의 혁명을 궁극적으로 성공시키는 단계라고 설명하는 것이다. 이러한 마오의 인식은 역사적으로 다시 한 번 실현되는데, 2차 세계대전이 종식되어 중국은 미국의 중재 노력에도 불구하고 국민당과 공산당의 내전 상태에 빠지게 되고, 국민당과의 내전에서 결국 공산당이 최종적인 승리를 얻어서 1949년 중화민주주의 인민공화국을 성립하게 되었다.

스노는 지금까지의 기록을 완성지으면서 이제 바오안을 떠날 때가 되었다. 그래서 중국 공산당의 미래에 대한 자신의 짧은 단상을 이렇게 적는다. 바오안을 떠나기 직전 그는 공산주의 운동을 태동시킨 기본적인 조건들이 역동적인 승리의 필연성을 그 자체에 내포하고 있다는 것을 확신하게 되었다. 그래서 그는 바오안을 떠나는 자기 자신의 감정을 이렇게 기술하고 있다. “내가 살아 있는 그들을 본 마지막 외국인이 되지 않을까하는 불길한 생각이 스쳐 지나갔다.” 그리고 마치 집으로 돌아가는 것이 아니라 집을 떠나고 있는 듯한 생각이 들어 울적했다라고 기술하고 있다. 자기가 지내고 있던 홍구 지역을 집으로 생각한 것이다. 스노의 이 불길한 예감과는 달리 그는 문화대혁명 시기에 중국으로 돌아올 수 있었고, 자신의 오래된 옛 친구들을 - 이제는 ‘중화민주주의 인민공화국’의 지도자들이 된 - 다시 만나게 되었다.

VI. 님 웨일즈의 『아리랑』과 장지락

스노의 부인인 필명 님 웨일즈(Nym Wales)가 저술한 『아리랑』과 이 책의 인물 김산에 대해서도 살펴보고자 한다. 님 웨일즈의 본명은 헬렌 포스터 스노(Helen Foster Snow)이다. 그녀는 1930년대 중국에서 스노를 만나서 사랑에 빠졌고 결혼했다. 헬렌 포스터도 자신의 남편의 도움으로 홍구 소비에트 지역에 취재차 들어가서 많은 중국 공산주의 지도자들을 만나고 기록할 수 있는 기회를 얻었다. 이러한 과정에서 조선인 김산(본명 張志樂)이라는 인물을 만나게 됐고, 그의 인간적인 매력에 빠져서 그의 항일운동 생애 기록을 남기게 되었다. 이 책은 '아리랑'이라는 제목으로 1941년 출간되었다.

이 책의 내용은 마치 김산이라는 인물이 자기 사진의 전기를 쓰는 것처럼 기술되어 있다. 김산의 본명은 장지락이다. 그는 평안북도 평양 근처의 용천 출생이다. 그는 일본, 만주, 상하이, 베이징, 광둥, 옌안 등을 누비면서 중국 공산주의 혁명에 투신을 했던 인물이다. 그가 중국 공산혁명에 투신했던 가장 큰 이유는 더 상위의 목표인 조선의 독립이었다. 이 책에는 그가 어린 나이에 신흥무관학교에 입교하게 된 사연도 남겨져 있다. 그가 터덜터덜 겨우겨우 길을 찾아서 신흥무관학교로 찾아갔더니 너는 나이가 너무 어려서 입교할 수 없다라는 애기를 듣고 엉엉 울었다고 한다. 그래서 이를 딱하게 여긴 당시의 학교 선생님이 특별히 입교를 허가해서 가장 어린 나이로 훈련을 받고 졸업할 수 있었다. 졸업 후 그는 독립운동에 뛰어들었다. 상하이로 가서 이동휘, 안창호 등에게 배우고 영향을 받았으며, 1925년 이후로 중국의 주요 대혁명에 참가하게 되었다. 그러나 1930년과 1933년 두 차례에 걸쳐 일본 경찰에 체포되었다. 이 때 일본경찰과의 구술이 공산당 내의 다른 분파들로부터 변절의 정치 공격을 받는 구실이 되었고, 나중에는 그의 죽음에 이르게 되는 계기가 되었다. 1937년 옌안에서 님 웨일즈와 만났다. 님 웨일즈는 그 만남을 기록으로 남겨서 1941년 미국 뉴욕에서 '아리랑의 노래(Song of Ariran)'라는 책으로 출간하게 되었다. 출간 3년 전인 1938년 정작 이 책의 주인공은 처형되었는데, 중국 공산당의 공안부장이었던 캉성이라는 인물에 의해서 일제 스파이라는 누명을 쓰게 되었던 것이다.

그러나 중국 공산당은 1983년 김산의 억울한 죽음을 인정하고, 김산의 명예와 당원 자격을 회복시키는 복권을 결정하였다. 남겨진 사진에 따르면, 님 웨일즈와 만났던 옌안 당시의 그는 굉장히 당당하고 아주 멋진 모습을 하고 있는 것을 볼 수 있다. 아울러 조선의용대 결성기념 단체사진에는 장지락뿐만 아니라 중국 혁명에 뛰어든 많은 조선인 독립운동가들을 확인할 수 있다. 과거 냉전시대 그리고 반공체제의 시대적인 배경을 이유로 중국 공산주의 혁명에 뛰어든 조선인들, 아니 조선 독립운동에 뛰어든 조선인들의 역사적인 행적과 그 인물들에 대해서 우리가 많이 알고 있지 못하다. 이 글에서 추가로 두 명의 중국 공산당에 참여한 독립운동가를 소개하면 다음과 같다.

첫번째는 중국의 3대 인민 음악가로 존경받는 정율성(鄭律成)이다. 1914년 광주 출생이고, 1933년 독립운동을 위해서 중국에 간 형들을 따라서 난징으로 갔다. 조선혁명간부학교에 입학해서 수학 후 의열단에 가입하였다. 1937년에 옌안으로 가서 루쉰예술학원에서 음악을 배우고, 자기 자신의 뛰어난 음악적인 재능을 바탕으로 옌안에서 항일군정대학 정치부에 선전 음악지도원으로 일을 하게 되었다. 1939년 중국 공산당에 입당하였고, 수많은 곡을 작곡하였다. 오늘날 중국의 옌안 시대와 관련돼서 가장 아름답고 낭만적인 곡으로 중국 사람들의 사랑을 받는 '옌안송'과 중국 전승절 행사 시의 인민해방군 행진곡을 작곡하였다. 정율성의 행적에 대해서 비교적 소개되어져서 광주에서는 매년 이 분을 기리는 정율성 음악축제를 거행하기도 한다.

두 번째로 중국의 피카소라 불리는 한락연(韓樂然)이다. 이분은 용정 출생으로 1919년 3.1운동의 영향으로 본격적으로 독립운동에 뛰어들었다. 20대에 중국 공산당에 입당하였고, 미술적인 재능이 뛰어나서 상해의 미술학교에서 수학하였다. 1932년 당시로서는 상상하기 어려운 파리에 유학가서 루브르 예술학원에서 수학하였다. 1940년 실크로드 지역을 답사하면서 키질 석굴을 발굴하는 업적을 남겼다. 안타까운 사실은 1947년 국공내전 시기에 사망하였다.

Ⅶ. 못다 한 이야기

문화대혁명이 한창인 1969년 톈안먼 광장에 서 있는 마오쩌둥의 사진이 있습니다. 그 옆에 한 외국인이 같이 서 있습니다. 그가 바로 『중국의 붉은 별』의 저자 에드가 스노입니다. 그로부터 3년 뒤 미국의 닉슨 대통령이 중국을 방문하면서, 미중 관계는 개선의 물꼬를 트게 되지요. 이 책에서 선정한 13명의 지식인 중 조금 색다른 인물 미국인 신문기자 에드가 스노에 대해 못다 한 이야기를 이야기해보려 합니다.

1. 어떻게 해서 에드가 스노의 『중국의 붉은 별』을 알게 되었는지요?

대학교 시절 공부 모임에서 에드가 스노의 『중국의 붉은 별』을 처음 접하게 되었습니다. 당시에는 학생들 사이에서 사회과학 서적이 광범위하게 읽혔었는데, 중국(당시에는 중공이라 호칭)에 관한 책은 매우 드물었습니다. 미소 냉전시기였고, 반공이데올로기가 지배적인 사회에서 사회주의 국가 중국에 대한 도서를 찾아보기가 매우 어려웠기 때문입니다. 리영희 선생님께서 『7억인과의 대화』나 『전환시대의 논리』에서 중국을 소개하는 글을 쓰셨는데, 매우 생소하고 흥미롭게 여겨졌지요. 그러던 차에 『중국의 붉은 별』을 읽게 되었는데, 중국 공산당을 단순하고 막연히 부정적으로만 생각하고 있던 저에게 새로운 국가를 건설하기 위한 중국인들의 처절한 투쟁의 역사를 접하고 매우 감동적으로 다가왔습니다.

지금 말씀하신 리영희의 저서 뿐 아니라 중국의 붉은 별 역시 대학생의 필독서 중 하나였지요. 저도 오래 전에 읽었던 기억을 떠올리게 되었습니다.

2. 스노는 이 책에서 자신이 소개장을 품에 지니고 홍구 소비에트로 가게되는 상황을 기술하고 있습니다. 이방인으로서 당시 외부세계에

소위 비적들의 소굴로 알려진 곳으로 들어가는 것은 매우 어려운 일입니다. 스노가 이러한 선택을 하게 된 이유는 무엇이었을까요?

스노는 자신이 공산당 세력에 대해 가졌던 의문들을 기술하고 있지만, 소개장을 얻게 되는 경위 등에 대해서 상세히 소개하고 있지는 않습니다. 이방인으로서 중국 혁명의 한복판으로 뛰어드는 것은 쉬운 일도 아니며, 또한 성사가 쉽게 가능한 일도 아니었습니다. 중국 공산당 입장에서는 자신들을 국제사회에 알리면서 국제여론을 움직이고 싶었을 것입니다. 그리고 에드가 스노라는 인물에 대한 조사도 분명히 했을 것입니다. 그가 친 국민당 언론인이 아니며, 자신들의 모습을 객관적이고 합리적으로 기록하고 전달할 수 있는 충분한 입장을 갖추었다고 판단했으리라 생각됩니다.

공산당의 입장에서 스노가 충분한 자질이 있다고 판단했기 때문이라면, 스노 개인의 입장에서는 기자로서 혹은 작가로서 새로운 경험을 해보고 싶은 생각 때문일 것 같은데 어떻습니까?

스노 입장에서도 제가 앞에서 강조한 기자 혹은 작가 정신이 없었으면 불가능한 일이었을 것입니다. 특히 이방인으로서, 어딘 가에 가서 정착해서 삶을 영위하는 것은 간단한 일이 아닙니다. 열린 마음과 자세를 갖고 그곳 사람들과 그 사회의 문화를 이해하는 것은 필수적인 것이죠. 스노는 당시 중국에 체류하면서 중국어를 배우고 중국인과의 접촉 속에서 이러한 마음가짐을 충분히 익혔을 것입니다. 나아가 당대 중국이 안고 부딪친 현실 속에서 단순히 관찰하는 이방인이 아닌 공감하는 자세로 중국의 미래에 대한 고민과 문제의식을 갖고 있었기에 홍구 소비에트 행을 단행한 것으로 보입니다. 그는 아무에게나 올 수 없는 천재일우의 기회, 다시 말해 중국의 붉은 혁명 역사 현장에서 외국인에게 부여된 최초의 기회를 얻었고, 자신의 작업을 훌륭하게 수행했으며, 그 결과물로서 『중국의 붉은 별』이 오늘날 우리에게 남겨진 것입니다.

3. 스노가 소비에트 지구에 가게 된 계기를 기자 혹은 작가 정신으로 설명하셨는데, 저는 스노와 중국 지식인과의 관계, 교류가 궁금합니다. 스노는 쑨원의 부인 쑹칭링의 소개장을 가지고 소비에트 지구로 들아갔다고 하지요. 또 『루쉰의 사람들』이란 책에서는 루쉰과 스노의 인연에 대한 이야기를 하고 있습니다. 이러한 중국 지식인들과의 네트워킹도 스노의 소비에트 행에 일정한 영향을 주지 않았을까요?

네 맞습니다. 스노는 현재 베이징 대학이 위치한 곳에 있던 옌징대학에서 강의를 하면서 당대 중국 지식인들과 교분을 쌓았는데, 좌익계 인사들과도 만남을 가졌지요. 특히 루쉰의 소설을 영문으로 번역했다는 사실이 루쉰의 일기에서 확인됩니다. 이 번역물은 다른 작가들의 작품들과 함께 수록해서 스노의 『Living China』를 발간하게 됩니다. 이 책은 루쉰의 작품 7편 외에 라오서, 딩링, 마오둔, 바진 등의 작품을 소개하고 있습니다.

이미 『중국의 붉은 별』을 쓰기 전부터 중국 문학가들을 영미권에 알리는 역할도 한 것이군요.

4. 스노는 홍구 소비에트에서 수많은 홍군들을 직접 만나고 대화한 기록을 이 책에서 남겼습니다. 이와 관련하여 못다 한 이야기가 있을까요?

스노는 홍군을 크게 전방부대, 독립부대, 유격대, 그리고 농민보위대로 구분하고 있습니다. 그는 홍군에 대한 자신의 생각 변화를 다음과 같이 기술하고 있습니다. 무엇보다도 먼저 많은 사람들이, 홍군은 다루기 힘든 무법자와 불만분자들의 집단이라고 생각했기에 스노도 그런 생각을 갖고 있었다고 기술합니다. 하지만 그는 곧 홍군 병사들이 대부분 젊은 농민과 노동자들로 구성되어 있으며, 그들 스스로가 그들의 가정과 그들의 땅과 그들의 조국을 위해 싸우고 있는 것으로 믿고 있다는 사실을 확인할 수 있었다고 토로합니다. 그는 공산당 측의 통계를 인용하며 홍군의 구성에 대하여 상세히 기록을 남겼습니다. 일반 병사들의 평균 연령은 19살이고, 7-10년 이상의 전투 경력을 갖고 있고, 10대 중반이 소년병들이 대단히 많은 수를 차지하고 있음을 알리고 있습니다.

스노에겐 소비에트 지구를 이해하는데 소년병이 대단히 많은 수를 차지했다는 것이 중요하게 작용했을 것 같은데요.

중국말로 소홍귀(小紅鬼)라고 불리운 소년병사에 대한 취재 기록을 상세히 남기고 있습니다. 전국 각지에서 모여든 소년 선봉대원은 전령, 취사병, 나팔수, 밀정, 무선전신수, 식수공급자, 선전원, 배우, 마부, 간호원, 비서, 심지어는 교사로 일했습니다. 그의 기록에 따르면, "선봉대원들이 홍군을 좋아했던 것은 그들이 홍군에 입대해서 난생 처음으로 인간다운 대접을 받았기 때문인 것 같았다"라고 합니다. 스노는 이 소년병사들에 대해서 다음과 같이 평가했습니다. "그들은 참을성이 강했고, 열심히 일했고, 영리했고, 학습의욕이 강렬했다. 그들을 보면 중국이 결코 희망 없는 나라가 아니며, 어떤 나라도 이런 젊은이들이 있으면 결코 절망적이지 않으리라는 것을 느끼게 했다. 바로 이들 소년선봉대원에게 중국의 장래가 걸려 있었다. 따라서 그들은 해방되고, 각성되고, 발전되고, 새로운 세상을 건설하는 데 참여해야 했다."

스노는 홍군이 시련에 찬 이 몇 년 동안을 견디고 살아남을 수 있었던 이유를 찾으려면, 그들 내면의 기백과 사기와 투쟁의지, 그리고 그들의 훈련방법을 잠깐이나마 살펴보지 않으면 안될 것이다고 강조하고 있습니다. 결국 스노는 소년병사나 농민들이 공산당의 노선에 자발적으로 참여하고 적극적인 정치적 의지로 무장되어 있는 모습에서 감동을 받은 것으로 보입니다. 그러하기에 그는 당시로서는 아직도 수적으로 그리고 형세적으로도 열세에 처해있었던 중국 공산당의 정치적 및 군사적 승리를 긍정적이고 낙관적으로 평가할 수 있었던 것입니다.

5. 미국의 저명한 중국연구가 페어뱅크가 스노의 『중국의 붉은 별』은 중국 공산당으로서도 매우 필요한 시기에 그리고 그러한 능력을 갖

춘 언론인 에드가 스노의 만남으로서 출간될 수 있었다고 평가하였습니다. 이 책의 출간이 당대 국제사회에 미친 영향은 어떠했는지요?

스노가 연안 지역으로 들어가기 전에 중국의 영향력 있는 대중매체는 정치적으로 친국민당 노선이었습니다. 더욱이 국민당의 토벌대상인 공산당 세력이 산악 지역으로 고립되었기에 이에 대한 정확한 기사 정보를 취재하기란 매우 어려웠던 시기였습니다. 따라서 중국 국내적으로나 국제적으로나 당시 소문만 무성할 뿐 공산당의 실체에 대해서 객관적인 정보를 구하기란 매우 어려운 상황이었습니다.

스노의 이 책이 영어권에서 출판된 것은 국제사회에 커다란 반향을 불러일으켰습니다. 특히 공산당 지도자 마오쩌둥과 그밖에 다른 많은 지도자 인물들에 대한 상세한 인생 역정 및 정보와 홍구 소비에트에서 벌어지고 있는 내전 상황은 중국 대륙에서 벌어지고 있는 정황을 국제사회에서 객관적으로 이해할 수 있게 되었습니다. 부정적인 이미지인 '비적'으로만 알려진 공산당 게릴라들이 농민들이 자발적으로 의지하고 따르는 강력한 잠재력을 갖는 정치세력으로 새롭게 인식되기 시작한 것이죠. 물론 그렇다고 해서 제2차 세계대전의 승전국 미국의 대중국 정책이 근본적으로 바뀐 것은 아니었지요. 미국은 일본이 패망한 후 국민당과 공산당 간의 내전이 벌어질 때에도 여전히 장제스의 국민당을 지원하며, 중국 대륙에서 소련의 영향력 아래 있게 될 중국 공산당의 국가 건설을 바라지 않았죠.

국공내전 시기 미국의 대중국 정책이 근본적으로 바뀌지는 않았죠. 그러나 이후 미국의 중국학 연구에 중요한 영향을 주었을 것같은데요.

스노의 중국 공산당에 대한 긍정적인 평가는 후일 미국에서 중국 사회주의체제를 이념적인 잣대보다 실제적인 근거에 입각해서 접근하는 중국학(sinology)을 배태하는 토양이 됩니다. 마오쩌둥 등 초기 공산당 지도자들에 대한 연구 및 홍구 소비에트에서 다양한 국가 사회정책 등이 중국 정치의 후속 연구에서 중요한 기본 재료로써 재평가되고 계승되었습니다.

그러나 이 책이 단순히 긍정적 영향만 주지는 않았을 것 같아요. 좀 더 냉정하게 어떻게 평가할 수 있을까요?

다른 한편으로 스노의 휴머니즘 관점에 기반한 긍정적인 평가는 부정적인 측면도 낳았습니다. 현대 중국에 대한 낭만주의적 이해 경향이죠. 소위 지역학이라는 학문이 대체로 이러한 경향을 갖지요. 중국이라는 특수성에 매몰되고 휴머니즘에 지나치게 감정이입하게 되면 중국 사회주의를 과대평가하는 경향이 있게 되는데, 보다 과학적이고 합리적인 분석이 결핍되게 되는 것이지요. 이러한 생각은 미국 내 중국학계에서 후일 문화대혁명의 광풍이 지난 후에 반성적인 평가로 나타나게 됩니다. 그럼에도 불구하고 에드가 스노의 이 책이 갖는 영향력은 과소평가될 수 없습니다. 그가 사망하자, 1972년 2월 16일 뉴욕 타임즈가 그의 부음을 전하는 기사를 1면 실었다는 점이 충분히 방증하는 것이리라 생각됩니다.

6. 에드가 스노의 『중국의 붉은 별』이 오늘날 우리 사회에 주는 메시지는 무엇이라고 생각하십니까?

이 책이 우리 사회에 주었던 메시지의 반향이 과거에는 무척 컸지요. 1980년대 이데올로기의 외피에 싸여있던 우리의 생각을 깨트리는 데에 있었지요. 사회주의 체제, 공산주의 국가인 중국에 대한 막연한 부정적인 시선으로부터 붉은 중국 혁명이 성공하기 전까지 역사앞에 섰던 당대의 중국인의 모습이 입체적이고 객관적인 시선으로 드러났기 때문이겠지요.

이념의 시대가 아닌 오늘날 이 책을 읽을 때, 독자들은 아마 중국 공산당의 역사를 차분하고 객관적으로(이념의 장벽이 깨질 때 느끼는 충격없이) 잘 이해할 수 있을 것입니다. '인간의 생존에의 투쟁' 정도로 시대를 넘어서서 보편화된 감정 이입을 느낄 수 있을 것입니다. 그리고 정치란 무엇인가 차원에서 생각해 보면, 중국 공산당의 혁명 승리가 시사하듯이 시대를 막론하고 정치란 국민들의 요구를 현실적으로 최적화시킬 수 있는 세력이 역사의 승리자가 될 수 있다는 의미로도 전해집니다. 아울러 앞서 제가 강조한 바와 같이 학생들에게는 에드가 스노의 역사의 현장을 기록하는 불굴의 작가 정신을 특별히 강조하고 싶습니다.

그럼에도 스노가 묘사한 소비에트 시기의 공산당과 사회주의혁명 성공 이후의 중국, 그리고 개혁개방 이후 중국은 큰 차이가 있습니다. 이 부분을 어떻게 설명해야 할까요?

이 책이 중국 사회에 던지는 메시지도 '정치'의 차원에서 생각해 볼 수 있겠습니다. 중국 공산당은 이 대장정의 시대에 인민의 절망과 그 요구에 부응하면서 새로운 정치세력으로 성장했고, 마침내 중국 대륙에서 붉은 혁명을 이루어 내었습니다. 문제는 1949년 중화민주주의 인민공화국이라는 현대 국가체제를 수립한 이후에도 중국 공산당이 인민의 요구에 충실했느냐라는 질문을 던질 수 있겠죠. 마오쩌둥은 대약진 운동과 문화대혁명을 주도하면서 수많은 인민의 목숨을 앗아가고 삶을 피폐화시키고 중국의 역사를 후진시켰습니다. 현대 중국의 공산당 정부는 개혁개방을 통해서 인민들에게 먹고 사는 문제는 해결해왔지만, 어떻게 하면 그 이상의 문제를 잘 해결할 수 있는 지속가능한 국가사회로 발전하느냐에 대하여 여전히 응답해야 합니다.

스노의 묘소가 베이징대 한가운데 자리하고 있지만, 오늘날의 중국인들이 얼마나 그의 책을 읽는지도 의문스럽습니다. 에드가 스노는 자신의 책에서 당대에 인민들의 생존 요구에 부응하는 중국 공산당의 모습을 현장에서 기록했지요. 만일, 오늘날 그가 현대 중국의 한복판에 다시 재림한다면 그는 다시 무엇을 기록할 수 있을까요? 아마 다양한 국가통치기구의 모습을 차지하고 있는 공산당의 부패와 억압 등의 부정적인 모습들을 확인할 수 있을 것입니다. 그러면 그가 80여년 전에 느꼈던 매우 긍정적인 감정을 또 다시 느끼기는 어렵지 않을까요?

스노는 소비에트 지구를 취재하면서 사회주의 혁명이 성공할 수 있겠다는 긍정적 생각을 했습니다. 결국 스노의 생각은 현실이 되었습니다. 오늘날 중국은 초강대국으로 성장했습니다. 스노가 생각한 중국과 오늘날 중국에 대해 어떤 이야기를 해줄 수 있을까요?

스노는 연안으로 향하며 공산당의 혁명이 성공한다면 세계에 미치는 영향력은 무엇일까라는 질문을 던집니다. 80여년이 지난 지금 우리는 세계의 패권을 둘러싸고 중국이 미국과 힘을 겨루고 있는 미중 패권 경쟁의 시대에 살고 있습니다. 마오가 혁명에 성공하고 북경의 천안문 광장 앞에서 했던 말처럼 중국 인민이 이제 일어선 것이죠. 14억의 인구가 세계사를 주도하는 초강대국으로 성장하였습니다. 미국과 중국의 전략적 경쟁은 한반도에도 중요한 운명을 가늠하게 되었습니다. 미국과 중국의 경쟁 틈바구니에서 한국의 전략적 선택의 지혜를 모아야 합니다.

『중국의 붉은 별』은 그것이 쓰여진 경위 때문에 이미 고전이 되었습니다. 마오쩌둥을 비롯한 중국의 붉은 별들은 대장정의 고난을 겪으면서 새로운 세상을 꿈꾸었습니다. 비록 고난의 시기였지만 스노가 기록했던 그 순간이 가장 빛났던 때가 아니었을까 싶습니다. 서북 변방에 고립되어 있던 붉은 별은 새로운 중국을 건설했습니다. 그러나 신화화됨으로써 중국의 현재와 과거에 대한 성찰을 가로막고 있는 것도 사실입니다. 스노가 기록한 가장 빛났던 시대가 오늘 이 시점에 소환되어야 하는 이유는 이 때문이라고 생각합니다.

인용 고전과 참고문헌

<인용 고전>

에드가 스노 저, 홍수원·안양노·신홍범 옮김, 『중국의 붉은 별』, 두레, 2013.

님 웨일즈·김산 저, 송영인 옮김, 『아리랑: 조선인 혁명가 김산의 불꽃 같은 삶』, 동녘, 2005.

<참고문헌>

조나선 D 스펜스 저, 정영무 옮김, 『천안문: 근대 중국을 만든 사람들』, 이산, 1999.

조나선 D 스펜스 저, 김희교 옮김, 『현대중국을 찾아서 1, 2』, 이산, 1998.

제9장

딩링丁玲,
'여성'과 '인간' 사이의 간극을 메워 가다

이선이 (경희대)

※이미지 출처

https://zh.wikipedia.org/wiki/丁玲

Ⅰ. 딩링을 기억한다는 것

중국의 딩링 기념관은 허베이성 줘루현河北省 涿鹿县과 후난성 창더시湖南省 常德市에 있다. 후난성은 딩링의 고향이며, 허베이성 줘루는 딩링이 토지개혁사업단에 들어가 토지개혁사업에 참여하였던 지역이다. 이 지역은 딩링의 후기 작품으로 스탈린상을 수상한 『태양은 상간허를 비추고太陽照在桑干河上』의 작품 배경이 된 곳이다. 허베이성의 기념관 앞에 세워진 동상은 딩링이 옌안으로 들어가 항일전에 참여하던 시절의 군복을 입은 모습을 재현한 것이다.

또한 한국에서도 개봉했던 영화 <황금시대>는 딩링과 깊은 교류를 나누었던 작가 샤오훙蕭紅에 대한 이야기인데, 이 영화 스틸컷의 딩링 역시 군복을 입은 모습이다. 이 두 사람의 접점은 딩링이 상하이에서 살고 있었을 때 루쉰을 매개로 하고 있다. 샤오훙은 30년대 후반 일본 유학, 우한武漢을 거쳐 1942년 홍콩에서 사망한 반면, 딩링은 1936년 싼베이陝北로 와서 중국공산당과 줄곧 함께 하였다. 딩링은 훗날 여성문제를 전면에 내걸어 '단결'을 해쳤다는 중국공산당의 비판을 받은 후 정신적 교류를 나누었던 샤오훙을 추억하며 쓴 글을 남기기도 하였다. 현재 중국에서 토지개혁사업과 항일전에 참가했던 딩링을 주로 기억하고자 하는 것은 그의 다양한 활동에 대한 선택과 배제의 결과이다.

쭝청은 딩링에 대해서 "현대 중국의 중요한 분열과 격동의 사건들을 문학판을 통해 온몸으로 겪어 낸 인물"이라고 묘사하였다. 딩링은 '분열과 격동'을 거치며 재구성되는 중국의 현대사에서 특히 자신=여성을 문제 삼았다. 딩링은 줄곧 사회적 격변기 속 '여성'에 대해서 이야기 하였다. 따라서 딩링 작품은 그의 여성이라는 정체성을 벗어나서 이해하기는 어렵다. 딩링의 중요한 '역사적 공헌'이란 비록 좌절했을 지라도 아마도 중국현대사 속에서 '여성'을 전면에 들어 이야기했다는 사실에 있을지 모르겠다.

깊게 패인 주름이 격동적이었던 중국의 현대사를 온몸으로 살아낸 사실을 보여주는 노년의 딩링 사진이 있다. 이 사진을 딩링의 젊은 시절의 사진과 비교해 보면 흥미로운 대조를 이룬다. 생기 넘치지만 수줍은 듯 고개를 비틀어 시선을 내린 깐 청년의 딩링과 달리 노년의 딩링은 카메라를 정면으로 응시하면서 초탈한 듯한 엷은 미소를 띠고 있다. 현대 중국사를 살아 낸 지식인의 변화를 그대로 읽어 낼 수 있는 두 장의 사진이다. 이 글은 두 장의 사진 사이에 존재하는 간극에 대한 이야기가 될 것이다.

Ⅱ. 생성되는 자본주의 그리고 여성

딩링은 1904년 10월 12일 후난성 창더에서 출생하였다. 아버지 쟝바오진藏保黔은 청나라 말기 과거에 급제한 수재秀才였으며, 일본에 유학을 다녀오기도 하였다. 그러나 귀국 후 아편과 술과 노름에 빠져 가산을 탕진하였으며 딩링이 5살이 되던 1908년 병사하였다. 어머니 위만정余曼貞은 학식있는 집안 출신으로 시집온 후에는 집안일에 별다른 관여를 하지 않아 아버지가 사망한 후 찾아오는 빚 독촉에 대해 어떻게 대응해야 할 바를 몰랐다고 한다. 아버지 사후 자신의 이름과 자를 무탕慕唐, 성메이勝眉라고 하였는데, 측천무후를 흠모한다는 의미와 어설픈 남자보다 낫다는 의미를 담았다고 한다. 딩링은 훗날 어머니에 관한 이야기를 『모친母親』이라는 작품에 담았다. 딩링의 어머니는 남편이 사망하자 딸과 아들을 데리고 창더의 친정으로 돌아와 창더여자 학당에 입학하여 자립을 꾀하였다. 딩링은 이 학교의 유치반에 다녔다. 어머니는 훗날 여자 소학교에서 교편을 잡았다. 딩링은 아버지의 죽음과 바쁜 엄마, 병약한 남동생으로 인하여 자신의 어린 시절은 상당히 고독하였다고 말한다. 유치반이 끝나고 홀로 남아서 운동장 한켠에서 놀고 있는 모습을 「해를 보내면서過年」와 「세모歲暮」에서 쓸쓸하게 묘사하고 있다.

아버지의 이른 죽음에 이어 1918년 남동생의 죽음은 딩링에게 삶과 죽음을 둘러싼 심오한 인식을 갖도록 했고 거기에 더해 젠더 의식을 키웠던 듯하다. 병약했던 남동생이 폐렴으로 사망하고 슬픔을 이기지 못하는 엄마를 지켜보는 것은 14세의 예민한 소녀가 감당하기에는 벅찬 일이었을 것이다. 그런데 슬픔을 못이기는 엄마를 지켜보던 친척 이모가 "차라리 빙즈가 죽었더라면…어쩌자구 사내놈이 세상을 떴누?"라고 말하였다. 이것을 원망으로 듣지는 않았고, 자신의 앞으로의 삶을 생각한다면 죽음이 해탈처럼 느껴졌다고 한다. 하지만 남동생 대신 죽을 수만 있다면 죽어야 하는 존재로 외부에서 자신을 바라본다라는 사실의 인식은 딩링이 여아라는 이유로 탄생의 애석함을 표한 아버지와 함께 딩링을 구성하는 중요한 사건이었을 것이다.

동생의 사망 시점에 어머니에게 프랑스로 근공검학勤工儉學을 하러 함께 떠나자는 샹징위向警予의 제안이 있었지만 딩링이 너무 어린데다 경제적 어려움으로 후난성에 그대로 남는다. 어머니는 교편생활을 하고 딩링은 타오위안桃源여자사범학교에 들어간다. 그곳에서 딩링은 왕젠훙王劍虹을 알게 된다. 왕젠훙은 학교의 리더적 존재였으나 별다른 친분이 없다가 훗날에 왕젠훙이 딩링의 어머니를 방문하는 것을 계기로 급속도록 친해져 함께 상하이로 떠나게 된다. 그 사이 저우난周南 여자중학, 남자학교에 들어가기도 하지만 상하이에서 문을 연 평민학교의 소식을 전한 왕젠훙과 함께 상하이행을 결심한다.

이때 딩링은 중국의 전통적 가족제도와 결별을 하게 되는 두 가지 사건을 겪게 된다. 상하이로 떠날 여비와 학비가 부족하여 고향으로 돌아가 백부에게 장씨 집안의 학비원조를 부탁한다. 그러나 "여자에게는 지원하지 않는다"라는 답변과 함께 거절을 당한 딩링은 그 후 다시 고향을 찾는 일이 없었다. 또 다른 사건은 외조모가 어린 시절 사촌오빠와 혼약을 해두었는데, 딩링이 상하이로 떠난다고 하자 외숙부가 이에 반대하면서 사촌오빠와 혼인할 것을 요구하였다. 어머니는 "혼인 당사자가 할 뜻이 없는데 어른들이 강요한다면 불행한 결혼이 될 것"이라며 딩링을 응원해주었다. 딩링은 외숙부에게 직접 찾아가 "자기 일은 자기가 결정"한다는 뜻을 전하였으나 뜻대로 이루어지지 않자 왕젠훙과 함께 후난의 <창더민국일보>를 찾아가 이 사실에 대한 기사를 게재하였다. 기사 내용은 외숙부의 명예를 상당히 손상시키는 내용이었으며 일련의 일들은 딩링을 친족으로부터 완전히 이탈시켰다.

1921년 상하이 평민학교에 들어가 친구들과 공동생활을 하며, 오래 가지는 않았지만 폐성廢姓을 주장하기도 하였다. 그 후 취츄바이瞿秋白와의 만남과 권유로 상하이 대학에 들어가 면학을 하였다. 상하이 대학은 당시 중국의 유명한 사회개혁 주창자들이 강의를 하였다고 한다. 그러나 친구 젠훙과 취츄바이가 연애관계가 되면서 친구 젠훙이 변화하는 모습에 실망하여 베이징행을 결심한다. 당시의 심경을 딩링은 다음과 같이 말하고 있다.

> 우리[딩링과 왕젠훙] 사이는 지금까지 언제나 일치했으며 지금도 어떤 문제도 없지만 단지 그녀는 완전히 취츄바이의 아내일 뿐이다. 그리고 이것은 내 이상이 아니다. ……친구여 나의 사랑했던 왕젠훙, 지금 나는 너를 버리고 간다. 너는 네가 사랑하는 사람을 따라, 애정 속에 빠져 츄바이를 따라 어디로 가는 것인가?
>
> (「我所認識的瞿秋白同志:回憶與隨想」, 『딩링: 중국 여성주의의 여정』, 42쪽)

딩링이 베이징으로 떠나기 위해 잠시 후난성으로 돌아갔을 때 왕젠훙이 건강이 안좋다는 소식과 위독하다는 전보를 연이어 받고 다시 상하이로 간다. 그런데 왕젠훙은 이미 사망하였고 취츄바이는 만나지도 못하였다. 왕젠훙은 취츄바이가 자신의 친구와 연애를 한다는 사실을 알고 심각한 상처를 입고 실의에 빠져 병이 더욱 깊어졌다. 딩링은 이러한 사실에 대해 베이징에서 생활하던 시기에 알게된다. 이 사실은 딩링의 초기 작품들에 많은 영향을 미친다.

베이징으로 간 딩링은 루쉰魯迅의 수업을 청강하기도 하고 그림을 그리기도 하면서 시간을 보내고 있었다. 그러나 친구의 죽음으로 인한 상실감과 자신의 앞날의 불투명성에 대한 불안으로 힘겨워하고 있었다. 이때 루쉰의 강의와 작품에서 위안을 찾고는 했던 딩링은 직접 루쉰에게 편지를 쓴다. 편지에 당시 중국에서 한 여성이 살아간다는 것이 얼마나 어려운지, 어려움 속에서도 자신의 출로를 찾고자 하였으나 뜻대로 되지 않는다는 자신의 처지를 적었다. 그리고 신문사나 출판사의 어떠한 일이라도 좋으니 알선을 부탁하였다. 그러나 루쉰은 자신과 사이가 별로 좋지 않았던 문인 천총원沈從文이 가명으로 편지를 보내 자신을 우롱한다고 오해하여 답장을 하지 않았다. 하지만 루쉰은 자신의 일기에 편지를 받은 사실은 기록하고 있다.

루쉰에게 기대했던 답장을 받지 못한 딩링은 심각한 절망감 속에 일시 후난으로 귀향을 한다. 그런데 후난성으로 귀향하였을 때 불청객이 한 사람 찾아오는데, 그가 다름 아닌 후예핀胡也頻이었다. 당시 후예핀은 딩링과 만난지 얼마 지나지도 않아 그다지 친분이 있었다고 보기는 어려웠다. 그런데 후예핀은 딩링에 대한 연모의 마음을 품고 베이징에서 후난까지 찾아왔던 것이다. 이 두 사람의 만남은 주변의 수근거림을 낳았지만 딩링은 그런 수근거림을 조소라도 하듯이 후예핀과 베이징 샹산香山에서 함께 생활한다. 그러나 두 사람의 고립된 생활로 인하여 딩링은 무척 고통스러워했으며 이를 떨쳐내기 위하여 귀스타브 플로베르의 『보바리부인』등의 독서에 몰두했다. 그러던 어느 날 딩링은 연출가 홍션洪深의 중국최초 영화를 보고 "만약 자신이 배우라면 감정을 잘 표현"

할 수 있을 것이라며 상하이로 배우가 되기 위해 떠난다. 1926년 스타영화사(상하이)에 입단하였으며, 남국극사南國劇社에도 들어가 예술가를 지망했다. 하지만 예술가가 되고자 한 자신을 상품으로 취급하는 영화계에 대해서 "만약 영화가 앞으로도 깡패 같은 상인에게 조종되어 저급한 취미를 쫓기만 한다면 예술적인 장래는 없다"라는 실망감을 극작가 톈한田漢에게 이야기한다. 그리고 다시 베이징으로 돌아와 소설을 쓴다. 딩링은 출로를 찾아 고심하면서 뜻하는 바가 제대로 이루어지지 않는 당시 상황과 심정에 대해서 이야기 한 적이 있다. "사회에 대한 불만과 자신의 생활에서 출로를 찾지 못하고 이야기하고 싶은 것이 많았지만 들어줄 상대도 없고 무엇인가를 할 기회를 얻지 못했다. 그래서 나는 펜을 잡고 나 대신에 사회를 분석하고자 했다"고 말한다.

그리고 딩링은 1927년 『소설월보小說月報』에 데뷔작 「멍커夢珂」를 발표한다. 이 작품은 딩링이 배우가 되고자 했던 당시의 경험이 바탕이 된 것으로 근대도시로 나온 여성들에게 놓여있는 '길'에 대한 이야기라고 할 수 있다. 중국은 당시 서구적인 가치관이 보급되는 한편, 전통적인 관념이 붕괴하기 시작하면서 도시에 한정되기는 했지만 자본주의적인 시장이 출현하고 있었다. 그중 상하이는 가장 자본주의가 발전했던 대도시이며 근대문화 도입의 첨단이라고 할 수 있는 곳이었다. 근대문화 도입 첨단 도시에서 그중 첨단 문화산업 중 하나인 영화계에서의 경험은 딩링에게 근대사회를 꿰뚫어보는 안목을 만들어주었을 것이다.

그 후 1928년 딩링은 『소피의 일기莎菲女士的日記』를 발표하여 문단에 커다란 반향을 불러일으켰다. 『소피의 일기』는 소피가 매력을 느끼는 남성 링지스에 대한 언급을 통하여 형성되고 있는 근대 자본주의 문화 속 '성性'에 대한 이야기를 하고 있다. 다음은 남성이 연애라고 하는 것을 통해 갈구하는 것과 여성의 욕망에 대한 묘사이다.

> 꼭 집어 표현하기 어려운 그 어떤 분위기가 있어서 상대의 마음을 흔들어 놓는다. 내가 사람들에게 감히 말할 수 있을까? 마치 사탕을 바라는 아이의 심정으로 사람의 마음을 끌어당기는 그 작은 입술을 바라보았다는 것을. 하지만 나는 잘 알고 있다. 이 사회가 내가 원하는 대로, 나의 충동과 욕망을 만족 시키는 것을 허락할 리가 없다는 것을. 비록 이것이 결코 다른 사람에게 손해를 입히지 않는다 해도 말이다. 그래서 나는 참을 수 밖에 없다.
>
> (『소피의 일기』, 37쪽)

> 최근에 나눈 대화에서 나는 그가 갖고 있는 저질스런 생각을 알 수 있게 되었다. 그는 무엇을 원하는가? 돈이다 그리고 거실에서 그와 거래하는 손님들을 접대할 수 있는 젊은 아내, 예쁘게 차려입은 통통한 아들이다. 그가 생각하는 애정이란 무엇인가? 돈을 가지고 사창가에서 물 쓰듯 해서 얻은 일시적인 육체적 쾌락이며, 부드러운 소파에 앉아서 향수 냄새 풍기는 몸뚱이를 껴안고 담배를 꼬나문 채 친구들과 음담패설 같은 것을 주고 받으며, 왼쪽 허벅지를 오른쪽 무릎위에 포개놓는 것이다. 놀다가 재미가 없으면 마누라가 있는 집으로 돌아온다...아, 내가 더 무슨 말을 할 수 있을까? 내 가슴을 두근거리게 했던 귀공자 같은 외모 속에 이런 저질의 영혼이 자리 잡고 있었다니. 그럼에도 나는 아무런 이유 없이 그의 수많은 다정한 몸짓들을 받아들였다....내가 나 자신을 그의 마음대로 가지고 놀도록 허락했으니, 자신이 웃음을 파는 아

가씨들과 다른 게 무엇이란 말인가!

(『소피의 일기』, 78쪽)

딩링은 『멍커』와 『소피여사의 일기』 등 세상을 떠들썩하게 만든 작품 발표와 더불어 현실생활에서도 펑쉐펑馮雪峰, 후예핀과의 삼각관계 연애로 사람들의 이목을 집중시켰다. 딩링은 훗날 펑쉐펑에 대해서 "마음으로부터 추구하며 미칠 것 같은 욕망을 일으킨 유일한 남성이다"라고 말하였다. 결국은 후예핀과 결혼을 하여, 선충원 등과 함께 훙헤이紅黑출판사를 만든다. 이시기 발표한 작품 중에는 「산골아가씨 마오阿毛姑娘」, 「칭원리의 작은방 한칸에서 慶雲里中的一間小房裏」 등이 있다. 전자의 작품은 근대자본주의 사회를 목도한 산골여성이 강렬한 물질적 욕망을 이루고자 갈망하지만 끝내 이룰 수 없는 현실에 대한 이야기이다. 후자의 작품은 창부의 말을 통하여 주부가 되는 것과 성매매를 하는 것이 과연 어떻게 다른지 알 수 없다는 문제의식을 드러낸다. 앞선 소피의 독백 "자신이 웃음을 파는 아가씨들과 다른 게 무엇이란 말인가!"와 일맥상통한다고 말할 수 있다. 이처럼 초창기 딩링의 작품에서는 상당히 강렬한 여성주의 색채를 엿볼 수 있다.

III. 국가적 위기에 대응하는 자각 여성

1927년 4.12쿠데타로 국공합작이 결렬되고 중국사회는 점점 혼란을 더해간다. 딩링이 펑쉐펑을 따라 남하한 후 상하이로 옮겨간 시기를 전후하여 중국 문학계는 루쉰의 『창조주간創造週間』 등이 창간되는 등 혁명문학이 고조되는 시점이었다. 딩링이 후예핀과 함께 1929년 시작한 훙헤이출판사는 "누구든지 먹어야 산다"라는 의미였다고 하는데, 왕성한 저술과 출판 작업이 수입으로 연결되지는 못하면서 빚만 남기고 문을 닫게 된다. 빚을 갚기 위해 후예핀은 산둥성 지난齊南의 중학교 교사로 가게 되는데 혁명문학에 심취해가던 후예핀은 학교에서 문학연구회를 만들어 혁명이론을 선전한 것이 문제가 되어 체포장을 발급받게 된다. 체포를 피해 비밀리에 산둥성 지난을 탈출하여 상하이로 돌아온다.

1930년 중국 좌익작가연맹(이하 좌련)이 성립하였는데, 상하이로 돌아온 두 사람은 바로 좌련에 가입한다. 이 시기에 딩링은 상하이의 정치적 분위기를 배경으로 남녀가 '연애'를 받아들이는 방식을 문제화한 작품 『웨이후韋護』, 『1930년 상하이의 봄1, 2 1930年春上海之1,2』를 발표했다. 다음은 『1930년 상하이의 봄1』의 내용 중 여주인공의 독백에 해당된다.

> 그녀는 마음속으로 '당신은 항상 날 어린애 취급해.'라고 생각했다. 그러나 왜 갑자기 불만을 느끼게 되었는지 정말 의아했다....하지만 자신이 그의 집에 살게 되면서 사회적 지위를 상실했다는 것을 그녀는 깨달아야 했다. 지금 하나하나 생각해보면서, 그녀는 비로소 그 외엔 아무 것도 없다는 사실을 깨달았다...그녀는 사랑만 있으면 다른 것은 다 버릴 수 있다고 생각했다...그녀는 다른 것을 원한다! 그녀는 사회에서 어떤 지위를 갖고 싶고, 다른 사람들

과 다른 많은 사람들과 관계를 맺고 싶다. 비록 그들이 서로 사랑하지만, 오로시 한 사람의 휴식을 위해 방 안에 갇혀 있을 수는 없다!
(「1930년 봄 상하이의 이야기 1」, 『1930년대 중국여성소설 명작선2』, 102쪽)

상하이에서 이 무렵은 가장 활기 넘치고 가장 바쁜 때이다. 배가 불룩 나온 상인들과 주판알 놓느라 힘들어서 삐쩍 말라버린 자본가들은 다들 불안정한 금융시장의 상황 속에서 더욱 정신을 바짝 차려 투기를 하고 시장을 조종하며 노동자들을 끝없이 착취했다. 그래서 이미 셀 수도 없는 그들의 금고를 꽉꽉 채웠다.
수십 종의 신문들은 온 거리가 시끌벅적하게 신문을 사라고 외쳤다.…미모를 자랑하는 한 무리의 아가씨들은 화려한 봄옷으로 갈아입고 홍조 띤 얼굴에 유난히 눈을 반짝이면서 길거리를 활보했다. 유흥장이 너무 많은 사람으로 북적거리면 교외로 나갔다. 그저 즐기기만 하는 몸과 아무 근심 걱정 없는 마음을 더욱 즐겁게 하게 위해서였다.
그렇다면 공장 노동자들은 어떤가. 비록 혹독한 겨울을 뛰어 넘었다고는 하지만 생활고는 오히려 기나긴 봄과 함께 찾아왔다. 쌀값도 오르고 방세도 뛰었다. 일하는 시간도 더 길어졌다. 그들은 더 힘들고 더 노력하지만 더 야위었다. 나이 든 사람들은 임금이 삭감되거나 해고당했다. 아이들, 배불리 먹어보기가 힘들었던 아이들이 그 빈자리를 채웠다. 그들의 나이와 체격은 법에서 규정한 것에 못 미쳤다.
(「1930년 봄 상하이의 이야기 1」, 『1930년대 중국여성소설 명작선2』, 109쪽)

이 작품 속 주인공 메이린은 남편 쯔빈과의 결혼생활에서 느끼는 사회와의 단절감과 폐쇄감에 대한 고민을 하면서 동시에 사회에 대해서도 상당한 문제의식을 가지고 바라본다. 또 한사람의 주인공 쯔빈의 친구 뤄취안은 사회문제를 해결하기 위해 적극적 활동을 하는 사람이다. 이 글은 결국 메이린이 뤄취안을 통하여 생기를 느끼며 마지막으로 쯔빈을 떠나 뤄취안과 함께 사회운동에 참여하는 것으로 이야기는 끝난다.

딩링의 초기 작품 속 여주인공 소피의 고뇌는 출로가 없었다고 말할 수 있다면 이시기 작품 속 여주인공들은 중국사회가 안고 있는 문제를 적극적으로 해결하는 주체로서 출구를 찾고 있다. 「산골농가田家冲」에서 농민운동을 하는 여주인공 셋째아씨는 "남자 옷을 입고 있고", 셋째아씨의 집을 부러워하는 농가의 여자아이 머메이에게 "오로지 범과 이리만이 그런 커다란 집에 산다는 것을 네가 어떻게 알겠니?" 라고 말한다. 그리고 소심한 농가의 맏딸 언니에게 "난 널 믿어, 넌 능력이 있어. 꼭 해야 해! 남자나 여자나 똑같아."라고 독려한다(김은희·최은정역, 「산골농가」, 『1930년대 중국여성소설 명작선2』, 어문학사, 2016). 남성화된 주체인 셋째아씨는 "남자나 여자나 똑같아"라고 외치며 남성과 '대등'하게 사회개혁에 참여한다.

딩링은 1930년 아들 장주린蔣祖林을 출산한다. 빈곤한 생활에 아이가 태어나 더욱 빈곤해진 가운데 육아와 집필에 전념하고 있던 1931년 1월 17일 후예핀이 국민당에 의해 체포되었다. 1931년 2월 7일 장시江西 소비에트구는 전중국대표자대회를 소집하였는데, 후예핀이 상하이 문화단체 대표로 뽑혔다. 장시로 출발하기 전에 준비 작업을 위해 대표자들이 모여 있던 곳을 국민당이 덮치면서 잡혀가게 된 것이다. 체포된 지 얼마 지나지 않은 2월 7일 상하이 룽화에서 전격적으로 총살되었으며 그 밖의 다른 혁명가들도 함께 처형되었다. 이 사건은 처형된 사람들 중에 좌련의 멤버 5명이 포함되어 있었기 때문에 좌련 5열사 사건으로 알려져 있다. 딩링은 남편이 국민당에게 살해되는 일을 겪으면서 중국의 현실을 자신의 문제로 절실하게 받아들이게 된다. 아들 주린을 후난의 어머니에게 맡기고 좌련의 기관지인 『북두北斗』의 편집을 맡게 되었다. 이 시기에 쓴 작품들 「법망法網」, 「시인 아뤄후詩人亞洛夫」, 「분奔」, 「물水」을 보면 노동자, 농민의 실업 등 사회의 저변에서 살아가는 사람들의 실상에 대해 다루고 있다.

딩링은 1931년 소비에트에 가고 싶다는 뜻을 공산당에 제출하고 있었다. 답변을 기다리고 있을 때 『대지의 딸』 작가로 유명한 독일 특파원 아그네스 스메들리Agnes Smedley가 펑쉐펑을 통하여 딩링과 만나고 싶다는 뜻을 전해왔다. 당시 스메들리의 비서를 하고 있던 사람이 펑다馮達, 별명 딩슈丁休였다. 그는 공산당원으로 좌익사회과학연맹의 일원이었으며, 신중하고 성실한 사람이었다. 딩링은 11월경부터 그와 함께 생활하기 시작하였으며 여러 면에서 딩링의 생활을 도와주는 사람이었다. 두 사람은 "만약 한 사람이 예정대로 집에 돌아오지 않으면 다른 한 사람은 곧바로 그 집을 떠난다"라고 약속을 하고 있었다. 그런데 어느 날 펑다가 약속시간을 지나도 돌아오지 않았는데 딩링은 그 곳을 벗어나지 않고 있다가 다른 동료와 함께 국민당에 체포된다. 국민당 특무가 들어온 뒤 바로 펑다가 다른 남자들과 함께 들어왔기 때문에 훗날까지 펑다가 딩링을 팔았다고 생각되고 있으나 펑다는 그것만은 부인했다고 한다. 좌련 등은 함께 체포된 판자이넨潘梓年과 딩링의 구명운동을 벌였다. 대문호 루쉰은 딩링의 미완성 작품인 『모친』을 빠르게 출간하여 딩링의 행방불명에 대하여 세상의 관심을 환기시켰으며 직접 「파도소리 濤聲」라는 작품을 발표하였다.

> 무거운 밤 공기 누각을 짓누르고,
> 버들가지 뒤흔드는 춘풍이 갈마들기 아홉해
> 상수의 비파소리 간장을 끊는데,
> 가엾은 딸 야오가오츄(딩링)는 어디로 갔나
>
> (『딩링: 루쉰이 길러 낸 행동주의 작가』, 156쪽 재인용)

이때부터 1936년 난징을 탈출하여 싼베이의 바오안으로 가기까지 국민당에게 구금된 상황이 지속된다. 구금 시기인 1934년 딩링은 펑다와의 사이에서 딸 쟝주후이蔣祖慧를 낳는다. 훗날 타이완으로 간 펑다와의 사이에서 주후이를 출산 한 일은 두고두고 딩링을 따라다니면서 괴롭힌다. 그리고 그녀가 난징에서 연금되었던 시기에 죽임을 당하지 않고 살아남은 일은 '전향문제'로 남아서 1957년 반우파투쟁의 주요 비판 내용이 된다. 딩링은 죽기 직전에 『중국中國』에 「망량세계魍魎世界」를 발표하여 난징에서의 생활에 대해서 비교적 자세하게 밝혔다. 난징에서의 연금생활은 "사람들은 용감하게 죽어야 하지만 그 이상으로 끈질기게 살아가야 한다"는 딩링의 평소신념으로 견뎌낸 시간이었다. 딩링은 비교적 자유로운 생활이 가능해지자 루쉰과 펑쉐펑에게 연락을 취해 탈출할 방법을 모색하여 결국 상하이와 시안西安을 경유하여 당시 공산당의 근거지인 바오안保安으로 탈출하는데 성공한다.

Ⅳ 항일이라는 과제에 대한 단상

바오안에 도착한 딩링은 중국공산당 근거지로 온 상당히 이름이 널리 알려진 작가라는 점에서 주목을 받으며 성대한 환영을 받았다. 공산당 최고 지도자였던 마오쩌둥이 환영회를 열어주었으며 자신이 직접 쓴 시를 딩링에게 보내어 환영의 뜻을 나타냈다. 아래는 마오쩌둥이 쓴 시이다.

벽에 걸린 홍기 노을빛에 펄럭이고
서풍은 외로운 도시를 감아도누나
바오안 동지들 새로운 맘으로
마을 연회를 열었네
감옥에서 탈출한 동지를 초정하여
가느다란 붓을 무엇에 비할까
모젤 총으로 무장한 정예군에 비할까
작전도가 룽산 동쪽을 향하니
어제의 문학 소녀가
오늘의 전사라오

(『딩링: 루쉰이 길러 낸 행동주의 작가』, 179쪽 재인용)

1936년 11월 중국문예협회가 성립되어 기관지 『홍중부간紅中副刊』이 발행되었다. 딩링은 중국문예협회의 주임으로 선발되었으며 『홍중부간』에 「전선에 가다到前線去」,「펑더화이스케치彭德懷速寫」등의 르포를 게재했다. 딩링은 상하이에서 보내던 시절부터 전선으로 가서 치열한 전투를 경험하고 싶어 했다. 그러나 1936년 12월에 시안사변西安事變이 일어나면서 휴전상태가 계속 되면서 '치열한 싸움'을 경험하는 일은 없었다. 또한 전선에서 고참 홍군에게 방해꾼 취급을 당하며 업무가 할당되지도 않아 옌안延安으로 돌아와 중국문예협회 일에 힘을 쏟게 된다. 그러나 이후에도 홍군이 되고자 하는 뜻을 굽히지 않아 중앙경위단中央警衛團 정치부 부주임을 맡아 간부와 전사들에 대한 정치적 훈련과 문화적 교육을 담당한다.

1937년 8월 루거우차오盧溝橋 사건을 계기로 중일전쟁이 본격화되자 딩링은 '전지기자단'을 결성해 통신을 쓰고자 했다. 그러나 뜻과는 달리 선전대인 서북전지복무단西北戰地服務團이 결성되면서 주임을 맡아 전쟁터를 돌아다닌다. 이 시기 작품으로는 1937년의 「발사되지 않은 총알一顆沒有出膛的槍彈」, 「동녘마을 사건東村事件」, 「재회重逢」, 1939년의 「눈물어린 신념泪眼模糊中的信念, 훗날 새로운 신념新的信念」 등이 있다. 이 시기 딩링이 쓴 작품은 항일의 의의를 선전하여 민중들이 들고 일어나 싸우도록 하는 내용들이라고 할 수 있다. 1937년 「발사되지 않은 총알」은 대오에서 벗어나 어느 마을로 들어온 어린 홍군을 둘러싼 이야기이다. 자신의 신분을 숨기는 이 어린 홍군을 노파와 마을 사람들은 모른 척하며 도와준다. 어린 홍군은 마을 사람들에게 항일전에 나서야 한다고 다음과 같이 말한다.

> 일본이 곧 중국을 멸망시키려고 하기 때문에 망국의 노예가 되기를 원치 않는 모두 사람들은 다 홍군에 참가해서 일본을 쳐부수어야 하지
>
> (「발사되지 않은 총알」, 『내가 안개마을에 있었을 때』[eBook])

그러던 어느 날 이 마을로 국민당 군대가 들어온다. 당시 중국 국민당 장제스는 '산시의 중국공산당을 끝장내고자 하는 열망'으로 '공비토벌' 명령을 내리고 있는 상태였다. 때문에 국민당군대에게 어린 홍군이 발각되면 죽임을 당하는 것은 불을 보듯 뻔한 상황이었다. 국민당 군대의 부대원들은 이 어린 소년이 홍군임을 눈치 채고 사살하려고 한다. 이때 국민당 군대의 대장은 부대원들을 향하여 다음과 같이 말한다.

> 아직도 이 소년을 죽이려는 자가 있나? 너희들의 양심은 어디에 있는 거냐? 일본 사람들이 우리의 고향을 차지하고 우리의 부모와 처자식을 죽였는데, 우리가 복수를 하지 않고 도리어 여기에서 중국인을 죽이다니. 이 어린 홍군을 봐라. 우리가 무엇으로 그와 견줄 수 있는지. 그는 홍군이고 우리는 그를 붉은 도적이라고 부른다. 그를 죽이려거든 나를 먼저 죽여라.
>
> (「발사되지 않은 총알」, 『내가 안개마을에 있었을 때』[eBook])

일본의 중국침략이 가속화되어 가는 상황에 맞서서 국민당과 공산당이 연합하여 싸워야 한다는 것을 이보다 더 잘 보여줄 수 없을 정도로 훌륭하게 항일을 고취하는 작품이라고 할 수 있다. 1939년에 발표한 「눈물어린 신념」은 일본군이 마을로 들어와 주인공 노파와 손녀를 함께 끌고 간다. 두 사람은 성폭행을 당하였으며, 손녀는 '위안부'로 어디론가

끌려가고 노파만이 간신히 마을로 살아 돌아온다. 의식불명상태에서 깨어난 노파는 마을과 주변마을 사람들에게 항일을 위하여 떨쳐 일어나야 한다고 자신이 겪은 일들을 이야기한다. 노파는 일본군들에 의해서 유린된 '어머니'이며 '조국'이라고 할 수 있다. 따라서 딩링은 조국의 아들들이 유린된 '조국'과 '어머니'의 복수를 위하여 나서야 한다는 주장을 담고 다음과 같이 말한다.

> 유격대에 들어가지 않으면 언제 죽을지 몰러. 그래서 모두가 행복해질 수 있다면 내 자식 놈들이 죽어도 좋다고 생각한다. 자식 놈들이 죽어도 나는 내 새끼들을 잊지 않을 거구먼, 여러분도 잊지 말아 달라구. 자식놈들은 모두를 위해서 죽은건께.
>
> (「새로운 신념新的信念」, 『딩링: 중국 여성주의의 여정』, 128쪽 재인용)

노파는 각 마을을 돌면서 자신이 겪은 '굴욕적 정경을 잔혹하게' 이야기하며 항일을 고취하고 다닌다. 이 글은 전체적으로 전시 일본군이 저지른 성폭력을 일본군에 대한 항전을 고취하기 위한 소재로 사용한 작품이라고 할 수 있다. 그렇기 때문에 이 작품은 강간 자체, 즉 여성에 대해 행해지는 폭력에 대한 문제의식 속에서 쓴 작품이라고 말하기는 어렵다.

그런데 딩링은 이 작품에서 노파의 또 다른 손녀 진구를 등장시킨다. 마을을 돌아다니며 항일을 위해 떨쳐 일어나라고 자신의 고통스러운 체험을 반복적으로 마을 사람들에게 들려주는 것은 끔찍한 시간을 반복적으로 사는 일이다. 그런 할머니를 지켜보는 손녀 진구는 할머니를 전부 다 이해하지 못하지만, 적어도 할머니가 느끼는 고통의 언저리까지는 가는 듯 곁을 지키며 공감을 표한다.

> 진구는 이전부터 조모의 편에 서있었다. 그녀는 조모를 사랑하고 있었다. 매일매일 할머니가 전해주는 감정을 복습했다. 할머니가 묵묵히 그녀와 걷고 있을 때 손녀딸은 할머니를 그윽하게 바라본다. 완전하게 상대를 이해한 눈길로, 그리고 할머니도 손녀딸을 가슴에 포근히 감싸 않고 길고 긴 한숨을 쉰다. 그 때 진구는 따뜻함과 슬픔이 함께 섞인 행복한 기분이 된다.
>
> (「새로운 신념新的信念」, 『딩링: 중국 여성주의의 여정』, 128쪽 재인용)

할머니의 고통과 슬픔이 뒤섞인 감정을 깊이 이해하고 공감해주는 진구는 딩링 자신이 일본군에 의해서 유린당한 여성에게 느끼는 공감이라고 말 할 수 있다.

V. 항일 너머 추구한 세상을 위한 성찰

공산당 근거지 옌안에서의 생활이 진행될수록 딩링에게는 옌안사회의 많은 문제들이 보이기 시작한다. 전쟁이 오랜 시간 계속되고 일본군의 공격이 격화되면서 군사적 타격을 대대적으로 입은 국민당은 통일된 항일의 자세를 버리고 반공 내전으로 돌아가 공산당 근거지에 대한 경제적 봉쇄를 단행한다. 근거지 안에서 동요가 시작되고 여러 가지 문제들이 드러나기 시작했다. 당시 옌안사회는 촘촘하게 힘을 미치지 못하는 관료조직, 봉건적 인습이 지배하고 있는 마을들, 안정화와 사회혁명의 모순된 과제, 교육수준과 행정경험을 지닌 외부에서 들어온 간부들과 토지혁명 속에서 성장한 지역 간부들 사이의 모순 등이 뒤섞여 많은 문제들을 노정하고 있었다.

이 시기 딩링은 「병원에 있었을 때 在醫院中時」, 「내가 샤촌에 있었을 때我在霞村的時候」, 「밤夜」 등의 소설과 「여성의 날 감상 三八節有感」, 「비바람 속에서 샤오훙을 생각하며 風雨中憶蕭紅」 등의 잡문을 썼다. 1939년 병원에 입원하고 있었을 때 경험을 토대로 쓴 「병원에 있었을 때」는 당시 혁명을 한다는 것이 무엇인가에 대한 깊은 고뇌를 담고 있다. 작품 속 주인공 루핑은 산부인과 의사가 되었지만 자신의 적성에 맞지 않다고 생각하여 다른 길을 찾아 옌안의 중국인민항일정치군사대학에 들어가 정치공작원이 될 것을 꿈꾸며 공산당원이 되었다. 그러나 어느 날 정치부에서 옌안에서 40킬로 떨어진 어느 병원으로 갈 것을 명하였으며, 평생 의료업무를 해야 한다고 하였다. 의료가 자신과 맞지 않으니 다른 일을 하고 싶다고 항변했지만 통하지 않았다. 딱 1년만 하겠다는 조건을 달고 이것을 받아들인 루핑은 다음과 같이 생각한다.

> 그녀는 상상력이 풍부했고 자기 삶에 닥치는 국면들을 인내심을 가지고 개척해 나갈 수 있는 사람이었지만 '당'과 '당의 필요'라는 쇠사슬이 머리에 씌워있어 당의 명령을 감히 거스를 수가 없었다, 어떻게 이 쇠사슬을 무시하고

자신이 하고 싶은 대로 행동할 수 있단 말인가?

(「병원에 있었을 때」, 『내가 안개마을에 있었을 때』[eBook])

이렇게 의사로 파견되어 간 병원의 원장은 토지혁명 속에서 간부가 된 농민으로 병원업무에는 문외한이고, 병원은 비위생적이고 일하는 이들은 모두 무기력하다. 루핑은 병원의 현실을 개선하고자 고군분투하지만 병원 사람들은 모두 루핑의 열성을 경원시하며 손가락질한다. 그러던 어느 추운 겨울 날 목탄을 피워가면서 환자의 수술을 진행하다가 목탄가스에 질식하여 쓰러진 루핑을 눈 내리는 차가운 바닥에 내버려둔 채로 아무도 돌보지 않는다. 루핑은 혁명에 대한 깊은 회의와 혁명에 참여하는 이들에 대한 문제의식 그리고 자신이 무엇을 할 수 있을지에 대하여 다음과 같이 고뇌한다.

현실생활이 너무 두려웠다. 그녀는 그날 밤, 많은 사람들이 자신의 곁을 지나갔는데도 왜 한 사람도 도와주지 않았는지에 대해 생각했다.……그녀는 자신의 일상생활을 돌아보며 도대체 혁명이 무슨 소용인지 물었다. 혁명이 진정 수많은 인류를 위한 것이라면 왜 가장 가까운 동료에 대한 사랑이 이렇게 부족한 것인가. 그녀는 머뭇거리며 자신에게 물었다. 혁명에 대한 나의 신념이 흔들리고 있는 것일까?……그래, 투쟁을 해야 한다! 그런데 누구와 투쟁해야 하지? 모든 사람들과? 만약 그녀가 그들과 투쟁하지 않을 거라면 마땅히 물러나서 여기 있는 사람들을 성가시게 하지 말아야 한다. 그러면 어디로 가야 하나?

(「병원에 있었을 때」, 『내가 안개마을에 있었을 때』[eBook])

딩링은 자신이 입원했던 병원에서 목도한 사실들을 통하여 옌안사회 내부를 들여다 보며 「병원에 있었을 때」를 썼다고 할 수 있다. 그리고 이보다 4개월 앞서서 전쟁터를 돌아다니면서 목도한 전쟁과 여성, 그리고 비극에 대해서 다음과 같이 이야기한 바가 있다.

> 일본군이 가버리고 나면 촌장은 징을 울리면서 여자들을 질책하지 마라. 웃음거리로 삼지 말라고 사람들에게 이야기했다. 그렇지 않으면 그녀들은 목을 매거나 우물에 몸을 던져버린다. 나는 이러한 여성들을 동정했다. 그녀들은 대단히 강인한 힘을 지니지 않으면 살아갈 수 없었던 것이다.(1985년, 일본의 연구자 방문 대화중에서)
>
> (『딩링: 중국 여성주의의 여정』, 139쪽 재인용)

앞서 딩링이 일본군의 성폭력에 노출된 여성을 다룬 「새로운 신념」을 살펴보았다. 그런데 「내가 샤촌에 있었을 때」는 일본군의 성폭력문제를 다루고 있지만 각도를 완전히 달리하고 있는 작품이라고 할 수 있다. 「새로운 신념」에서 일본군의 노파에 대한 폭력은 일본군의 유린이라는 문제에서 별로 벗어나지 않는 반면에 「내가 샤촌에 있었을 때」는 피해자 여성에 집중하고 있다. 이 점에 대해서 딩링은 다음과 같이 이야기한 바가 있다.

> 나는 마음속으로 그녀를 대단히 동정했다. 전쟁 중에 상당히 많은 사람이 희생자가 되었다. 그녀도 겪어서는 안 될 많은 고난을 당했다. 운명 속의 희생자였던 것이다. 그러나 사람들은 그녀의 일을 잘 모르고 그녀를 이해하고자

> 하지 않았다. 이해하고자 하지 않았을 뿐만 아니라 적에게 능욕 당했다는 이유로 그녀를 경멸하기까지 했다. 따라서 나는 오랫동안 생각한 끝에 쓰지 않으면 안되겠다고 생각했다.
>
> (『딩링』, 143쪽 재인용)

「내가 샤촌에 있었을 때」는 주인공 전전과 전전이 사는 마을에 요양과 집필을 위해 체재하고 있는 '나'가 있다. '나'는 전전과 마을 사람들을 지켜보면서 이 글을 써내려간다. 전전은 마을에 들어온 일본군에게 성폭행을 당하고 일본군에게 끌려가 일본군 '위안부'를 강요당한다. 그런 상황에서 중국 공산당은 전전에게 스파이역할을 요청한다. 스파이역할을 하며 일본군'위안부' 생활을 하던 전전은 성병에 걸려 치료를 위하여 마을로 돌아온다. 마을 사람들은 다기한 시선으로 전전을 바라본다. 동정심을 표하는 사람, 더럽혀진 여인이라며 손가락질 하는 사람, 혁명 활동을 한 여성이라며 영웅시하는 사람들도 있다. 그러나 전전은 마을사람들, 연인 나아가 부모조차도 "어느 누구도 자신을 동정하게 두지 않았고 누구를 동정하지도 않았다". 그런 전전은 과거에는 전전과의 결혼을 꿈조차 꾸지 못했던 연인 샤다바오가 자신과 결혼하겠다고 하자 격렬하게 거부한다. '나'는 전전을 비웃는 마을의 여자들을 보며 "여자들 중에는 전전이 있기 때문에 자신에 대한 자부심을 지니고 새삼스럽게 자신의 순결을 발견한 자도 있다. 자신은 강간을 당하지 않았기 때문에 뻐길 수 있다"고 말한다. 그리고 '나'는 전전을 영웅시하는 젊은이들에게도 위화감을 느낀다. 결국 전전은 성폭력피해를 입은 여성을 바라보는 사회(마을) 어디에서도 있을 곳을 찾지 못하고 '새로운 곳'을 찾아 떠나고자 한다.

> 나는 낯선 사람들 속에서 바쁘게 사는 게 집에서 지내거나 친지들이 있는 곳에서 사는 것보다 나을 거라고 생각해요.…나는 그곳에 머물면서 공부를 하고 싶어요, 사람들이 그러는데 그곳은 큰 데라서 학교도 많고 누구라도 다 공부할 수 있다고 했어요. 모두들 함께 엇섞여 지내는 것이 꼭 좋지만은 않으니 그냥 헤어져서 각자의 앞날을 위해 분투하는 거지요. 이렇게 하는 것은 나 자신을 위한 선택이고 또 옆에 있는 사람을 위한 것이기도 해요. …모든 일을 사람들에게 일일이 설명할 수는 없는 것 아니겠어요?
>
> (『내가 안개마을에 있었을 때』[eBook])

딩링의 전전 묘사는 사회와 마을사람들의 인식에 대한 깊은 문제의식을 담고 있다. 피해자 전전과 성폭력을 어떻게 이해하고 받아들여야 하는가에 대한 딩링의 문제의식을 담은 이 작품은 피해자여성의 시각에서 성폭력이라는 피해와 그 후를 바라 본 수작이라고 할 수 있다.

딩링은 그로부터 얼마 후 1942년 3월에 세계여성의 날을 기념하여 「여성의날 감상」이라는 작품을 썼다. 딩링은 이 작품이 자신의 "피와 눈물을 쏟아 거기에서 나의 오랜 세월 동안의 고통을 이야기하고 열렬한 희망을 담았다"라고 이야기 한 바가 있다. 이 글은 "'여성'이라는 두 글자는 어느 시대가 되어야 중시되지 않고, 특별한 취급을 받지 않을 수 있을 것인가?" 라고 시작한다.

그리고 혁명근거지 옌안에 존재하는 여성들의 어려움에 대하여 상당히 신랄하게 적고 있다. 아이를 낳고 육아를 하면서 혁명가로서의 임무를 완수해야만 하는 여성들에게 '여성성'까지 요구되어 어느 하나를 잘 해내기 위하여 다른 하나를 소홀히 할 경우 현실에서 낙오자라는 비난을 감수해야 하는 여성들의 어려움에 대하여 적고 있다. 그러나 이러한 상황 속에서도 특권을 누리는 여성들과 혁명사업에 참여하고 있는 일반 여성과의 차이에 대해서 말하고 있다. 여기서 특권적 지위에 있는 여성은 훗날 마오쩌둥의 부인이 되는 장칭江靑이었던 것으로 보인다.

> 유모를 고용할 수 있는 여성 동지는 매주 한 번 아주 위생적인 사교댄스를 즐기는 날을 확보할 수 있다. 비록 뒤에서는 듣기 민망한 험담이 은밀하게 행해져도 그녀가 모습을 나타내기만 하면 그녀의 주위는 활기에 차고 기마도 짚신도 예술가도 총무과장도 모두의 눈이 그녀에게 집중된다. 이 사실은 어떠한 이론과 주의 사상과도 어떠한 집회나 연설과도 전혀 관계없는 것이다.
>
> (「"三八節"有感」, 『丁玲文集第4卷』, 湖南人民出版社, 389쪽)

당시 공산당 근거지 옌안에서 옌안사회에 대한 비판의 목소리는 딩링만 냈던 것은 아니었다. 그러나 "우리들의 정권을 수립하는 것이 가장 우선 한다"는 주장이 강한 힘을 발휘하는 상황에서 비판적 목소리가 설 자리는 별로 없었다. 따라서 1942년 행해진 정풍운동에서 딩링은 비판받고 스스로도 "단결의 요구에 걸맞지 않다"고 자기비판하면서 재교육을 받아들인다. 그 후 딩링이 여성문제를 제기하는 작품을 발표하는 일은 없었다.

Ⅵ. 혁명의 실현, 중화인민공화국 건설 이후

딩링은 1947년 전국토지공작회의에서 <중국토지법대강>이 공표되고 중국공산당이 지배력을 미치는 곳에서는 토지개혁 사업이 실시되는 가운데 허베이성의 토지개혁사업에 참여한다. 그 경험을 토대로 1948년 9월 『태양은 상간허를 비추고』를 써서 1951년 스탈린 문학상을 받는다. 1949년 9월 21일 중국인민정치협상회의 제1차 전체회의를 열고 10월 1일 중화인민공화국이 건국된다. 건국 후에도 왕성한 활동을 이어가던 딩링은 1955년 딩링-천치샤陳企霞 반당집단으로 몰리다가 1957년 반우파투쟁 속에서 대대적으로 비판을 받게 되어 베이다황北大荒으로 쫓겨 간다. 당시 딩링에 대한 중요한 비판 중에 「샤촌에 있었을 때」의 주인공 전전에 대해서 '창녀를 마치 여신처럼 묘사'하였다는 내용이 있는데 이 비판은 대단히 상징적이라고 말할 수 있다. 딩링은 그 후 1979년에 베이징으로 돌아오기 까지 상당한 수난을 겪어야만 했다. 훗날 당시 자신이 처해진 상황에 대해서 딩링은 "사람이란 차라리 무명유실한 것이 낫지 절대 유명무실해서는 안 된다. 심지어 명실상부한 것조차도 좋지 않다. 당시 나의 명성은 너무 눈부셨고, 그로 인해 재난이 뒤따른 것이다."라고 말하였다.

1979년 10월 전국작가협회 부주석으로 복귀하였으며 1984년 8월 중앙조직부 중앙서기처로부터 <딩링동지의 명예 회복에 대한 통보>를 받으면서 완전한 명예회복을 이룬다. 1985년 『중국』을 창간하여 문학의 부흥에 노력하였으며 1986년 영면하였다. 딩링에 대한 중국공산당의 박해에 대해서는 일본의 저명한 중국문학연구가인 마루야마 노보루와 다케우지 요시미 등의 적절하지 않다는 비판도 있었다.

딩링은 1979년 『두완샹杜晩香』이라는 소설을 발표하였는데, 이 작품에서 딩링이 그리는 두완샹은 다음과 같은 모습이다.

> 두완샹은 격류 속으로 뛰어 들어가 격류를 헤치며 고갈되지 않는 힘을 발휘했다. 그녀는 자신이 만나는 각양각색의 사람과 사물을 대할 때 언제나 넓은 마음으로 표나지 않게 이 사람을 위하여, 혹은 또 다른 사람을 위하여 마땅히 자신이 해야 한다고 생각되는 사소한 일들을 했다.…당이여 영명하고 위대한 당이여! 네가 세상에 주는 것은 빛! 희망! 따스함! 행복이다! 우리는 영원히 너와 공산주의 사업을 위해 싸우리라, 우리는 너의 것이니!
>
> (「두완샹杜晩香」, 『내가 안개마을에 있었을 때』[eBook])

두완샹에게서 예전에 딩링이 묘사했던 각성한 여성의 모습은 어디에서도 찾아볼 수가 없다. 두완샹은 이전 딩링 작품 속 '여성'이 중국사회 속 '인간'이 된 모습이라고도 할 수 있다. 1981년 미국과 캐나다를 방문하였을 때 문화대혁명에 대해서 묻는 외신 기자들을 향하여 "제가 나라 안에 있을 때에도 한 마디 원망을 안 했는데 하물며 밖에 나와서까지 원망을 하겠습니까?"라고 말하였다고 한다.

Ⅶ. 못다 한 이야기

중국의 대표적 현대 여성 작가 딩링을 이야기하면서 가장 눈에 띈 것은 사진입니다. 하나는 20대 아름다운 신여성의 모습, 다른 하나는 문혁이 끝나고 1980년대 70세 후반의 원로 작가의 모습이었습니다. 이 두 사진 속 딩링의 모습에서 20세기 중국 현대사를 온 몸으로 감당한 여성 지식인의 순탄치 않았던, 그러나 묵직한 삶의 무게감이 느껴집니다.

그럼 딩링의 삶과 문학에 대해 못다 한 이야기를 나누어보도록 하겠습니다.

1. 어떻게 처음으로 딩링을 만나게 되었는지요?

일본 유학시절 대학원 수업에서 알게 되었는데, 개인적으로 당시 육아와 학업을 병행하는 고충이 있던 시기였기 때문에 딩링의 작품이 충격적으로 제게 다가왔습니다.

특히 어떤 작품이 그랬습니까?

「여성의 날 감상」(3.8절 감상)입니다. 낳는 존재인 여성이 혁명에 참여하면서 겪는 고충을 너무도 생생하게 묘사하고 있어서 감정이입했던 것 같습니다.

2. 딩링을 이야기할 때 여성주의라는 용어를 쓰곤 합니다(이선이, 『딩링, 여성주

의의 여정』, 한울, 2015). 여성주의란 무엇일까요. 일반적으로 알려진 페미니즘 정도를 의미하는 것인지 아니면 구별되어 사용하는 용어인지 궁금합니다. 그리고 중국에서도 이러한 용어를 쓰는지요

네, 여성주의라는 용어를 씁니다. 시간관계상 개략적으로 말씀을 드리겠습니다. 중국에서 여성주의 외에 여권주의라는 표현을 쓰기도 합니다. 그런데, 여권주의보다 여성주의라는 표현을 선호하는 것은 여권주의는 서구의 페미니즘 사상이라는 느낌이 농후하기 때문에, 꺼리는 경향이 있습니다.

중국이 서구의 페미니즘이란 용어 사용을 꺼려하는 이유는 무엇일까요.

적어도 중국에서는 국가가 부녀해방을 선언하였고, 기회의 균등이라고 하는 제도적 장치를 만들었습니다. 따라서 국가로부터 시혜를 받았고 남성의 도움으로 부녀해방을 획득했다고 하는 의식이 있습니다. '서구' 페미니즘은 '남성'을 적으로 돌리는 듯하다며 그에 대한 거부가 있어요. 그러나 그 시혜가 낳은 문제와 가부장제는 온존되었다고 하는 문제의식에서 1980년대 재차 여성주의 흐름이 생겨나고, 여성주의라는 용어에 보다 우호적입니다. 거기에 더하여 여성주의 용어는 기회의 평등 혹은 권력의 배분을 넘어서는 구조에 대한 사유를 내포하고 있다고 보기 때문에 이를 선호합니다.

그러면 딩링을 표현하는 단어가 왜 여성주의여야 하는지요.

딩링은 세상을 자신(여성)의 눈으로 바라봤습니다. 세상은 권력 관계로 짜여 있습니다. 사회적 '약자'들이 세상을 살아가기 위해서는 그 권력관계를 받아들이면서 세상을 바라보아야 합니다. 따라서 자신의 실존과 동떨어진 허위의식을 갖기도 합니다. 사회적 약자(=여성)가 허위의식 없이 주체적 시각으로 세상을 보면 전혀 다른 것이 보이게 되죠. 그것은 당연히 주류사회에서 위험시됩니다. 여성주의는 그런 래디컬과 위험을 내포하는 사상이고 딩링의 삶은 그런 사유 속 문제를 제기한 존재가 겪을 수밖에 없었던 여정이었다고 생각합니다. 물론 본인이 자각적이었다고 생각하는 것은 아닙니다.

마지막 이야기가 흥미로운데요. 그렇다면 딩링 스스로는 의식하지 않았지만 딩링의 삶과 문학 세계가 여성주의의 기원이 된다는 의미인가요.

네. 그렇습니다. 훗날의 저 같은 사람의 평가이지요!

3. 루쉰의 글을 읽으면 딩링에 관한 이야기가 많이 언급됩니다. 딩링이 루쉰에게 보낸 편지가 루쉰의 일기에도 언급되지요. 편지를 받은 시점이 1925년 4월 30일자 이던데요. 상하이라는 중국 정치, 경제, 문화의 메카에서 문학청년으로 딩링이 루쉰의 영향을 많이 받았을 것임은 짐작이 되는 바인데요. 딩링과 루쉰의 관계가 궁금합니다.

루쉰은 대문호이자 동시대를 살았던 문학청년들에게 대단한 영향력을 갖는 인물입니다. 딩링과 깊은 교류를 나누었던 한국에서도 「생사장」 등의 작품이 번역소개되어 있는 샤오훙도 루쉰이 탄생시킨 작가였습니다. 한국에서 개봉된 황금시대라는 영화에서도 루쉰의 집에서 샤오훙, 딩링, 쉬광핑 등과 함께 하는 모습들이 인상적으로 묘사되고 있습니다. 말씀하신 루쉰에게 보낸 딩링의 편지는 베이징에서 딩링이 루쉰의 수업을 청강하면서 영향을 강하게 받던 시기에 자신의 출로를 모색하며 보냈지만, 아무런 답을 받지 못합니다. 이것이 루쉰과 딩링의 첫 만남이라고 할 수 있습니다.

아. 답장을 받지 못했습니까. 쉬광핑과는 비교가 되네요. 쉬광핑이 베이징여사대 학생으로 스승 루쉰에게 첫 편지를 보낸 시점이 1925년 3월 11일이거든요. 그런데 루쉰은 당일 쉬광핑에게 장문의 답장을 보냅니다. 그리고 며칠 간격으로 둘 사이에 계속 편지가 오가지요. 그런데 딩링의 편지에는 답신을 안 했군요.

그 뒤 혁명문학 고취를 위해 조직한 좌익작가연맹에 루쉰이 참여하고 여기에 딩링, 그리고 그 남편 후예핀도 참여하는 것으로 알고 있습니다만.

그렇습니다. 1930년 루쉰이 조직한 좌익작가연맹에 후예핀과 딩링이 가입을 했고, 1931년 좌련5열사 사건의 희생자 중 한 사람이 후예핀입니다. 후예핀 사후 딩링이 좌련 기관지 『북두』의 편집장을 맡습니다. 1933년 딩링이 국민당에게 연금 당한 이후, 루쉰은 딩링을 위한 다각도의 노력을 기울여 주며, 딩링이 연금 상태를 침묵으로 잘 견뎌내고 있다고 옹호하는 발언을 공개적으로 하기도 합니다. 딩링은 국민당 연금 상태에서 루쉰과 연락이 되면 탈출이 가능할 것이라고 생각했으며, 탈출과정에서 어떤 형태로든 도움을 주었을 것이라고 추정됩니다.

우리말로도 번역된 딩링의 평전(쭝칭 지음)에서는 딩링을 '루쉰이 길러낸 행동주의 작가'라고 표현했던데 그럼 이러한 표현이 적절한 것이라고 봐야할까요.

그런데 딩링은 1936년 9월에 바오안으로 탈출을 하고 1936년 10월에 루쉰이 사망하기 때문에 거기서 두 사람의 관계는 끝이 났다고 볼 수 있습니다. 엄밀하게 말하면, 쭝칭의 "루쉰이 길러낸 행동주의 작가"라는 표현에는 동의하기 어렵습니다. 루쉰과 상당한 교류가 있었고 루쉰의 깊은 사유와 문학이 딩링에게 영향을 미쳤다는 것은 1941년 딩링의 「우리에게는 잡문이 필요하다」라는 글에서 알 수 있습니다. 이 글에서 딩링은, 루쉰의 잡문=중국 최대의 사상무기라며 잔존하는 옌안사회의 '봉건적' 악습에 대한 비판을 합니다. 하지만 그 정도일 뿐, 쭝칭의 표현은 루쉰이 갖는 힘에 의거한 평가를 통하여 딩링을 고평가하고자 하는 의도 정도가 아닐까 싶습니다.

딩링이 옌안에 있을 때 '우리에게도 잡문이 필요하다'라는 글을 썼군요. 그러면서도 딩링을 평가할 때 루쉰의 영향을 받은 것은 사실이지만, 루쉰이

란 유명인을 굳이 앞에 내세울 필요는 없지 않느냐는 의미이군요.

4. 여성주의에 관심을 갖는 연구자들은 딩링의 문학 작품에서 잘 알려진 소피의 일기. 삼팔절 유감(여성의 날 감상) 등에 관심이 많을 것 같아요. 그런데 저는 사회주의 중국에서 그로 인해 고초를 겪는 여성 지식인으로서 딩링에 관심이 있습니다. 국가 권력 속에서 인간의 자유의지는 어디까지 가능한 것일까요. 사회주의 중국에서 딩링의 삶에 대해 못다 한 이야기가 있을까요.

중국 '혁명'은 당시 중국사회가 안고 있는 많은 문제를 풀기위하여 찾은 유의미한 대안이었던 것 같습니다. 그러나 사회의 변혁을 위한 행위의 과정에서는 많은 문제가 생겨나고 인간소외의 문제가 발생했던 것 같습니다.

딩링은 혁명이라는 대의를 위하여 일하는 것이 발생시키는 인간소외의 문제를 부족하지만 언어화합니다. 우리가 무엇을 추구한다는 것은 결국 인간의 문제라는 생각이 들며 딩링은 아마도 인간(여성) 삶을 존중하는 혁명이 아니라면 그것에 어떤 의미가 있는 것인가? 계속적으로 되묻고 있는 것 같습니다. 그것이 가능했던 것은 딩링 자신이 인간 삶이 지닌 너무도 복잡하고 중층적인 것들을 경험한 삶을 살았기 때문은 아닐까 생각합니다.

그런데, 딩링은 1942년 옌안문예좌담회, 나아가 중화인민공화국 건국이후 심각한 비판에 직면하고 정신적 육체적 고통을 겪으며 교수님께서 인상적이라고 하신 노년 사진의 딩링이 됩니다. 노년의 딩링은 국가와 당의 이해에서 한 치도 벗어나지 않는 발언으로 외국의 기자나 학자들에게 당혹함을 안겨주기도 합니다. 그런 딩링의 모습에 대해 사회주의 중국의 비관용을 보여주는 것이라는 평면적 이해도 가능하지만, 딩링 삶의 우여곡절은 어쩌면 '크고 작은' 차이는 있지만 우리 삶의 한 단면이 아닐까 하는 생각이 듭니다. 딩링은 비판에 직면하면 주로 자신을 개조하여 집단의 이해에 맞추어 가는 선택을 합니다. 우리도 이와 유사한 선택을 하거나 또 다른 선택을 할 수도 있습니다. 이때 개인의 자유로운 선택이 얼마나 가능한가가 그 사회의 성숙도가 되겠지요.

5. 그렇게 본다면 딩링과 다른 여성 지식인들과의 차이는 무엇일까요. 우리 강의에서도 선정한 추진, 그리고 루쉰의 강의에서 언급되는 쉬광핑, 그리고 쑨원의 부인으로 쑹칭링 등 모두 여성 지식인 열전에 포함되는데요. 이 속에서 딩링을 평가해 본다면요?

여성의 삼종지도에 대해서 생각해본 적이 있으신지요? 삼종지도는 버전을 달리하면서 온존하고 있고, 지금도 사회적 자원에 여성이 접근할 수 있는 중요한 방법 중 하나라고 생각 합니다. 저는 쉬광핑이나 쑹칭링을 보면 삼종지도의 근대버전을 보는 느낌이 듭니다. 쉬광핑은 실제로 자신만의 일을 갖고 싶어했지만 루쉰이 자기를 돕는 것보다 더 가치 있는 일이 있느냐고 반문하면서 주저앉습니다. 루쉰과 쑨원을 써포트하는 일은 상당히 의미 있는 일이라고 생각합니다. 하지만 그 역은 좀처럼 보기 힘들고, 그런 경우 그 남성에 대한 사회적 제재가 있습니다. 중국에서 살아남아 공적세계에서 활동한 1세대 혁명가 여성들은 대부분 가부장적 구조를 받아들임으로서 공적자리를 획득한 것은 아닐까 생각합니다.

그러네요. 이들과 딩링의 차이는 딩링의 남편이 루쉰이나 쑨원같은 유명인이 아니라는데 있군요.

반면 추진은 어떻습니까. 추진이 여성이 혁명을 하기 위해 남장을 해야 한다고 주장하지요. 이건 청말 이라는 시대와 연관이 있다고 생각합니다만.

맞습니다. 추진은 시대적 한계가 있었다고 생각합니다. 추진 문제의식의 출발점은 국가였고, 위기적 상황 타개에 자신(여성)도 참여할 수 있다고 생각합니다. 그런데 추진의 고민에는 사회가 구성하는 '여성'에 대한 문제의식이 희박하기 때문에 맹아적이라고 평할 수 있는 것 같습니다. 딩링은 상하이라는 근대자본주의사회가 만들어내는 '개인'과 '여성'이라는 명료한 자각이 있었고 그 규정에 대하여 미약하지만 근원적 의문을 제기하는 여성입니다. 여성 주체의 눈으로 세상에 대해 말한 여성이었기 때문에 독보적이었던 거죠.

네. 지금 말씀하신 것처럼 딩링이란 작가의 탄생이 상하이라는 공간과 밀접한 연관이 있을 것이란 생각이 듭니다. 저도 그 부분을 흥미롭게 봤어요.

6. 마지막 질문입니다. 딩링의 삶이 오늘날 우리에게 주는 메시지 혹은 울림은 무엇일까요

인생이라는 차원에서 보면 삶을 살아냈다는 것이 아닐까 싶습니다. 딩링은 "사회는 다면적이기 때문에 사람들은 용감하게 죽어야 하지만 그 이상으로 끈질기게 살아가야 한다."라고 말합니다. 오랜 시간 말로 다 할 수 없는 정신적, 신체적 고통을 당하면서도 딩링은 살아냅니다. 또한 딩링이 추구했던 여성주의는 중국 사회를 돌아보는데 있어서 중요한 의미를 가지고 있다고 생각합니다. 여성들에게 다시 집으로 돌아가라는 백레시에 대응하거나 중국사회의 전제성이 강화되는 상황에서, 딩링이 루쉰의 잡문이 사상적 무기였다고 했던 것과 같은 의미로 딩링의 삶과 문학은 사유하는 힘이 될 수 있다고 생각합니다. 그것만이 엄혹한 현실을 살아가면서 할 수 있는 최소한의 것이 아닐까싶습니다.

한국사회에서는 딩링의 「샤춘에 있었을 때」를 읽어보길 권합니다. 일본군 '위안부'문제로 자주 뜨거워지는 한국사회가 일본군'위안부'문제를 통하여 여성에게 가해지는 폭력에 대한 사유가 보다 깊어지고 확장되어지는데 기여할 수 있는 탁월한 작품이라고 생각합니다.

'사회는 다면적이기 때문에 사람들은 용감하게 죽어야 하지만 그 이상으로 끈질기게 살아가야 한다'는 딩링의 말이 저에게도 큰 울림을 줍니다. 이것 이상으로 딩링의 삶을 표현할 수 있는 말이 있을까요. 여성 지식인으로 딩링의 삶과 문학에 관한 이 글이 우리의 삶에서도 의미 있기를 바라면서 못다 한 이야기를 마무리하려 합니다.

인용 고전과 참고문헌

<인용 고전>

『소피의 일기莎菲女士的日記』

『1930년 상하이의 봄1, 1930年春上海之1』

「산골농가田家冲」

「발사되지 않은 총알一顆沒有出膛的槍彈」

「새로운 신념新的信念」

「병원에 있었을 때 在醫院中時」

「내가 샤촌에 있었을 때我在霞村的時候」

「여성의 날 감상"三八節"有感」

「내가 알던 취쥬바이: 회상我所認識的瞿秋白同志:回憶與隨想」

『두완샹杜晚香』

<참고문헌>

이선이, 『딩링: 중국 여성주의의 여정』, 한울, 2015

쭝청 저, 김미란 옮김, 『딩링: 루쉰이 길러 낸 행동주의 작가』, 다섯수레,1998

딩링 저, 김미란 옮김, 『소피의 일기』, 지식을만드는지식고전선집, 2009

딩링 저, 김미란 옮김, 『내가 안개마을에 있었을 때ebook』, 창비, 2012

김은희·최은정 옮김,『1930년대 중국여성소설 명작선2』, 어문학사, 2016

제 10 장

천인췌陳寅恪, "학문을 물을 뿐, 정치는 묻지 않는다"는 원칙을 견지한 사학자

김 호 (경남대)

※**이미지 출처**

https://ja.wikipedia.org/wiki/陳寅恪

Ⅰ. 세기난우(世紀難遇)의 천재

푸른 빛 아름다운 옛 유주 땅이여,
세월과 떨어져 바라보니 눈물을 거둘 수 없네.
도관의 복숭아는 이미 옛날의 그 나무가 아니고,
고가는 어느 결에 가장 높은 누각이 되었구나.
명원과 북감에는 헛되이 선비들만 가득하고,
늙은 나그네 동성에서 홀로 근심하노라.
이십여년 자고 먹던 땅은 슬프기만 하고,
어느 봄날 남은 꿈들이 가슴에 차오르네.
蔥蔥佳氣古幽州, 隔世重來淚不收.
桃觀已非前度樹, 藁街長是最高樓.
名園北監仍多士, 老父東城有獨憂.
悵惘念年眠食地, 一春殘梦上心頭.

(『천인췌집: 시집』, 삼련서점, 59쪽)

천인췌가 지은 이 칠언율시는 당대사(唐代史) 분야의 대가답게 당조(唐朝)의 인물과 고사를 들어 지은 시로서 그의 사상을 이해하는데 도움이 된다. 셋째 구절은 8세기 말 당 덕종시기에 활약했던 유우석(劉禹錫)의 시구를 인용하여, 천인췌의 제자들이 마르크스·레닌주의 학습에 몰두하는 것을 질책한 것이다. 여섯째 구절에서는 당대의 소설 『동성노부전(東城老父傳)』의 노부를 인용하여 현재의 중국사회를 걱정하는 자신을 비유하고 있다.[1] 『동성노부전』에서는 장안의 동성, 즉 만년현(萬年

縣)에 살던 가창(賈昌)이라는 인물이 현종시대를 회상하며 안사난(安史亂)의 원인과 결과를 비롯하여 점차 부패하고 쇠퇴해가는 당시 사회를 걱정하는 내용으로 되어 있다. 또한 유주는 베이징, 고가는 당대 외국인의 거주지로서 마르크스·레닌주의를 가리키며, 명원과 북감의 사전적 의미는 국자감이지만 문맥상 각각 베이징대학과 칭화대학을 가리킨다. 즉, 이 시는 20세기 초 중국에 사회주의 사상이 보급되고, 중국공산당 세력이 확산되면서 당시 대부분의 사람들이 마르크스·레닌주의를 우러르던 것을 풍자한 시였다.

이 외에도 그는 당시 사회를 풍자한 시를 더러 남겼지만, 대부분의 작시(作詩)는 정치적 활동의 일환으로서가 아니라 격조 높은 중국 전통문화가 몸에 배인 것이었다. 마치 전통왕조의 중국 지식인들이 그러했듯, 친구와 서신을 주고받을 때나, 심지어 부인과도 작시를 통해 서로의 감상을 전달하기도 했다. 또한 그는 30대 때부터 전통복장을 입고 다녔기에 학생들이 멀리서도 천인췌를 한눈에 알아보았다고도 한다. 글을 쓸 때도 항상 간체자가 아닌 번체자로 썼고, 책을 출판할 때는 반드시 번체자 출판을 조건으로 내세웠으며, 학생들에게도 번체자를 쓰도록 요구하였다.

오늘날 중국 사람들에게는 물론이고, 중국 근현대의 위대한 인물들을 다루는 경우에도 천인췌라는 이름은 익숙하지 않을 것이다. 역사분야에서는 그가 주로 연구했던 위진남북조·수당사 관련 논문을 통해 알려져 있지만, 그의 개인적인 삶이나 사상이 다시 조명을 받게 된 계기는 1995년 중국에서 출판된 루젠둥, 『천인췌의 최후 20년(陳寅恪的最後

二十年)』의 역할이 컸다. 국내에서는 천인췌가 연구했던 분야와 동시대를 다루는 박한제 교수와 천인췌가 살았던 근현대시기의 역사를 전공한 김형종 교수 두 학자가 이 책을 번역하였고, 본서 대부분의 내용도 이 책에 근거하였음을 밝혀둔다.[2]

천인췌는 역사학과 중문학에 뛰어난 학자로서, 계몽사상가 량치차오, 갑골문의 대가 왕궈웨이, 중국의 대표적인 언어학자 자오위안런(趙元任)과 더불어 당시 중국의 4대 석학 가운데 한사람이었다. 현대 중국의 저명한 학자 덩광밍·저우이량·왕융싱·장톈수, 그리고 『우붕잡억(牛棚雜憶)』의 저자 지셴린도 그의 제자이다.[3]

그의 위상을 알 수 있는 전설적인 일화가 전해오고 있다. 1950-60년대 대륙에 퍼진 소문으로 "국민당은 전세기를 내어 천인췌를 타이완으로 모셔가려 했지만, 그는 한사코 가지 않겠다고 했다."는 인물이다. 정확히 확인되지는 않았지만 다음과 같은 두 가지 일화도 전해진다. 하나는 1950년 중공대표단을 거느리고 소련을 방문한 마오쩌둥은 스탈린이 천인췌에 대해 물으며 그의 역사저작을 알고 있다고 하자, 귀국 뒤 찾아보겠다고 약속했다고 한다. 또 하나는 저우언라이 총리가 어느 공식적인 회의에서 "천인췌는 장제스가 보낸 전용기를 타고 타이완에 가지 않았다는 사실 하나만으로도 그의 모든 것이 전혀 문제되지 않는다"고 말했다 한다. 당시 최고의 권력자 마오쩌둥과 중국공산당의 지도적 위치에 있던 저우언라이에게도 각인되었던 전설적인 인물의 생애를 대략적으로 소개하면 다음과 같다.

나이	연도	주요 사항
유년기	1890년(광서16)	후난성 창사에서 천싼리와 위수런 사이 3남으로 출생 가족 따라 우한·창사·난창 등지 전전
소년기 10대	1902년 ~ 1904년	일본 유학: 게이오대학 ~ 도쿄 제국대학 재상과(財商科)
	1905년	각기병으로 귀국하여 1년 요양
	1907년	푸단공학 입학
청년기 20대	1909년 ~ 1911년	베를린대학 입학 ~ 취리히 대학 입학
	1913년	파리 고등정치학교 사회경제부 수학
	1919년	하버드대학 입학
장년기 30대	1921년	하버드대에서 산스크리트어 ~ 베를린대학 대학원 입학
	1925년	귀국 칭화대 국학연구원 초빙 ~ 다음해 교수
	1928년	탕윈과 결혼
중년기	1931년	칭화대학 역사학과 및 중문학과 겸임교수
	1939년	영국왕립학회 연구원
40 ~ 50대	1941년	일본의 홍콩점령으로 영국 출국 좌절
	1945년	인도 거쳐 영국도착 후 실명 판정
	1948년	공산당군의 베이핑 포위로 난징 ~ 상하이 ~ 광저우 도착
	1949년 1월	광저우 링난대학 역사학과·중문과 교수
60대	1952년	링난대학 폐교 ~ 중산대학 역사학과 교수
	1958년	인신공격 받고 수업담당 거부 ~ 저술 전념 후금박고운동 개시
70대	1962년	우측다리 골절로 거의 거동불가
	1966년	문화대혁명 시작
	1969년 10월	10월 7일 79세로 사망

천인췌는 청왕조 말기인 광서 16년, 서기 1890년 후난성 창사에서 출생하였다. 대부분의 중국근현대 지식인이 그러하듯 천인췌는 전통왕조 청, 중화민국, 중화인민공화국이라는 세 차례 국가 정체성의 변화를 겪었다. 유년기에는 비록 명문집안의 성세와 화려함을 몸으로 느끼며 성장하였지만, 열 살이 채 되지 않은 나이에 집안이 흩어져가는 과정을 목격하게 된다. 부친의 권유로 형을 따라 1902년 12세에 일본 유학을 떠났지만, 각기병으로 귀국하여 상하이 푸단공학(현 푸단대)에 입학해서 공부하다가, 다시 1909년 19세부터 독일 베를린대학에서 불교학을 비롯하여 스위스·프랑스에서 유학하고, 미국 하버드대에서 산스크리트어·발리어·티베트어를 연구하였다. 특히 산스크리트어는 칭화대와 베이징대에서 강의하고 있던 에스토니아 출신 Alexander von Stael-Holstein(1877-1937)에게도 틈나는 대로 찾아가 배웠다고 한다. 중국명 강허타이(鋼和泰)로 잘 알려져 있는데, 천인췌 뿐만 아니라 후스도 그에게서 산스크리트어 가르침을 받았다. 이 과정에서 약 10개 국어에 통달한다. 훗날 그의 독일 유학시절 남긴 64권의 공책 가운데 조선어공책도 1권 있었기 때문에 한글공부도 했으리라 추측된다. 1925년 35세의 나이로 칭화대 국학원에 초빙되었는데, 사실 여러 나라 여러 대학에서 수학했지만 천인췌는 아무런 학위도 받지 못했다. 다른 학자들과 달리 변변한 학위 한 개 없는 천인췌가 칭화대에 초빙되었을 때 일어난 논란은 량치차오의 한마디 즉, "천인췌의 학문은 나보다 위다"라는 말로 일단락되었다. 더욱이 40대 후반에는 영국왕립학회 연구원으로 초빙될 만큼 그의 학식은 해외에서도 입증되었다.

저명한 학자로서 천인췌에 대한 특별대우는 그의 학문적 성취에 따른 것이라 할 수 있다. 그 일례로 영국정부가 천인췌의 안과 치료비 전액 부담을 제안했던 일이 있다. 천인췌는 오래전부터 눈 질환으로 고생하며 점차 시력을 상실해가고 있었는데, 영국정부가 수술비를 부담하는 조건으로 런던에 갈 수 있는 기회를 얻게 되었던 것이다. 하지만 이미 수술시기를 놓쳐 55세에 실명판정을 받게 되었다. 망막이 떨어져 나가 시력 장애를 일으키는 망막박리로서 당시로서는 회복 불가능한 병이었다. 그러나 이미 해박한 지식이 그의 머릿속에 마치 스캔하듯 입력이 되어 있었던 터라 거의 모든 사료를 암기하여 저술했다고 한다.

1949년 1월부터는 링난대학, 현재의 중산대학에서 중문학과와 역사학과 2개과의 교수로서 강의를 시작했다. 이후 타이완 중앙연구원으로부터 계속된 초청전보를 받았으나 거절하고 대륙에 남게 된다. 1958년부터 후금박고운동이 시작되면서 인신공격을 받자 수업담당을 거부하고 저술에만 전념하였다. 1962년에는 우측 다리 골절로 거동이 더욱 불편해졌다. 이어지는 문화대혁명 기간에는 그를 향한 비판과 고초를 견디지 못하고 1969년 79세의 나이로 사망하였다.

그가 학자로서 남긴 저술은 그다지 많다고 할 수는 없으나, 학계에서는 독창적인 견해였다고 평가한다. 칭화대학에서부터 중문학과 역사학을 강의하고, 중산대에서도 중문학과와 역사학과의 교수를 겸했던 그는 문학과 사학 분야에 저서를 남겼다. 역사학분야에서는 중세[중국에서는 중고사(中古史)라고 한다]에 해당하는 위진남북조·수당을 연구하고, 문학분야에서는 당대와 청대문학 및 불교경전을 연구하였다. 1940

년 50세에 수당사 영역의 연구에서 자신의 학문적 위치를 확립시킨 저서 『수당제도연원략론고』를, 1년 후 『당대정치사술론고』를 완성하였다.

일련의 정치운동이 빈번했던 1950년대 말부터 천인췌의 연구는 문학에 치중되었다. 일관적으로 다루던 역사학 풍격에서는 다소 변화한 모습이라 할 수 있겠지만, 결국 시(詩)를 대상으로 하여 역사를 연구한 것이기도 했다. 맹려군(孟麗君)이라는 여성이 남장을 하고 과거에 급제한다는 내용의 청대 여류작가 진단생(陳端生)의 소설 재생연을 연구한 『논재생연(論再生緣)』이나, 명말청초 격동기 풍류방탕했던 기녀 유여시라는 여성의 일생을 통해 당시의 역사를 조명한 『유여시별전(柳如是別傳)』이 그러하다. 명 멸망기 남명정권에서 예부상서가 된 전겸익(錢謙益)이 청에 곧 항복하여 변절했다가, 결국 칭병하고 고향에 돌아온 후 기녀 유여시를 만나 서로 시를 주고받다가 결혼하는 이야기를 연구한 것이 『전유인연시석증고(錢柳因緣詩釋證稿)』이다. 이러한 문학작품 연구는 단순한 풍류고사를 다룬 것이 아니라, 해당시대의 정치사로서 중화와 오랑캐, 도덕적인 문제들을 밝혀내려는 시도였을 것이다.

그의 연구 성과물은 『천인췌집(陳寅恪集)』이라 하여 천인췌의 막내딸 천메이옌 이름으로 엮어 2001년부터 베이징 삼련서점에서 총 13책으로 출판되었다. 또한 이 책들의 표지에는 "獨立之精神, 自由之思想"이라 써 있는데, 일찍이 천인췌가 중국민족이 독립정신과 자유사상을 갖추었음을 늘 강조했기 때문에,[4] 아마도 이 책들의 표지에 넣었을 것이다.

천인췌는 "학문을 물을 뿐 정치는 묻지 않는다"는 원칙을 견지한 학자로서 강의와 연구에 매진한 인물이다. 그가 관심을 둔 시대는 당대(當

代)가 아닌 당대(唐代)였다. 이 시대를 연구한 까닭에 대해 그의 저서 『수당제도연원략론고』 서문에서 "수당 두 왕조는 우리나라 중고사에서 가장 태평성대를 이루던 시기였다…하지만 그 연원과 변화를 전체적으로 서술한 전문서적이 드무니, 이는 우리나라 사학에 실로 유감이 아닐 수 없다"와 같이 밝혔듯이 이 시대 연구를 개척하기 위함이었다고 볼 수 있다. 그렇다면 이 시대는 중국역사에서 어떤 의미를 차지할까?

1997년 홍콩이 중국으로 반환되기 직전 상하이 대학생들에게 '전통왕조 또는 현재 가운데 어느 시대의 중국에 살고 싶은가?'라는 조사를 했는데 가장 많은 학생들이 당대(唐代)를 선택하고, 그 다음이 현재의 중국이라고 했다.[5] 학생들의 단어로 당왕조는 위대한 중국(Great China)이었기 때문이었다. 당제국은 중국 주변의 이민족들이 중국내지에 들어와 한족과 섞여 지배하고 지배받던 복잡한 위진남북조라는 정치적 분열기를 거쳐 다시 중국을 통합한 시대이다. 7-8세기 이른바 동아시아세계의 중심으로서 각종 제도와 정치 및 문화의 북극성과 같은 존재였다. 다민족국가인 중화인민공화국이 가깝게는 청, 멀게는 당을 모델로 하고 있다. 만주족이 세운 청왕조는 다수의 한족 외에 위구르·몽골·티베트족을 포함했던 것처럼, 당왕조는 선비족 피가 흐르는 황실을 중심으로 역시 다수의 한족과 북방의 돌궐을 그 통치영역으로 두었고 주변 여러 나라와 군신관계, 즉 정치적으로 우위에 있었다.

일찍이 천인췌가 중국문화는 세계 학술사상 매우 높은 수준임에도 정치적인 지위는 매우 낮은 상반된 현실을 통감하며 본래 민족의 지위를 잊지 않고 외래의 학설을 수용해야 한다고 주장했던 것처럼 당대 즉,

당왕조를 통해 중국의 정치와 문화의 우위를 드러내고자 했을 것이다. 그런데 그의 제자 중 한사람의 회고에 따르면, 선생은 청말 역사에 대해 아주 잘 알고 있었지만 그 방면에 관한 연구를 할 수 없다고 했다. 진지하게 연구하려면 감정을 움직여야하는데, 그렇게 되면 어떤 문제나 사건에 객관적일 수 없게 되기 때문에 할 수 없다고 했다는 것이다. 천인췌의 신념이었던 학문연구에 있어서의 독립정신과 자유정신을 맘껏 발휘하기 위해서는 현실정치와 시간적 거리를 둔, 당시 그가 살던 시대와 멀리 떨어진 시대를 연구하는 것이 나았을지도 모르겠다. 한평생 중국과 서양 학문을 두루 섭렵하고 10여 가지 언어와 문자를 활용하여 문학과 역사학을 연구했던 그는 20세기 중반 일반인이 도달할 수 없을 정도의 학문 경지에 올라있던 사람이었다. 100년에 한번 만날까 말까 한 세기난우의 천재였던 것이다.

Ⅱ. 명문가 출신의 천인췌와 주변 사람들

1. 출생과 가문

천인췌는 1890년 후난성 창사에서 천싼리(陳三立)와 위수런(兪淑人) 사이 3남으로 출생하였다.[6] 이 해가 경인년(庚寅年)이었기에 그의 조모는 '인(寅)'자를 따서 인췌(寅恪)로 이름 지었다. 사전적 발음으로는 각(恪)자가 커[ke]로 천인커지만 당시 가족들이나 그를 아는 모든 사람들은 췌[que], 천인췌라 불렀다. 이를 두고 최근 중국인들 사이에서 '커'

냐 '췌'냐의 가벼운 논란이 있었다. 1980년대 이전에 출판된 사전에는 두가지 발음이 모두 채록되었지만, 이후에는 '커' 발음만 표기되어서 '천인췌(陳寅恪)'라는 인물을 글자로 처음 접한 사람은 천인커라 읽는데 비해, 20세기 초부터 그의 명성을 접한 중국인들이나 학계에서는 여전히 천인췌라고 부르기 때문에 빚어진 논란이다. 그러나 정작 천인췌 자신은 1940년 영국 옥스퍼드대에 보내는 친필서신에서 영문명에 'ke'라 썼다. 또한 칭화대 시절 누군가가 천인췌에게 '췌'인가 '커'인가 물었더니 웃으면서 중요하지 않다고 대답했다고 한다. 본서에서는 당시 중국에서 불렸던 발음인 '췌[que]'를 살려 '천인췌'로 부르고자 한다.

천인췌는 조부 천바오전이 임명된 관직에 따라 우한·창사·난창 등지를 전전하게 된다.[7] 천바오전은 이른바 유신파 관료로서 일찍이 쩡궈번(曾國藩)에게 발탁되어 그의 막료가 되었다. 쩡궈번은 태평천국의 난을 진압하고, 량치차오에 의해 모범적 지도자로 손꼽혔던 사람이다. 1898년 9월 무술변법이 실패하자 조부 천바오전은 관직을 박탈당하고, 부친 천싼리도 제명(除名)되어 부자 모두 조정에서 '영원히 다시 기용하지 않는다'는 선고를 받았다. 당시 천인췌는 8살이었다. 청조에서 고위관료를 지내던 할아버지와 아버지의 그늘 아래 평탄하게 살아오던 유년기가 산산조각 난 것이었다. 부친 천싼리는 1937년 일본이 침입한 중일전쟁이 발발하자 수치스러움에 단식으로 절명한 인물이다. 천인췌는 부친의 식사를 위해 전쟁에서 이겼다고 거짓말을 해서 몇 숟갈 드시게 했으나, 곧 들통 나서 부친은 끝내 단식으로 생을 마감했던 것이다.

천인췌보다 14세 위였던 맏형 헝췌(衡恪)는 뛰어난 화가이자 서예가로서 베이징여자고등사범학교(北京女子高等師範學校)와 베이징고등사범학교(北京高等師範學校)의 교사 및 베이징미술전문학교(北京美術專門學校) 교수를 지냈으며, 중국에서는 천스쩡(陳師曾)이라는 이름으로 잘 알려져 있다. 스쩡은 그의 자(字)인데, 그는 루쉰과 광무철로학당(礦務鐵路學堂)에 같이 다녔고 일본 유학도 함께 했다. 루쉰이 도쿄에서 『신생(新生)』이라는 잡지를 계획할 때 적극적으로 지지하고 도왔던 동료 중 한명이었다. 그는 불행히도 1923년 9월 모친상을 치르러 가던 중 이질에 걸려 난징에서 48세 나이로 사망하였다. 동생 팡췌(方恪)는 난징도서관 편목주임 및 연구원을 지내기도 했다. 조부 천바오전, 부친 천싼리, 형 천헝췌, 천인췌 본인, 그리고 천헝췌의 아들인 식물학자 천펑화이(陳封懷), 이 5명은 중국에서 천씨오걸(陳氏五傑)로 꼽힌다.

2. 혼인과 가정

천인췌의 결혼과 관련한 일화는 중국의 오랜 가문에 대한 전통적인 관습을 생각나게 한다. 천인췌는 각기병에 걸려 일본유학을 중도 포기하고 돌아왔듯 어려서부터 병약하였고, 오랜 유학생활로 결혼이 늦어졌다. 칭화대 교수로 초빙되었을 때도 아직 미혼이었는데 당시 모친은 이미 돌아가셨기에 부친이 결혼을 종용하며 며느리를 대신 찾아오겠다고 하였다.

1925년 칭화대학 교수로 임용된 지 몇 년 지나지 않았을 때, 천인췌는 그의 동료로부터 한 여교사가 소장한 시화에 남주생(南注生)이라는 서명이 있다는 얘기를 듣게 되었다. 그 얘기를 듣는 순간 천인췌는 깜짝 놀라며 분명 탕징송(唐景崧)의 손녀일 것이라고 생각했다. 탕징송은 타이완순무(臺灣巡撫)를 지냈던 사람으로 남주생은 그의 호였다. 1894년 청일전쟁 후 체결된 시모노세키 조약 가운데 타이완을 일본에 할양한다는 소식이 전해지자, 타이완 사람들은 타이완민주국을 세우기로 하고 당시 순무였던 탕징송을 대총통으로 추대하며 영원히 청조에 신속한다는 의미의 영청(永淸)이라는 연호를 정했다. 그러나 일본군의 타이완 진격으로 결국 대륙으로 돌아올 수밖에 없었으며 본래의 관직을 잃게 되었던 것이다. 천인췌는 그의 조부인 천바오전의 마지막 관직과 탕징송의 그것이 같았다는 점을 비롯하여 양쪽 집안이 겪어온 풍파가 유사하다고 여겼다. 이른바 혼인관계에서 두 집안의 지위가 서로 비슷해야 한다는 관습을 중시했던 것이다.

천인췌는 탕징송의 손녀를 만나보고 싶어 했고 마침내 동료교사의 주선으로 만남이 성사되었다. 천인췌보다 8세 아래였던 그녀의 이름은 탕윈(唐篔)이었고, 난징의 금릉여자학교에서 체육을 전공하였다. 이후 직예성립제일여자사범학교와 베이징여자고등사범학교의 체육교사를 지냈는데 이 두 학교는 당시 중국의 여성명사들을 배출한 곳이기도 하다. 저우언라이의 부인 덩잉차오나 루쉰의 두 번째 부인 쉬광핑이 졸업한 학교인 것이다. 어려서부터 몸이 약하고 화학공부를 좋아했던 탕윈이 체육을 전공했다는 사실은 매우 의외이기도 하다. 결국 탕윈은 심장병으로 일생을 약과 함께 지냈다.

1928년 8월 천인췌와 탕윈은 각각 38세와 30세 나이로 혼인하여 가정을 꾸리게 되었다. 이 부부는 수입의 일부를 부친과 맏형이 사망하고 남은 형수 가족의 부양을 위해 써야했다. 그녀는 직장을 그만 두고 가정주부로서 지냈지만 어려서부터 닦아온 전통학문에 대한 기초로 그녀 역시 때때로 남편의 시에 시로서 응대할 정도의 수준이었고, 천인췌의 조교역할까지도 훌륭히 해냈다. 탕윈은 서예도 뛰어났는데 시아버지인 천싼리가 그녀의 서체를 매우 좋아해 가끔 몇 글자씩 쓰게 하기도 했다. 막내딸 메이옌의 회고에 따르면 만년에 부친의 시 정리는 오로지 모친이 담당했다고 한다.

천인췌와 탕윈 사이에는 딸만 셋을 두었는데, 장녀 리우치우(流求), 차녀 시아오팽(小彭), 막내 메이옌이다. 리우치우는 타이완의 옛 이름, 즉 수당대 칭호로서 오키나와의 옛 이름인 류큐(琉球)와는 한자가 다르다. 이후 타이완의 명칭은 여러 차례 바뀌어서 명대부터 타이완을 소류구(小琉球), 오키나와를 대류구(大琉球)라 부르기도 했다. 한편, 시아오팽은 팽호열도(澎湖列島)를 가리킨다. 이들이 태어날 당시 리우치우, 즉 타이완은 일본 식민지배하에 있었고, 또한 일본이 팽호열도를 침공한 사건이 있었기에 천인췌는 자신의 딸들에게 이런 이름을 지어서 조국이 처한 치욕을 잊지 않으려했다고 한다. 막내 메이옌은 푸단대 화학과 졸업 후, 중산대 교수가 되었다. 당시 아버지 천인췌가 중산대 교수로 있었고 건강하지 못했기에 배려 차원에서 중산대에 임용된 것이다.

메이옌의 회고에 따르면 천인췌는 항상 딸들에게 "집에서는 나를 존중하지 않아도 된다. 어머니를 존중해야한다"고 가르쳤다고 한다. 그가 부인을 생각하며 우스갯소리를 한 일화가 있다. 앞이 보이지 않는데다가 만년에 다리 골절로 늘 옆에서 시중들던 친절한 간호사가 있었는데 그녀의 외모를 부인이 아닌 다른 간호사에게 물어봤던 것이다. 그 이유에 대해 아무래도 자기 아내는 객관적으로 설명해주지 않을 것이기 때문이라고 해서 주위 사람들의 웃음을 자아냈다고 한다.

3. 인맥

1) 본서에 소개된 인물들

첫 번째 인물인 량치차오는 유신파 관료인 천인췌의 조부 천바오전이 후난성 개혁을 위해 추천했던 사람이다. 참고로 당시 천바오전이 추천했던 인물로는 조선말 김홍집이 가지고 왔던 외교서적 『조선책략』의 저자 황준헌, 변법실패 후 량치차오·캉유웨이와 함께 일본으로 망명하지 않고 처형을 택한 탄쓰퉁도 함께 추천했었다.

네 번째 인물인 후스는 베이핑이 중국공산당 군대에 의해 포위되었을 때 천인췌에게 함께 베이핑을 떠나자고 설득했던 자이다. 1948년 12월 15일 베이핑 비행장에서 천인췌는 후스와 함께 군용비행기를 타고 난징에 도착했던 것이다. 당시 베이징대 교장으로서 가장 주목받은 후스 때문에 천인췌의 이름은 후스 밑에 나열된 명단 중 하나였을 뿐이었다. 열두 번째 인물인 지셴린은 앞서 언급했듯 칭화대 졸업생으로서 천인췌에게 배웠던 학생이었다. 동아시아 언어방면에서 상당히 뛰어났던 지셴린은 천인췌가 독일 유학시절에 남긴 64권의 학습용 공책을 정리하며 그 가운데 조선어 1권을 발견하고 선생의 광범위한 학습범위에 놀라기도 했다. 당대사 연구에 전념했던 천인췌는 『대당서역기(大唐西域記)』를 정리하고자 했으나, 좌구명(左丘明)처럼 두 눈을 실명했고, 손빈(孫臏)

처럼 다리를 쓰지 못하게 되었으니 마치 서산에 지는 해와 같아 본인이 정리하는 것은 실현 불가능하다고 한 적이 있다. 소설 『서유기』의 모태가 되는 『대당서역기』는 당 승려 현장(玄奘)이 인도를 다녀온 후 쓴 책으로, 이 안에는 산스크리트어도 나오기 때문에 일찍이 천인췌가 몇 가지 문제점을 지적한 글도 있다. 베이징대 역사학과 교수 샹다(向達)는 『대당서역기』를 연구하는 과정에서 중산대학의 천인췌를 직접 찾아가 산스크리트어에 대한 자문을 구하기도 했다. 마침내 1978년 중화서국에서는 10여명의 전문가와 학자를 초빙하여 샹다 등이 이룬 연구 성과 기초 하에 『대당서역기』를 정리하고, 그로부터 5년 후 『대당서역기교주』로 출판하였다. 이 책의 최종검토자가 바로 지셴린이었기 때문에 여기에도 천인췌의 그림자를 느낄 수 있는 것이다.

2) 성향이 달랐던 학자, 궈모러(郭沫若)

중화인민공화국 초기부터 문화인, 평화의 사자, 국제 저명인사, 중국 인민대표지도자 등 여러 가지 명예와 직함을 두루 가졌던 궈모러는 이른바 폴리페서라고 할 만한 인물이다.[8] 그는 『역사연구』 창간호에서 "마르크스·레닌주의의 입장·관점과 방법을 응용하는 것을 학습하여 열심히 중국역사를 연구해야한다"고 언급했다. 천인췌의 관점에서 본다면 당시의 매우 개탄스러운 학풍에 편승한 학자였던 것이다. 새로운 역사학의 권위자로 존경받고 있던 궈모러는 낡은 역사학의 권위자로 불리는 천인췌와 일종의 보이지 않는 대치상태였다고도 할 수 있다. 학문을 물을 뿐 정치는 묻지 않는다는 원칙주의자 천인췌와는 상반된 사람이었다.

그러나 천인췌가 중산대학에서 강의와 연구에 매진하고 있을 때 베이징에서 정치와 학문을 아우르던 궈모러는 천인췌를 베이징으로 불러오기 위해 부단히 노력했다. 궈모러는 베이징에 남아 있는 천인췌의 제자를 통해 그의 편지를 몇 차례 전달하기도 했다. 1961년 궈모러는 마침내 천인췌를 직접 방문하였다. 천인췌는 송대 자료인 『문원영화(文苑英華)』의 정리·출판과, 자신의 집필활동에 부족한 원고지 문제를 해결해 달라고 건의했다. 두 번째 건의사항은 즉각 해결되었다고 한다.

한편, 『궈모러전집』이나 『천인췌집』에도 수록되지 않았으나 문학과 역사 분야 두 대가 사이의 일화로 된 흥미로운 궈모러의 시가 한 관료의 입으로 전해지고 있다.

> 임수와 경금이 용과 호랑이처럼 맞서나
> 궈(모러)는 귀가 멀고 천(인췌)는 눈이 멀었으니 서로 무슨 상관있으랴.
> 壬水庚金龍虎鬪, 郭聾陳瞽馬牛風.

천인췌가 1890년 경인생(庚寅生) 호랑이 띠인데 비해 궈모러는 1892년 임진생(壬辰生) 용띠이고, 음양오행사상에 근거하면 경(庚)은 금(金), 임(壬)은 수(水)에 해당하기에 태어난 해의 천간과 지지로 각각을 비유했다. 또한 궈모러는 본래 의대에 진학하여 의사를 꿈꿨으나 청력장애로 포기했기에 시력장애를 갖고 있는 천인췌와 교묘하게 비유한 것이다. 용과 호랑이처럼 서로 맞설 일이 없고, 실제로도 서로 멀리 떨어져 있어 아무 상관없다는 뜻일 수도 있다. 아무튼 천인췌와 궈모러의 인생

행로에 비추어 이 시에는 다양한 해석이 가능할 것이다. 다만 천인췌는 이 내구시에 대해 아무런 평가도 하지 않았다고 한다.

3) 제자들

천인췌의 제자로서 중국학계에 명망 있는 학자는 적지 않지만, 몇 가지 일화를 소개할만한 제자로서 먼저 베이징대 역사학과 교수인 왕융싱(王永興)을 들 수 있다. 왕교수는 천인췌의 칭화대 시절 그의 조교로서 그를 가깝게 지켜봤던 사람 중 하나인데, 스승으로서 제자를 아꼈던 일화가 전해지고 있다. 왕교수는 조교시절 칭화대에서 집까지 아주 먼데도 성실하고 부지런히 오고갔다. 그러다가 학교측의 배려로 칭화대 안에 숙소를 마련할 수 있었다고 한다. 그러한 배려는 천인췌가 직접 칭화대 교장에게 요구한 것으로 40년이 지나서야 그 편지가 발견돼서 알게 되었다고 한다. 왕교수는 훗날 천인췌의 역사연구방법과 사학사상 등을 『천인췌선생사학술략고(陳寅恪先生史學述略稿)』로 정리하여 출판하였다.

다른 한명은 푸단대 중문과 교수 장톈수(蔣天樞)가 있다. 장교수 역시 칭화대 졸업생으로 왕융싱과 함께 천인췌와 량치차오의 가르침을 받기도 했다. 그는 1943년 푸단대 교수로 임용될 당시 이력서에 천인췌와 사제관계로서 생애 가장 존경하는 스승이라 기록했다고 한다. 그 역시 천인췌를 따라 번체자만 썼던 학자로서 대학원생들에게 번체자를 쓰도록 했고 간체자를 쓰면 오자로 간주했다. 장톈수는 1964년 실명에 다리 골절로 병상에 누워있는 천인췌를 방문하였다. 당시 장톈수 역시 이미 환갑을 넘은 나이였지만 단 한번도 앉지 않고 오랜 시간 서서 스승의 말씀을 받아 적는 모습에 주변 사람들로 하여금 적지 않은 감동을 일으켰다고 한다. 이때 천인췌는 만년에 쓴 글의 정리·출판에 관한 전권을 장톈수에게 넘겨주었다고 하니, 그가 얼마나 장톈수를 깊이 신뢰했는지를 잘 알 수 있다. 1980년 6월 장톈수는 『한류당집』·『유여시별전』·『금명관총고초편』·『금명관총고2편』을 정리·편집하여 출간했다. 후에 장교수는 천인췌의 전기와 같은 책 『천인췌선생편년사집(陳寅恪先生編年事輯)』을 저술하기도 했다.

Ⅲ. 살아있는 사전(活字典), 교수의 교수(教授的教授): 1925~1949~1957

1925년 베이징의 칭화학교 국학연구원 및 대학부가 설립되면서 국학연구원 교수로 초빙된 천인췌는 부친의 간병을 위해 1년 휴가를 신청했다가 다음 해부터 교수로 정식 취임했다. 이리하여 칭화학교는 중국근대의 계몽사상가 량치차오, 갑골문과 은나라 역사연구의 권위자 왕궈웨이, 언어학의 대가 자오위안런, 역사·언어·고전에 통달한 천인췌까지 보유한 최고의 교육기관이 되었다. 당시 사람들은 이들 4명을 칭화 사대국학대사(四大國學大師)라 불렀다. 이 가운데 왕궈웨이는 청조의 미래를 걱정하다가 1927년 이화원에 투신자살했는데, 그를 위해 천인췌가 지은 기념비문이 현재 칭화대 캠퍼스에 남아 있다. 바로 이 비문 안에서 천인췌는 학문연구에 있어 "독립의 정신과 자유의 사상"을 제창했던 것이다.

'사지독서치학(士之讀書治學)'으로 시작하는 『해녕왕정안선생기념비문(海寧王靜安先生紀念碑文)』으로 학자가 공부하고 학문을 하는 것에 대한 자세가 담겨있다. 사상이 자유롭지 못하면 차라리 죽는 것이 낫고, 독립의 정신, 자유의 사상은 천만대가 지나도 천지(天地)와 같이 장구(長久)할 것이라고 하였다.

천인췌는 외국의 여러 대학에서 유학하고 푸단대에서도 수학했지만 학위를 취득한 것은 아니라 박사학위는 물론이고 아무런 학위나 저작도 없었다. 그러나 '천인췌의 학문은 나보다 위'라는 량치차오의 말 한마디로 그의 자격은 검증된 것이나 다름없었다. 천인췌는 강의에 세가지 원칙을 두었는데 "첫째, 이전 사람이 했던 강의는 하지 않는다. 둘째, 외국인이 강의한 내용은 하지 않는다. 셋째, 내가 이전에 강의했던 것은 하지 않는다."라 하여 매학기 다른 내용을 강의했다. 10개 국어 능통에 거의 모든 사료 내용은 외우고 있었기에 그의 별명은 '활자전(活字典), 즉 살아있는 사전'이었다. 또한 중국 전통시대를 종횡무진하며 다양한 사료에 근거해 가르치니 그 내용이 상당히 어려웠다. 때문에 그의 수업을 듣는 사람은 학생보다 교수가 많은 기이한 현상에 '교수의 교수'라는 별명까지 붙었던 것이다.

당시 칭화대 학생들은 멀리서도 천인췌를 한눈에 알아볼 수 있었다. 그 이유 중 하나는 항상 전통복장을 착용했기 때문이다. 9·18 만주사변 이후, 정확히는 다음해인 1932년 9월 일본이 평정산(平頂山)에서 많은 중국인을 학살했던 사건 이후부터 전통복장을 입기 시작하여 죽는 날까지 고수하였다. 또 다른 이유는 그의 책보 때문이다. 천인췌는 책을 신식

가방에 넣지 않고, 불교서적은 황색 보자기, 그 외 다른 서적은 남색 보자기에 싸갖고 다녀 보자기만 보아도 천인췌의 것임을 바로 알 수 있었다고 한다.

칭화대 교수시절 입학시험과 관련한 흥미로운 일화가 있다. 역사학과와 중문학과에서 가르쳤던 천인췌는 1932년 독특한 중문과 입시문제를 출제하였다. 시험문제는 "손행자(孫行者)" 세 글자였는데, 이에 상응하는 세 글자 대구(對句)를 써야했다. 정답은 "호적지(胡適之)"였다. '호손(胡孫)' 글자에 각각 개 견(犭)자를 더하면 '호손(猢猻)', 즉 원숭이의 다른 이름으로 호(胡)와 손(孙)은 댓구가 된다. 적(適)은 '가다'라는 뜻으로 고문에서 행(行)과 같이 쓰이므로 행(行)과 적(適)은 동사 대 동사로 대구이고, 지(之)와 자(者)는 허사(虛詞)로서 허사 대 허사 대구가 되는 것이다. 이 시험문제는 후스의 유명세를 실감할 수 있는 것이기도 하며, 학생들 사이에서 두고두고 회자되었다.

1937년 중일전쟁이 발발하자 칭화대가 베이징대, 천진의 난카이대와 함께 후난성 창사에서 창사임시대학으로 조직되었고. 이후 서남연합대학으로 재조직되면서 그곳에서 가르치다가 전쟁 종결 후 다시 베이핑으로 돌아오게 된다. 당시의 국내 상황으로 인한 이동이 잠깐 있었지만, 중국공산당 정권이 들어서면서 남쪽으로 옮겨가기 전인 1948년까지 천인췌는 베이징 칭화대에서 위진남북조·수당시대와 관련한 역사를 주로 연구하였다.

1948년 중국공산당 군대가 점점 베이핑을 포위해 오자 그 불안감은 학자들에게도 전해졌다. 당시 국민당 전시내각 교육부장은 천인췌에게 대륙을 떠나라고 설득했다. 국민당정부는 그들을 위해 대륙을 떠날 필요성 있는 사람들, 특히 지식인들에게는 출국 여권을 만들어주고 있었다. 천인췌도 그 대상 가운데 하나였고 앞서 언급했던 장제스의 전세기 일화로 회자되었듯이 당시 타이완 중앙연구원 푸쓰녠[9]은 천인췌에게 타이완행을 재촉하는 전보를 계속 보냈다. 그러나 천인췌는 1948년 베이핑을 떠나 저녁 6:45 난징공항에 도착했고, 다음 해 1월 16일 가족과 함께 상하이에서 '추진(秋瑾)'호 여객선을 타고 광둥성 광저우로 들어와서 주강(珠江) 근처에 자리 잡은 링난대학(嶺南大學)에 당도했다. 다른 사람들의 시각으로 보면 세기의 거대한 변화의 격랑 속에서 천인췌가 베이징과 해외, 이 두지점 사이의 중간지대인 광저우에 머물고 있다는 것은 진퇴 모두 가능함을 뜻했지만, 실제로 천인췌 인생의 표류와 정박은 이미 그 종점에 다다라 있었던 것이다.

칭화대를 떠나 링난대로 가는 과정에서는 그의 지음(知音)이라 할 만한 링난대 교장 천슈징[10]의 역할이 컸다. 천슈징은 해외 유학파로 1930년대 후스와 함께 "전반서화론(全盤西化論)"을 제창하여 비판을 받기도 한 인물이다. 하지만 천슈징은 중국적 전통을 중시하고 전통문화가 깊이 배어 있던 사람으로 마치 천인췌가 평생 전통복장을 입었던 것처럼 서양 필기도구 대신 평생 붓을 사용했다고 한다. 항일전쟁시기 국민당정부가 각 대학 교장들에게 국민당 가입을 명령했을 때는 "만약 누가 나에게 국민당에 가입하라고 강요한다면 나는 이 교장직을 그만 두겠소" 라며 거부하기도 했다. 정치와 일정한 선을 긋는 천슈징의 가치관은 천인췌의 그것과 역시 유사했다.

천인췌의 가치관을 이해하기 위해 링난대학을 잠깐 살펴볼 필요가 있다. 링난대학은 1888년 광저우에 미국인 선교사 헨리와 하퍼가 세운 격치서원(格致書院)이 전신인데, 1900년 마카오로 옮기고 링난학교로 이름을 바꾸었다. 1904년 다시 광저우 캉러춘(康樂村)이라는 곳으로 옮겨서 캉러위안(康樂園)이라고도 불렀다. 이 학교의 특징은 중국 최초의 남녀공학이고 당시 여러 국가에 퍼져있던 화교들의 자금을 지원받아 학교의 경제력도 튼실한 편이었다. 무엇보다도 개인의 사상·신앙·언론·학문의 자유를 존중해서 정치개입을 허락하지 않는 전통이 있었고, 기독교 학교라 해서 기독교를 강요하지도 않았다. 1952년에는 링난대학과 광둥법상학원이 기존에 있었던 중산대학과 합해져서 새로운 종합대학, 중산대학으로 탄생하였다. 따라서 일반적으로 천인췌의 이력상 1949년 이전에는 칭화대, 그 이후에는 중산대 교수라고 한다.

캠퍼스 안에 숙소를 마련하고 연구와 강의에 전념하게 된 천인췌는 대학의 전통을 지켜오면서 어느 정도 현실정치와 동떨어진 이 학교 분위기에 비교적 만족하며 생활하게 되었다. 1949년부터 광저우에서 천인췌는 중문학과의 백거이(白居易) 시 강의와 역사학과의 당사(唐史) 강의 두 개 강좌를 맡았다. 또한 1952년까지 멈출 줄 모르는 필력으로 역사를 논하면서 수십편의 논문을 발표하며 사학계의 추앙을 받았고, 이 무렵부터는 역사학과에만 소속되어 강의와 연구를 이어갔다. 천인췌를 보유한 중산대학 역사학과가 전국 일류의 역사학과로서 위상을 차지하게 된 것은 두말할 필요도 없을 것이다.

한편 중화인민공화국이 성립하고 수도가 된 베이징에서는 정부차원에서 광둥성 광저우 당국에 천인췌를 집중적으로 배려하라는 지시가 내려졌고, 이에 따라 몇 가지 조치가 취해졌다. 첫째로는 실명 판정을 받은 천인췌가 밝은 곳에서는 사물 그림자를 어느 정도나마 확인할 수 있었기 때문에 집 옆으로 하얀 콘크리트길을 깔아 산책하는데 편의를 제공해주었다. 둘째로는 대학학보에 천인췌가 원고를 게재할 경우, 남들보다 몇배 많은 특급 원고료를 책정해 주었다. 셋째로는 천인췌에게 조교 배정에 관해 문의했다. 넷째로는 승용차 사용을 허가해주었다. 이와 같은 정부측의 배려는 2차 세계대전 이후 강대국의 지위를 차지하려던 중공 지도자들 사이에서 역사의 중요성을 깨닫고 '지식의 힘이 나라를 일으키고 안정시킬 수 있다'는 생각에서 취해진 것일 것이다.

이러한 배려 속에서 천인췌는 연구에 전념했는데, 오전 9시부터 오후 1시까지 집필, 오후에 휴식을 취한 후, 저녁에는 다음 날 집필할 내용을 구상하는 식으로 하루를 삼분해서 규칙적인 일과를 보냈다고 한다. 비록 시력은 잃었지만 기억력은 잃지 않은 천인췌는 머릿속에서 예전에 본적 있는 자료들을 검색하여 조교에게 필요한 자료 찾아오라 시킬 때면 항상 "어느 책 몇 쪽에 있을 것"이라고 말했고, 십중팔구는 정확하여 사람들에게 "천인췌의 기억력은 놀랍다! 천재다!" 라는 말들이 전해지기 시작했던 것이다.

강의는 그의 숙소에서 이루어졌는데 방이 비좁아 복도에 의자를 놓고 앉아서 수업을 들었기 때문에 복도가 곧 강의실인 셈이었다. 그런데 광범위한 사료를 해석하고 동서고금의 자료를 인용하는 그의 강의가 어려워 수강생의 상당수가 중도 포기했다. 그의 수업을 제대로 마친 학생들 가운데 몇명은 오늘날 중산대 역사학과 교수가 되기도 하였다. 그가 강의 중 학생들에게 늘 당부했던 것은 첫째, 고문(古文)과 외국어를 배워라, 둘째, 신체를 단련하라는 것인데, 이 두 번째 당부는 아마도 자신의 병약한 현실에서 나온 것일 것이다.

1950년대 초 베이징에는 3개의 역사연구소가 설립되었는데, 상고사연구소의 소장으로는 궈모러, 중고사연구소는 천인췌, 근대사연구소는 판원란[11]이 내정되었다. 그러자 칭화대와 베이징대의 천인췌 제자나 지인들이 그를 베이징으로 모셔오려는 노력이 시작되었다. 당시 베이징대 역사학과 부교수 왕젠은 천인췌의 제자로서 1950년 중국공산당에 가입한 37세의 젊은 지식인이었다. 그는 스승을 설득하기 위해 궈모러의 편지를 가지고 방문하였는데, 천인췌는 이에 대해 두가지 조건을 제시했다. 하나는, 연구소에서는 마르크스·레닌주의를 신봉하지 않으며 정치학습을 하지 않는다는 것, 다른 하나는 마오쩌둥과 류사오치가 이를 증명해주는 증서를 만들어 줘야한다는 것이었다. 천인췌가 제시한 이 두가지 조건은 그의 고집스러운 성격의 특징을 가장 잘 보여준 사례라 하겠다. 중공정권이 들어선 후 정치운동이 학술계를 장악할 때 천인췌는 8개 글자로 "일견폐영(一犬吠影), 십견폐성(十犬吠聲)" 즉, 개 한 마리가 그림자를 보고 짖으니 개 열 마리가 따라서 짖어댄다고 표현했다. 그가 늘 학문영역에서 독립정신을 주장했던 관점에서 보았을 때 그 당시 대부분의 지식인들이 정치에 끌려 다닌 것을 빗대어 말한 것이라 하겠다.

천인췌는 베이징으로 돌아가지 않았고, 결국 상고사와 중고사를 합병하여 궈모러가 소장직을 맡았으니 천인췌가 아니면 안된다는 것을 반증한 것이기도 했다. 1956년부터 이른바 쌍백운동이라해서 백화제방, 백가쟁명운동이 전개되었고, 이 쌍백방침은 학술계에 독립적인 생각의 자유, 토론의 자유, 창작과 비평의 자유 등 지식인들의 마음을 여유롭게 해준 것이었다. 일시적이나마 갓 성립한 중공정권 하에서 지식인들이 비교적 안심하고 연구할 수 있는 시간이었다. 천인췌는 이러한 정부 방침에 어떤 평가도 하지 않았다. 정치와는 무관하게 여전히 학문에만 열중하는 그의 본연의 모습이기도 했다.

IV. 정치폭풍 속의 올곧은 지식인: 1958~1969

1956년부터 백화제방·백가쟁명의 쌍백운동이 전개되었다. 온갖 꽃이 만발하고 수많은 학자들이 자신들의 사상을 자유롭게 논쟁한다는 의미에서 따온 쌍백운동은 학문과 사상의 자유를 보장해준다는 것이기도 했다. 1950년대 후반 동유럽에서 반공주의가 전개되자, 중국공산당이 취한 정치운동이었다. 쌍백방침은 학술계에 "독립적 사고의 자유, 토론의 자유, 창작과 비평의 자유, 자기 의견을 발표하고 견지하며 보류할 수 있는 자유가 있어야한다"는 것이었다. 학자들에게는 반가운 운동이었을 것이다. 다음 해에는 공산당의 결점을 비판하거나 지식인과 학생들이 자신의 의견을 자유롭게 주장하도록 하는 대명대방운동(大鳴大放運動)이 전개되었다. 그러자 비판의 수위가 높아져 마오쩌둥을 독재자로 부르며 반공시위까지 등장하였다. 이에 중공은 반우파투쟁을 벌여 지식인들에 대한 탄압을 시작하였고, 쌍백운동이나 대명대방운동은 종결된 것이나 다름없었다.

그 일환으로 1958년 3월 10일 중화인민공화국 국무원 과학계획위원회 제5차 회의에서는「오늘을 중시하고 과거는 가볍게 여기며, 일하면서 배우자」(厚今薄古, 邊幹邊學)라는 결론을 모았다. 후금박고는 중국 사학의 전통이며, 후고박금은 부르주아의 학풍이라고 했다. 당시 중국 역사학계의 권위자였던 궈모러는 '후금박고는 혁신이며, 후고박금은 보수'라 하였다. 사료를 중시하고 사료에 근거하여 논지를 세운 천인췌는 후고박금이 되었고, 부르주아계급의 역사학자들은 오로지 사료만을 중시한다며 부르주아 반동 역사학자로 취급되었다.

또 한편으로 중공정부는 정치적 평가에 따라 인민을 좌·중·우로 삼분했고, 그 가운데 중은 중좌·중중·중우로 세분했는데, 천인췌는 1958년 평가에서 중우로 분류되었다. 이어지는 1960년 제2차, 1963년 제3차 평가에서도 중우에 포함되었다. 여러 차례 천인췌를 우파로 선을 그어야 할지에 대해 의논하려 했지만 광둥성 당국은 중산대학에 천인췌는 건드리지 말라고 통지하여 계속 중우, 즉 중도우파로 분류하여 상부에 보고되었다.

대명대방운동이 전개되는 과정에서 학생들이 새로운 운동역량으로 등장했던 점이 주목된다. 중국에서 수천년간 사회도덕으로 지켜졌던 스승을 존경하는 예교가 무너지기 시작했음을 예고한 것이기도 했다. 이때부터 교수의 사회적 지위가 하락하기 시작했으며, 학생들은 정치무대에 앞장선 선봉대 역할을 담당하기 시작했다. 실명에 병치레가 잦은 천인췌에 대한 인신공격이 대자보에 나붙었다. 1958년 7월 하순 천인췌는 중산대학 교장에게 첫째, 더 이상 강의를 개설하지 않겠다. 둘째, 즉각 퇴직수속을 밟고 학교를 떠나겠다는 서신을 보냈다. 교수신분으로 강의를 시작한 1926년부터 강의를 중단하게 된 1958년까지 32년간의 강의경력이 막을 내렸다. 학교측은 다음해인 1959년 다시 강의를 개설하여 대학원생들을 지도하라 권고했지만, 천인췌는 화를 내며 "마오주석과 저우언라이총리가 다시는 나를 비판하지 않겠다고 보증을 서면 강의를 개설하겠다!" 라고 소리쳤다.

정치적 성향을 띤 학자들은 학술논문을 통해 천인췌는 유심주의자이며 그의 연구방법은 형이상학적이라고 비판하였다. 여기에 그의 가문이 대대로 학문하는 집안이라는 점, 부친과 조부가 고위관료로서 봉건문화 전통 속에서 성장했다는 출신배경을 지적하기도 하였다. 심지어 역사학과 3학년 학생은 천인췌의 강의내용을 문제 삼기도 했다. 강의 중 당왕조의 멸망 원인인 황소난(黃巢亂)은 당말 병사들 중심으로 일어났던 반란이 그 기초가 되었다고 했는데, 이는 논리적으로 보면 인민의 봉기와 혁명 투쟁이 외환을 야기시키거나 국가를 멸망시키는 화근이 되었다는 것이고, 이 논리는 과거 국민당 정권이 국내를 안정시킨 후에 국외 문제를 처리한다며 공산당을 탄압하고 항일전쟁에 소극적이었던 것과 다를 바 없다며 비판하였다. 천인췌가 그렇게 많은 책을 읽었다면, 우리는 한사람이 책 한권씩 읽어서 100명이 100권의 책을 읽음으로써 천인췌를 이기자고도 했다. 그러나 개인적으로는 결국 한사람이 한권의 책을 읽었을 뿐이어서 우스꽝스러운 일화로만 남았다. 반면 일부 반성적 태도를 보인 당간부는 광둥에는 천인췌 한 사람이 있는 것이 아니라 그 자신이 바로 한권의 역사책이라며 우리는 모두 이 역사책을 배워야한다고 했다. 당시 중앙선전부 부부장 저우양(周揚)의 발언으로 그는 두 눈이 실명된 노인의 학문깊이와 어떤 사료가 어느 책에 있는지를 기억하는 모습을 칭찬했다. 또한 아직 출판하지 못한 량치차오의 저작을 선별해서 출판해야 하며, 천인췌와 같이 생존해 있는 사람들이라도 학술적 가치가 있는 저작 역시 출판해야 한다고 강조했다. 그러나 거센 정치폭풍이 일어나면서 이런 목소리는 묻히고 말았다.

1950년대 후반 지식인을 겨냥한 정치운동의 서막이 오르면서 동시에 중국 전인민을 강타한 식량난으로 천인췌도 예외 없이 이중고를 겪어야했다. 1958년부터 전개된 대약진운동으로 이 당시 중국은 식량상황이 매우 어려워서 홍콩이나 국외에 거주하는 친지들이 대륙 사람들에게 종종 식료품을 소포로 보내기도 했다. 이와 관련하여 천인췌의 성품을 부각시키는 사건이 하나 있었다. 1961년 7월 홍콩에서 천인췌에게 보내온 식품 소포 송장이 왔는데, 내용물은 햄·돼지기름·빵·콩 등 식품 20kg이었고, 발송인은 천한량(陳汗亮)이었다. 천인췌는 그 이름이 기억에 없어 중산대 역대 졸업생 명단을 조사시켰는데도 찾을 수 없자, 결국 돌려보냈다. 이 사건은 천인췌가 조국을 열렬히 사랑하여 자본주의 사회에서 온 명확하지 않은 선물을 받지 않은 본보기로서 칭찬받기도 하였다.

강의를 중단한 천인췌는 역사연구를 접고, 문학작품 연구에 몰두하게 된다. 천인췌의 학문적 경향은 어학습득을 통한 초기 연구, 역사와 문학을 병행한 중기 연구, 문학방면에 좀 더 치우쳐 여성에 관한 이야기를 다룬 만년 연구의 세 시기로 구분하기도 한다.[12] 만년의 중요 두 저작 『논재생연』과 『유여시별전』은 문학과 사학 중 '문(文)' 경향이 두드러졌다고 하겠다. 하지만 앞서 저서목록에서 소개했듯이 문학작품을 통해 역사를 바라보는 것이라 할 수 있다. 명말청초라는 전환기 또는 청대 태평성세시기를 그리고 있는 문학작품으로 해당시대의 역사를 해석하려는 시도였을 것이다. 특히 두 이야기 속의 주인공은 모두 젊은 여성으로 전통적 봉건사회에서 독립과 자유를 외친 사람들이었다. 때문에 당시 암울한 중국의 근현대시기를 살던 천인췌가 자신을 투영했을 것으로도 짐작된다.

쌍백운동으로 시작된 정치운동이 결국 학자들을 탄압하는 방향으로 흐르면서 그 절정은 문화대혁명에서 더욱 극단적으로 치달았다. 주지하듯 1966년부터 시작된 문화대혁명은 우한(吳晗)의 「해서파관(海瑞罷官)」이 발단이 되었다. 우한은 1934년 칭화대 역사학과를 졸업했고, 지도교수는 후스인데, 넓은 의미에서 보면 칭화대를 졸업했으므로 천인췌의 제자라고도 할 수 있다. 이와 비슷한 시기에 천인췌의 제자 왕젠이 당태종과 위징(魏徵)에 대한 논평을 했는데 「해서파관」과 같은 맥락으로 이해할 수 있을 것이다.

위징은 당태종시기 직간을 잘했던 신하로 유명한 인물이다. 당태종 이세민(李世民)은 황태자였던 형 건성(建成)을 살해한 현무문(玄武門)의 변(變)이라는 이른바 쿠데타를 일으켜 황제로 즉위한 인물이다. 당시 위징은 태자부 관료로서 태자 건성에게 동생 세민을 경계하라며 제거해야 한다고 간언했었다. 결국 위징이 염려했던 대로 세민이 황태자를 제거하고 황제로 즉위했던 것이다. 황제로 즉위한 당태종은 오히려 위징을 간의대부(諫議大夫)로 삼아 간언에 귀를 기울였다. 이렇게 태종에게 다시 발탁된 위징은 직언을 게을리 하지 않았기 때문에 바른 관료상으로 위징을 본받자라는 주장이 공산당 내에서도 제창되었다.

그러나 문화대혁명이 시작되면서 조반파(造反派)[13]는 "해서의 정신은 '질책'을 앞세우고, 위징의 정신은 '모반'을 앞세운다"며 오히려 청렴한 관료정신이 비판받기에 이르렀다. 홍위병들은 거리로 뛰쳐나와 '파사구(破四舊) 운동' 즉, 네 가지의 낡은 것, 낡은 사상·문화·풍속·습관을 파괴하는 운동을 광적으로 전개하였다. 홍위병의 등장은 천인췌 가족도 사지로 몰아넣기 시작했다. 부르주아 반동입장을 견지해온 천인췌가 몇 년 동안 국가의 재산과 인민의 피땀 어린 돈을 엄청나게 낭비해왔으며, 매달 수입약품을 먹고, 1962년 다리 골절상 이후 매일 간호사들에게 받는 도움까지도 강하게 비판하였다. 눈먼 노인네는 아무것도 할 수 없는데 가장 좋은데 살면서 가장 좋은 것을 먹고 가장 많은 봉급을 받았으니 그야말로 노동인민이 그를 부양하는 꼴이라며 원색적인 비난도 서슴지 않았다.

문화대혁명 초기 당국은 천인췌가 이미 사회 활동능력을 상실했기 때문에 병환 중인 그를 탄압하면 오히려 비인도적이라고 손가락질 받을 거라며 예외적 범주에 두려했다. 그러나 광분한 홍위병들을 막을 수는 없었다. 천인췌는 여러 차례 서면에 의한 진술을 강요받았으며, 수차례 「나의 성명(我的聲明)」을 통해 "나는 평생 동안 인민에게 불리한 일을 한 적이 없다"고 밝혔다. 그럼에도 불구하고 천인췌 숙소의 붉은 색

벽돌은 하얀 대자보로 둘러싸였으며, 더구나 검은 글씨로 쓰여 건물전체가 마치 하나의 관처럼 보였다. 그나마 천인췌는 두들겨 맞지는 않았다고 한다. 당시 홍위병들에게 손찌검과 발로 짓밟히는 일이 비일비재했기 때문이다.

이전에는 천인췌를 만나고자 하는 고위층 관료조차도 그의 허락 없이는 방에 들어설 수조차 없었다. 하지만 홍위병들은 제멋대로 들어와 집을 뒤지고 그의 장서와 친필 원고뿐만 아니라 서예작품이나 귀중품도 함부로 가져가서 돌려주지 않았다. 천인췌가 가장 괴로워했던 것은 고음의 스피커였다. 시각상실로 인해 예민해진 청각을 홍위병들이 일부러 더욱 공격했던 것이다. 스피커에 천인췌의 이름을 부르는 소리가 들리면 온몸을 벌벌 떨면서 매우 고통스러워했다.

문화대혁명 기간 천인췌의 딸들은 운동에 참가해야했고 부모를 방문할 수조차 없었다. 문화대혁명 기간에 천인췌를 만나려면 먼저 역사학과의 실권자에게 신청을 한 후 동의를 받아야만 비로소 방문할 수 있었다. 조교였던 황훤이 이러한 방문절차를 거쳐 몇 번 그를 만났는데 그녀의 회고에 따르면, 언젠가는 갑자기 천인췌가 '반동(反動)'이란 두 글자가 무슨 뜻이냐고 물었고, 그녀는 아무런 대답도 못했다고 한다. 천인췌처럼 '아는 게 많은 사람'이 이런 질문을 했다는 것에서 그 헤아릴 수 없는 슬프고 분한 심정을 충분히 상상해볼 수 있다.

1969년 2월 음력설이 지난 어느 날 천인췌는 16년간 살던 건물에서 쫓겨나와 허름한 숙소로 강제로 옮겨졌다. 마침내 그해 10월 7일 새벽 5시 무렵 천인췌는 숨을 거두었다. 심장병으로 항상 약을 복용하던 부인

탕윈은 남편의 장례를 치른 후, 약을 끊고 천인췌가 사망한지 45일만인 11월 21일 생을 마감했다.

대륙에서 가장 먼저 천인췌의 사망소식을 실은 신문은 중국공산당 광둥성위에서 직접 관할하는 『남방일보』였다. 그가 사망한지 11일째 되는 날 짧은 기사로 부고를 실은 것이었다. 그러나 홍콩과 타이완에서는 사망소식에 이어 그의 추도 문장을 모은 서적을 발간하거나, 그의 생전 저작물을 다시 간행하였다. 즉, 해외에서 가장 먼저 소식을 전한 것은 홍콩의 『신만보』였고, 그의 만년생활과 사망상황을 자세히 소개한 것은 1969년 12월 1일 발간된 홍콩 『춘추잡지』 제298기였다. 타이완에서는 1970년 1월 26일자 『중앙일보』에 실린 이후, 전타이완국방부장(前臺灣國防部長)의 글을 시작으로 천인췌의 칭화원 재직시 강의를 들었던 제자 쉬스잉(許世瑛)·양롄성(楊聯陞)·천저싼(陳哲三) 등의 애도글이 『전기문학(傳記文學)』 제6권 3기에 발표되었다. 이어서 자오위안런을 비롯한 저명학자들의 추도문이 쏟아졌다. 1971년 타이완 중앙연구원 역사어언연구소는 『천인췌선생논집(陳寅恪先生論集)』을, 1972·1973년 홍콩 문문출판사(文文出版社)에서도 『천인췌선생문사논집(陳寅恪先生文史論集)』 상·하권으로 출판하는 등 선생의 연구업적이 다시 주목받았다.

천인췌는 임종 며칠 전 중산대 측에서 그를 살피러 온 사람에게 두 가지를 말했다고 한다. 하나는 전바오다오(珍寶島)는 종래 중국의 영토였고, 다른 하나는 스스로 부르주아의 반동적 학술의 권위자임 인정했다는 것이다. 전자는 1969년 3월 중국과 소련 양국의 국경수비대 충돌로 일어난 사건을 염두에 두고 한 말로서 죽기 전까지도 국가를 생각하는 그의 모습을 볼 수 있다. 후자는 죽을 날이 멀지않은 역사학자가 스스루 반동적 학문의 권위자임을 인정했다는 것이야말로 그가 마지막에도 여전히 공산당과 선을 긋고 있었음을 보여준다.

V. 당대(唐代) 정치사에 대한 시각: 『당대정치사술논고』

1. 『당대정치사술논고(唐代政治史述論考)』 상편: 통치계급의 씨족 및 그 성쇠

『주자가어(朱子語類)』권116 『역대류(歷代類)』3 에 이르기를 … 당(唐)의 원류는 이적(夷狄)에서 나왔으니 규문(閨門)의 예를 잃어버렸던 것이 그다지 이상한 것도 아니다. 朱子의 말은 너무 간략해서 그 뜻을 상세히 알 수 없다. 하지만 이 간략한 어구에는 종족과 문화라는 두 가지 문제가 담겨있다. 그러나 이 두 문제는 사실 당왕조 역사에 관건이 되는 문제로 당대사를 연구하는 사람이라면 홀시해서는 안 된다. [중략] 다시 종합해 논하자면, 당대 300년간 그 통치계급의 변천과 지위의 오르내림은 곧 우문태의 관중본위정책(關中本位政策)이 규합한 집단의 흥망성쇠와 분화라는 것을 알 수 있다. 우문태는 당시 관롱의 호(胡)·한(漢) 민족 중에 무력과 지혜·재주 있는 이들을 융합하여 패업을 이루었다. 수당은 그 유산을 이어받았고 또 이를 확충하였다. 그 황실과 보좌한 공신들 대부분이 서위 이래의 관롱집단에 속한 인물로, 소위 8주국 가문이 그를 대표한다. 당 초기 이 집단의 역량은 여전히 줄어들지 않았다. 황실과 장군, 재상들의 거의 대부분이 동일한 계통과 계급에서 나온 까닭에 이씨는 황위를 차지하여 그 중심이 되고, 기타 여러 가문은 나가면 장수요 들어오면 재상으로서 문무의 일이 구분되지 않아 장군, 재상과 황실 또한 같은 부류의 사람으로, 그 사이에 다른 통치계급의 존재를 용납하지 않았다. 무측천 시대에 이르면, 그 가문은 본래 서위 이래의 관롱집단 내에 속하지 않아, 이로 인해 점차 당 황실의 세력을 약화시키고자 하여, 마침내 전통적인 (관롱)집단을 파괴하는 작업을 시작하였으니, 예컨대 진사과를 숭상하여 그 합격자를 파격적으로 임용하고 부병제를 점차 폐지한 것 등이 모두 그러하다. 이 관롱집단은 서위부터 무측천 시기에 이르기까지 150년을 거치면서 그 본체는 점차 쇠멸하기 시작한데다가 무측천의 파괴가 더해져 마침내 분열하고 와해되어 돌이킬 수 없었다. 그 후 황위는 비록 이씨에게 돌아가 현종 때가 되면 당의 성세라고까지 일컬어졌으나, 무측천이 시작한 관롱집단 파괴 작업은 마침내 그 완성을 고하였다. … 관롱집단은 본래 호한(胡漢)과 문무(文武)를 하나로 융합한 까닭에 문무가 다른 길로 나뉘지 않아 재상과 장수를 겸임할 수 있었다. 이제 별도로 과거(科擧)와 문사(文詞(를 통해 임용된 사대부 계층이 발생하면서, 재상은 한림학사 중에서 선출되지 않으면 안 되었고, 변경의 대장군 직임은 번장(蕃將)이 아니고서는 맡을 수 없게 되었으니, 장군·재상의 문무와 호·한의 관로(官路)가 마침내 나누어져 다시는 합쳐지지 않게 되었다. 무릇 진사과의 중시와 부병제의 폐지, 환관의 조정 전횡, 번장 즉 호화(胡化)한 무장의 지방할거라는 일들은 모두 현종 때에 만들어졌다. 이는 실로 우문태가 창건한 관롱집단의 완전한 붕괴이며, 당대 통치 계급의 변천과 그 지위의 오르내림은 곧 이 시대의 현상이다. 그러므로 당대의 역사를 논하는 이들은 반드시 현종시기를 시대구분의 경계로 삼아야 하며, 그 사건들은 비록 국사를 편찬한 이들이라도 상세히 알지 못했으니, 하물며 그렇게 된 연유에 관해서는 곧 학문을 좋아하고 심사숙고하여 고금의 일에 통달한 군자가 아니고서야 상세하게 논단할 수 없는 것이다.

(『천인췌집: 당대정치사술논고』, 183쪽; 234~235쪽)

일반적으로 수당왕조라 하면, 이전의 진한(秦漢)을 비롯하여 당 이후 송명(宋明)과 같이 한족이 세운 전통왕조의 흐름으로 생각할 수 있다. 그러나 주자의 지적대로 당조는 한족이 멸시했던 이른바 오랑캐를 조상으로 두었다. 규문의 예를 잃었다는 것은 당황실의 문란한 가족사 세 가지 일화를 가리키는 것인데, 성군으로 잘 알려진 당태종은 현무문의 변을 일으키고 황제로 즉위하는 과정에서 동생인 제왕(齊王) 원길(元吉)의 부인 양씨(楊氏)를 후궁으로 들인 것이 그 첫 번째다. 두 번째는 측천무후가 본래 당태종의 후궁이었는데 태종의 아들인 고종의 황태자시절부터 부적절한 관계를 유지하다 마침내 황후로까지 삼은 일이다. 마지막으로 당현종의 후궁으로 알려진 양귀비는 본래 현종의 아들 수왕(壽王)의 부인이었으니 이 세 가지를 두고 한 말이다. 즉, 유목민족의 혼인습속에 종종 부자나 형제가 부인을 공유하는 관습을 빗대어 당황실에 오랑캐의 피가 흐르고 있다는 것을 간단하게 지적한 것이다.

천인췌는 이 사료 한줄에서 시작하여 『진서(晉書)』·『송서(宋書)』·『북사(北史)』·『수서(隋書)』·『구당서(舊唐書)』·『신당서(新唐書)』·『책부원구(冊府元龜)』 등 관련 사료를 근거로 서위-북주-수-당으로 이어어지는 창업집단의 성격을 고증해서 '관롱집단關隴集團)'이라는 학술용어를 탄생시켰고, 이 집단이 당말까지 어떻게 변모해 가는지를 논증하였다. 관롱은 섬서성 관중과 감숙성 농서지역이다. 관중이란 말 그대로 관의 가운데로서 동서남북으로 각각 함곡관(函谷關)·산관(散關)·무관(武關)·소관(蕭關)의 4개 관의 안이라는 데서 유래한 이름이다. 현재의 시안, 과거의 장안을 중심으로 한 지역이며, 진시황의 진나라 수도 함양도 이 부근이고, 이후 전한과 수당제국의 중심이었다.

서위의 실권자 우문태는 농서지역, 특히 무천진이라는 곳 출신인데, 북주-수-당의 창업자들 대부분은 무천진 출신이기도 했다. 따라서 서위-북주-수-당을 세운 사람들은 이 관롱지역 출신자들로서 종족적으로는 한족과 호족의 혼혈이며, 한적 문화에 익숙한 호족과 호족화한 한족들이라는 점을 밝혔다. 이들은 같은 지역출신이라는 연대감에다가 혼인으로도 얽혀 있었다. 이를테면 수양제의 모친과 당고조의 모친은 자매이며, 우문태의 아들인 북주 명제(明帝)의 황후도 역시 한 자매로서 서위-북주의 팔주국(八柱國) 가운데 한명인 독고신(獨孤信)의 딸들이다.

북위가 동서로 분열하자 우문태는 동위에 대항하기 위해 장안을 수도로 정하여 8주국-12대장군체제 부병제를 기초로 한 군사정권을 탄생시켰고, 주국-대장군의 직함을 갖는 자들은 행정권도 아울러 장악하였다. 즉 수당제국의 통일 사업에 서위·북주 정권 아래서부터 결집한 호족과 한족으로 구성된 일단의 그룹이 주축을 이루고 있었고, 이들은 동일한 이해관계를 가졌을 뿐만 아니라, 정신적으로도 동일집단이라는 의식을 갖고 있었으며, 천인췌는 이를 관롱집단이라 명명하였다. 왕조의 명칭은 서위 이래 북주-수-당으로 바뀌었지만, 그 최고 통치집단은 바뀌지 않았다는 것이다.

약체로 출발했던 서위는 강력한 군사정권 하에 우문씨를 황실로 하는 북주로 재탄생하여 상대적으로 강했던 동위-북제를 제압하고 마침내 화북을 통일했다. 이 과업을 이뤄 나간 사람들이 관롱집단인데, 이들이 적어도 무측천이 등장하기 전까지는 최고의 지위를 누렸다. 그러나 관롱집단 출신이 아닌데다가 여성으로서 실권을 장악하고 황제로까지 즉위하는 과정에서 무측천이 관롱집단의 저항을 받자 이들을 몰아내고 그녀를 지지하는 새로운 세력으로 통치집단을 이뤄야 했다. 이렇게 해서 진정한 통치집단의 교체는 무측천시기에 이루어졌다는 것이다.

치밀한 사료분석에 근거한 이러한 지적은 매우 날카로운 것이었다. 과거 관롱집단은 군사권=무(武)와 행정권=문(文)을 모두 장악하여 조정 안에 들어오면 재상이요 조정 밖으로 나가면 장군이었지만, 새롭게 교체된 집단은 과거시험을 거쳐, 특히 작시를 중시하는 진사과에 합격한 자들을 발탁해서 통치에 참여시켰기에 지배층의 무적(武的) 성격은 사라지고 문적(文的) 소양이 중시되었다. 부병제 기초 하에 탄생한 문무겸비의 관롱집단이 쇠퇴함에 따라 병력은 본래 무적으로 뛰어났던 호족=이민족에게 맡기기 시작했는데, 이민족 출신으로 지방에서 병력을 장악한 안록산이 마침내 반란을 일으키게 된다. 안록산은 돌궐과 소구드계 혼혈의 이민족으로 그가 일으킨 반란은 현종 통치시기인 755년부터 8년에 거친 대전란이었다. 이 전쟁을 거치며 당왕조는 중앙집권적 통치체제에서 지방분권적인 경향으로 바뀌게 된다. 따라서 좀 더 상세히 말하자면 중국사에서는 현종시기 안록산의 난을 경계로 당대를 전기와 후기로 구분 짓는다. 비록 천인췌는 생물학적 시각은 상실하였으나 사료에 근거한 고증학적 연구를 통해 정치사를 다루면서 문화사적으로도 연결하여 역사를 크게 바라보는 뛰어난 역사학적 시각이 있었다고 하겠다.

2. 『당대정치사술논고』 하편: 주변민족과의 연환성 및 외환과 내정의 관계

이른바 주변민족 성쇠의 연환성(連環性)이란 것은, 하나의 민족이, 당왕조가 통치하는 중국과 접촉하는 것뿐만 아니라 동시에 다른 민족과도 관계가 있어, 다른 민족이 성장하거나 강대해지면 그 민족은 멸망하거나 쇠약해 진다는 것이다. [중략] 당(唐)은 태종·고종의 2대에 걸친 전성기를 바탕으로 어렵고 힘든 시기를 두루 거친 후, 비로소 고구려를 굴복시킬 수 있었지만, 굴복시키고 난 이후에 계속해서 지킬 수는 없었다. 비록 천시(天時)와 제시(地勢)의 어려움으로 인하여 그러한 결과가 초래되었다고 볼 수도 있지만, 토번(吐蕃)의 강성함이 당왕조로 하여금 동북지역을 돌아볼 여력을 가지지 못하게 했다는 점이 가장 큰 원인이다. 이러한 '동북소극정책'은 당왕조 일대만의 전반적인 정세와 관련되어 있는 것이 아니라, 오대(五代)와 송(宋) 등 많은 왕조마다 전반적인 형편 또한 당왕조의 정세를 그대로 따라 형성되었다. [중략] 앞서 당 태종·고종 두 시기의 전성시대에 고구려를 취했지만, 이를 얻자마자 바로 퇴각하였던 까닭은 실로 토번의 강성 때문이라고 언급하였다. 이것은 당이 서북쪽 강적의 견제를 받아 어쩔 수 없이 동북 방면에서 소극적인 후퇴정책을 실시할 수밖에 없었던 것이었다. 그런즉 토번과 고구려는 영토가 맞닿은 것은 아니었으나, 양자 간의 연환 관계는 실로 중국 수백 년 동안 국운의 흥망에 영향을 주었다. … 당이 우문씨의 "관중본위정책"을 계승하여 무력의 중심이 즉 부병이 몰려있는 서북 한 지역에 있었으니, 동북방의 고구려와는 그 거리가 멀었다. 중국 동북방인 기주(冀州)와 요동 사이 지역은 음력 6·7월이 우기이고, 음력 8·9월에서 2.3월까지가 추운 겨울이다. 따라서 관중과 요동 간의 거리에서 무력으로 고구려를 제압하고, 요동 땅을 취하려면 반드시 겨울이 지나고 우기가 오기 전의 짧은 시간 동안 승리를 거두어야 가능한 일이었다. 그렇지 않으면 장마와 진흙탕, 빙설과 추위로 인해 병사들과 군마의 진공 및 군량수송에 심각한 곤란이 발생하여, 만일 지구전으로 수비하는 강적을 만나면 전공을 세울 수 없거나 전군이 몰살당하는 지경에 이르렀다. 당 이전 중국이 요동과 고구려 공격에 있어서 속전속결의 책략을 세웠던 주요 원인이 바로 이것이었다. 만약 해로를 통해 고구려를 공략한다면 그 인접국인 백제와 신라가 형세의 관건이 되는 지역으로, 해전에 능하지 못한 중화민족으로서는 먼저 백제를 얻지 못하고는 근거지가 없어서 고구려를 경략하기가 어려웠다. 그러나 백제는 또 신라와의 관계가 밀접해서 백제·신라의 성쇠가 중국과 고구려의 전쟁에 직접적인 영향을 주었다. 당대 중국이 신라와 연결하여 백제를 제압하고, 그에 힘입어 고구려를 공략하였으나, 서북의 강적 토번으로 인해 국력이 분산되어, 끝내 획득한 고구려 영역을 유지하지 못하였고, 오히려 신라의 강성을 위한 자원이 되어버렸으니, 이는 실로 그 당시에는 미처 생각할 수 없었던 바이며, 이후 수백 년 동안 정세 변천의 중요한 관건이 되었던 바이다.

(『천인췌집: 당대정치사술논고』, 231쪽; 327쪽; 334~335쪽)

천인췌는 중국을 중심으로 한 동아시아 국가들의 관계를 주변 국가와의 연환성으로 분석하였다. '연환'이란 여러 개의 고리를 꿴 쇠사슬로서 연환성이란 하나하나 서로 관련이 있는 일들로 연결되어 있다는 뜻이라 단순한 '관련'보다 좀 더 깊은 의미를 지닌다.

당대의 경우 고구려 전쟁 패배 원인을 그 당시 중국 서북지역의 토번, 오늘날의 티베트인 토번과의 연환성으로 파악하였다. 토번이 강한 군사력을 가지고 있었던 것도 원인이지만, 이에 상응하여 서위이래의 관중본위정책이 당초에도 계속 적용되어 당의 병력인 부병이 관중지역에

편중되어 있다는 점을 들었다. 관중본위정책은 관중에 병력을 집중시켜 여기를 중심으로 천하를 제압하는 것이다. 무력의 중심인 부병(府兵)이 서북쪽에 집중되어 있었으니, 동북쪽의 고구려와는 그 거리가 멀었다. 중국 동북방인 기주(冀州)와 요동(遼東) 사이 지역은 음력 6·7월이 우기이고, 음력 8·9월에서 2·3월까지가 추운 겨울이다. 따라서 관중과 요동 간의 거리에서 무력으로 고구려를 제압하고 요동을 차지하려면 반드시 겨울이 지나고 우기가 오기 전의 짧은 시간 동안 승리를 거두어야 가능한 일이었다. 그렇지 않으면 장마와 진흙탕, 또는 빙설과 추위로 인해 군대의 진공과 군량 수송에 심각한 곤란이 발생하는 것이다. 만약 지구전으로 수비하는 강적을 만나면 전공을 세우기 힘들고 심지어 전군이 몰살당할 수도 있었다. 당 이전 중국이 요동지역에 속전속결의 책략을 세운 주요 원인이 바로 이것이었다. 만약 해로를 통해 고구려를 공격한다면 그 인접국인 백제·신라를 고려해야 하며, 게다가 해전에 능하지 못한 중화민족으로서는 먼저 백제를 확보하지 못하면 고구려를 공격하기 어렵다는 것이 천인췌의 분석이었다.

또한 당태종이 고구려전쟁에 총력을 기울일 수 없었던 원인 중 하나는 당 서북쪽에 위치한 강력한 세력으로 당을 위협했던 토번 때문이었다. 이후 당고종시기 고구려를 멸망시키고도 그 요동 땅을 차지하지 못한 원인 역시 670년 대비천 전투와 678년 승풍령 전투라는 두차례 토번과 전쟁을 치르느라 병력이 분산되었기 때문이었다.[14] 여기에 『구당서』·『신당서』·『당회요』·『통감』 등 수당시기 고구려와의 전쟁 관련기록을 근거로 요동지역의 기후조건을 감안한 전쟁 가능시기도 지적하였다. 육로로 행군하여 요동까지 이르는 군대가 거쳐 간 지역들이 장안이나 낙양으로부터 얼마나 떨어져있는지 그 거리를 낱낱이 분석하여 전쟁의 실상을 파악할 수 있게 했을 뿐만 아니라, 당대까지 동북지역의 문제를 이해하는데 적지 않은 도움을 주었다.

천인췌는 당고종시기 요동에서 승리할 수 있었던 중요한 원인은 고구려의 내란을 이용하고 신라와 백제의 정세에 근거했기 때문으로 보았다. 그러나 고구려의 옛 땅을 취하고도 바로 퇴각할 수밖에 없었던 까닭을 토번의 강성함 때문이라고 지적하였다. 즉 서북쪽이 위급했기에 더 이상 동북쪽을 경영할 여력이 없었던 것으로, 토번과 고구려는 영토가 맞닿은 것은 아니지만 바로 양자간의 연환관계가 중국에 큰 영향을 주었다는 의미이다. 이처럼 당과 고구려 사이 전쟁을 해당 전투지역의 기후조건이나 동아시아 국가들과의 관계 속에서 파악하는 것이 지금은 일반적인 이해이지만, 일찍이 관련 사료에 입각해서 분석한 천인췌의 시도가 처음이었다.

VI. 천인췌에 대한 평가와 역사관

1933년 당시 43세였던 천인췌는 스스로를 "사상은 함풍·동치연간에 얽매여있고, 의론(議論)은 증국번(曾國藩)과 장지동(張之洞) 사이에 가깝다"고 했다. 이후 약 30년이 지난 1964년 74세 때 제자 장톈수에게 증정하는 서문(「贈蔣秉南序」)에서 자신의 일생을 간결하게 회고했다고 할 수 있다. 그 가운데 한 줄만 인용하면, "묵묵히 평생을 되돌아보면, 스스로의 긍지를 훼손시키거나 곡학아세를 한 적이 없다는 것만을 벗들에게 알리고 위안을 삼을 수 있을 것 같다"와 같이 스스로를 원칙대로 살아온 지식인이라 평가했다.

1976년 10월 사인방 집단이 실각하고, 10년 동안 휘몰아쳤던 문화대혁명의 종결이 선포되었다. 1980년 5월 광둥성 당국은 중산대학 당위원회가 문혁기간 그의 신상에 붙였던 반동 부르주아 역사학자라고 내렸던 '결론'을 취소하는데 동의했는데, 이 동의는 '명예회복'의 의미였다.

1988년 5월 26일 중산대학은 '천인췌 교수를 기념하는 국제학술토론회'를 거행했다. 전국 11개성·시와 미국·일본·홍콩에서 온 전문학자들을 비롯해 천인췌 생전에 수업 받은 적이 있는 제자들과 그의 딸들, 친지들까지 약 70여명이 참석했다. 개막식에서 광둥성 부성장은 축사를 통해 천인췌가 중국의 학술문화와 교육 사업에 중대한 공헌을 했으며, 중국학계의 위대한 스승이고, 중국의 훌륭한 학풍을 계승하여 발전시켰을 뿐만 아니라 서양의 근대적 학문사상과 방법을 비판적으로 수용하는데 뛰어났다고 평가하였다.

그의 제자였던 베이징대 교수 지셴린은 "세계학술사에서 보더라도 사회과학이든 인문과학이든 자연과학이든 만약 그 학자가 실사구시를 추구하고 양심을 갖추고 있다면 그는 반드시 유물론자일 것이다. 한 사람이 스스로 마르크스주의자라고 표방할 경우, 그가 마르크스주의자일 수도 있지만 그렇지 않을 수도 있다. 그러나 한 사람이 스스로가 마르크스주의자라고 표방하지 않더라도 유물론자일 수는 있다. 우리는 언제나 천

선생이 실사구시를 추구했다고 하는데, 실사구시는 바로 유물론이다."고 하였다. 사실 천인췌는 베를린 유학시절 『자본론』을 이미 독파한 것으로 알려져 있다.

역시 천인췌의 제자이자 베이징대 교수 저우이량은 "그는 역사문제를 볼 때 종(縱)의 방향으로 보는 것을 매우 중시했으므로, 그 원류와 변화를 보고 수백년의 역사를 배경으로 관찰할 수 있었다. 문학작품을 이용하여 역사문제를 해석·서술하는 방법을 개척했으며 또한 역사지식을 이용하여 문학작품을 해설하는 참신한 길을 열기도 했다. 사마광(司馬光)의 뒤를 이어 위진남북조사 연구를 하나의 새로운 단계로 끌어올렸다."고 평가하였다.

이외 국외에서 천인췌를 평가한 인물로는 위잉스(余英時)를 주목할 필요가 있다.[15] 그는 천인췌의 시문(詩文)에 대한 연구를 통해 중국과 해외에서 많은 논쟁을 불러일으켰다. 1958년·1983년 각각 발표한 「천인췌논재생연서후(陳寅恪論再生緣書後)」와 「천인췌의 학술정신과 만년심경(陳寅恪的學術精神和晚年心境)」은 중국 대륙과 해외에서 천인췌의 시문해석을 둘러싼 논쟁이었다. 즉, "이시증사(以詩證史), 이사증시(以史證詩)"라는 방법론의 유효성을 둘러싼 학술사적 맥락과 중국 대륙의 '문화적 정통성' 여부를 놓고 대립하는 사회정치적 맥락이 뒤섞여 있었다.[16] 또한 위잉스는 천인췌가 1957년 한 친구에게 썼던 편지 속에서 천인췌의 본심을 읽으려고 했다. 편지 내용 중 "아우가 근래에 저술에 종사하고 있는데 옛 기법을 버리고 새로운 방법, 새로운 자료를 장난삼아 시험적으로 사용하고 있소이다. 이는 건륭·가경연간의 옛 규칙과 다르며 태사공(太史公)이나 충허진인(沖虛眞人)의 새로운 학설은 더욱 아니외다." 라는 구절 속에서 태사공은 사마천(司馬遷)을, 충허진인은 열자(列子)를 뜻하지만, 중국어로 마르크스를 '마커쓰(馬克思)', 레닌을 '례닝(列寧)'으로 쓰기에 태사공은 마르크스를, 충허지인은 레닌을 가리킨다고 했다. 즉 천인췌가 마르크스나 레닌사상을 따르지 않는 것을 상징적으로 내포했다고 해석하였다. 천인췌가 만년에 시문을 연구한 것이나 종종 작시로 그의 마음을 표현했던 것은 후대인들로 하여금 다양한 해석을 불러일으키게 했다.

천인췌의 역사 연구방법은 사료분석을 통해 고증, 증명하는 방식으로 역사에 과학적인 연구방법을 적용시켰다. 일찍이 중국의 철학자 펑유란은 천인췌를 중국 근대역사학의 창시자 중 하나로 평가했다. 천인췌는 중국역사 가운데 위진남북조·수당시대의 역사를 "종족과 문화" 두가지 관점에서 통찰하여 관롱집단이라는 학술용어를 탄생시켰고, 해당시대 중국을 중심으로 주변 국가와의 관계를 각 국가들의 정세를 파악하여 분석하였다. 그 가운데 한국사 연구에서도 빼놓을 수 없는 부분인 수당왕조의 고구려전쟁도 다루었다.

또한 이 시대 만들어진 여러 제도의 근원을 밝혀냈다. 『수당제도연원약론고』에 실린, 도성제·부병제·관제·법제·조세제도·의례제도에 이르기까지 제도의 탄생과 변천과정도 정치상황의 추이와 종족적 특성이 반영된 점을 분석한 것이다. 어떤 주제와 관련한 사료를 빠뜨리지 않고 하나하나를 치밀하게 고증해서 역사발전 과정에서 나타나는 일반적인 현상이나 특수한 형태들을 거시적인 시각으로 간파하였다. 인생 만년에는 시나 소설과 같은 문학작품을 통해 역사를 논증하기도 했다. 명말청초 변한기를 실았던 사람들을 소재로 한 문학작품을 분석한 것은 천인췌 본인 역시 중국근현대 격동기를 살았기에 아마도 자신을 반추해보는 작업이었을 것이다. 위잉스는 『유여시별전』 곳곳에서 천인췌가 역사적 상상력을 활용하여 명(明)이 멸망하고 청(淸)이 들어서는 과정을 재구성했던 측면이 보인다고 했다. 리쩌허우는 천인췌의 역사연구 방법론에 대해 사용한 자료를 많이 그리고 자세히 보되, 핵심적인 것 몇 가지만 내보이고 결론을 내린 점에서 통찰력을 갖고 있었다고 평가했다. 결국 천인췌 학술의 진정한 본령(本領)은 고증이 아니라, 통찰력과 역사적 상상력에 있었다고 평가되기도 했다.[17]

천인췌의 역사관은 1930년 「우리나라 학술의 현상과 칭화대학의 직책」이라는 글의 '나라가 망할 수는 있어도 역사가 말살되어서는 안된다(國可亡而史不滅)'는 문장으로 요약할 수 있다. 나아가 자국의 역사에 대한 시각은 그의 저작 『금명관총고2편』에 잘 나타나있다. 일부를 인용하면, "화하민족(華夏民族)의 문화는 수천년의 변화를 겪었으며 … 겨울철의 나무에 비유한다면 이미 잎이 말라 시들었지만 나무뿌리는 아직 죽지 않은 것과 같다. 햇살이 비치는 봄날의 따뜻한 날씨가 찾아오면 다시 싹이 트고 자라나며, 한여름이 되면 가지와 잎이 아주 무성하고 줄기가 우뚝 솟아 있는 모습을 되찾게 될 것이다."와 같다. 그는 역사가로서 그리고 중국인으로서 자신의 조국, 중국에 대한 자부심을 갖고 있었던 사람으로 언젠가 중국의 위상이 다시 부각되리라 확신하고 있었다.

Ⅶ. 못다 한 이야기

일반적으로 구미학계에서는 천인커로 부르는데 정작 중국인들은 천인췌라고 불렀군요. 앞으로는 정확하게 이름을 명기해야겠습니다.

천인췌 하면 따라오는 수식어가 많습니다. 1)그가 칭화대 교수가 되고나서 칭화대 4대 석학 중 한 사람이 되었다는 것 2)10여개국 언어에 능통한 언어의 천재로, 중국 중세사 연구의 대가라는 것 3)국공내전에서 공산당의 승리가 거의 확정되었을 때 타이완 행을 택할 수 있었으나 대륙에 그대로 남았다는 것 4)실명이라는 개인적 좌절 속에서 학문과 강의에 열정을 놓지 않았다는 것 5)그의 조부가 청나라 말기 변법운동 때 후난순무 즉 후난성 장관 천바오전으로 명문가 집안이라는 것 등등 정도입니다.

그러면 천인췌의 삶과 학문에 대해 못다 한 이야기를 나눠보겠습니다.

1. 이 책에서 다룬 지식인들 가운데 천인췌는 전통왕조의 역사를 연구했던 학자로서 다소 차별성이 있어 보입니다. 천인췌를 알게 된 계기는 어떠했는지요?

천인췌의 연구는 위진남북조·수당사 분야에서 치밀한 사료분석을 통해 정치·사회·종교·사상·문화 및 동아시아 관계사에 있어서까지 모든 부분을 총망라했고, 거기서 얻은 결론은 이 시대를 연구하는 사람들에게 하나의 지침서, 길잡이가 되었습니다. 때문에 대부분이 그러하듯 저 또한 천인췌의 저술들을 통해 그를 접하게 되었습니다. 국내외에서 이 시대를 연구하는 연구자들은 천인췌의 논지에서 크게 벗어날 수 없다고 해도 과언이 아닙니다.

하자면 중국중세사 연구자들에게 천인췌는 반드시 넘어야 하는 산이었겠네요. 아니 아직도 넘사벽인가요?

이 글에서 주로 참고했던 루젠둥의 『진인각, 최후의 20년』을 번역한 분도 바로 위진남북조·수당시대를 연구하신 저명한 학자이신데, 옮긴이의 말에서 역자의 '호한체제론(胡漢體制論)' 이론도 구체적인 내용은 많이 달라도 큰 틀에서 보면 비슷하다고 언급하셨습니다. 저 역시 지금도 관련 주제의 논문을 쓸 때 그의 글을 인용하지 않을 수 없습니다. 비록 천인췌의 서적이 국내에서는 아직 번역되지 않았지만, 해당시대 연구자들은 그의 저서를 입문서처럼 읽어왔고, 앞으로도 그래야할 것이라고 생각됩니다.

한학을 공부한 학자라 고문이 섞인 한문투의 문장을 사용했을 것이니 전공자 외에는 그 글을 읽기가 쉽지 않았을 것 같아요. 또 현대 중국어인 간체자를 쓰지 않고 번체자를 고집했다고 하잖아요. 당연히 한시에도 능통했을 것이고요.

2. 천인췌는 국민당 정부가 내준 전세기에 끝내 오르지 않았고, 그 이후 타이완 정부와 지식인들이 보내온 초청 전보에도 응하지 않았습니

다. 그럼에도 불구하고 선택의 기로에서 타이완 행을 택했더라면 학문을 펼치기에 좀 더 수월하지 않았을까 싶은 생각은 드네요.

한마디로 단언하기 참 어려운 문제입니다. 결국 대륙에 남아 정치폭풍을 겪는 과정에서 천인췌가 강의도 중단하고, 학문적 경향은 역사학보다 문학쪽으로 치우친 계기가 되었다고 볼 수 있겠죠. 천인췌 사후 수년간 과연 그가 타이완으로 가고 싶어 했는지에 대한 논쟁도 진행되었습니다. 그 가운데 정치적 색채가 매우 강한 견해로는, "천인췌가 중국공산당을 인정하지 않았다. 심지어 애초에 타이완으로 가지 않고 남았던 것을 평생의 한으로 삼았다" 라는 주장도 있었죠. 여러 가지 논쟁이 있었습니다만, 지인이 전하는 천인췌의 말로 대신해야할 것 같습니다. "대륙을 떠나느냐 아니면 남느냐"의 문제에 대해 "하필 부모의 땅을 떠나느냐"라고 답했다고 합니다. 어쨌거나 "절대로 출국하지 않는다"는 그의 고집이 중국현대사의 정치폭풍 속에서도 수차례의 난관을 그나마 무사히 넘어가게 해주었던 방패가 되었던 것 같습니다.

천인췌가 타이완을 택하지 않고 잔류하였고 이후 남은 20년 격동의 역사에서 자신의 원칙을 지켰기 때문에, 지식인으로서 그의 삶과 학문에 대한 경외감을 표시하는게 아닐까 싶어요.

3. 천인췌는 학문을 물을 뿐 정치는 묻지 않는 원칙을 지키는 학자라고 했지만, 시작 부분에 인용한 시만 보더라도 어느 정도 현실정치를 풍

자했습니다. 또한 전통왕조시대의 역사를 연구했다고 해도, 현실과 동떨어진 세계를 살았다고 할 수 없을 것 같은데요.

현실정치에 대해 함축적인 시로 표현한 경우가 더러 있어서 후에 논쟁꺼리가 되기도 했지요. 또한 일반적으로 고대나 중세의 역사를 연구하는 역사가는 현실과 동떨어졌다고 생각하기 쉬운데, 천인췌는 현실을 정확히 파악한 역사학자라고 할 수 있을 것 같아요. 일례로 1962년에 타이완 국민당 정부가 "대륙에 반격을 가한다"는 전쟁구호를 외치면서 대륙과 타이완 양쪽이 일촉즉발의 형세였습니다. 대륙에서도 "전쟁과 기근에 대비하자"는 운동 일어나 모두 대비태세에 들어갔을 때, 천인췌는 국민당이 대륙에 반격을 가할 능력이 있는지에 회의를 품고, 국민당 병력으로는 대륙 공격이 불가능하다, 정부가 당시 경제적으로 곤란한 시기에 인민의 관심을 다른 곳으로 돌리려고 이런 호소를 하는 것이 아닐까 의심했다고 합니다. 당안 기록으로 남아있다고 해요. 정확한 분석이죠. 정치사를 연구했던 학자로서 현실정치를 꿰뚫는 통찰력을 지녔다고 할 수 있겠습니다.

어찌보면 당연할 수도 있습니다. 현실과 떨어진 '순수한' 학문이 과연 가능할까 싶은 생각이 드는군요.

4. 지금까지 중국 당대사 전공자로 천인췌를 이해하였던 반면, 천인췌 개인의 일생을 추적하면서 천인췌의 삶과 그의 선택, 그리고 어떻게

든 '살아내야 했던' 중국현대사를 이해하는 과정도 흥미로웠을 것 같네요. 그렇다면 인간 천인췌를 어떤 사람이라고 이야기할 수 있겠습니까?

네. 주로 천인췌의 저술로만 그를 접하다가 중국현대사 속에서 천인췌의 삶을 조명해보는 계기가 되었습니다. 천인췌 개인적인 성격면에서 보면, 강의를 중단했을 때 학교측의 강의 재개설 권고에 "마오쩌둥 주석과 저우언라이 총리가 다시는 나를 비판하지 않겠다고 보증을 서면 강의를 개설하겠다!"라고 했던 점에서 그의 고집스럽고 올곧은 선비정신을 느낄 수 있지 않나 생각합니다. 그의 인생 전체를 돌이켜 본다면, 역시 이 글의 제목처럼 원칙을 지켰던 인물이라고 할 수 있겠습니다. 천인췌가 왕궈웨이를 위해 추도문을 쓸 때부터 '자유롭게 학문을 연구해야 한다'는 주장을 펼친 것으로 잘 알려져 있습니다. 그 추도문 중에 "무릇 하나의 문화가 쇠락의 길을 걷게 되었을 때, 그 문화에 익숙해진 사람은 반드시 고통을 느끼기 마련이며, 그 문화를 표현하는 정도가 넓으면 넓을수록 그가 받는 고통은 더욱 깊을 수밖에 없다"에서 천인췌 본인을 포함한 당시 지식인들이 살아내야 했던 운명을 묘사한 것이 아닌가 생각합니다.

20세기 격동의 시대에 천인췌라는 100년에 한 번 만날까 말까 한 세기난우(世紀難遇)의 학자가 탄생했습니다. 그러나 과연 오늘날 제 2의 천인췌가 다시 탄생할 수 있을까요. 이러한 질문을 던지며 못다 한 이야기를 마무리할까 합니다.

후주

1 『東城老父傳』은 『太平廣記』 권485에 수록된 陳鴻의 소설이다.

2 陸鍵東 지음, 박한제·김형종 옮김, 『진인각, 최후의 20년 어느 중국 지식인의 운명』, 사계절, 2008. 1949년 이후 천인췌의 삶 대부분의 내용은 이 책을 활용하였으며 별도의 주석을 표기하지 않는다.

3 덩광밍(鄧廣銘:1907-1998)은 宋代史 분야의 권위자이고, 저우이량(周一良: 1913-2001)은 일본사와 아시아 역사를 비롯해 敦煌學 연구자이며, 모두 베이징대 역사학과 교수를 지냈다.

4 王永興, 『陳寅恪先生史學述略稿』, 北京大學出版社, 1998, 30-44쪽.

5 MARC S. ABRAMSON, Ethnic Identity in Tang China, University of Pennsylvania Press, 2007.

6 천싼리(陳三立: 1853-1937)는 譚延闓·譚嗣同과 함께 "湖湘三公子"로 불리는 인물이다. 청조 광서 18년(1892) 鄕試에 합격하여 擧人이 되었고, 吏部主事 등을 역임했다.

7 천바오전(陳寶箴: 1831-1900)은 청조 함풍원년(1851) 鄕試에 합격하여 擧人이 되었으며, 1894년 湖南巡撫에 임명된 후, 南學會·時務學堂 등을 세우고 譚嗣同의 『湘學報』 간행을 적극 지원하기도 했다.

8 궈모러(郭沫若: 1892-1978)는 甲骨文과 金文에 능통한 고고학자이자, 역사학자이며 극작가이기도 하다. 본래 장제스의 국민당정권에 참여했다가 1927년 상하이의 4·12정변 이후 장제스를 타도하는 글을 발표했다. 저우언라이 소개로 중국공산당에 가입하였으며 중화인민공화국 성립 후 정무원 부총리, 과학원 원장 등을 지냈다.

9 푸쓰녠(傅斯年: 1896-1950)은 5·4운동 때 베이징 대학의 대표로 참가했으며 후스를 만나면서 신학문에 관심을 갖기 시작했다. 영국과 독일 유학 후 베이징대학에서 언어학과 역사학을 강의하다가 1948년 장제스를 따라 타이완으로 갔다. 국립타이완대학교 교장을 지냈다.

10 천슈징(陳序經: 1903-1967)은 푸단대학 졸업 후 미국 일리노이대학에서 석사·박사 학위를 취득하였다. 중국에 돌아와 "문화학"을 제창하며 동서문화를 연구하는 가운데 서방문화를 접수하고, 중국 고유문화를 회복하며 또한 절충을 강조하였다. 링난대학 교장을 지냈고, 중산대학으로 합쳐진 후 부교장을 지냈다. 그는 역사학과에

칭화대를 졸업하고 하버드대 연구원을 지냈던 명대 경제사 전공자 梁方仲도 데려왔다. 또한 캘리포니아대학에서 현대수학을 학습하고 타이완 중앙연구원 수학연구소 소장을 지내던 姜立夫도 초빙하여 중산대학이 명문학교로서의 위상을 갖추는데 공헌하였다.

11 판원란(范文瀾: 1891-1969)은 베이징대를 졸업하고, 배이징대·베이징사범대학 등의 교수를 역임했다. 이른바 마르크스주의 사학자로 유명하여 중공정권 성립 후 중국역사학계 권위자는 궈모러와 판원란이라고 해도 과언이 아니었으며, 대표적인 저서로 『中國通史簡編』이 있다.

12 이에 대해서는 나선희, 「陳寅恪의 중국학 연구방법론과 학문적 지향」, 『中國文學』 65, 2010에 잘 설명되어 있다.

13 造反派의 지도자는 류사오치를 비판함으로써 유명해진 칭화대 학생 蒯大富였다. 조반파는 즉 홍위병인데, 문화대혁명 초기에는 주로 고급간부의 자녀들로 이루어진 보수파 홍위병이 활동을 시작했지만, 얼마 지나지 않아 고급간부들도 공격의 대상이 되자 그 자녀들은 보수파로 구별되고, 일반 군중들로부터 조직된 조반파 홍위병이 주를 이루었다고 할 수 있다. 造反은 말 그대로 혼란을 조성하고 현재의 질서를 바꾼다는 뜻인데, 전통적인 의미로는 亂臣賊子였지만 이 시기에는 "社會中堅·文化英雄"을 의미하였다.

14 당고종 咸亨元年(670) 薛仁貴가 이끄는 당군이 가르친링의 토번군대에게 대비천에서 퇴로가 막혀 패배함으로써 당의 서역에 대한 지배가 상실되었다. 이어 儀鳳3년(678)의 승풍령전투에서도 역시 가르친링의 토번군대가 青海湖 부근에서 매복하고 당군을 유인하여 승풍령에서 궤멸시켰다. 이때 백제 귀화인 흑치상지가 토번군대를 습격하여 당의 지휘관 이경현을 가까스로 구해냈다.

15 위잉스(余英時: 1930-2021)는 중국에서 태어나 홍콩 新亞書院을 졸업하고 하버드에서 박사학위를 받은 인물로 미시건대·하버드대 등에서 강의했고 프린스턴대학교 명예교수였다.

16 이에 대해서는 민경욱, 「學術史의 관점에서 본 余英時의 陳寅恪 晚年詩文 解釋의 意義」, 『中國文學』 79, 2014에 상세히 분석되어 있다.

17 이와 관련한 학자들의 견해는 이영섭, 「陳寅恪의 中國中古史 研究를 통해 본 近代中國 文化談論의 전환」, 『중국어문학논집』 84, 2014에 잘 소개되어 있다.

인용 고전과 참고문헌

<인용 고전>

陳寅恪 著; 陳美延 編, 『陳寅恪集: 隋唐制度淵源略論稿 唐代政治史述論考』, 三聯書店, 2001.

陳寅恪 著; 陳美延 編, 『陳寅恪集: 金明館叢稿二編』, 三聯書店, 2001.

陳寅恪 著; 陳美延 編, 『陳寅恪集: 詩集(附唐篔 詩存)』, 三聯書店, 2001.

陳寅恪 著; 陳美延 編, 『陳寅恪集: 寒柳堂集』, 三聯書店, 2001.

- 論再生緣 수록

陳寅恪 著; 陳美延 編, 『陳寅恪集: 柳如是別傳(上) (中) (下)』, 三聯書店, 2001.

<참고문헌>

陸鍵東 저, 박한제·김형종 옮김, 『진인각, 최후의 20년 어느 중국 지식인의 운명』, 사계절, 2008.

王永興, 『陳寅恪先生史學述略稿』, 北京大學出版社, 1998.

MARC S. ABRAMSON, Ethnic Identity in Tang China, University of Pennsylvania Press, 2007.

나선희, 「陳寅恪의 중국학 연구방법론과 학문적 지향」, 『中國文學』, 30, 2010.

민경욱, 「學術史의 관점에서 본 余英時의 陳寅恪 晩年詩文 解釋의 意義」, 『中國文學』, 79, 2014.

이영섭, 「陳寅恪의 中國中古史 硏究를 통해 본 近代中國 文化談論의 전환」, 『중국어문학논집』, 84, 2014.

중국 CCTV10 人物 '先生 陳寅恪' 2016. [방영시간 39:37]

제11장

평유란馮友蘭, 중국 현대사의 격랑에 맞선 중국 철학자

김혜수 (부산대)

※이미지 출처

https://www.sohu.com/a/424888399_260616

Ⅰ. 들어가는 말 : 펑유란, 그는 누구인가?

중국의 근현대는 물밀듯이 들어온 이질적인 서구 문화가 기존의 전통문화와 충돌하고 융합하는 격동의 과정을 경험하였다. 그리고 이러한 충돌과 융합의 과정은 자발적이든 강압적이든 중국인들과 중국 사회에 커다란 충격과 변화를 가져다주었다. 이를 통해 중국은 구시대적 봉건 사회에서 벗어나 근현대사회로 진입하였고, 그곳에는 중국을 근현대사회로 이끈 문학·언어·정치·역사·철학·사상·예술 등 다양한 학문 분야의 수많은 지식인이 있었다. 오늘날 우리는 당시 중국 지식인들의 다양한 분야의 학문을 '중국학'이라고 통칭한다. 그 '중국학'에는 당시 중국이 직면한 상황과 문제에 대응·대처하고자 하는 지식인들 각자의 시대정신과 사유 체계, 그리고 그 실천이 잘 배어 있다. 그래서 우리가 '중국학'을 공부하고 연구하는 것은 중국 지식인들의 시대정신과 사유 체계, 그 실천이 담긴 학문을 통하여 중국 근현대를 이해하는 작업이다.

여기서 우리가 철학·사상 분야의 '중국학' 측면에서 중국 근현대를 이해하고자 할 때, 빼놓을 수 없는 중국 지식인은 바로 펑유란(馮友蘭)이다. 중국에서는 펑유란을 격동의 중국 근현대사에서 송명(宋明) 유학의 실천적 정신을 계승하였고, 중국·서양의 문화를 융합하는 방식으로써 중화 민족 문화의 부흥 및 현대화를 추진한 지식인 중 한 명으로 평가한다(方克立·李錦全 主編, 『現代新儒家學案』, 5쪽).

펑유란은 자(字)는 즈성(芝生)이며, 1895년 12월 4일 허난성(河南省) 탕허현(唐河縣) 치이진(祁儀鎭)에서 태어나, 1990년 11월 26일 베이징(北京)에서 향년 95세의 나이로 생을 마쳤다. 중국공학(中國公學)에서 대학 예비과정을 마쳤고, 베이징대학(北京大學) 철학과를 졸업하였으며, 미국으로 건너가 컬럼비아대학(Columbia University)에서 철학박사 학위를 취득하였다. 귀국 후 중저우대학(中州大學)과 광둥대학(廣東大學), 옌칭대학(燕京大學), 칭화대학(淸華大學), 시난연합대학(西南聯合大學), 그리고 베이징대학 등에서 철학과 교수 및 학과장, 문과대학 학장, 비서장 등 여러 직책을 역임하였다. 또 그는 미국 펜실베이니아대학(University of Pennsylvania)의 객원교수, 교육부 초빙교수, 중앙연구원 원사와 평의회 위원으로도 활동하였으며, 칭화대학 교무회의 임시의장 및 교무위원회 의장, 중국과학원 철학사회과학부 상무학부위원, 중국과학원 철학연구소 연구원 등의 요직을 역임하였다.

평유란 묘비의 후면에는 "삼사(三史)로써 고금의 철학을 해석하였고, 육서(六書)로써 정원(貞元)의 철학 체계를 세웠다."라는 뜻의 "三史釋今古(삼사석금고), 六書紀貞元(육서기정원)"이 전서(篆書)로 기록되어 있는데, 이 글귀는 평유란의 대표적인 주요 학술 저작이 무엇인지를 명확하게 보여준다. '삼사'는 상·하권으로 구성된 『중국철학사(中國哲學史)』와 영문으로 된 『A Short History of Chinese Philosophy(중국철학간사)』[1], 그리고 총 7권으로 구성된 『중국철학사신편(中國哲學史新編)』이며, '정원'은 『정원육서(貞元六書)』로 통칭하는 『신이학(新理學)』·『신사론(新事論)』·『신세훈(新世訓)』·『신원인(新原人)』·『신원도(新原道)』·『신지언(新知言)』 등 여섯 권의 책을 말한다. 이러한 주요 저작들은 평유란의 저작 및 자료들을 정리하여 편찬한 『삼송당전집(三松堂全集)』에 수록되어 있다.

평유란은 격동하는 중국 현대사의 흐름에서도 자신의 철학 세계를 주체적으로 보여주었는데, 그가 살아온 인생과 그의 주요 저작을 살펴보면, 그는 중국 현대사상사의 대표적인 철학자이자 철학사가(哲學史家)이면서, 후학 양성을 위해 최선을 다한 교육자이자 중국을 사랑한 애국주의자였다. 또한 송명(宋明) 유학의 정신을 계승하고 그 이론을 새롭게 해석한 현대 신유학자(新儒學者)라고 할 수 있다.

Ⅱ. 격동하는 중국에서 평유란의 초년 시기

평유란이 태어난 1895년 당시 중국은 청나라 왕조였다. 19세기부터 청나라 왕조는 대내·외적인 원인으로 점차 쇠망의 길을 걷고 있었다. 대내적으로는 조정 관료들의 무능함과 부정부패가 만연한 가운데 민생고를 겪고 있는 민중의 반란이 끊이지 않았고, 대외적으로는 서구 및 일본 제국주의 열강들의 침탈이 본격화되는 상황에 직면하였다. 특히, 청나라는 과학기술이 월등히 앞선 영국과의 1·2차 아편전쟁에서 패배하였고, 이미 서구화된 일본과의 청일전쟁에서도 크게 패배하면서 제국주의 열강들과 각종 불평등 조약을 체결하게 되었다. 이러한 원인으로 국운이 쇠퇴하였고 국가 존망을 걱정하는 국난의 상황으로 접어들었다. 다른 한편으로 청나라는 개혁·개방적인 관료와 지식인들 사이에서 봉건주의 전통의 사회를 벗어나 근대화로 나아가려는 변화의 움직임이 급격하게 확산하고 있었다.

이와 같은 시대 상황에서 펑유란은 부친 펑타이이(馮台異, 1866-1908)와 모친 우칭즈(吳淸芝, 1862-1944) 사이의 2남 1녀 중 장남으로 태어났다. 그의 남동생은 펑징란(馮景蘭)이며, 막내 여동생은 펑슈란(馮淑蘭)이다. 펑유란은 청나라 말기에 조부모와 함께 봉건적인 대가족을 이루며 살았는데, 그의 조상은 상업에 종사하면서 가문을 일으켰다. 펑씨(馮氏) 가문은 장사를 통해 재력과 토지를 소유하게 되었고, 대지주는 아니지만 대대로 지역의 유지로서 지주계급에 속해 있었다. 또한 지식인 배출을 위하여 학문 공부를 중시하였다. 그래서 펑유란의 조부 펑위원(馮玉文)은 자녀들의 교육에 신경을 썼다. 조부의 교육 아래에서 부친 펑타이이는 진사과에 급제하였고, 더 나아가 후베이성(湖北省) 충양현(崇陽縣) 지현(知縣)을 역임하기도 했다. 펑유란의 백부 펑윈이(馮雲異)와 숙부 펑한이(馮漢異)도 모두 향시에 응시하여 합격한 수재(秀才)였다. 따라서 펑씨 가문은 경제적으로 안정되고, 후손들이 학문적 소양을 갖춘 지식인 가문, 이른바 '농사와 공부로 가업을 잇는 가문[耕讀傳家]'이 되었다(펑유란, 『펑유란 자서전』, 21쪽. 冯友兰, 『三松堂自序』, 1쪽). 이러한 집안 분위기 및 가정환경은 훗날 펑유란의 학술 활동에 깊은 영향을 주었다(方克立·郑家栋 主编, 『现代新儒家人物与著作』, 104쪽).

펑씨 가문의 법도에 따르면, 남자아이는 7세부터 교육을 받기 시작하고, 집안에서 마련한 글방에서 공부하였다. 펑유란도 그 나이에 집안의 글방에서 사촌 형제들과 함께 처음 교육을 받았다. 그래서 그는 국가·정부 등에서 설립한 관학(官學)의 정규교육과정을 밟지 않았다. 펑유란이 사촌 형제들과 받은 교육은 대부분 『삼자경(三字經)』, 『논어(論語)』·『맹자(孟子)』·『대학(大學)』·『중용(中庸)』의 사서(四書), 『시경(詩經)』 등 유교의 경서였으며, 당시 유행하던 대중 서적인 『지구운언(地球韻言)』도 포함되어 있었다. 『지구운언』은 세계 지리를 파악할 수 있는 중국 최초의 지리서로서 신학문(新學問)에 속했다.

1904년, 평유란의 가족은 대가족으로부터 분가했다. 부친이 우창(武昌)의 방언학당(方言學堂)에 회계 서무위원으로 임명되면서, 평유란은 부모·동생들과 함께 우창에 마련된 집으로 옮겨갔고, 더 이상 집안의 글방에서 공부할 수 없게 되었다. 그래서 평유란의 부모는 자녀들, 특히 평유란에 대한 교육을 걱정했는데, 고민 끝에 자신들이 직접 교육하기로 하였다. 이러한 이유로 평유란은 당시 성행하던 신식 초등학교의 교육을 받지 않고, 부모에게 『시경(詩經)』과 『좌전(左傳)』, 『역경(易經)』 등의 경서를 외우고 글을 쓰는 방식으로 가정교육을 받았다.

1907년, 부친 평타이이는 다시 충양현의 지현(知縣)으로 부임하게 되었다. 지현은 부여받은 관할지역을 총괄하여 다스리는 지방 수령이었다. 그래서 평유란 가족은 또다시 거주지를 충양현으로 옮기고, 그곳의 관사에서 생활하였다. 이 시기에 평유란은 관사에서 가정교사라고 할 수 있는 '글공부 고문[教讀師爺]'(평유란, 『평유란 자서전』, 45쪽)에게 고문(古文)·산수·서예·작문 등의 수업을 받았다. 이 수업들은 비교적 신식 교육에 속했다. 그는 이 수업이 끝나면 대부분 부친의 집무실로 가서 『외교보(外交報)』라는 간행물을 몰래 즐겨보곤 했는데, 그 간행물에는 세계 지식과 국제 상황에 관한 내용이 실려있었다(冯友兰, 『三松堂自序』, 19쪽). 평유란은 『외교보』를 즐겨보면서 국제 분야의 지식과 소식을 파악할 수 있었다(田文军, 『冯友兰传』, 22쪽). 하지만 이렇게 보낸 시간은 매우 짧았다. 1908년, 부친이 향년 42세의 나이로 재임 중 갑자기 사망했기 때문이다. 이때 펑유란의 나이는 13세였다. 부친의 장례를 치른 이후, 펑유란의 가족은 모두 고향으로 돌아왔고, 펑유란과 동생들은 모친의 뒷바라지와 펑씨 가문의 도움으로 교육을 받고 성장하였다.

모친 우칭즈 역시 부친과 같이 학문 공부를 중시하면서 자녀들이 지식인으로 성장하기를 기대하였다. 그래서 자녀 교육에 많은 신경을 썼고, 펑유란도 그 기대에 부응하여 근대화된 중·고등교육과정의 학교에 우수한 성적으로 진학하여 학업을 이어나갔다. 특히, 펑유란은 1912년 17세 때 상하이(上海)에 있는 중국공학에 합격하여 입학하였다.

당시 청나라 왕조는 서구 및 일본 제국주의 열강에 의한 외부적 수난뿐만 아니라 조정 관료들의 부정부패로 인한 내정 불안이 심각하였다. 결국 1911년 10월 10일 우창에서 쑨원(孫文, 1866-1925)이 이끄는 혁명군을 중심으로 신해혁명(辛亥革命)이 일어났다. 그 결과, 혁명이 성공하여 청나라 왕조는 멸망하였고, 1912년 1월 1일 중화민국(中華民國) 정부가 수립되었다. 이 시기의 중국 교육시스템은 중국이 봉건주의 전통에서 자본주의 근대로 이행되는 과도기에 있었기 때문에 매우 혼란하였다. 그렇지만, 이러한 교육시스템의 과도기적 혼란 속에서 펑유란은 중국의 전통 학문과 서구의 신학문을 모두 흡수하게 되었고, 그가 소년 시절 받아온 교육 내용은 펑유란 자신의 철학적 사유 및 학문 저작 활동의 자양분이 되었다.

Ⅲ. 철학에 입문하다 : 철학적 문제의식

펑유란은 상하이 중국공학의 대학예과 과정에 다니면서부터 점차 철학에 대한 흥미와 관심을 가지기 시작하였다. 특히, 논리학을 공부하면서부터 철학 공부를 하기로 마음먹었다. 논리학은 철학과 과학 등 학문의 기초가 되는 기초 학문으로서 당시 서양의 중요한 학문 분야였다. 중국공학에서도 그 중요성을 인식하고 논리학을 교육과정으로 편성하였다.

논리학 수업은 영문 원서로 진행되었는데, 교재는 윌리엄 스탠리 제번스(William Stanley Jevons, 1835-1882)가 1870년에 저술한 『기초 논리학 강의(Elementary Lessons in Logic)』를 사용하였다. 당시 중국에는 논리학 전공자 거의 없었기 때문에 중국어로 번역된 논리학 교재도 거의 없었다. 당시에는 옌푸(嚴復, 1854-1921)가 번역한 존 스튜어트 밀(John Stuart Mill, 1806-1873)의 『논리학 체계(A System of Logic)』 일부와 윌리엄 스탠리 제번스의 『기초 논리학 강의』 일부만이 출판·유통되고 있었다. 펑유란은 바로 이러한 논리학 수업 및 공부를 통하여 철학, 특히 서양철학의 초보적인 단계에 진입하였다. 그래서 그는 서양철학을 공부하기 위해 1915년 중국공학의 대학예과 과정을 졸업 후, 바로 베이징대학의 철학과에 진학하였다.

이 당시 철학과는 베이징대학에만 설치되어 있었다. 펑유란이 베이징대학에 입학했을 때, 대학의 교육 편제는 문과(文科)·이과(理科)·법과(法科)·공과(工科) 등 네 개의 단과대학으로 구분되어 있었다. 철학과는 철학문(哲學門)으로 불렸고, 문과대학에 속해 있었다. 이 시기의 문과대학은 다른 단과대학보다 학생들에게 인기가 없었데, 국가·정치사회 방면으로 취업하기 어려웠고, 단지 학생을 가르치는 '훈장[教書匠]'(冯友兰, 『三松堂自序』, 200쪽)만 될 수 있다는 인식을 주었기 때문이다. 그래서 문과대학에 지원하여 합격하기는 쉬웠다. 펑유란은 대학 사무처 직원의 권유로 우선 법과대학에 지원하여 들어갔지만, 철학 공부에 대한 열망과 의지로 인하여 곧바로 문과대학의 철학과로 전과하였다.

펑유란이 입학할 당시 철학과는 중국철학, 서양철학, 인도철학의 세 전공으로 구분되었다. 인도철학 전공은 학생들에게 거의 언급되지 않아 유명무실했다. 펑유란이 본래 하고 싶었던 전공은 서양철학이었다. 그렇지만 그는 서양철학 전공과목이 개설되지 않아 수강할 수 없었다. 왜냐하면, 1915년부터 서양철학 전공과목을 담당할 예정이었던 저우무시(周慕西) 교수가 1914년 말에 갑자기 세상을 떠나면서 서양철학 전공과목이 개설되지 않았기 때문이다. 그때 개설되어 강의가 이루어졌던 과목은 오직 중국철학 전공과목이었다. 그래서 펑유란은 중국철학 전공과목의 수업을 받을 수밖에 없었다. 결국 그는 서양철학을 공부하려던 본래 목적을 달성하지는 못했지만, 이러한 계기를 통하여 진정한 학문을 위한 중국철학의 길로 들어서게 되었다.

1915년 당시의 베이징대학은 봉건주의 체제 및 조직으로 운영되던 학교였는데, 1916년 차이위안페이(蔡元培, 1868-1940)가 대학 총장으로 부임하면서부터 근대적인 개혁이 실행되었고, 학문·사상에 대한 자유가 개방되었다. 그 결과 베이징대학에서는 학생들에게 자본주의 부르주아 사상과 마르크스 사상이 동시에 전파되고 있었다. 이러한 학문·사상의 자유는 베이징대학이 신문화 운동(1917-1921)의 중심지로 자리 잡는 정신적 원동력이 되었다. 봉건주의적 기존 사회 질서 및 체제를 타파하려는 신문화 운동은 1919년 베이징대학에서의 5.4 운동을 통하여 고조되었다. 펑유란은 1918년 베이징대학을 이미 졸업했기 때문에 이 시기의 5.4 운동을 직접 경험하지 못했다. 그렇지만 5.4 운동의 흐름에 호응하여 동료 학자들과 『심성(心聲)』이라는 잡지를 출간하기도 하였다. 펑유란은 자본주의와 마르크스주의 등 서양의 학문·사상이 전파되는 개혁 시기의 베이징대학에서 중국철학을 열심히 공부하였고, 봉건주의 전통의 전근대적인 고전 내용이 아닌 동·서양의 사상·문화에 관한 지식과 경험을 심화시켰다. 아울러 5.4 운동의 사상적 영향도 적지 않게 받았다.

19세기부터 동양 사회에 급속도로 밀려들어 온 서양의 과학·기술 문명은 동양인들의 모든 방면에서 큰 충격을 가져다주었다. 그 속에서 동양인들은 동양과 서양의 사상·문화 사이에 모순과 대립의 구도를 형성하였고, 그 대립 구도는 동양의 도(道)와 서양의 기(器)의 대립이었다. 요컨대, 동양은 고차원의 형이상학적 정신문명으로서 도 또는 본체를 중시하고, 서양은 현실의 형이하학적 물질문명으로서 기 또는 작용을 강조한다는 것이다. 이것이 동도서기(東道西器)란 말의 유래이다. 동도서기를 좀 더 중국의 입장으로 표현하면, 중체서용(中體西用)이다.

이 시기의 동양인, 특히 중국인들은 동양의 정신문명이 서양의 물질문명보다 더 고차원적이고 우월하여 서양을 압도할 수 있다는 자기변명을 하고 있었다. 하지만, 실제 상황은 전혀 그렇지 않았고, 오히려 그와 정반대 상황이었다. 현실의 모든 측면에서 동양 사회는 서양의 물질문명에 압도당하고 있었다. 이러한 시대적 상황에서 펑유란은 동양이 직면한 현실 문제를 직시하면서 자신의 철학적 문제의식을 드러냈다. 그 문제의식에는 동양을 대표하는 중국의 전통적 문물이 서양의 혁신적 문물과 서로 대립·충돌하면서 서양에 압도당하고 있는 중국의 현실 문제를 해결하려는 시대정신이 배어 있다. 따라서 펑유란은 동·서양의 문화가 왜 서로 모순되고 충돌하는가의 물음에 대한 근본적인 해답을 찾고자 철학을 좀 더 깊이 연구하고자 하였다. 펑유란이 베이징대학을 졸업한 후, 곧바로 미국 유학을 선택한 것도 당시 중국이 처한 현실 문제에 대한 철학적 해답을 찾고자 하는 일환이었다. 그리고 미국 유학은 펑유란이 그 철학적 해답을 찾기 위한 철학 활동의 출발이었으며, 철학자로서 펑유란의 첫 행보라고 할 수 있다.

Ⅳ. 철학자로서의 첫발을 내딛다 : 천인손익론

1918년 베이징대학을 졸업한 펑유란은 1919년 국비 유학 장학생에 선발되어 미국으로 유학을 떠났고, 컬럼비아대학 대학원 철학과의 대학원생이 되었다. 당시 중화민국은 5.4 운동 등 신문화 운동의 전개로 중국 사회에 큰 사상적 변화가 일어났다. 또한 자산계급의 국민당 정부와 북양 군벌의 정부 사이의 내홍으로 혼란한 정국에 직면해 있었다. 이로 인해 유학생들에 대한 국가 장학금 지급이 중단되었고, 펑유란의 미국 유학 생활은 경제적으로 어려웠다. 이러한 상황에서도 펑유란은 식당과 도서관

아르바이트 등으로 경제적 문제를 해결하면서 철학 연구에 전념하였다. 이러한 미국 유학은 펑유란에게 서양의 사상·문화를 직접 경험하게 해주고, 중국의 현실 문제에 대한 철학적 해답을 찾는 출발점이 되었다.

펑유란은 미국 유학 생활 동안 존 듀이(John Dewey, 1859-1952) 교수의 지도를 받으면서, 몸소 체험한 서양(미국)에 대한 실제적 경험을 토대로 동·서양의 차이와 중국이 직면한 현실 문제가 무엇인지 자문하고, 그 문제의 해답을 찾기 위한 철학적 사유를 진행하였다. 펑유란이 자문한 것은 "중국이 서양과 접촉한 이후 중국은 연이어 패배했는데, 그 원인이 도대체 어디에 있는가? 서양은 왜 부강하고, 중국은 왜 빈약한가? 서양은 중국과 비교하면 도대체 어떤 주요한 점들이 비교적 우월한가?"(冯友兰, 『三松堂自序』, 204쪽)이었다. 펑유란은 이와 같은 물음에 대한 해답을 중국철학에서 모색하고자 하였는데, 1922년 작성한 『중국은 왜 과학이 없는가?-중국철학의 역사와 그 결과에 대한 하나의 해석』(冯友兰, 『三松堂自序』, 205쪽)이라는 논문이 그 해답을 찾기 위한 일환이었다.

그 논문에서 펑유란이 찾은 해답의 실마리는 바로 근대 자연과학[2]에 있었다. 펑유란에 따르면, 미국을 비롯한 서양은 자연계에 대한 지식을 추구하고 구현하려는 근대 자연과학이 발전했지만, 중국을 비롯한 동양에는 그러한 근대 자연과학이 없었다. 그래서 서양은 자연계를 이해하고 이용하는 근대 자연과학으로써 중국과 동양보다도 더 우월하고 부강하게 된 것이다. 특히, 중국에 근대 자연과학이 없었던 이유는 중국철학이 여태까지 내적 마음에서 행복을 찾았지, 외부세계에서 행복을 찾지 않았기 때문이다(冯友兰, 『三松堂自序』, 205쪽). 결국 중국은 외부 자연계를 이용하여 행복을 추구하지 않고, 오직 내적 마음에서만 행복을 찾았기 때문에, 서양과 같이 사회를 근대화시키지 못했다.

평유란이 생각하기에, 중국에 근대 자연과학이 없었던 것은 중국이 근대 자연과학을 할 수 없었던 것이 아니라 할 수 있음에도 하지 않았다는 것이다. 단지 중국과 동양은 인간 품성의 수양이라는 내향적 가치를 추구하고, 서양은 자연에 대한 인식과 외적 세계 정복의 외향적 가치를 추구한 것이다. 따라서 평유란은 동양과 서양의 차이는 정신문명과 물질문명으로 설명되는 차이가 아니라 추구하는 행복의 방향이 내향이냐 외향이냐 하는 차이에 있다고 생각하였다. 이러한 측면에서 동·서양 철학·사상의 모순과 대립은 내향과 외향의 대립이지, 결코 이미 현실에 드러난 동양 문화와 서양 문화 자체의 대립이 아니다. 사람의 철학·사상은 모두 같은 본질에서 나오기 때문에 문화 그 자체로 동양과 서양으로 나눌 수 없다. 내향과 외향의 대립은 동양철학에 내에서도 있고 서양철학 내에서도 있다. 그러므로 동·서양의 대립 구도 문제는 근본 사상 또는 철학이 추구하는 방향이 내향이냐 외향이냐의 문제이다. 이것은 평유란이 중국이 직면한 현실 문제를 중국철학으로 해결하려는 실마리를 제공한 것이며, 평유란 자신의 철학적 문제의식이라고 할 수 있다.

더 나아가 평유란은 중국의 현실 문제 해결의 실마리 및 철학적 문제의식을 박사학위 논문이 주제로 확장하여 중국철학과 서양철학의 비교 연구를 진행하였다. 그 연구 성과가 1923년 통과된 『천인손익론(天人損益論)』[3] 이라는 박사학위논문이다. 그의 『천인손익론』에는 평유란 자신의 인생철학 및 세계 철학에 대한 관점이 잘 드러나 있다.

평유란의 『천인손익론』에 따르면 다음과 같이 요약할 수 있다.

사람들이 경험하는 것에는 두 종류를 벗어나지 않는데, 하나는 '천연(天然)적인 것'이고 다른 하나는 '인위(人爲)적인 것'이다. '천연적인 것'과 '인위적인 것'의 구별 문제는 그리스 철학 중의 '천연(天然)'과 '인정(人定)'사이의 쟁론과 같은데, 이것은 좋음과 나쁨, 선(善)과 악(惡)의 결과가 어디서부터 유래하는지에 대한 근본적 문제이다.

'천연적인 것'은 사람의 힘에 의존하지 않아도 스스로 생기고 스스로 사라지는 천연적 사물로서, 그 자체로 본래 좋음이고 선(善)한 것이다. 예컨대, 맹자(孟子)의 성선(性善) 이론이나 유신론(有神論)이 대표적이다. 이러한 '천연적인 것'의 관점에서 '인위적인 것'은 후천적·경험적인 것이 쌓여 천연적인 좋음의 선을 가리거나 위배하여 나쁨을 초래하는 악의 근원인 것이다. 따라서 '천연적인 것'을 강조하는 철학의 학파 또는 유파는 '덜어냄의 도', 이른바 '손도(損道)'를 철학의 실현 방법으로 삼는데, '인위적인 것'을 덜어냄으로써 천연적인 선을 회복 또는 실현하고자 한다. 그 덜어냄의 정도 차이에 따라 낭만파(浪漫派)와 이상파(理想派), 허무파(虛無派) 등으로 구분된다. 낮은 정도의 낭만파에는 노자(老子)·장자(莊子)와 같은 도가(道家)가 속하고, 이상파는 플라톤, 높은 정도의 허무파에는 불교(佛敎)와 쇼펜하우어 등이 속한다(평유란, 『평유란 자서전』, 345쪽).

'인위적인 것'은 천연적 사물과 정반대되는 인위적 사물로서, 이것은 그 존재가 반드시 사람에게 의존한다. 좋음이나 선은 바로 '인위적인 것'의 결과이자 산물이다. 예컨대, 순자(荀子)의 성악(性惡) 이론이나 무신론(無神論)이 대표적이다. 이러한 '인위적인 것'의 관점에서 '천연적인 것' 그 자체는 사람에게 본래부터 나쁜 것이며 악한 것이다. 따라서 '인위적인 것'을 강조하는 철학의 유파는 '보탬의 도', 즉 '익도(益道)'를 철학의 실현 방법으로 삼는데, '인위적인 것'을 더욱 보탬으로써 천연적인 나쁨과 악을 교화시켜 선을 구축 또는 실현하고자 한다. 이 역시 보탬의 정도에 따라 양주(楊朱)와 같은 낮은 정도의 쾌락파(快樂派), 묵자(墨子)·공리주의자 등과 같은 공리파(功利派), 그리고 베이컨·데카르트와 같은 높은 정도의 진보파(進步派) 등으로 구분된다(펑유란, 『펑유란 자서전』, 345쪽).

이 밖에도 '천연적인 것'과 '인위적인 것' 어느 한쪽에 치우치지 않고 조화를 강조하는 '중도(中道)' 철학의 유파가 있는데, '중도'는 '천연'과 '인위'가 본래 충돌하지 않으며, '인위'는 '천연'을 돕기 때문에 파괴하지 않는다는 관점을 취한다. '중도'의 관점에서는 현재 세계가 곧 가장 좋은 것이고, 현재 활동이 곧 쾌락이다. 결국 '중도'에서는 '천연'과 '인위'의 상호보완 및 조화를 강조하는데, 이정(二程) 형제·주희(朱熹) 등과 같은 송명유가(宋明儒家), 아리스토텔레스 학파, 그리고 헤겔과 같은 서양 근대철학 학파 등이 속한다(冯友兰, 『三松堂自序』, 207쪽).

이상과 같이 펑유란의 『천인손익론』은 바로 '천연적인 것[天]'과 '인위적인 것[人]', '손도[損]'와 '익도[益]'를 관련적으로 해명하고, 더 나아가 '중도'의 의미를 제시한 철학 관점이라고 할 수 있다. 여기서 펑유란은 특히 '중도' 철학을 견지하면서 인생론을 주장하였는데, 그의 '중도' 관점은 실용주의와 신실재론의 견해를 조화롭게 두루 채택하여 제시된 것이다. 당시 미국에 유행하던 철학적 학풍 및 유파는 실용주의와 신실재론 주의였다. 실용주의는 모든 지식을 경험적인 것에만 의존하며, 경험을 떠난 객관적 진리는 없다고 주장하면서, 인간에게 필요한 경험적 지식만이 유용하고, 그 유용함이 곧 진리라고 강조한다. 반면, 신실재론주의는 진리란 경험 배후에 객관적으로 실재하고, 모든 관념과 개념도 인간의 인식에서 독립하여 존재하는 객관적인 대상이 된다고 주장한다. 펑유란은 바로 이러한 실용주의와 신실재론의 영향을 받아 '중도'의 철학 관점을 보여주었다. 사실 학자들은 대체로 실용주의와 신실재론이 서로 모순되고 충돌하는 철학 관점이므로 그 둘이 공존하기 어렵다고 여긴다. 그러나 펑유란에 따르면, 신실재론은 객관적 진리 그 자체의 존재를 인정하는 존재론적 문제로 접근한 것이며, 실용주의는 그 진리를 발견하는 방법론적 문제로 접근한 것이기 때문에 실용주의와 신실재론은 서로 모순·충돌 없이 공존할 수 있는 것이다. 이에 펑유란은 그 두 관점을 수용하여 자신의 '중도' 철학 관점을 확립하였다. 따라서 펑유란이 확립한 '중도' 철학은 실용주의와 신실재론을 함께 종합한 관점으로서, 그의 철학적 사유 및 사상의 기반이 된다. 이후 펑유란은 중국철학사에서 각 사상가 및 학파의 철학을 바로 이러한 실용주의와 신실재론 관점을 두루 채택한 '중도' 철학의 구조에 놓고 토론하고 있다.

이미 앞서 설명한 펑유란의 미국 유학과 박사학위논문이라는 철학적 성과는 펑유란이 철학자로서의 첫발을 내딛는 단계라고 말할 수 있다.

V. 펑유란 자신의 철학을 발휘하다 : 중국철학사와 신이학

1920-30년대의 중국은 내홍이 끊이지 않는 혼란한 정국이었다. 특히 1924년에 쑨원·장제스(蔣介石, 1887-1975)의 국민당과 천두슈(陳獨秀, 1879-1942)·리다자오(李大釗, 1889-1927)의 공산당은 제1차 국공합작(1924-1927)을 이루고, 이를 통해 북양군벌의 정부를 타도하려는 군사작전, 이른바 북벌을 단행하였다. 그 결과 1928년 북벌에 성공하였다. 하지만 북벌에 성공하기 직전 1927년에 국민당의 장제스가 천두슈·리다자오 등의 공산당을 숙청함으로써 국민당과 공산당의 제1차 중국합작은 결렬되었고, 중국은 국민당 정부로 다시 통일되었다. 더 나아가 국민당 정부는 공산당을 불법화하고 대대적인 공산당 토벌을 감행하면서, 중일전쟁(1937-1945)이 발발하기 전까지 중국은 국민당과 공산당의 제1차 국공내전(1927-1936)이 진행된 혼란한 정국에 빠져 있었다.

1923년 펑유란은 미국 컬럼비아대학에서 박사학위논문 심사에 통과 후 귀국하면서, 곧바로 중저우대학의 문과대학 학장 겸 철학과 교수로 초빙되었는데, 이때부터 교육자로서의 인생을 시작하였다(方克立·李錦全 主編, 『現代新儒家學案』, 10쪽). 1925년에 그는 중저우대학을 떠나 광둥대학과 옌칭대학에 연이어 교수로 재직하였고, 34세가 되던 1928년 칭화대학에 초빙되어 철학과 교수 및 여러 보직을 겸직하면서 학교 행정 및 교육, 철학 분야의 학문 연구에 활발히 종사했다. 이 시기에 펑유란이 이룬 대업적 중 하나가 바로 『중국철학사』 상·하권[4]이다.

사실 펑유란이 귀국 후 중국에서 하고자 한 학문 활동은 미국에서 배운 서양철학을 중국에 소개하는 것이었는데, 평유란은 옌칭대학에 이어 칭화대학에서도 중국철학사 강의를 맡게 되면서 그 뜻을 이루지 못했다. 그렇지만, 그는 중국철학사를 강의한 자료를 정리하고 내용을 수정·편집해서 『중국철학사』 상권(1931년)·하권(1934년)으로 출판하였다.

평유란이 베이징대학 철학과를 다닐 때는 변변한 중국철학사 교재가 없어서 중국철학사를 체계적으로 공부할 여건이 마련되지 않았다. 이러한 상황에서 『중국철학사대강(中國哲學史大綱)』(1919년)이 출판되었다. 이 『중국철학사대강』은 1917년 베이징대학에 부임한 후스(胡適, 1891-1962)가 1학년 학생들을 대상으로 중국철학사를 강의할 때 사용했던 자료를 정리·편집하여 출판한 중국철학사로서, 점차 유력한 중국철학사의 위상을 갖게 되었다. 베이징대학에 총장을 지낸 차이위안페이는 이 『중국철학사대강』에 네 가지 장점이 있다고 평가하였다. 장점의 첫 번째는 증명의 방법이며, 두 번째는 요점을 파악하는 수단, 세 번째는 평등한 관점, 그리고 네 번째는 체계적 연구이다(冯友兰, 『三松堂自序』, 216쪽). 먼저, 증명의 방법 측면에서 후스는 고전의 내용을 그대로 믿고 전통적으로 설명하는 '고전 믿기[信古]'에 반대하면서, '고전 의심하기[疑古]' 방법으로부터 '위서 가려내기[辨僞]' 작업으로 발전시켜 고전들의 진위를 가리고 위서(僞書)로 판명되면 배제하였다(평유란, 『평유란 자서전』, 365~366쪽). 그리고 요점을 파악하는 수단 측면에서 후스는 중국철학사를 삼황오제(三皇五帝)의 전설 및 신화적인 내용을 빼고 노자와 공자(孔子)로부터 출발하였다. 평등한 관점 측면에서 후스는 유가(儒家)와 그 이외의 제자백가(諸子百家)를 정통과 비정통으로 나누어 차별하는 관점을 버리고 평등한 관점에서 어떠한 학파든 중국철학을 구성하는 하나의 부분으로 간주하였다. 그리고 중국철학의 출발점을 노자로 삼았다. 이것은 공자를 비판한 5.4 운동의 반봉건적 흐름이 반영된 것이라고 볼 수 있다. 마지막으로 체계적 연구 측면에서 후스는 존 듀이가 주장하는 실용주의의 발생적 관점 및 사회현상 연구 방법을 운용하여 철학 유파의 전개와 맥락을 연구하였다. 그 결과 후스의 중국철학사는 노자에서 시작하여 공자로 전개된다.

이와 같은 후스의 『중국철학사대강』은 펑유란 자신의 중국철학사에 대한 성찰과 영감을 주었고, 이를 통해 펑유란은 자신의 관점에서 『중국철학사』 상·하권을 저술하게 되었다. 펑유란의 자평에 따르면, 그의 『중국철학사』는 기본적으로 후스의 『중국철학사대강』과 다른 분명한 차이점이 있으며, 몇 가지 특징과 단점을 가지고 있다.

펑유란은 먼저 증명의 방법 측면에서 '고전 믿기'에 반대하는 것은 물론 후스가 취한 '고전 의심하기'·'위서 가려내기'와 달리, '고전 해석하기[釋古]'(펑유란, 『펑유란 자서전』, 366쪽)의 방법을 사용하였다. 요컨대, 위서로 판명된 모든 고전을 철학사에서 배제하지 않고, 고전 속의 철학적 맥락과 그 내용을 해석하여 그것이 철학사적 의미를 충분히 지닌 고전이라면 철학사의 자료로 채택하였다. 이어 펑유란은 후스가 중국철학사의 출발점 및 첫 번째 인물을 노자로 삼은 것과 달리, 춘추전국(春秋戰國)시대의 사회 전체적인 정세를 분석하여 공자를 개인의 자격으로 강학하고 이론 및 학파를 세운 최초의 인물로 삼았다. 또한 그는 중국의 사회·경제적 변화 및 흐름을 반영한 유물사관의 일반 원칙을 토대로, 중국철학사의 발전을 중국 통사(通史)의 발전에 상응하여 철학사의 시대 구분을 '자학(子學)

시대'와 '경학(經學) 시대'로 구분하였다. 펑유란이 말하는 '자학 시대'는 백가쟁명(百家爭鳴)의 제자백가 형국인 춘추전국시대로 철학사상의 생명력이 활발했던 시대이며, '경학 시대'는 '자학 시대' 이후부터 청나라 말기에 이르기까지의 오직 유가와 그 경전만을 존숭한 형국으로 철학사상이 경직화되고 정체된 시대이다. 아울러 펑유란은 중국 사상가와 학파의 이론을 면밀하게 분석하면서 중국철학사의 체계를 좀 더 명확하게 설정하였는데, 이 점은 그의 중국철학사가 보여주는 장점이라고 할 수 있다. 그 장점은 크게 두 가지라고 할 수 있다. 하나는 명가(名家) 학파의 주장을 일률적으로 "같음[同]과 다름[異]을 합하고, 굳음[堅]과 흰 것[白]을 분리할 수 있다."라는 '견백동이의 분별[堅白同異之辨]'로 파악한 기존 견해를 비판하면서, 명가 학파를 '같음과 다름을 합함[合同異]' 중심의 혜시(惠施)와 '굳음과 흰 것을 분리함[離堅白]' 중심의 공손룡(公孫龍) 학파로 구분했다는 점이다(冯友兰, 『三松堂自序』, 226쪽). 또 다른 하나는 북송(北宋) 유학자인 정호(程顥)와 정이(程頤), 이른바 이정 형제의 학설을 '정씨 학파[程門]'이라는 하나의 계통으로 통칭했던 기존의 견해에서 벗어나, 심학(心學)의 선구자로서 정호와 이학(理學)의 선구자로서 정이를 구분하면서 송명유가를 심학·이학의 두 계통으로 체계화했다는 점이다(펑유란, 『펑유란 자서전』, 370쪽). 이렇게 펑유란의 중국철학사에는 그 독창적 특징과 장점을 갖고 있다. 하지만, 부족한 단점도 존재한다. 펑유란 본인도 자신의 중국철학사에 대한 약점 및 단점을 성찰한 바가 있다. 그것은 불교 철학, 특히 중국불교와 명(明)·청(淸) 시대의 철학사상에 대한 분석 및 설명이 소략하고 미흡하다는 점이다.

이상과 같은 내용의 『중국철학사』 상·하권이 모두 저술·출판되었을 즈음, 펑유란은 장제스의 국민당 정부에게 한 차례 정치적 고초를 겪었다. 당시 국민당의 중화민국 정부는 제1차 국공합작을 결렬시키고 중국의 실권을 잡아 제1차 국공내전을 진행하고 있었다. 그 과정에서 중국 내부의 마르크스주의 공산당을 불법화하고 이와 관련된 인사들을 배척·숙청하였는데, 이때 펑유란의 철학 활동에 문제가 있다고 여겼다. 펑유란은 1933년 여름부터 1년간 유럽으로 해외 연수를 갔을 때, 소련(현 러시아)에 방문한 적이 있었다. 그곳에서 그는 소련의 마르크스주의 상황을 경험하면서 사회주의에 대한 사상적 호감이 생겼고, 마르크스주의 유물사관(역사적 유물론)과 연계하여 중국의 '진한(秦漢) 역사철학'을 강연하였다(펑유란, 『펑유란 자서전』, 166쪽). 그런데, 펑유란이 소련 방문했을 때 경험하고 강연했던 마르크스 사회주의 관련 내용이 공산당을 불법화한 국민당 정부에서 정치 이념적 문제가 된 것이다. 그래서 펑유란은 1934년 11월 국민당 정부에게 끌려가 조사를 받았다. 그렇지만, 다행히 혐의가 없어 며칠 뒤 큰 탈 없이 풀려났다. 펑유란의 생각에, 당시 국민당 정부에게 받은 펑유란의 고초 사건은 사실 자본주의 국민당과 사회주의 공산당 둘 중 하나의 정치적 노선 선택을 강요한 사상 탄압이었다. 그는 단지 철학적 사유와 판단을 하고 싶어서 철학을 선택했을 뿐이지, 어느 한쪽의 정치적 노선을 선택하거나 선택하고 싶지 않았다.

펑유란에게도 자행되었던 국민당 정부의 공산당 탄압 정치는 1937년 중국을 무력으로 침략한 일본과의 중일전쟁으로 멈추게 되었고, 중일전쟁이 끝난 1945년까지 중국은 항일전쟁의 시기로 더욱더 심각한 국난에 직면하였다. 국난에 직면한 국민당 정부는 공산당과 내전을 멈추고 다시 연합하여 제2차 국공합작(1937-1945)을 이뤄내면서 항일 통일 전선을 구축하였다. 중일전쟁 시기에 칭화대학과 베이징대학, 난카이대학(南開大學) 3개 대학은 전쟁을 피해 창사(長沙)에 임시 연합대학을 설립했지만, 전황이 여의치 않아 다시 쿤밍(昆明)으로 피란하였다. 그곳에서 함께 시난연합대학(西南聯合大學, 1938-1946)이란 이름으로 대학을 세우고 통합 운영하였다. 평유란 역시 시난연합대학의 교수로서 자신의 역할에 최선을 다했는데, 혼란한 국가 상황에서도 항상 철학적 사유 및 사색을 좋아하고 멈추지 않았다. 그 철학적 체험과 과정을 통해 평유란은 자신의 철학 사상을 확립하였다.

평유란의 철학 사상을 대표하는 학문은 바로 '신이학(新理學)'이다. '신이학'의 철학 사상은 『정원육서』(1939-1946)에 담겨있다. 그의 『중국철학사』가 사상적 자료에 근거하여 객관적으로 설명한 것이라면, 『정원육서』는 평유란 자신의 철학 사상을 창조적으로 발휘한 것이라고 할 수 있다. 평유란에 따르면, 『정원육서』의 제목에서 '정원(貞元)'은 『주역(周易)』의 '원형이정(元亨利貞)'[5]에서 정(貞)과 원(元)을 말한다. 또 중국의 예언서인 『추배도(推背圖)』에 "정(貞) 아래 원(元)이 일어난다(貞下起元)"라는 말이 있는데, 이 말은 '정원의 때'를 의미한다(평유란, 『평유란 자서전』, 425쪽). '정원의 때'란 바로 항일전쟁에서 승리하여 반드시 중화 민족이 부흥할 시기라는 의미를 지닌다. 그리고 '육서(六書)'는 『신이학』(1939년)·『신사론』(1940년)·『신세훈』(1940년)·『신원인』(1943년)·『신원도』(1945년)·『신지언』(1946년) 등 여섯 권의 책으로, 평유란의 '신이학' 철학 사상 체계를 보여준다. 따라서 『정원육서』는 '정원의 때에 쓴 책'(펑유란, 『펑유란 자서전』, 425쪽)을 의미하며, 중국의 힘든 시기를 극복하여 중화 민족이 부흥해야 한다는 기원을 '신이학'으로 담아낸 펑유란 철학의 정수(精髓)라고 할 수 있다.

펑유란의 '신이학'은 송명 시대에 형성·발전한 '정주이학(程朱理學)'[6] 계통의 유학 전통을 계승하여 비판적·창조적으로 설명한 새로운 이학(理學), 즉 '현대 신유학(新儒學)' 사상 체계이다. 다시 말하면, '정주이학'에 대하여 과거의 사상적 자료에 비추어 옛 철학자들의 문제를 있는 그대로 설명한 것이 아닌 근·현대 철학의 논리학적 성취에 따라 중국 전통 철학을 진취적으로 분석한 것이다. 그래서 펑유란은 자신의 '신이학'이 '정주이학'의 옛 자료에 '비추어 설명하는 것[照着講]'이 아닌, 그 사상에 '이어서 설명한 것[接着講]'이라고 강조한다(冯友兰, 『三松堂自序』, 249쪽). '정주이학'에 대하여 '이어서 설명한 것'을 펑유란의 말로 표현하면, 마치 '옛 술병에 새 술을 담는 것[舊瓶新酒]'과 같은 것이다(펑유란, 『펑유란 자서전』, 390쪽).

'신이학'에서 펑유란은 '정주이학' 또는 '성리학'에서 핵심 개념으로 강조되는 '이(理)'와 '기(氣)' 개념, 즉 이기론(理氣論)에 주목하고 있다. 이 두 개념은 자연계에 존재하고 있는 모든 사물의 본질과 현상, 그 사실 등을 해명하는 개념이다. 이 두 개념을 통해 '정주이학'의 자연관이 설명된다. '정주이학'에서 '이'는 형이상(形而上)의 도(道)로서 각 종류의 사물이 존재하는 까닭, 즉 존재의 이치(원리)이자 본체이다. 그리고 '기'는 형이하(形而下)의 기(器)로서 현실 세계에 구체화 될 수 있는 물질적 기초이자 존재의 작용이다. 이 자연계의 모든 존재는 바로 이러한 '이'와

'기'가 결합하여 구성된 것이다. 펑유란이 '신이학'에서 말하는 자연관의 주요 내용은 '공상(共相)'과 '수상(殊相)'의 문제인데, '공상'은 일반(一般)이고 '수상'은 특수(特殊) 또는 개별(個別)이다(冯友兰, 『三松堂自序』, 250쪽). 이러한 '신이학'의 자연관은 '정주이학'의 이기론 자연관의 의미를 현대적 용어 및 개념을 사용하여 해석한 것이다. 펑유란의 관점에 근거하면, '정주이학'의 '이'는 보편적이고 추상적인 일반의 '공상'이며, '기'는 특수적이고 구체적인 개별의 '수상'이다. '공상'은 각각의 다양한 사물이 공통의 규정성을 갖고 그렇게 있을 수 있는 존재의 이유이다. 이것이 '이'의 세계이고 형이상의 '진제(眞際)'이다(冯友兰, 『三松堂自序』, 252쪽). 하지만, '공상'이 보편적인 '진제'이지만, 추상적이기 때문에 사람이 감각적으로 알 수 없다. 무언가를 통해 형상으로 현실에 드러난 물질적인 기초가 필요한데, 이것이 바로 '기'이고 '수상'이다. 이 현실에 드러난 자연계는 바로 '기'의 세계이고 형이하의 '실제(實際)'이다(冯友兰, 『三松堂自序』, 252쪽). '수상' 또는 '기'는 현실에서 개별적 형상을 갖고 존재하는 사물이며, 각각의 사물에는 그것이 그렇게 있을 수 있는 일반적인 공통의 '공상' 또는 '이'가 내재한다. 그러므로 이 현실 세상에 존재하는 모든 사물, 즉 자연계는 바로 이러한 '이'와 '기' 또는 '공상'과 '수상'이 결합한 구조로 함께 있는 것이다. 간단히 말하면, 현실에 존재하는 모든 존재에는 반드시 그 존재가 있게 되는 근거 있는 것이다. 현실의 모든 존재는 '수상' 또는 '기'이며 그 존재의 근거가 '공상' 또는 '이'이다. 펑유란의 관점으로 예를 들어 보면, 누군가 '네모'라고 말할 때 우리는 네 귀퉁이가 있는 현실에 존재하는 TV이나 액자, 심지어 종이에 선으로 그린 네모 등의 어떤 물건을 생각할 것이다. 이것은 실제 세계에 있는 구체적·개별적인 '수상'이고 '특수'이며, '기'인 것이다. 그 속에는 그렇게 '네모'가 되는, 즉 네 귀퉁이 있는 이유로서 보편적·추상적인 '공상' 또는 '이'가 내재하고 있다. 그런데, '공상'은 앞서 설명했듯이 보편적·일반적이지만, 추상적이기 때문에 항상 '수상'이라는 현실의 구체적 사물을 통해서만 자신의 본질적 가치를 드러낼 수 있다.

펑유란의 관점에 근거하면, '이'로서의 '공상'은 각각의 개별 사물이 갖춘 일반성과 보편성으로 시공간을 초월한 공공(公共)의 가치를 지닌다. 이것은 사람들이 추구해야 할 가치이다. 그러나 '수상' 또는 '기'는 항상 가변적 요소를 지니는데, 시공간의 변화 및 흐름에 따라 작용하여 좋고 나쁨과 옳고 그름의 가치가 달라진다. 따라서 펑유란은 현실의 유물론적 사유만을 강조한 가변적인 '수상'을 초월하여 사람의 철학적 사유를 통해 '수상'에 내재한 보편적인 '공상' 또는 '이'를 인식하고, 그 가치를 실현해야 한다고 생각한다. 펑유란의 말에 근거하여 예를 들면, 『논어』의 첫 장, 첫 구절에는 공자가 말한 '학이시습지(學而時習之), 불역열호(不亦說乎)'라는 말이 있다. 여기서 공자 당시의 배움 또는 학(學)은 구체적인 육예(六藝)[7] 또는 육례(六禮)[8], 즉 '수상'으로써 실제를 공부하는 것이고, 그 배움에는 인성 및 인격의 완성이라는 배움의 본질, 즉 '공상'이 내재한다. 현실에서 구체적으로 적용되는 도덕·윤리 역시 마찬가지다. 펑유란의 관점에서 이와 같은 보편·추상적인 '공상' 또는 '이'는 계승될 필요가 있는 것이다.

펑유란은 현실의 삶을 살아가면서 보편(추상)의 '공상'과 특수(구체)의 '수상' 상관관계를 명확하게 인식하고 체득해야 한다고 강조한다. 그에 따르면, 중국이 근대화에 실패한 원인은 바로 근대 자연과학을 바탕으로 한 서양의 과학기술과 산업혁명에 있었다. 중국인들은 '공상'과 '수상' 두 개념의 관계를 잘못 인식하고, 서양의 과학기술을 '수상' 또는 '기'로만 파악하면서 과학기술을 바탕으로 한 산업혁명을 받아들이지 않았다. 다시 말하면, 중국인들은 '공상'을 동양의 정신문명으로 '수상'을 서양의 물질문명으로 이해했기 때문에, 서양의 산업혁명, 즉 공업화가 전통적인 중국 정신, 즉 '공상' 또는 '이'의 보편적 가치를 훼손 및 붕괴시킨다고 생각했다. 그 결과, 중국은 산업혁명을 받아들이지 못하면서 근대화에 실패하고 만 것이다. 그들에게 '공상'과 '수상'은 서로 충돌·모순·대립하는 구조였다. 하지만, 평유란의 '공상'과 '수상' 관계로 산업혁명을 해석하면, 산업혁명으로 파생된 산물은 특수적·구체적 '수상'에 속한다. 하지만, 그 속에는 인간다운 삶과 인간의 행복이라는 보편적·추상적 '공상'이 반드시 내재하고 있다. 그러므로 평유란은 '공상'과 '수상' 두 개념의 관계를 명확하게 파악하고 체득해야 비로소 중국이 나아갈 방향을 제대로 인식할 수 있다고 생각하고, 특수적 '수상'과는 반대로 그 '수상'속의 보편적 '공상'을 반드시 배워야 하며 배울 수 있는 것이라고 강조한다(冯友兰, 『三松堂自序』, 260~261쪽).

이상과 같은 '공상'과 '수상'을 기반으로 하는 평유란의 '신이학'은 평유란 자신의 철학적 사유 및 활동에서 나온 철학적 성과이다. 그리고 그것이 추구하는 궁극적인 목적은 자연계에 태어나 사회의 일원으로서 살아가는 인간의 윤택한 인생 또는 행복, 즉 인간다운 삶이다. 이것은 인간의 정신 경지를 보여주는 것이다. 펑유란은 '신이학' 철학 체계에서 인간의 정신 경지를 네 종류로 구분하고 있는데, 하나는 '자연의 경지[自然境界]'이고, 또 하나는 '공리의 경지[功利境界]'이며, 다른 하나는 '도덕의 경지[道德境界]', 마지막 하나는 '천지의 경지[天地境界]'이다(冯友兰, 『三松堂自序』, 266쪽). 먼저, '자연의 경지'는 자연계에 태어나 원시사회에서 살아가는 천진난만한 아동처럼 무자각(無自覺)한 인간의 정신 경지이다. 인간 본능에 자족한 삶 그 자체이다. '공리의 경지'와 '도덕의 경지'는 공통으로 긴 역사의 발전 속에서 그 의미와 결과를 스스로 자각하고 행동하는 인간의 정신 경지인데, 그 구별은 '사(私)적이냐 공(公)적이냐'에 달려 있다(펑유란, 『펑유란 자서전』, 406쪽). '공리의 경지'는 사적으로 개인의 이익을 위하는 이기적인 인간의 정신 경지이며, '도덕의 경지'는 공적으로 사회의 이익을 위하는 정의로운 인간의 정신 경지이다. 이 두 경지는 인간 사회에 있다. 마지막으로 '천지의 경지'는 사람과 우주, 특히 자연과의 관계에서 말하는 최고의 정신 경지이다. 사람은 자연의 산물로서 자연 중의 일부이면서 보편적이고 추상적 대상인 '공상'을 인식할 수 있는 '순수 사유[純思]'을 갖고 있는데, 이러한 '순수 사유'가 구성한 정신 경지를 '천지의 경지'라고 한다(冯友兰, 『三松堂自序』, 268쪽). 사람이 '순수 사유'를 통해 '공상'을 인식하고 자연계 속에서 스스로 평온한 상태, 즉 '안심입명의 위치[安心立命之地]'(冯友兰, 『三松堂自序』, 268쪽)가 바로 펑유란이 강조하는 인간다운 삶이자 인생의 궁극적 목적이다. 그 목적에 달성하려면 인간의 정신 경지가 '천지의 경지'에 도달해야 한다. 펑유란은 바로 '천지의 경지'에 도달하여 '안심입명'하는 곳을 얻는 것이 철학의 목적이고 작용이라고 말한다. 아울러 이러한 '천지의 경지'를 통해 '안심입명의 위치'에 도달하여 다 갖추어 부족함이 없는 상태를 '대전(大全)'이라고도 말한다(펑유란, 『펑유란 자서전』, 412~413쪽). 만약 이것을 동양철학의 일반적 언어로 표현하면 '천인합일(天人合一)'의 경지라고 말할 수 있다.

결론적으로 펑유란의 '신이학'은 인간의 정신 경지가 '천지의 경지'에 도달하여 '안심입명의 위치', 즉 '대전'의 상태를 궁극적 목적으로 한다. 이런 궁극적 목적을 달성하려면 앞서 말한 인간의 '순수 사유'가 작동하여 보편·추상적 '공상'과 특수·구체적 '수상'의 상관관계를 명확하게 인식하고 체득해야 한다. 간단히 말하면, 감각적인 '수상'으로부터 그곳에 깃든 감각되기 어려운 '공상'을 인식하는 철학적 사유를 심도 있게 해야 한다는 것이다.

이상과 같이 설명한 펑유란의 『중국철학사』와 '신이학'은 철학사가이자 중국 철학자, 현대 신유학자로서 펑유란이 발휘한 학문의 대업적이며, 펑유란 자신의 순수한 철학 사유를 발휘하여 이룬 철학 활동의 성과이다.

Ⅵ. 역사의 격랑에 맞서 철학자의 길을 가다 : 추상계승법

펑유란은 항일시기의 국난 상황에서도 철학 저술 활동을 통해 자신의 철학 체계인 '신이학'을 구축했다. 이때 중국에는 큰 변화가 일어났다. 1945년 중국은 일본의 무조건 항복으로 중일전쟁이 끝나고 광복을 맞이하게 되었다. 이어 국민당과 공산당은 공동 정부를 구성하기 위한 협의를 진행하였다. 결국 공동 정부 구성에 실패하면서 제2차 국공합작도 결렬되었고, 서로 중국의 정권을 장악하기 위해 제2차 국공내전(1946-1949)에 돌입하였다. 제2차 국공내전은 부르주아로 불리는 자산계급과 프롤레타리아로 불리는 노동자 무산계급 사이의 사회 이념 전쟁이다.

쿤밍에 임시로 세웠던 시난연합대학은 광복 후 1946년에 문을 닫았고, 연합했던 칭화·베이징·난카이대학은 각자 제자리로 돌아갔다. 이때 펑유란은 미국 펜실베이니아대학에서 객원교수 자리를 요청받으면서, 1946년 칭화대학으로의 복귀를 잠시 미루고 미국으로 떠났다. 그는 미국 펜실베이니아대학에서 1년간 객원교수로 있으면서 학생들에게 중국철학사를 강의했는데, 강의에 활용하기 위한 만든 영어로 쓴 원고 자료를 정리·편집하여 1948년에 『The short history of Chinese Philosophy(중국철학간사)』라는 영문 제목으로 출판하였다. 이 『중국철학간사』는 이후에 프랑스어, 이탈리아어, 유고슬라비아어 등으로 번역되어 출판되면서 펑유란과 함께 세계에 널리 알려지게 되었다. 아울러 펑유란 말년에 그의 제자가 그것을 중국어로 번역하여 『中國哲學簡史(중국철학간사)』라는 제목으로 1984년에 출판하였다. 『중국철학간사』는 펑유란의 '신이학' 철학 체계가 갖춰진 이후의 저술로서 이전에 썼던 상·하권의 『중국철학사』보다 철학적 견해가 간명하고 명확하게 드러나 있다.

펑유란이 미국 펜실베이니아대학에 객원교수로 활동할 당시 중국은 또다시 격변하고 있었다. 제2차 국공합작으로 중일전쟁을 승리로 이끈 국민당의 국민혁명군 세력과 전력은 약화되었고, 반면에 공산당의 인민해방군 세력은 점차 강화되면서 대륙 중국은 공산당에 의해 장악·해방될 분위기였다. 1948년 펑유란이 귀국을 준비할 때, 주변 몇몇 지인들은 이러한 대륙 중국의 분위기를 감지하고 걱정하면서, 펑유란에게 미국에 장기체류할 것을 권하였다. 하지만, 펑유란은 오히려 '반동 중국인[白華]'이 되지 않겠다는 생각으로 귀국하였다(펑유란, 『펑유란 자서전』, 220쪽). 결국 제2차 국공내전에서 국민당이 패배하였다. 이로 인해 장제스의 국민당은 1949년 타이완(臺灣)으로 건너가 중화민국 정부를 구성하였고, 마오쩌둥(毛澤東, 1893-1976)이 이끄는 공산당은 같은 해에 대륙 중국에 중화인민공화국(中華人民共和國) 정부를 구성하였다. 이때, 펑유란은 장제스의 타이완행 제안을 받았으나, 그 제안을 뿌리치고 대륙에 남았다. 이 시기에 펑유란은 이미 마르크스주의(사회주의) 사상과 그 이상에 대한 상당한 이해와 호감이 있었다. 그래서 그는 공산당이 내세운 사회주의 체제의 중국 정부 구성에 반감을 갖지 않았고, 이러한 이유로 국민당을 따라 타이완에 가지 않고 대륙이 남은 것이다. 펑유란이 생각하기에, 정부의 궁극 목적과 이상이 '공상'의 보편적 가치와 공공의 선을 추구하는 것이라면, '수상'이라 할 수 있는 구체적·실제적 정부 체제가 무엇이라도 수용될 수 있는 것이다. 당시 펑유란은 사회주의 체제의 공산당 정부는 그 '공상'을 추구했지만, 자본주의 체제의 국민당 정부는 이념이 '공상'에서 멀어져 '수상'만을 추구한다고 생각했던 것이다.

중화인민공화국 정부의 중국은 자산계급 및 지식인들에 대한 지속적인 마르크스주의로의 사상 개조와 사회주의 국가로의 개혁을 단행하였다. 대학도 그 개혁의 일부였는데, 1952년 대학의 구조 조정으로 전국의 철학과가 베이징대학을 제외하고 모두 사라졌다. 이러한 이유로 펑유란은 1952년부터 베이징대학 철학과에 재직하며, 여러 보직 및 교육·연구 활동을 활발하게 수행하였다. 또한 펑유란 역시 개혁의 흐름에 동참하면서 사상 개조의 필요성을 인식하고, 지금까지 해왔던 자신의 봉건 철학에 대한 자아비판을 통해 마르크스주의를 신봉하게 되었다. 아울러 그는 마오쩌둥에게 5년 이내에 마르크스주의적 관점 및 역사적 유물론 방법으로 중국철학사를 다시 쓰겠다고 다짐하였다. 결국 5년 이내 중국철학사를 다시 쓰겠다는 다짐은 실질적으로 이루어질 수 없는 것이었다.

1950년대 후반, 중국은 사회주의로의 정치 혁명이 급속도로 진행되는 정치 상황에 있었는데, 공산당은 반당(反黨)·반사회주의적 독초를 일소하기 위한 혁명의 일환에서 반우파운동(1957-1959)을 전개하였다. 이때, 펑유란은 또 한 번의 정치적 비판과 고초를 받게 된다. 바로 1957년 그가 전통 계승의 방법론으로 제기한 '추상계승법(抽象繼承法)'[9]이 문제가 되었다(冯友兰, 『三松堂自序』, 287쪽). '추상계승법'은 '신이학' 철학 체계의 보편·추상의 '공상'과 특수·구체의 '수상' 개념이 서로 연계된 '추상 계승'을 설명한 것으로, 철학 유산의 계승과 철학 실천에 관한 내용을 담고 있다. 당시 마오쩌둥이 제창하고 공산당이 추종한 것은 '비판 계승'이었다. '비판 계승'은 역사적 유물론 관점에서 현실의 자신에게 유리한 것은 계승하고 해로운 것은 버려야 한다는 것이다. 그런데 공산당의 펑유란 비판은 그의 '추상계승법'이 마치 추상적·관념적인 것을 계승하는 유심주의(唯心主義)의 의미를 담고 있어서 자신들이 따르는 유물주의(唯物主義)의 '비판 계승'과 모순된다는 것이다. 하지만, 펑유란의 견해는 달랐다. 펑유란이 생각할 때, '비판 계승'의 문제는 무엇을 계승할 것인가의 계승 대상과 그 선택의 문제이고, 자신의 '추상 계승'은 어떻게 계승할 것인가의 계승 방법의 문제인 것이기 때문에, '비판 계승'과 '추상계승'은 상호 모순되지 않으며, 그 양자가 각각 주장하는 것은 서로 별개의 것이다(펑유란, 『펑유란 자서전』, 437쪽). 이러한 펑유란의 해명에도 불구하고 주위에서는 여전히 펑유란을 반우파로 몰아 맹렬하게 비판하였다.

사실 펑유란의 주장에 근거하여 '비판 계승'과 '추상 계승'을 설명하면, '수상'의 측면에서 구체적으로 드러난 형식에 치우쳐 허례허식으로 흐른 유교 예법은 현재의 인간 삶에 해로운 것이기 때문에 비판을 받고 새것으로 바꿔야 한다. 이것이 '비판 계승'의 문제의식이다. 반면, 유교 예법에는 공자의 유학 정신, 즉 '인(仁)'을 내재하고 있다. '인'은 존중과 배려의 원리이자 '공상'이라는 보편·추상적 가치로서 충분히 계승될 수 있는 전통이다. 이것이 '추상 계승' 또는 '추상계승법'의 문제의식이다. 그래서 펑유란도 혁명 시기에 맹렬히 비판받았던 공자의 유교 예법을 '비판 계승'의 입장에서 버려야 할 대상으로 삼아 비판한 것이다.

앞에서 설명한 바와 같이 반우파로 몰려 비판을 당했던 펑유란은 1966년부터 10년이라는 긴 세월 동안 이어진 문화대혁명(1966-1976)으로 인하여 더 심한 고초를 겪었다. 특히, 10년간의 세월 동안 '반동학술권위'[10]와 '비림비공(批林批孔)'[11]의 멍에를 쓰게 되면서 온갖 혹독한 고초를 겪은 것이다. 이때 펑유란은 당시의 위기 모면을 위하여 자신이 존경하던 공자를 억지로 비판했지만, 그 속마음은 '공상'의 측면에서 공자의 유학 정신 및 전통을 비판한 것이 아닌 '수상'의 측면에서 공자의 유학이 지닌 봉건적 산물에 대한 표면적이고 형식적인 비판이었다.

이상과 같은 펑유란의 고초에도 불구하고, 펑유란은 자신의 철학 활동에 심혈을 기울였다. 그 결과물이 바로 총 7권으로 구성된 『중국철학사신편』이다. 『중국철학사신편』은 펑유란이 세상을 떠나기 몇 달 전까지 10년간 목숨을 다해 집필을 완성한 중국철학사인데, 마르크스주의 관점에서 중국철학사를 설명했다는 측면에서 기존의 중국철학사와 차이가 있다. 또한 그 속에는 수십 년간 쌓여서 다져진 펑유란 철학의 정수가 배어 있다. 특히, 중국 현대철학사를 다룬 『중국철학사신편』 제7권에는 마오쩌둥의 문화대혁명과 마르크스주의 이론에 대한 펑유란의 비판이 담겨있다. 그래서 당시 중국의 대륙에서는 그 제7권을 출판하지 못했다.

펑유란은 총 7권의 『중국철학사신편』을 완성하고, 자신의 딸에게 "나는 살면서 내가 해야 할 일을 모두 끝냈다."라는 말을 남겼다(펑종푸, 『나의 아버지 펑유란』, 7쪽). 이 말은 곧 진정으로 철학자의 임무이자 인생 과업을 완수했다는 의미를 지닌다. 또한 병세가 날로 악화하여 글자를 쓸 수도 볼 수도 없는 지경에서도 끝까지 중국철학사 집필을 포기하지 않는 펑유란은 진정한 철학사가로서의 모습을 보여주었다. 결국 그는 『중국철학사신편』을 완성하고 난 후, 1990년 11월 26일 향년 95세의 나이로 병원에서 세상을 떠났다.

펑유란이 살아온 100년 가까운 삶은 가장 격렬하고 심각하게 변화했던 격랑의 중국 현대사 흐름과 같은 길이었다. 이러한 중국 현대사의 격랑에서 수많은 우여곡절을 겪은 펑유란은 철학적 사유와 그 실천을 통하여 중국철학사 분야에서 대업적을 남겼고, 중국철학의 발전에 크게 공헌하였다. 특히, 그는 현대 신유학의 발전 과정에서 하나의 중요한 위치를 차지하는데, 반공자(反孔子)의 시대적 흐름 속에서도 공자의 위상과 중요성을 정면으로 드러냈고, '정주이학'을 새롭게 발전시켰다. 아울러 평유란은 방대한 고전 자료를 바탕으로 객관적이고 체계적으로 중국철학사를 구성하면서 중국철학의 흐름과 내용을 쉽게 파악할 수 있게 하였다. 이러한 이유로 그의 중국철학사는 전 세계적으로 환영받는 중국철학사 교재로 활용되고 있다. 이와 같은 업적과 공헌이 있는 평유란은 중국 현대사에서 높게 평가를 받은 중국 현대 지식인이다.

지금까지 설명한 본문을 통해 우리는 평유란이 진정한 중국 철학자이자 현대 신유학자의 길을 걸었으며, 이 시대 중국이 낳은 걸출한 철학사가임을 확인할 수 있다. 특히, 세상을 떠나기 전에 남긴 "중국의 철학은 반드시 찬란하게 빛날 것이다."(평종푸, 『나의 아버지 평유란』, 120쪽)라는 평유란의 말은 중국철학의 발전을 위한 평유란의 바람 및 태도를 보여주며, 오직 중국을 사랑한 애국주의자이자 오직 철학을 위해 사유했던 순수한 철학자로서 모습을 확인하게 해준다.

Ⅶ. 못다 한 이야기

평유란은 중국의 근현대사를 이야기할 때, 빼놓을 수 없는 중국 철학자 그리고 철학사가입니다. 그의 대표 저술인 『중국철학사』는 고대로부터 이어 내려온 중국철학의 흐름을 체계적으로 서술했다는 평가를 받고 있지요. 중국철학을 공부하는 데 있어서 이 책은 최고의 입문서로 알려져 있습니다.

펑유란은 당시 격변하는 중국 정세 속에서 정신적·육체적 고통을 겪었지만, 자신의 철학적 신념을 지키면서도 끊임없는 자기반성을 통해 철학자로서 또 사상가로서의 면모를 보여주었습니다. 그리고 이러한 것들은 그가 말년에 다시 집필한 『중국철학사신편』에 투영되어 있습니다. 그러면 펑유란의 삶과 사상에 대해 못다 한 이야기를 나누어 보도록 하겠습니다.

1. 『중국철학사』하면 일반적으로 펑유란이라고 하는 인물을 떠올리게 되는데요. 어떻게 해서 처음 펑유란을 알게 되었는지 궁금합니다.

제가 중국철학을 공부할 당시, 펑유란의 『중국철학사』는 동양철학을 공부하는 교육 교재로 널리 사용됐습니다. 이때 펑유란을 처음 알게 되었던 것 같습니다. 제 전공이 중국철학 더 나아가면 중국 유가 철학인데, 제가 이 책을 토대로 중국철학의 흐름과 내용을 파악하는 데에 큰 도움이 되었습니다. 그런데 펑유란의 『중국철학사』를 통해서 제 공부는 했지만, 이 저자인 펑유란이 누구인가에 대해서는 그다지 관심을 갖지 않았습니다.

그러다가 몇 년 전 대학 강의에서 중국 근세 철학이라는 강의가 있었는데, 강의 마무리 때 몇 시간을 할애해서 학생들에게 펑유란을 비롯한 중국 현대 철학자들의 사상들을 개괄해서 간략하게 소개한 적이 있습니다. 그때 펑유란에 대해서 좀 더 많은 관심을 갖고 이해하게 되었는데, 특히 이번 기회를 통해서 펑유란의 삶에 대해서도 좀 더 이해하게 됐고, 그 학문적인 관심도 더 높아졌다고 볼 수 있습니다.

2. 평유란에 대한 한국 연구자들의 관심은 어떠한지요?

최근 10년간 평유란의 사상이나 그와 관련된 번역서들이나 저술 학술논문들이 다수 있습니다. 하지만 다른 중국철학 분야에 비하면 매우 적은 수량이거든요.

아마도 이 평유란을 비롯한 현대 중국 철학자들의 사상에 대한 전문적인 연구자들이 적어서 그렇지 않을까 이렇게 생각이 되거든요. 만약에 평유란이나 이런 중국 현대 철학자들에 대한 관심을 높이려면, 좀 더 전문적인 전문가들이 많은 그들의 번역서를 한국어로 번역을 해서 출판하는 것이 좋을 것 같습니다.

3. 30년대에 출간한 『중국철학사』 (상·하)는 우리말로 번역이 되어있죠. 그 외에 번역된 저술서들이 있습니까? 특히 말년에 저술한 『중국철학사신편』의 번역 상황은 어떠한지요?

『The short history of Chinese Philosophy』라는 영문본의 중국철학사가 있는데, 이 철학사는 『간명한 중국철학사』로 (우리말로) 번역이 되어 있습니다.

오히려 이 책이 좀 더 동양철학이나 중국철학의 입문서로서 많이 활용되고 있습니다.

『중국철학사』 상·하보다는 분량이 매우 적습니다. 그리고 현재 펑유란이 말년에 저술했다고 하는 『중국철학사신편』 총 7권이 있습니다. 그중에 제7권인 『중국철학사신편』이 『현대 중국 철학사』로 지금 번역이 돼 있는 상태입니다. 지금, 현재의 실정이 그 정도까지 번역이 되어있고, 펑유란의 자서전이나 '정원육서'의 『신원도』 편이 『중국철학의 정신』으로 번역되어 있기도 합니다.

『중국철학사신편』 일곱 권 중에서 마지막 권만 번역이 된 거네요.

4. 이 글에서 (『중국철학사신편』) 이 책이 사회주의 중국에서 펑유란의 철학을 집대성한 거라고 말씀하셨는데요. 그 부분에 대해서 구체적으로 얘기해 주시겠습니까?

이미 번역된 『중국철학사』 상·하권과 『간명한 중국철학사』는 펑유란의 철학사적 관점이 아직 확정되지 않은 상황에서 만들어진 것이라고 할 수 있습니다. 이 사상사의 역사적 객관성 측면에서 보면 『중국철학사신편』과 앞의 그 두 권은 큰 차이가 없어 보입니다. 하지만 『중국철학사신편』은 펑유란의 최종적인 철학사적 관점이 확정된 이후에 저술된 그러한 철학사기 때문에, 펑유란의 사상을 이해하는 데 굉장히 도움이 되는 철학사로 이해할 수 있습니다. 그러한 최종적인 관점이라는 것은 바로 현 중국의 사회주의, 즉 마르크스주의 관점에서 철학사를 새로 썼다는 데 특징적인 모습이 있습니다. 그래서 『중국철학사신편』이 모두 완역되어야 한다고 생각을 하고 있습니다.

말년에 저술한 『중국철학사신편』이 막시즘적 관점에서 쓴 중국철학사라고 이해하면 되겠군요.

그것이 펑유란의 최종적인 철학사적 관점이라고 볼 수 있는 거죠.

5. 펑유란의 이력과 관련한 것인데요. 펑유란은 전통 사대부 가문 출신으로 어려서부터 한학을 배우죠. 그런데 나중에 베이징대 철학과에 입학을 해요. 저는 이 부분이 펑유란의 생애에서 상당히 중요하지 않나 싶은 생각이 들었습니다. 왜냐하면, 바로 이 시기가 중국의 20세기를 여는 신문화 운동 시기잖아요. 또 베이징대는 이 신문화 운동의 본산이었고요. 그래서 같이 오버랩되는 사람이 후스에요.
이 후스가 베이징대 철학과 교수로 부임을 하지요. 후스는 미국 컬럼비아대학에서 철학박사 학위를 받았고, 스승이 존듀이였어요. 그런데 펑유란도 같은 길을 걷더라고요. 그래서 이 후스와 펑유란과의 관계가 어떠한지 궁금했습니다.

사실 펑유란도 후스와 같이 베이징대학에 같이 있었습니다. 그 당시는 후스가 부임해서 왔을 때, 펑유란은 대학교 3학년이었습니다. 그래서 같이 한 공간에 있었고, 또 펑유란이 나중에 미국 컬럼비아대학의 존 듀이를 스승으로 삼아서 철학박사를 받은 것도 후스랑 같은 맥락이라고 볼 수 있습니다. 또 후스가 『중국철학사대강』을 지은 것처럼, 펑유란도 『중국철학사』 상·하를 이렇게 지어내지 않습니까? 이런 걸 보면 펑유란이 후스와 같은 길을 걸었다. 그리고 그의 영향도 어느 정도 받지 않았느냐라고 이렇게 생각할 수 있습니다.

하지만, 실제로 봤을 때는 펑유란이 후스에게 학문적인 지도를 받았다거나 얼마의 영향을 많이 받았느냐라고 하는 근거들이 명확하지 않습니다. 다시 말하면, 후수가 이제 1917년에 베이징 대학교에 부임했을 때, 1학년 수업을 강의했었는데, 당시 펑유란은 이미 3학년이었고, 그때 펑유란 자신도 자기의 어떤 저술 속에서 후스의 강의를 직접 받았다는 내용은 없습니다. 물론 당시의 후스가 『중국철학사대강』을 강의할 때, 『중국철학사대강』을 얻어서 자기의 중국철학사에 영향을 끼칠 수도 있겠지만, 직접적인 학문적인 영향이 있느냐란 측면에서는 좀 다르다라고 볼 수 있겠습니다.

펑유란이 자기의 자서전이라든가 이런 데서 후스를 직접 거론하지는 않는가 봅니다.

(펑유란) 자신이 사상적 영향을 받았다고 하는 언급은 없고, 이 시기 펑유란에게는 (후스가 베이징대학에) 와서 교육을 시켰고, 신문화 운동을 진행했다라는 표현이 있지만, 자신에게 어떠한 영향을 가져다주었고, 어떠한 자신에게 영향을 미쳤는지는 명확하게 기록하지 않고 있습니다.

후스가 유명인사이기 때문에 펑유란이 학생으로서 후스를 만나는 것도 쉽지는 않았을 것으로 생각됩니다.

사실 나이 차이는 네 살 밖에 차이가 나지 않습니다. 그리고 자신이 이렇게 미국으로 유학을 가거나, 사실 고등학교에 해당하는 중국공학도 같은 학교를 나왔습니다. 그런데 이러한 내용들이 사실 후스의 영향에 의해서 간 게 아니라 펑유란에 자신이 원해서 갔던, 자력에 의해서 갔던 상황들이었습니다. 그래서 어떻게 보면 후스의 영향을 직접으로 받았느냐라는 측면에서는 상당히 생각해볼 필요는 있을 것 같습니다.

6. 이 글에서는 펑유란을 철학자 그리고 철학사가이면서, 동시에 현대 중국의 '신유학자'라고 말씀하셨어요. 이 부분이 상당히 흥미로운데요. 그러면 펑유란이 어떤 의미에서 '신유학자'라고 이야기할 수 있는지 보충 설명을 부탁드립니다.

저는 펑유란이 철학사가·철학자이기도 하지만 '신유학자'라는데 더 좀 더 초점을 맞추고 있습니다. 그 이유는 펑유란의 묘지명에 어떻게 쓰여있냐면, "삼사석금고(三史釋今古), 육서기정원(六書紀貞元)" 이런 표현이 있거든요. 이 말은 뭐냐면, 중국철학사 3종으로써 고금의 철학을 세우고, 이 육서는 '정원육서'를 말하는 것입니다. 이 '정원육서'로써 '신이학'의 체계를 이루었다는 뜻인데요. 이 뜻 안에는 철학사가뿐만 아니라 철학자, 그리고 그것들을 최종적으로 대표해주는 '신유학자'의 모습을 보여주는 말이라고 생각합니다. 사실 '정원육서'나 '중국철학사'의 내용의 출발점은 유학적인 관점이 굉장히 강합니다.

그래서 펑유란은 사실 공맹의 유학에서부터 주자 성리학에 이르는 그러한 내용들을 자신의 새로운 관점에서 이 현실에 맞는 서양의 사상과 결합시켜서 자기만의 유학적인 사상을 펼칩니다. 그러한 사상이 바로 '정원육서'에 그대로 배어서 나오고 있습니다.

7. 사회주의 중국에서 펑유란의 사상은 우여곡절을 겪습니다. 공자를 비판했고요. 또 혁명에 찬동하면서 사상 개조를 진행하였죠. 그래서 타이완이나 홍콩으로 건너간 지식인들로부터 비난을 받기도 합니다. 그의 유학자로서의 면모와 사회주의 중국에서 이런 행보를 어떻게 이해해야 될까요?

어떻게 보면, 표면적으로 보면 펑유란이 그때그때 자기의 정치적인 입장을 바꿔가면서 (입장을) 취하는데, 이러한 모습들이 타이완이나 홍콩·미국에 건너간 이런 학자들에게는 굉장히 변절자로의 모습으로 많이 보이질 수도 있습니다. 하지만 그것은 표면적인 내용이고, 펑유란이 어떤 사상적인 맥락을 한 번 좀 살펴보면 좀 더 펑유란에 대해서 이해할 수 있을 것 같습니다. 사실 펑유란이 강조하고 있는 것은 바로 유학의 정신이거든요.

유학의 정신이라는 것은 뭐냐면, 당시에 이런 사회주의 현상들이 일어나는 것들은 다 그 내면에 그것들을 추구하고자 하는 본질적인 내용들이 있다라는 게 핵심입니다. 그러니까 예컨대, 우리가 만들어낸 제도나 체세 안에서는 그 체제가 무엇을 위해서 가는가라는 보편적이고 추상적이고 일반적인 원리들이 거기 들어 있다라는 게 펑유란의 생각이었거든요. 이러한 측면은 유가가 강조하는 유가의 도덕 이상주의 이런 것과 맞물려 있다고 생각합니다. 펑유란은 바로 이러한 도덕적 이상주의를 유학의 정신으로 삼고 그것들을 자기가 살고 있는 중국 그 자리에서 실현시키고자 하는 그러한 태도가 바로 유학자의 절개와 지조가 아닌가 싶습니다.

그것을 바탕으로 자기의 나라에서 우리나라(중국)의 철학을 실현시키고자 하는 이게 바로 유학의 정신이 아닌가. 그것을 펑유란은 깨닫고 있었다고 생각합니다.

8. 이 글의 부제가 '인간을 묻다'인데요. 이 글을 마무리하면서 펑유란을 어떤 사람이라고 이야기할 수 있겠습니까?

굉장히 좀 어려운 질문인 것 같습니다. 누군가를 어떻게 평가하기에는 상당히 어려운 일인데, 이미 앞서 말씀드린 것처럼 펑유란은 중국의 저명한 철학자이면서도 철학사가이고, 또 신유학자이기도 합니다. 저는 이러한 위상을 갖게 된 배후에는 펑유란의 철학적인 사유 그리고 다른 학문에 대한 개방적인 태도, 그다음에 '안심입명'을 추구하는 그러한 순수한 학문적인 태도, 이러한 것들에 의해서 드러난다고 볼 수 있습니다. 그래서 펑유란의 모습들을 저는 『중국철학사신편』에서 보여준다고 볼 수 있거든요. 펑유란은 자기의 말년에 『중국철학사신편』을 완성하기 전까지 자기의 딸에게 내 일을 아직 마치지 못했다고 말하곤 했답니다. 그래서 제가 마지막으로 펑유란이라는 인물에 대해서 이야기를 한다면, 펑유란이 『중국철학사신편』을 완성하고 난 다음에 자신의 딸에게 남긴 말로써 대신하고자 합니다. 펑유란은 이렇게 얘기했다고 합니다. "나는 내가 해야 할 일을 모두 완수했다네!" 이것입니다.

펑유란이 살아온 세대는 오늘날 우리가 경험하기 힘든 격동의 시대였습니다. 펑유란은 이러한 험난한 시대를 몸소 체험하면서 그의 철학 정신을 보여주었습니다. 그는 이미 1940년대에 세계적으로 주목을 받던 철학자였습니다. 그럼에도 고령의 나이에 『중국철학사신편』 집필에 착수해 죽기 몇 달 전 마지막 권을 탈고합니다. "나는 내가 할 일을 모두 완수했다네!" 과연 인생을 마무리하면서 이렇게 이야기하기가 쉬울까요.

격동의 20세기를 살아낸 한 철학자의 삶이 우리에게 울림을 주는 이유는 이 때문이 아닐까 싶습니다.

후주

1 영문판은 이후 중문판 『中國哲學簡史(중국철학간사)』를 비롯하여 다양한 국가의 언어로 번역되었다.

2 펑유란에 따르면, 근대 자연과학의 작용은 자연계를 인식할 지식과 자연계를 통치할 권력을 추구하는 것이다.

3 영문으로 작성되었고, 1924년 『A Comparative Study on Life Ideals(인생 이상의 비교 연구)』라는 제목으로 출판되었다.

4 『중국철학사』 상·하권은 1999년 한국어로 번역되어 까치글방에서 출판되었다.

5 이것은 천도(天道)의 네 가지 덕(德), 즉 봄[春]·여름[夏]·가을[秋]·겨울[冬]과 같은 자연의 이치를 의미한다.

6 정이와 주희에 의해 형성된 이학(理學) 계통의 유학이다. 한국에서는 통상 '성리학(性理學)'이라고 부른다.

7 예절[禮]·음악[樂]·활쏘기[射]·말따기[御]·글쓰기[書]·수학[數] 등 여섯 가지 중국 전통의 교양 교과목을 의미한다.

8 시경·서경·예기·악경·춘추·주역 등 여섯 가지 중국 전통의 교양 경전 또는 고전을 의미한다.

9 '추상계승법'은 펑유란이 직접 만들어 사용한 용어가 아니라, 당시 사람들이 추상의 계승이라는 펑유란의 관점을 비판적 시각에서 표현한 용어이다.

10 학술적 권위를 갖은 지식인들을 반동(反動)의 부르주아 계급으로 간주하고 철저하게 비판하였다.

11 반혁명집단의 린바오(林彪, 1907-1971)와 공자를 비판·공격한 운동이다.

인용 고전과 참고문헌

<인용 고전>

펑유란 저, 김시천·송종서·이원석·황종원 옮김, 『펑유란 자서전』, 웅진지식하우스, 2011.

펑종푸 저, 은미영 옮김, 『나의 아버지 펑유란』, 글항아리, 2011.

冯友兰, 『三松堂自序』, 生活·讀書·新知三联书店, 1989.

方克立·李錦全 主編, 『現代新儒家學案』, 中國社會科學出版社, 1995.

方克立·郑家栋 主编, 『现代新儒家人物与著作』, 南开大学出版社, 1995.

田文军, 『冯友兰传』, 人民出版社, 2003.

<참고문헌>

펑유란 저, 정인재 옮김, 『현대 중국 철학사』, 이제이북스, 2006.

펑유란 저, 정인재 옮김, 『간명한 중국철학사』, 마루비, 2018.

중국현대철학연구회 저, 『처음 읽는 중국현대철학』, 동녘, 2016.

토머스 메츠거 저, 나성 옮김, 『곤경의 탈피』, 민음사, 2014.

청중잉·니콜라스 버닌 편집, 정인재·이임찬·박경숙·허윤영 옮김, 『현대 중국 철학』, 민음사, 2014.

펑유란 저, 박성규 옮김, 『중국철학사』 상·하, 까치글방, 1999.

馮友蘭, 『贞元六书』(上·下), 中华书局, 2014.

劉述先, 『論儒家哲學三個大時代』, 中文大學出版社, 2008.

景海峰, 『新儒学与二十世纪中国思想』, 中州古籍出版社, 2006.

沈清松·李杜·蔡仁厚, 『馮友蘭·方東美·唐君毅·牟宗三』, 臺灣商務印書館, 1999.

제12장

지셴린季羨林,
인간의 끝에서 인간다움을 찾다

김승룡 (부산대)

※이미지 출처

https://www.163.com/dy/article/GHNH217T0543CDBN.html

고난은 상처로 남기도 하지만 상처를 교훈으로 삼아서 새로운 출발점을 만들기도 합니다. 지셴린의 삶과 학문, 그리고 그가 경험했던 것들이 우리에게 남겨주는 지혜입니다. 지셴린은 우리에게 인간은 근본적으로 신뢰할 수 있는가, 그리고 어떻게 만나고 처우할 것인지에 대하여 가르쳐줍니다. 특히 그는 인간의 끝에서 인간다움을 찾아냈습니다. 이제 그의 지혜를 엿볼 시간입니다.

Ⅰ. 지셴린이 걸어온 길들

지셴린은 1911년 8월 6일 산둥성 칭핑현(淸平縣) 소속 농장에서 태어났습니다. 빈농 출신으로서 먹을 게 없어서 아주 힘들게 살았다고 합니다. 일찍 부모를 여의었던 그는 6세 때까지 마경공 선생에게 겨우 글자만 배운 다음에 지난(齊南)에 있는 숙부의 집으로 옮겨가서 생계를 유지했습니다. 이때 이제 배운 것이 천자문이라든가 사서처럼 아주 기본이 되는 초학, 초급 공부였습니다. 당시 아주 흥미로운 일이 하나 있습니다. 노새 라(騾)라고 하는 글자를 안다는 이유로 초등학교에서 월반을 했습니다. 그래서 고학년으로 곧장 들어갔다고 합니다. 일찍부터 한문, 한자를 공부했던 것이 초등학교 근대 교육제도에 들어가면서는 도움이 됐던 것입니다.

사실 특별히 천재적인 능력을 지녔던 건 아닌 것 같아요. 본인 스스로도 그렇게 말한 바 있습니다. 즉 자신은 대단히 둔한 사람으로서 남달리 뛰어난 웅지(雄志)나 포부를 지닌 것도 아니었다고 말합니다. 한마디로 평범했다는 것이지요. 다만 그는 남다르게 영어를 배우기 시작했는데, 방과 후에 영어를 가르쳐주는 분에게 가서 공부했다고 해요. 이 점이 좀 특이한 점입니다. 그리고 나서 초등학교를 졸업한 다음에 중학교를 들어갈 때도 영어를 한다는 이유로 6개월 정도의 월반을 합니다. 그래서 1학년 2학기부터 공부를 하게 되죠. 이뿐 아니라 숙부가 지셴린에게 공부를 가르쳐주었는데, 그 중에는 고문도 포함되었지요. 『춘추좌씨전』이라든가 『전국책』, 『사기』 등을 지도했습니다. 물론 방과 후에는 쉬지 않고 영어 공부를 하였지요. 지셴린의 학습 과정에서 이른바 '고전'은 꽤나 큰 비중을 차지합니다. 아울러 이 공부는 그의 글쓰기에도 도움이 됐던 것 같습니다.

그뿐 아니라 『삼국지연의』라든가 『서유기』, 혹은 『봉신연의』 『삼협오의』 등과 같은 고전 서사물을 통해서 그 안에 나오는 다양한 인간상에 대한 공부도 의식하지 못하는 사이에 하였던 듯합니다. 그는 『홍루몽』이나 『금병매』처럼 여성을 차지하기 위하여 남성들이 일정한 술수나 기교를 부리는 작품은 좋아하지 않았습니다. 인간에 대한 학습을 하되, 착취나 소유를 위한 인간학적 학습은 하지 않았던 것이지요.

이제 이런 학습을 바탕으로 고등학교에 진학합니다. 이때 주로 봤던 글들도 중국의 고전들이었습니다. 한유(韓愈)나 유종원(柳宗元)의 문집을 공부했고, 당송팔대가의 문장들을 주로 봤다고 고백한 바 있습니다. 즉 구양수(歐陽脩)라든가 삼소로 불리는 소순(蘇洵), 소식(蘇軾), 소철(蘇轍) 등이 그들입니다. 여기에 독일어도 공부하기 시작합니다. 앞서 영어를 남달리 일찍 공부했다고 했지요? 지셴린은 언어능력에 남다른 소질이 있었던 것 같습니다. 그리고 글쓰기도 잘해서 간명하고 유려하다는 평가도 받았습니다. 이 점은 지셴린을 이해하는 데에 중요한 포인트라고 생각합니다. 언젠가 현대문에만 익숙했던 학인 한 사람이 그의 글이 현대인이면서도 고문투가 들어있어서 참으로 이해하기 어려웠노라고 말하던 것이 기억납니다.

지셴린은 1929년에 산둥성 지난 고등학교에 들어가서 공부를 하며, 작가 출신 교사들한테 지도를 받았습니다. 현대문을 위주로 공부하긴 했지만 고전도 지속적으로 공부하였습니다. 그는 도연명(陶淵明)이라든가 두보(杜甫)라든가 이백(李白)이라든가 왕유(王維) 등을 중심으로 공부했다고 말했습니다. 우리는 도연명을 공부했다는 것을 기억할 필요가 있습니다. 지셴린은 특히 도연명의 시를 자신의 좌우명으로 삼았지요. 이에 대해서는 이후 거론하도록 하겠습니다.

1930년, 지셴린은 칭화대에 입학하였습니다. 사실 베이징대도 합격을 했지만, 해외대학으로 진출하는 데에 칭화대가 더 유리하지 않을까 하는 마음으로 칭화대를 선택했던 것입니다. 서양학부에서 독일어를 전공했는데, 그의 기억에 의하면 영어 강의가 많았다고 합니다. 교수는 3인이었지만 거의 영어로 강의했었지요. 외국어를 전공하는 학부인데, 중국인 교수는 중국어로만 강의하고, 독일인 교수조차 영어로 강의하였다고 하면서, 해당 외국어로 강의하는 것이 적었음에 당황했다고 했습니다. 훗날 베이징대의 동방학부를 조직하고 외국어교육을 주도했던 데에 그의 대학시절 경험과 기억이 바탕이 되었을 것으로 생각합니다. 그의 졸업논문은 「휠더린의 초기 시 연구」였습니다. 그는 대학에서 주광첸(朱光潛)의 「문예심리학」 강좌나 천인췌(陳寅恪)의 「불경번역문학」 강의를 흥미롭게 배웠고, 이것이 그의 인생을 결정하는 계기가 되었습니다.

그는 대학을 졸업한 뒤에 고등학교에서 잠시 중국어 교사를 했습니다. 이후 1935년, 칭화대가 독일과 협정을 맺고 대학원생 교환 프로그램을 만들자 괴팅헨대학으로 유학을 떠났습니다. 괴팅헨대학은 동양의 고전을 연구하고 번역하며 정리해내는 것으로 이름난 대학입니다. 그는 이곳에서 인도학을 비롯해 영국 언어학과 슬라브 언어학을 전공했습니다. 이때 산스크리트어, 팔리어, 러시아어 등을 공부했지요. 그러던 차 2차 세계대전이 발발했고, 그 탓에 그는 독일에 봉쇄된 채로 약 10여 년을 괴팅헨대학에 머물게 되었습니다.

1941년, 지셴린은 박사학위를 취득했습니다. 「마하바치의 가타 부분의 한정 동사의 변격 연구」라는 논문이었습니다. 인도의 마하바치라고 하는 분의 글에 관한 연구였습니다. 당시 독일에는 발트슈미트 교수가 있었는데, 바로 리그베다, 파니니 문법, 토하라어의 권위자였습니다. 지셴린의 기억에 의하면 그는 근엄한 태도로 논문을 어떻게 집필할 것인지를 잘 지도해주었다고 합니다.

이제 반강제(?)로 10년 유학생을 마치고 돌아온 그는 1946년, 베이징대 교수가 되었습니다. 동방학부의 주임교수가 되어서 동양의 언어문화를 가르치는 학부의 리더가 되었던 것입니다. 당시 천인췌 교수가 후스(胡適)에게 소개를 하였기에 곧장 교수로 임명되었습니다. 원래 외국에서 유학하고 귀국하면 부교수가 최고직이었는데, 아주 특별한 예외였지요. 이 학부의 주임을 무려 37년간 맡았습니다. 이 시기에 베이징대의 동양학이라는 것이 만들어집니다. 한국과의 인연도 깊지요. 당시 조선어로 불리는 한국어강좌를 베이징대 내에 정식으로 개설했고, 이것이 시작이 되어 지금의 한국어학부가 존재하게 되었습니다. 이른 바 동양학은 언어교육이 가장 기본일 터인데, 지셴린은 이에 대한 기초교육과 연구를 총괄하였고, 어느 특정한 지역에 치우치지 않은 채 동아시아는 물론이요 서남아시아, 터어키와 이집트까지 오리엔탈지역 전체를 아우르며 언어문화교육체계를 만들었습니다.

이후 그는 베이징대 부총장을 지냈고, 중국과학원 학부위원까지 지냈습니다. 또한 『중국대백과전서』의 총편을 맡았고, 아시아아프리카 학회장도 지냈습니다. 『대당서역기 교주본』을 내는 등 중국과 인도 사이의 교류사에 대하여도 끊임없이 연구했습니다. 그의 나이 86세인 1997년, 『계선림전집』이 32권본으로 간행됩니다. 우리가 같이 읽어갈 『우붕잡억』은 1998년에 나왔지요. 그후 89세가 되는 2000년에는 주중 한국대사관 부설 한중문화연구원 소장을 맡아서 한국과 중국간 교류를 진작시켰습니다. 2003년, 노환으로 베이징의 301병원에 입원하였고, 2009년 98세의 나이로 세상을 떠났습니다. 베이징대 내 도서관에는 지셴린을 기념하는 관이 별도로 마련되어 있고, 대학내 동양학 관련 교수진은 그를 학문적으로나 정신적으로나 스승으로 기리고 있습니다.

Ⅱ. 지셴린의 학문에 대한 생각

나는 이제 내가 할 일을 다 했다.
나는 이제 공부하러 오는 사람
곧 학문하는 사람을 기다리겠다.

지셴린이 말년에 한 말입니다. 그는 자신의 일생에 대하여 이야기하면서 앞으로 학문을 연구하는 사람들이 힘써야 할 것들에 대하여 틈나는대로 조언하고 있습니다. 특히 누군가 그더러 일생이 화려하지 않았었냐, 편하게 살지 않았냐라고 말할 때면 어김없이 루쉰(魯迅)의 이야기를 꺼내곤 하였습니다.

루쉰은 언젠가 이런 이야기를 했습니다. 누군가 빈대를 퇴치하려 하는데 어떻게 퇴치했냐고 물었대요. 그러자 그는 비법처럼 이렇게 대답했습니다.

"부지런히 잡아라"

좀 싱겁고 뻔한 이야기죠. 아주 평범한 이야기인데, 바로 여기에 해답이 있다는 것입니다. 지셴린은 자신의 일생에 대하여 원앙을 수놓았지만 금바늘은 없었고 구리 바늘만 있었다며 자신은 둔한 자질에 평범하기 짝이 없는 삶을 살았노라고 회상하였습니다. 그러면서도 자신이 원앙을 수놓을 수 있었던 것은 바로 루쉰이 말했던 빈대 퇴치책인 '부지런히 잡아라'였으며, 그것을 활용하여 분초를 다투며 글을 읽고 잊지 않았노라고 했습니다. 이를 바탕으로 학문하는 사람이 힘써야 하는 네 가지를 거론하지요.

첫째, 이론. 둘째, 지식. 셋째, 외국어. 넷째, 중국어

‘이론’은 실사구시를 뜻합니다. 우리는 다양한 관계를 주목해야 하며, 끊임없이 변화 발전하는 사물을 바라보면서도 그저 정해진 정물로만 파악하게 되면 제대로 이해할 수 있는 이론을 확보할 수 없게 된다는 것입니다. 이른바 변증법이죠. 실사구시는 있는 그대로를 찾아보는 거거든요. 관념 속에서 뭔가를 끌어내는 것이 아니라 있는 그 모습에서 둥그런지, 네모난지, 세모난지를 파악해내는 것이죠. 그러면서도 문제를 단순화하거나 교조화하지 말아야 한다고 말합니다. 따라서 철학적으로 유심론이든 유물론이든, 100% 유심론자나 100% 유물론자는 있을 수 없으며, 어떤 것이든 활용을 해서 이론으로 만들라고 말합니다.

다음은 인문학자와 사회과학자들에 대해서 이야기를 한 겁니다. 본인이 인문학자이기 때문에 그렇습니다마는 지식 차원에서 인문과학과 사회과학을 하는 사람들은 과학기술을 배우면서 자연과학에 정통해야 된다고 요구합니다. 이제 학과 간의 경계가 사라질 것이고, 그래서 경계학이나 교류학이라고 하는 것이 끊임없이 만들어질 것이기 때문이라고 말합니다. 사실 이거는 요즘 얘기하는 융합이죠, 융복합입니다. 이런 지적이 1988년에 이뤄진 것입니다. 77세의 나이에 앞으로 진행될 학문세계를 이야기하면서 학과 간의 경계가 사라지고 있으며, 그래서 우리는 자신이 전공하지 않는 아주 다른 학문 사이를 넘나들 수 있는 지식을 갖

추라고 말합니다.

셋째는 외국어입니다. 기본적으로 영어를 무시하면 안된다고 말하고 있어요. 영어는 세계 공통어이기 때문에 듣고 말하고 쓸 수 있을 정도로 돼야 된다고 말합니다. 그 이유는 이렇습니다. 아무리 자국어로 논문을 쓰더라도 해외에 국제적으로 알려지지 않으면 활용도가 떨어질 수밖에 없으며, 그 활용을 위해서는 많은 사람이 이해하는 언어로 다시 그것을 발표할 수 있어야 한다는 것이지요. 그런 점에서 이 셋째 항목은 영어에 대해서 더욱 고민하게 만듭니다. 사실 이른바 국수적인 생각을 가진 학자라면 할 수 없는 말이지요.

마지막으로 중국어입니다. 참으로 뜻밖의 주제입니다. 자국어로 글쓰기를 잘해야 된다니! 사실 이것은 우리에게도 마찬가지입니다. 한국어로 한국인이 글을 잘 쓸 수 있다고 믿습니다마는, 그렇지 않습니다. 우리처럼 주로 문자로 생활하는 사람도 본인이 써놓고 가끔은 이해하지 못하는 경우도 있거든요. 나아가 본인이 구사하는 자국어가 아주 품위 있고 격조있는 언어로 표현되어야 한다는 점을 지적하고 있습니다. 이상의 네 가지는 평범하지만 가장 확실하게 실천할 수 있고 효과적인 주제라고 생각합니다.

지셴린은 이 네 가지를 끊임없이 고민하되, 학문연구에서 "가설은 대담하게 고증은 세심하게"라는 말을 금과옥조로 여기라고 합니다. 이는 바로 후스의 말로서, 개방적인 시야와 열린 가슴을 갖고, 탁월한 식견에 독창적인 가설을 낼 수 있어야 되며, 이것들은 항상 시간에 따른 수정을 거치면서 증거를 댈 수 있어야 된다고 주장합니다. 이를 통해 나를 속이지도 말고 다른 사람을 속이지도 말라고 합니다. 세상에 쓸모없는 자료는 없으니 고고학적 발굴이든 사회적 통계든 모두 활용을 하고 카드를 쓰든 책의 윗부분에 필기를 하든 큰 종이에 쓰든 담뱃갑에 쓰든 종이백에 모아두고 하나씩 잘 정리하라고 이야기를 합니다. 그래서 생각할 때 한 가지에만 몰두하지 말고 몇 가지를 함께 생각하면서 멈추지 않는 사고로 끝없이 사고할 수 있도록 요구합니다. 특히 자투리 시간을 잘 활용하라고 얘기합니다. 지셴린의 이 '자투리시간론'은 대단히 감동적입니다. 시간은 상수로서 누구에게나 공평하게 주어집니다. 그러나 그것을 살아있는 생명으로 활용할 것인가 죽은 사물로 취급할 것인가는 그 안에 살고있는 사람의 몫이지요. 혹시 하루종일 우리가 시간을 내서 쓸 수 있는 경우가 있을까요? 없습니다. 수많은 회의들, 활동들로 마음은 번잡하고 정신은 산란하지요. 하지만 그 가운데서 어떻게든 자기 시간을 확보하는 것이 중요하다는 얘기를 합니다. 사람은 산책하기 위해 사는 것이 아니라면서, 조금은 더 진지하게 학문의 길로 들어오기를 바라고 있었습니다.

Ⅲ. 역사의 기록과『우붕잡억』

사람은 고난을 통해 단단해지거나 물러집니다. 같은 고난이라 해도 어떻게 수습하고 수렴하는가에 따라 또다른 인간으로 태어나기도 하고, 그저그런 인간으로 머물기도 합니다. 앞서 삶과 학문을 이야기했지만,

인간 지셴린을 읽기란 난망합니다. 이력서에 쓰인 경력과 학력을 보는 것만으로 사람됨을 알기는 어려운 것과 마찬가지라고 생각합니다. 인간다움을 말하고자 했던 지셴린을 알기 위해서는 바로 이 책을 읽어야 합니다. 바로 『우붕잡억』입니다. 학자를 알기 위해 학술서가 아닌 특정한 시대에 대한 회고를 읽으라하니 당황스러울 수도 있겠습니다만, 이것은 저의 경험에 나온 제안입니다. 이 책으로 인해 지셴린을 만났고, 이후 그를 이해하는 계기를 갖게 되었으며, 나아가 지식인은 어떻게 살아야하는가를 배우고, 궁극적으로 인간다움이란 무엇인지를 알게 되었기 때문입니다.

이 책은 문화대혁명이라고 하는 중국 현대사에서 가슴 아픈 시대에 대한 증언이기도 합니다. 많은 증언들은 피해자의 입장에서 이뤄지지요. 가해자들은 별로 기록하지 않았습니다. 피해자들은 자신들이 얼마나 고초를 겪었는가에 관한 이야기를 하고 있습니다. 저는 그것도 당연히 필요하다고 생각합니다. 그런데 지셴린은 『우붕잡억』을 쓰면서, 나는 피해자이기는 한데 보복하려거나 혹은 훗날 내가 뭔가를 해보려고 한 건 아니었으며, 아무도 기록하지 않은 것들을 남기고 싶었을 뿐이요, 이것이 그 다음 세대를 위해 쓰이기를 바란다고 했습니다. 그럼, 지셴린의 목소리를 들어보도록 합니다. 그가 이 책을 왜 썼는가에 관한 이야기는 서문에 나와 있습니다.

> 『우붕잡억』은 1992년에 쓴 책이다. 그런데 왜 6년이나 지난 지금 1998년에야 출간하게 되었을까? 일반적인 저술 관례에도 어긋나니 독자들은 당연히 이상하다고 여길 것이다. 그러므로 본론을 쓰기에 앞서 반드시 해명할 필요가 있다.

독자들이 의심을 품는 것은 당연하며 거기에는 확실히 일리가 있다. 하지만 뒤늦게 출간하게 된 것은 결코 별다른 이유가 있어서가 아니니, 굳이 그 저의를 헤아리려 하지는 말라. 나는 본래 '혁명' 소장(小將)들에게 수천 번 발길질을 당했고, 덕분에 영원히 몸을 부여잡을 수 없을 것 같았다.

고생 끝에 낙이 오고 세상사는 올바른 길로 돌아가는 법. 나는 재앙을 한바탕 겪은 후에 내 몸을 추스른 것은 물론이요, 신마(神馬)가 날 듯 '관(官)'운이 형통하여 나를 몹시도 두들기고 쪼아대던 소장들의 간담을 서늘하게 만들었다. 내가 진정 '보복'하려 했다면, 분명 수천 가지 방법을 마음먹은 대로 휘둘러서 먼지 하나 날릴 힘도 쓰지 않고 할 수 있었을 것이다.

하지만 나는 전혀 그러지 않았다. 앙갚음하려고 누구를 때리거나 괴롭히거나 곤봉을 휘두르지 않았다. 혹시 내가 진정 도량이 넓은 반듯한 군자라서 그랬을까? 아니, 절대 아니다. 나 역시 사랑하고 증오하며 질투도 할 줄 아는 사람이므로 보복하고 싶은 마음도 있었다. 나는 결코 관대하지 않다. 하지만 보복하고 싶은 마음이 들 때면 이렇게 생각하곤 했다. 그때 그 자리, 그 분위기에서는 누구라도 미혼탕(迷魂湯)을 마시고 비인(非人)으로 변했을 것이라고.

(『우붕잡억』, 11~12쪽)

위에 의하면, 『우붕잡억』은 1992년에 쓴 책인데, 왜 6년이나 지나서 1998년에 출간하게 되었을까. 일반적인 저술 관례에도 어긋나니 독자들은 당연히 이상하다고 여길 것이다. 혹시 무슨 의도가 있지 않냐 이러는 거죠. 독자들이 의심을 품는 것은 당연하며 거기에는 확실히 일리가 있다, 그런데 나는 별다른 이유가 있는 건 아니었으니 내 저의가 무엇인지를 헤아리지는 말라고 당부하고 있습니다.

고생 끝에 낙이 오고 세상사는 올바른 길로 돌아가는 법, 이것을 사필귀정(事必歸正)이라고 말하죠. 지셴린 자신은 재앙을 한바탕 겪은 후, 자신을 추스른 것은 물론이요 신마가 날 듯 관운이 형통해서 자신을 몹시도 두들기고 쪼아대던 소장들의 간담을 서늘하게 만들었다며 자신이 진정 그들을 보복하려고 했다면 수천 가지 방법을 마음대로 휘둘러서 먼지 하나 날릴 힘도 쓰지 않고 할 수 있었을 것이라고 했습니다. 그럼에도 자신은 전혀 그렇게 하지 않았고 앙갚음하려고 누구를 때리거나 괴롭히거나 곤봉을 휘두르지도 않았다고 했어요. 진정 도량이 넓은 반듯한 군자라서 그랬을까요? 아닙니다. 본인 역시 사랑하고 증오하며 질투도 할 줄 아는 사람이므로 보복하고 싶은 마음도 있었으며, 자신은 결코 관대하지 않다고 말합니다. 하지만 보복하고 싶은 마음이 들 때면 이렇게 생각하곤 했다고 해요. 그때 그 자리 그 분위기에서는 누구라도 미혼탕을 마시고 비인(非人)으로 변했을 것이다. 미혼탕이라는 것은 정신을 혼미하게 만드는 탕입니다. '마약'이지요. '비인'이란 사람이 아니라는 겁니다. 그 시절 그 상황에서는 누구라도 그런 미혼탕을 먹고 비인으로 변했을 것이기 때문에 나는 사람 자체에 대한 어떤 서운함이라든가 앙갚음이라든가 이런 걸 의도하지 않았다고 말했습니다.

그러나 나는 이 말을 읽었을 때에도 『우붕잡억』의 저술 의도를 이해하기에 힘들었습니다. 이 글 다음에 이런 얘기도 있습니다.

> 사실, 애초에 나는 이 책을 쓸 생각이 전혀 없었다. 그런데 10년 재앙은 공식적으로 1976년에 끝이 났고, 그로부터 16년이 지난 1992년에야 책이 쓰였다.

> 이렇게 긴 시간을 공백으로 둔 까닭은 무엇인가?
>
> (『우붕잡억』, 16쪽)

> 나는 누군가 자신이 겪은 재앙을 다른 사람에게 글로 알려주기를 기대했다. 원수나 장군들은 생사를 넘나들며 전쟁터에서 반평생을 지냈으니 인민을 위해 공을 세웠다고 할 수 있다., 국가의 지도자들도 평생 혁명했으니 인민의 '공신'이다. 많은 지식인들과 유명한 작가나 배우들 역시 모두 열심히 일하며 진심으로 당을 지켜냈다. 이렇게 착한 사람들이 모두 영문도 모른 채 죄의 오물을 뒤집어쓰고 끝없이 비판을 당한 나머지, 차라리 죽여 달라고 하기에 이르렀다. 도대체 그들은 무슨 마음을 먹었던 것인가?
>
> (『우붕잡억』, 18쪽)

지셴린은 애초에 이 책을 쓸 생각이 없었습니다. 문화대혁명은 1966년에 시작해서 76년에 끝납니다. 그래서 10년 재앙이라고 부르지요. 그런데 그로부터 16년이 지난 다음인 1992년에 처음 책을 썼는데, 이렇게 공백을 둔 이유를 말하고 있어요. '사람'을 기다린 것이었습니다. 누군가가 그 사건에 대하여 기록해주기를 기대했던 것입니다. 근데 아무도 쓰지 않았던 것입니다.

그는 누군가 자신들이 겪은 재앙을 다른 사람에게 글로 알려주길 기대했습니다. 국가의 지도자들은 평생 혁명을 했으니 인민의 공신이요, 지식인들과 유명한 작가나 배우들 역시 모두 열심히 일하며 진심으로 국가와 당을 지켜냈건만, 이렇게 착한 사람들이 모두 영문도 모른 채 죄의 오물을 뒤집어쓰고 끝없이 비판을 당한 나머지 차라리 죽여 달라고 구걸하기에 이르다니! 도대체 상상할 수도 없는 일이 벌어진 것에 대해서, 아무도 얘기하지 않는 부분들에 대해서 왜 그럴까 하는 의문을 던졌습니다. 사실대로 써주길 원했지만 아무도 쓰지 않았다는 거죠. 그래서 지셴린 자신도 목숨이 얼마 남지 않았고, 이 남은 시간 동안에 나를 괴롭힌 사람에게 고백하라고 말할 순 없으며, 그럴 마음도 없다, 다만 내가 고통받았던 부분들은 좀 다르게 기록을 해보고 싶다고 말합니다.

수주대토(守株待兎)라는 말이 있습니다. 『한비자(韓非子)』에 나오는 말인데요. 그루터기를 지키며 토끼를 기다린다는 뜻입니다. 농사꾼이 나무 그루터기에 걸려 토끼가 넘어지면서 죽는 것을 보았습니다. 그래서 그 사람은, 아하 그루터기를 지키고 있으면 토끼를 잡을 수 있겠다고 생각하며 그루터기만 바라보고 토끼가 부딪혀 쓰러지기를 기다렸다고 합니다. 세상은 변화하고 현실도 끊임없이 움직이고 있는데 예전 법칙을 고수하면서 변화하지 않는 고루한 습성을 비판하는 이야기입니다. 지셴린은 그 얘기를 하는 겁니다. 16년이 지난 지금도 우리가 교훈 삼지 않고 그대로 내버려두는 것이 과연 옳은 일인가라고 질문을 던지는 겁니다. 그래서 자신이 이 책을 쓰게 되었다고 말합니다.

그럼 집필의 원칙이 있었는지 궁금해집니다. 문화대혁명에 대한 많은 회고물들은 자신이 얼마나 힘겹게 살았는가를 이야기하고 있습니다. 그런데 이 책은 남다른 집필원칙을 갖고 있었습니다. 그 부분을 『우붕잡억』에서 이렇게 말합니다.

> 처음에 집필하면서 몇 가지 원칙을 세웠었다.

하나. 말에 가시가 돋치지 말 것.

하나. 분풀이를 하지 말 것.

하나. 오직 실사구시적으로 객관적 서술을 할 것.

하지만 나도 또한 감정을 지닌 살아있는 사람이다. 쓰다보니 어느새 마음자리 한 구석에서 분노가 스멀스멀 치밀어올랐고, 눈에서 눈물이 떨어졌으며, 가시도 돋치고 화도 났다. 나는 어쩔 수 없었다. 그렇지 않다면 거짓말을 할 수밖에 없었을 것이다. …… 사실 나는 이렇게 하고 싶지 않았다. 서로 싸움을 멈추고 편하게 지내기 위하여 하는 수 없이 그렇게 했을 뿐이다.

내가 책 속에서 다루었던 사람들은 그다지 적은 수가 아니던가. 세심한 독자라면 세 가지 층위를 알아챘을 것이다.

첫째, 성씨와 이름을 모두 거론하지 않은 경우.

둘째, 단지 성씨만 밝히고 이름은 드러내지 않은 경우.

셋째, 성씨와 이름 모두 밝힌 경우.

앞의 두 경우는 당사자를 위하여 이름을 감추었다. 마지막 경우는 오직 두 사람뿐인데, 사회주의사회에서 극도로 위험한 인물이기에 성씨와 이름을 모두 밝혀서 영원히 경계삼고자 했다.

경우를 막론하고, 나는 그들에게 보복한 적이 없다.

(『우붕잡억』, 320~321쪽)

지셴린은 집필의 원칙을 세 가지 뒀다고 합니다. 첫째, 말에 가시돋치지 말 것. 우리의 말에 가시돋치는 것은 누군가를 겨냥하고 하는 말일 때가 그렇지 않습니까. 감정적으로 접근하지 않겠다는 것입니다. 둘째, 분풀이를 하지 말 것. 화내지 말자는 얘기죠. 셋째, 실사구시적으로 객관적인 서술을 할 것. 대단히 어렵습니다. 그 자신도 인정하고 있습니다.

그는 자신도 감정을 지닌 사람으로서 집필하면서 마음 자리 한 구석에 분노가 스멀스멀 치밀어 올랐고 눈에서 눈물이 떨어지고 가시도 돋치고 화가 났고 했습니다. 본인 스스로 어쩔 수 없는 하나의 인간임을 고백하고 있습니다. 저는 이 부분이 지셴린의 선한 모습이라고 생각합니다. 말하지 않을 수 없는 상황, 그렇지 않으면 거짓말을 할 수밖에 없었을 상황, 이런 상황이 지금의 자신을 만들었다고 했습니다. 그러나 그는 싸움을 하거나 분풀이를 하기 위해서 이 글을 쓴 것이 아니기 때문에 최대한 자제하려고 했습니다.

세 가지 원칙은 자신에 대한 철저한 절제를 보여줍니다. 그리고 혹자의 이름을 거론하는 경우들에 대해서도 나름 원칙을 세웠습니다. 첫째 성씨와 이름을 모두 거론하지 않은 경우, 둘째, 성씨만 밝히고 이름을 드러내지 않은 경우, 셋째 성씨와 이름 모두 밝힌 경우가 있습니다. 사실 첫째와 둘째는 당사자를 위해서 이름을 감춰둔 것이죠. 익명으로 처리하든지 성씨만 밝혀서 그 당사자에게 경계하도록 한 것이고 많은 사람들에게는 누군지 모르지만 그런 사례가 있었구나 라고만 알게 하는 거죠. 셋째의 경우는 진짜 나쁜 사람이라는 겁니다. 지금 이 사회에서 극도로 위험한 사람이라는 거죠. 어떤 상황에서 극단적으로 폭력화된 사람들을 주의할 필요가 있습니다. 바로 그 얘기를 하는 겁니다. 하지만 경우를 막론하고 자신은 그 누구에게도 보복한 적은 없다고 했어요.

나중에 예시를 한 번 드리겠습니다마는 지셴린의 죄목을 잡기 위해서 제자가 이 잡듯이 지셴린의 글을 뒤진 친구도 있었고요. 또 본인이 직접 초빙해온 교수들이 오히려 자신을 공격하는 것도 면전에서 경험을 하게 됩니다. 그래서 지셴린은 이 책을 읽는 분들이, 역사를 썼다, 역사적 사실을 썼다고 이해해주길 원합니다. 그리하여 이 슬픈 사건의 이전이든 이후든 모두 서로 사랑하고 지켜야 한다고 말합니다. 역사는 실사구시적으로 팩트를 기록하면 그것이 훗날 어떻게 활용하느냐에 따라 달라집니다. 그런데 역사를 서술하는 사람의 입장에서는 이걸 통해서 분풀이를 하거나 보복을 하거나 또는 자기의 신세한탄으로 떨어지게 되면, 이것은 역사라고 볼 수 없는 거죠. 그래서 그냥 내버려두겠다고 말합니다.

역사의 기록으로서의 『우붕잡억』! 이것이 지셴린이 서론과 결론에서, 즉 처음과 끝에서 고백하고 있는 내용입니다. 이 부분을 잘 기억할 필요가 있습니다. 이제 『우붕잡억』에 나오는 광기 어린 내용들에 대한 진실은 무엇인가에 대하여 살펴보도록 합니다.

Ⅳ. 사람과 사람이 아닌 존재

우리는 사람이 아닌 어떤 존재에 대해서 짐승이라는 말을 붙이곤 합니다. 그러나 지셴린은 단호하게 거부합니다. 짐승이라는 존재는 배가 부르고 만족스러우면 자기가 하던 일을 그만둔다고 했습니다. 생각해 보니, 아주 사납고 거친 짐승도 배가 부르고 뭔가 만족스러우면 멈추는 것 같습니다. 그런데 사람은 그렇지 않다라고 했습니다. 그래서 이걸 어떻게 정의할까 하다가 지셴린은 사람과 사람이 아닌 존재로 구분합니다.

도대체 만족할 줄 모르는 저 광기를 어떻게 이해할 것인가라고 하는 거죠. 그래서 저는 이 '사람'과 '사람아닌 존재'를 구분하는 견해가 너무도 탁견이라고 생각합니다.

자, '우붕잡억'이라고 말하는데, 과연 우붕이란 말의 뜻이 무엇인지를 알아야 할 필요가 있겠죠. 소 우(牛)자에다가 시렁 붕(棚) 자입니다. 시렁이라는 것은 나무를 얼기설기 엮어 놓은 구조물입니다. 우붕을 중국어 사전을 찾아보시면 외양간이라고 나옵니다. 외양간을 떠올리면, 문도 없죠 그냥 나무 이렇게 두 개 얽어놓고 바람이나 비만 막을 수 있는 어떤 헛간 같은 것을 가리킵니다. 바로 그런 곳이었습니다. 임시가옥으로 겨우 바람이나 비 정도만 막을 수 있는 정도로 가설해놓은 어떤 구조물입니다. 이 구조물 안에 지식인들을 가둬놓고 이른바 개조, 인간 개조를 시작하게 됩니다.

지셴린은 대부분의 사람들은 우붕이란 말을 알고 있다고 했습니다. 암묵적으로 서로 알고 있는 은어와 같은 것이지요. 사실 저는 이 책에서 '우붕'이란 처음 접하였습니다. 그래서 그 뜻을 중국인 선생들이나 학생들에게 물어봤습니다. 아무도 얘기해주지 않았습니다. 왜냐하면 그걸 말하는 순간에 아픈 역사가 떠오르기 때문에 다들 고개를 설레설레 흔들었던 것입니다. 그래서 결국에는 중국어 사전에 나와 있는 뜻을 가지고 하나하나 유추해 가면서 그 글자가 가지고 있는 아픔을 이해하게 됩니다. 이게 법적 명칭은 아니에요. 하지만 다들 알고 있었습니다. 즉 이 '우붕'이라는 말은 일종의 노동개조원 혹은 흑방원이라고 부르면서, 사람들을 단속하고 가둬놓고 개조하는 공간이었다는 거죠. 여기에서 경험했던 일들과 관련된 이러저러한 생각들, 즉 우붕에서의 이러저러한(雜) 추억이나 생각들(憶), 이것이 바로 '우붕잡억'의 뜻이었습니다.

이 책의 내용을 이곳에서 모두 거론할 수는 없습니다. 너무 내용이 많아서? 아닙니다. 한번은 이 책을 우리말로 옮긴 뒤에 어느 선생님께 서문을 부탁을 드렸습니다. 그 분이 저에게 이런 말을 하셨습니다. 책의 내용이 끔찍해서 사실 서문을 쓸 수 없습니다. 하지만 그 책에 대해서 제가 제자(題字) 표지에 글씨를 써 드리겠다고 했습니다. 그분이 바로 신영복 선생님이십니다. 그래서 너무도 마음 아픈 책이고 또 너무도 중요한 책이지만, 그 내용을 하나하나 여러분들에게 소개해드릴 수는 없습니다. 다만 이 책의 고갱이를 최대한 간명하게 말씀드려볼까 합니다.

앞서 지셴린이 죄목이 잡히고 우파로 몰리게 되었음을 말씀드린 바 있습니다. 그 과정을 우리는 홍위병의 행위로 알고 있지요. 그런데 지셴린의 경우는 홍위병에서 시작되지 않았습니다. 그가 직접 초빙했던 교원들이 그 일을 주도했지요. 그는 이들에게 배은망덕하다고 비판하지 않겠노라고 말했습니다. 너무 진부하다는 거죠. 그리고 용서한다고 그랬습니다. 왜냐하면 그들도 무언가에 의해서 이성을 잃어버렸을 테니까 그랬을 것이라고 했습니다. 상상이 되지 않죠? 어딘가에 나도 모르게 빠져서 합리적으로 판단 내리지 못하는 상황, 적이 아니면 아군밖에 없는 그런 상황에서 어떻게 이성적인 판단을 할 수 있을까요? 잘 안 되시면 전쟁을 연상하시면 됩니다. 이른바 정의의 전쟁은 없습니다. 전쟁에서는 내가 살기 위해서는 남을 죽여야 되고 죽이는 자는 죽는 자가 어떤 인간적인 고뇌를 갖고 있든 아무 상관이 없습니다. 『우붕잡억』의 어딘가에서,

지셴린이 인도네시아어 학과 교원이라고 말했던 사람은 실제로 아주 괜찮았던 교원이었던 것 같습니다. 그런데 이 친구가 뭘 했냐 하면, 1미터나 넘게 쌓여있는 지셴린의 글을 두고 하나하나 살펴서, 이른바 우파적인 성향을 갖는 글들을 추린 뒤 보고서를 작성했다고 합니다. 그것이 증거가 되어 지셴린은 우파로 몰렸고, 끝내 우붕에 갇혀서 이른바 노동개조를 당하게 되었던 것입니다. 지셴린은 안타깝다고 했습니다. 그 정도의 노력이면 그럴듯한 논문 한 편을 완성했을 것이기 때문이라고 했어요. 지셴린은 그를 진짜 동정하며, 혹은 미안한 마음까지 든다고 했어요. 자신 때문에 귀중한 시간을 허비하게 되다니! 하지만 자신이 말릴 수 있는 처지도 아니지 않았던가 하고 한숨을 지었습니다.

처음 지셴린의 한숨을 접했을 때에는 그를 비아냥거린다고 생각했습니다. 그런데 지셴린은 진심이었습니다. 누구나 일을 감당할 능력치가 있지 않습니까. 이것을 엉뚱한 데 허비하는 것, 이건 개인으로서 손해일 뿐만 아니라 국가적으로도 학계로서도 손해이며, 세상에 손해입니다. 그 에너지를 엉뚱한 데 썼던 것에 대해서 진심으로 연민하고 있습니다. 그래서 그는 도대체 어떤 원칙하에 저들이 움직였을까 자문하더니, 단적으로 이야기합니다. 학대!

> 한마디로 '학대론'이다. 혁명소장이 문화대혁명의 시작부터 끝까지 수행한 모든 행위는 저들이 뭐라 갖다 붙이든, 이를테면 무엇과 누구에게 충성하며, 무슨 무슨 노선을 옹호한다는 명분은 모두 허깨비 같은 말이다. 저들의 강령을 요약한다면, 오직 하나였다.

'사람을 학대하라!'

이 강령은 언제 어디서나 모든 것에 처음부터 끝까지 관철되었다.

(『우붕잡억』, 212쪽)

지셴린은 자신이 우붕에서 경험했던 사례가 중국사에 있었는지를 샅샅이 찾아보았습니다. 그러나 25사(史)라고 불려지는 중국 역사책을 다 뒤져봐도 이런 삶은 확인할 수 없었다고 말했습니다. 그래서 이런 말을 했어요. 이건 약간 비아냥거리는 말투입니다마는, 이런 것을 만들어낸 그 상상력이 대단하다라고 했습니다. 어찌됐든 과연 이들의 이론을 요약하면 무엇일까. '학대론'이었습니다. 즉 시작부터 끝까지 모든 행위는 저들이 이름붙인 것이고 무엇과 누구에게 충성하고 무슨 무슨 노선을 옹호한다는 명분은 모두 허깨비 같은 말이었습니다. 저들의 강령을 요약하면 오직 하나 사람을 학대하라는 것이었지요. 그리고 이 강령은 언제 어디서나 모든 것에서 처음부터 끝까지 관철되었다고 했습니다. 우리는 이 말을 기억해둘 필요가 있습니다. 역사적으로도 없는, 이런 원칙들을 어떻게 이해할 것인가.

지셴린의 기억 하나를 들춰보도록 합니다. 여기서 '나'는 지셴린이지만, 여러분이 지셴린이 되어보아도 무방합니다. 1968년 2월 18일이다. 이미 나는 귀신이 되었고 흑방원에서 지낸 지 수개월 됐다. 귀신이란 말은 사람이 아닌 존재가 됐다는 겁니다. 앞서 사람이 아닌 존재를 말할 때의 '비인'과도 다른 겁니다. 흑방원은 바로 그 우붕입니다. 나는 자격을 얻어서 이제 타도될 수 있었다. 타도도 자격이 되어야 받을 수 있습니다.

이제껏 겪은 적이 없는 아주 심각한 재난이었다. 새벽부터 간수들은 나를 끌고 나와서 이제 하나둘씩 이야기를 시작한다. 줄을 세우고 출발한 다음에야 비로소 동방학부의 대표였던 나하고 노교수 두 사람이 여기에 참여하고 있음을 알게 됐다.

나를 끌고 가던 사람은 감독원이 아니라 어떤 늙은 노동자였다. 아마도 이때 타도에 불려나온 대상은 각 학과나 학부 단위가 결정한 듯했다. 장씨 노동자는 우리를 보자마자 욕을 했다. 난 너무 낯설어서 머리가 쭈뼛 섰다. 도대체 나는 내가 왜 욕을 들어야 되지라고 생각을 한 거죠. 지금도 잊을 수 없다고 증언합니다. 한번도 이런 얘기를 들어보지 않은 사람이니 그렇겠죠. 그들은 나를 길을 가면서 고개도 들지 못하게 했다. 그리고 처음부터 끝까지 내가 돌아오는 동안에 벽돌이나 기와쪽이 수없이 쏟아졌다. 아무 감각이 없어졌다. 통증이 멎었다. 곰곰이 생각해 보면 왜 저렇게 격렬하고 지독했을까. 심리적으로 따져볼 때 익숙해질수록 흥취를 불러일으킬 수 없다. 작은 비판투쟁은 늘 보아서 전혀 아무렇지도 않다. 그래서 오늘같은 대비판투쟁은 1년에 한 번 있을까 말까 하면서 많은 사람들을 흥분시켰던 것이다.

그가 떠올려준 의례는 일종의 마약놀이 같습니다. 누군가를 미워하거나 학대하는 것도 점점 농도가 진해져 가고 처음 비판할 때에 했던 그 수위가 그 다음의 수위가 높아지지 않으면 아무런 감흥도 느껴지지 않는 거죠. 일종의 세레모니 같은 그런 것을 인간을 학대하는 방식으로 진행했다고 볼 수 있습니다. 이걸 통해서 도대체 뭘 누렸던 것일까요. 지셴린은 네 글자로 요약을 합니다. 자포자기(自暴自棄)! 자포자기는 본래

『맹자』에 나오는 말이에요. 나 스스로에 대해서 함부로 대하고 나 스스로가 가진 존엄성을 포기하는 거죠. 스승이 제자들을 도울 때 우둔한 경우는 도와줄 수 있어요. 잘 가르쳐서 예리하게 사태를 볼 수 있도록 도와줄 수 있고 자료를 구하지 못하면 구해줄 수 있습니다. 하지만 구할 수 없는 경우가 하나 있죠. 자포자기한 경우는 나도 어쩌지 못하겠다고 이야기를 합니다.

> 나는 벌써 이화(異化)되었다. … 지금 나는 하루아침에 귀신으로 변했다. 처음에는 대단히 불편하고 자못 반항하고 싶은 생각도 있었다. 하지만 시간이 점차 오래 지나고 익숙해져 일상이 되고 말았다. 나는 사람과 귀신, 좋고 나쁨, 선과 악, 아름다움과 추함의 경계에 대해 점점 모호해졌다. 가장 적절한 용어로 말하면, 그것은 바로 '자포자기(自暴自棄)'였다. 나에게 더 이상 미래란 없었다. 자살할 생각도 이미 버렸기에 사람이기도 하고 귀신이기도한 채로 그냥 지낼 수밖에 없었다! 남들이 이러니저러니 말해도 그냥 지낼 수밖에 없었다!
>
> (『우붕잡억』, 261~262쪽)

이화! 다를 이(異) 자, 변화할 화(化) 자입니다. 다른 모습으로, 사람이 아닌 존재로 변화했다는 거죠. 그래서 도대체 뭐가 되었을까요? 나는 하루아침에 귀신으로 변했다. 처음엔 낯설었는데, 나중엔 일상이 되었고, 사람과 귀신, 좋고 나쁨, 선과 악, 아름다움과 추함의 경계에 대해 좀 모호해졌다. 우리도 종종 그런 경우를 만나지 않는지요? 그래서 제3자의 눈이 존재하여 우리를 객관적으로 봐주어야 합니다. 거울이 그런 경우일 것입니다. 어떤 내부의 안에만 존재한다면, 그 어느것도 옳게 바라보는 데에는 참으로 어려울 것입니다. 그 끝에 자포자기가 있습니다. 그리하여 사람이기도 하고 귀신이기도 한 채로 지낼 수밖에 없으며, 남들이 이러니저러니 말해도 그냥 그러려니 하면서 지낼 수밖에 없었습니다. 지셴린은 이런 예를 하나 들었습니다. 너무도 배가 고파서 숙사에 버려진 옥수수빵을 몰래 주워다가 먹었다. 땅에 떨어진 돈을 주었는데 너무너무 고마웠다. 그리고나서 이렇게 말합니다. "내가 이렇게 하잘 것 없는 존재였던가. 이렇게 아무것도 내 생각대로 할 수 없는 그런 존재였던가."

우붕을 겪은 지셴린은 수치심을 상실한 지 오래였고 무엇이 잘못인지도 느끼지 못했습니다. 자신은 이전에 사람이 타락하는 심리는 잠재의식 속에서 타고나는 거라 생각했다고 했습니다. 그런데 자신이 경험해보니 꼭 그런 건 아닌 것 같다는 결론을 내립니다. 학대의 궁극적인 결론은 스스로 존엄성을 포기하도록 만드는 것이었다는 것입니다. 제가 보기에, 지셴린은 우붕에서 '인간의 끝'을 보았다고 생각합니다. 자, 그러면 이걸 통해서 우리는 무엇을 이야기해야 할까요? 그 참혹함을 비난하는 것으로 끝난다면, 굳이 이 책을 읽을 필요는 없습니다. 저는 이로부터 지식인에 대한 화두를 끌어올리고자 합니다.

V. 지식인의 조건과 인간다움

저는 『우붕잡억』을 읽으면서 그것이 주는 슬픔이나 아픔보다는 '지식인'은 어떤 존재였던가를 성찰하게 되었습니다. 과연 지식인은 어떤 모습이어야 하고, 그로부터 '인간다움'이라는 것은 어떻게 확보되는 것인가라는 거죠. 문화대혁명 시기의 지식인은 원죄의식에 갇혀 있습니다. 왜냐하면 혁명의 주 타겟은 바로 지식인이었기 때문입니다. 대체 내가 뭘 잘못했지? 그러니까 난 지식인인데 내가 무엇이길래 학대를 당했어야 되는가라는 거죠. 왜 내가 얻어터지고 욕을 먹고 비판투쟁을 당하고 또 우붕에 갇혔다가 하마터면 죽을 뻔하기도 한다는 거죠. 그래서 지셴린은 늘 고민합니다. 왜 지식인이 이렇게 학대 당해야 되는가. 물론 지식인은 단점도 많고 흠도 아주 많다. 과연 완전무결한 사람이 어디 있겠는가? 지식인이라는 존재가 도대체 왜 이런 고통을 당해야 될 것인가. 이른바 원죄의식에 갇힌 지식인은 어떻게 이해할 것인가?

> 지식인으로서 살아가는 것은 결코 수월하지 않았다. 지난 7, 80년 동안 시고 달고 쓰고 매운 맛을 보았고, 기쁘고 성내고 서럽고 즐거운 일을 겪어왔다. 환하게 트인 한길을 지나고, 외나무다리를 건너기도 했다. 바람 좋고 맑게 개어 달빛이 하얗게 부서지기도 했고, 음산한 흙비가 하늘을 뒤덮기도 했다. 구불구불 구비 진 산길도 걸었고, 버들그늘 아래로 꽃들이 환히 피어 있는 길도 있었다. 이름도 날리고 봄바람마저 살랑거렸으니, 흥겹지 않았다면 거짓말이다. 그러나 눈 깜짝할 사이 악운이 덮쳐와 사방의 길은 막히고 오장은 타는 듯 뜨거워졌다. 그 이유는 무엇일까?
> '글자를 알면 우환(憂患)이 시작한다.'
> 옛사람의 말이다, 이것은 참으로 도를 깨우친 말이 아닐 수 없다.
>
> (『우붕잡억』, 325쪽)

지셴린은 지식인으로 살아가는 것이 결코 수월하지 않았다라고 합니다. 우붕을 통해 본인의 삶을 다시 한 번 점검해보는 계기가 됐던 것 같아요. 앞서 언급했듯이, 어떤 큰 고난을 겪으면 그것을 교훈으로 삼을 것인가 상처로 만들 것인가를 선택하게 되는데, 지셴린은 자신이 지식인으로 살아온 지 7, 80년인데, 도대체 나는 어떤 인간이었길래 이와 같은 고난을 겪는 것인가 하고 고민을 하게 됐던 거죠. 이런 얘기를 합니다. 7, 80년 동안 시고 달고 쓰고 매운 맛도 보았고 기쁘고 성내고 서럽고 즐거운 일도 겪었다. 그러나 눈 깜짝할 사이에 악운이 덮쳐와 사방의 길은 막히고 오장은 타는 듯 뜨거웠다. 그 이유가 무엇일까? 단 하나였다. 글자를 알면 우환이 시작된다는 옛사람의 말, 이 말이 정답인 것 같다고 합니다.

두보(杜甫)는 "유관(儒冠)이 내 인생을 얼마나 그르쳤더냐"라고 했었습니다. 선비가 쓰는 이 유관, 이걸 쓰면 불운해졌다라는 거죠. 이런 얘기도 있습니다. 시는 궁핍해진 다음에 좋다고 한 말도 있어요. 시를 짓는 것조차도 반드시 먼저 궁핍해야 된다는 겁니다. 불운해야 좋은 글이 나온다는 거죠. 사마천(司馬遷)이 『사기(史記)』를 쓸 때 이런 얘기를 하죠. 발분저서(發憤著書)라고 하거든요. 어려운 형벌을 당하고 나서 자신의 속마음을 털어놓기 위해서 책을 썼다고 했습니다. 사실 거기에는 사마천의 울분이 들어있긴 하지만 그 덕분에 그는 불후의 명작을 남기게 됩니다. 이렇게라도 이해해볼까 하면서 다음과 같은 이야기를 합니다.

옛날 문왕(文王)은 유리(羑里)에 억류된 뒤 『주역』의 뜻을 풀이했고, 공자(孔

子)는 진(陳) 땅과 채(蔡) 땅 사이에서 곤욕을 치른 뒤 『춘추』를 지었고, 굴원(屈原)은 내쫓긴 뒤 「이소(離騷)」를 지었고, 좌구명(左丘明)은 눈을 잃은 뒤 『국어(國語)』를 지었고, 손자는 다리를 잘린 뒤 『병법』을 논했고, 여불위(呂不韋)가 촉(蜀) 땅으로 옮겨진 뒤에야 세상에 『여씨춘추(呂氏春秋)』가 전해졌고, 한비자(韓非子)는 진나라의 감옥에 갇히자 「세난(說難)」「고분(孤憤)」을 지었고 『시』 3백 편은 대부분 성인과 현인이 발분하여 지어냈다.

(사마천(司馬遷), 『사기(史記)』 「태사공자서(太史公自序)」)

옛날 문왕은 주나라 때 문왕입니다. 유리라는 곳에 억류된 뒤에 세상의 변화를 읽어낸 『주역』의 뜻을 풀이했고, 공자도 진 땅과 채 땅 사이에서 곤욕을 치른 뒤에 역사의 포폄을 담은 『춘추』를 지었고, 굴원도 정권에서 내쫓긴 뒤에 자신의 지조를 강변하는 「이소」를 지었고, 좌구명도 눈을 잃은 뒤에 열국의 역사를 기록한 『국어』를 지었고, 손자는 다리를 잘린 뒤에 병법을 논하여 제나라를 패권국으로 만들었고, 여불위는 촉 땅으로 옮겨진 뒤에야 그가 지은 『여씨춘추』가 세상에 전해졌으며, 한비자는 진나라의 감옥에 갇혀서 「세난편」, 「고분편」을 지었고, 『시경』 3백 편은 대부분 성인(聖人)이나 현인이 발분해서 지어냈다고 했습니다. 약간 과장은 있지만 대부분 고난을 겪은 뒤에 더 나은 삶, 의미있는 삶을 살 수 있었다는 것이지요. 물론 그 당사자가 현명한 선택을 했을 경우에만 그러합니다. 사실 중국의 사례를 찾을 것도 없습니다. 일본에 의해 조선이 망국의 길로 내몰렸을 때에 황현(黃玹)은 <절명사>를 짓고 목숨을 끊었습니다. 이 시의 제2수 제4구가 이러합니다.

難作人間識字人

(황현(黃玹), 「절명사(絶命詞)」)

난작인간식자인! 어려울 난(難) 자, 지을 작(作) 자, 사람 인(人) 자, 사이 간(間) 자, 알 식(識) 자, 글자 자(字) 자. 즉 세상에서 식자인, 즉 글자를 아는 사람 되기가 참으로 어렵다는 뜻입니다. 상황이 이런데도 지셴린이 '지식인'을 말하는 이유는 무엇일까요? 중국의 옛 역사 가운데 상당 부분은 최고 통치자인 황제와 이러저러한 지식인들이 서로 이용하고 투쟁하고 주고받았던 행적들입니다. 황제는 지식인을 몽둥이로 치거나 당근을 주었고 더러 처참하게 학대했지요. 중국 역사에서도 지식인은 어찌 보면 환영받는 존재는 안됐다는 겁니다. 그건 그렇다 치더라도 사실 우리는 이걸 가지고 무엇을 교훈으로 삼아야 할 것인가가 과제입니다. 우리가 지식인이라고 하는 말을 한자로 쓸 때는 선비 사(士) 자로 표현을 합니다. 선비 '사' 한 글자로 한나라 때에는 협사, 또 위진남북조 시대 때는 도사, 당나라 때는 문사, 송나라 때에는 유사라고 부르며 각 시대마다 전문적인 식견을 가지고 세상에 보탬을 주었던 인물들을 지칭하곤 합니다. 하나의 이름이지만 그 앞에 붙은 수식어를 보듯이 시대마다 다른 모습을 갖고 있었습니다. 이 말은 중국의 현대학자였던 위잉스(余英時)가 했던 말입니다.

지식인은 전문적인 식견과 능력, 혹은 기술로 세상을 위해, 사람들을 위해 헌신하는 사람입니다. 동양에서는 옛날 이들을 사(士)라고 불렀지요. 지금은 선비라는 뜻이 대표성을 갖고 있지만, 역사적으로 보면, 선진(先秦)의 협사(俠士), 위진(魏晉)의 도사(道士), 당(唐)의 문사(文士), 송(宋)의 유사(儒士) 등등, 시대마다 각자의 재주와 능력으로 세상과 만났습니다.

(위잉쓰(余英時), 『사와 중국문화(士與中國文化)』, 369쪽)

그런데 어쨌든 이 '사'로 불리는 지식인이라면 사회에서 존경을 받는 존재인 것은 분명합니다. 그런데 문제가 있습니다. 전문가라는 이름으로 세상에 일종의 권위를 갖더니만 권력을 부린 경우도 적지 않았기 때문입니다. 그래서 이런 말을 하죠. 지식인에게 요구되는 중요한 덕목이 있습니다. 헌신입니다. 지식인에게는 수도자와 같은 도덕성이 요구됩니다. 도를 찾아 진리를 찾아서 사리사욕을 채우려는 행동을 하지 않는 그런 존재를 우리가 수도자라고 할 때 바로 오체투지하는 수도자와 같은 마음을 지식인도 가져야 된다는 거죠. 자기의 전문적인 식견이나 능력들을 함부로 쓰지 않아야 된다는 겁니다.

여기에 하나 더 이야기해 본다면 '가난한 마음'을 가지라고 얘기할 수 있을 것 같습니다. 가난할 빈(貧) 자, 마음 심(心) 자입니다. 마음이 가난해야 천국에 간다라고 말하죠? 이 가난이란 말은 물질적인 가난만을 얘기하는 건 아닙니다. 정신적인 비움을 이야기하지요. 원래 지식인이라는 존재는 뭔가 안에 가득 채우고 있습니다. 특히 머릿속이 채워져 있습니다. 채워져 있으면 교만해지기 십상입니다.

공자가 어느 정도 배우고 난 다음에 노자를 찾아갑니다. 노자를 찾아가서 나는 당신과 학문을 이야기하고 싶소라고 할 때, 노자가 공자를 보고 몇 가지 주의사항을 줍니다. 자네에게 권하노니 교만한 기운을 빼야되네 이랬습니다. 뜻밖이죠, 저도 뜻밖이었습니다. 지금 고전을 공부하는 많은 사람들이 공자를 롤모델로 하는 경우도 많이 있거든요. 노자가 그의 교만을 간파했던 것입니다.

들어있다는 것, 채웠다고 하는 것은 바로 교만한 기운과 연결된다는 것을 읽어냈던거죠. 그래서 계몽이나 지도에 대한 유혹을 뿌리치기 힘들죠. 급기야 하늘로 올라가게 됩니다. 즉 그래서 가난이라고 하는 건 실존을 확인하고 실천을 검증할 수 있는 중요한 잣대로 생각합니다. 가난하기 위해서는 실제 아무것도 하지 않거나 버려지거나 내쳐지는 그런 경험을 할 수도 있겠지만 쉬운 건 아닙니다. 저는 지셴린이 읽어냈던 것이 바로 이 점이 아닐까 싶습니다. 지식인에 대한 탄압과 학대에 대해 분노하는 것은 당연한데 이것이 왜 우리에게 주어졌는가라는 거죠. 이것이 주어진 이유가 반드시 있을 것이다. 우리가 흔히 그러지 않습니까. 세상의 일은 반드시 이유가 있다! 잘 되는 것도 못 되는 것도 가난을 통해서 굳게 뭔가를 배우라는 것이지요.

앞서 말씀드렸습니다마는 마오쩌둥(毛澤東)이 문화대혁명을 일으켰을 때, 선의로만 생각한다면 바로 지식을 사적으로 소유하려는 어떤 집단들에 대해서 비판을 하자는 것이었습니다. 사실 그럴 수 있습니다. 내가 가진 지식을 사적으로만 소유하게 되면 입신양명하는 수단으로 삼을 수 있겠지요. 돈을 벌 수도 있고요. 자리를 차지할 수도 있고요. 남을 부릴 수도 있을 것입니다. 이 부분에 대해서 비판했던 거죠. 저는 어느 정도 일리가 있다고 생각합니다. 다만 구체적인 실상에 대해서는 저마다의 경우가 있기 때문에 동일하다고 할 수는 없습니다마는 지식인의 속성 이해는 꽤 옳다고 생각합니다. 그래서 지식인들은 각고의 수양이 필요하죠. 칼날 위에서 춤을 추는 무당과 같은 그런 긴장이 있지 않으면 안됩니다.

이제 지셴린은 인간다움이 어디에서 오는 가에 대해 이야기를 합니다. 인간다움은 다른 것이 아니라 바로 살아있는 존재에 대한 존엄함을 훼손하지 않는 데에서 온다고 강변합니다. 앞서 지식인을 학대하는 우붕의 원칙들을 얘기했었죠. 우붕의 문제는 그 안에 있는 사람들의 존엄을 무시한다는 것입니다. 한편 지식인들도 또한 서로를, 혹은 자신보다 낮은 누군가의 존엄을 무시한 적은 없었는지 반성할 일입니다. 그 존엄에서 지식인의 인간다움이 나오기 때문입니다. 『우붕잡억』의 가혹한 장면은 학대의 폭력을 확인시켜주고 있습니다. 누군가가 또다른 누군가를 학대한다는 것, 그로부터 인간다움을 논할 수는 없지요. 지셴린이 이를 남겨놓은 이유는 자신을 억눌렀던 이들에 대한 보복이 아닙니다. 오히려 그렇게 인간이 인간을 억압했던 기억을 되살림으로써, 차후 우리가 인간을 서로 학대해서는 안됨을 보여주고 싶었습니다. 그 자신도 이런 고난을 겪으면서 인생을 이해하고, 인간을 이해하게 되었거든요. 이제 지셴린이 전해주는 어떻게 살아야 할 것인가에 대하여 말해보도록 하지요.

VI. 삶에 대한 지혜, 그냥 내버려둬라

저는 『우붕잡억』에서 철저하게 망가졌던 지식인의 모습들, 타자의 학대와 폭력에 의해 무너진 지식인들, 비굴하기 짝이 없는 지식인의 모습들을 만들어냈던 현장들, 한 인간으로서 살아남으려는 욕망과 바닥을 보여준 지식인들, 인간의 끝을 경험했던 사람들, 저는 이로부터 지식인의 지식인다움, 인간다움이 시작할 수 있음을 말하고 있다고 생각합니다. 불편한 진실입니다. 똑같은 사람이라는 거죠. 사람이 세상이고 현실인데 시간은 세상과 만나 역사가 되고 지식은 사람을 만나 현실이 됩니다. 그래서 현실로 되지 않는 지식은 고상을 가장하지만 추악한 나르시즘의 포로일 뿐이라고 하는 것을, 지셴린은 말하고 있는 것입니다. 세상과 함께해야 된다는 점! 바로 이런 깨달음 속에서 지셴린은 여전히 세상은 냉담하구나는 탄식을 합니다.

> 예나 지금이나 세상은 여전히 냉담하기만 하다. 이건 동양이든 서양이든 상관없이 흔하디흔한 일이기 때문에 너무 깊이 고민하고 걱정할 필요는 없다. …… 나는 여기에서 한 가지 진리를 발견했다. 냉담한 감정이 나이나 처해있는 상황에 정비례한다는 사실이다. 다시 말해 사람은 나이가 많고 힘든 처지에 있을수록 세상이 더 냉담함을 느낀다. 이것은 세상 그 어디에도 적용될 수 있는 진리다.…… 끝이 보이지 않던 격동의 세월도 지나갔다. 비가 그치고 하늘이 개이고, 구름이 흩어지고 안개가 걷혔다.…… 누군가 내게 그때 특별한 감회에 젖었느냐고 묻는다면 당연히 그렇다고 대답할 것이다. 갑자기 천당으로 올라갔다가 돌연 지옥의 나락으로 떨어졌다가, 다시 갑자기 천당으로 올

라갔는데 아무런 느낌이 없을 리 없다. 그때 내 머릿속을 맴돌던 생각은 바로 세상이 냉담한 건 예나 지금이나 같다는 것이다.

(「냉담한 세상」, 『다 지나간다』, 67쪽)

예나 지금이나 세상은 여전히 냉담하며, 냉담한 감정은 나이나 처해 있는 상황에 정비례한다는 것입니다. 다시 말해 사람은 나이가 많고 힘든 처지에 있을수록 세상이 더 냉담함을 느끼게 됩니다. 이것은 어디에도 적용될 수 있는 진리일 것이라고 말합니다. 그래서 지셴린은 문화대혁명을 떠올리면서, 사람이 사람이 아닌 존재로 소외되고 살아갈 수밖에 없었던 것을 거론합니다. 즉 끝이 보이지 않던 격동의 세월도 지나갔다. 비가 그치고 하늘이 개이고 구름이 흩어지고 안개가 걷혔다. 누군가 내게 특별한 감회를 묻자 나도 이야기할 수 있었다. 그러나 그의 머릿속을 맴돌던 생각은 바로, 세상이 냉담한 것은 예나 지금이나 같다는 겁니다. 서글프죠. 하지만 그것이 현실이었습니다. 제가 앞서 바닥을 경험했던, 끝을 경험했던 비굴하기 짝이 없는 지식인이라 했습니다마는, 비굴하기 짝이 없다라는 것 또한 나도 평범한 사람이라는 것을 확인할 뿐이라는 것입니다. 사실 다 겪을 필요는 없습니다. 하지만 지셴린은 그것을 경험을 했던 거죠. 그러면서 자신을 포함하여 그 누구도 특별한 존재는 아니요, 그래서 우리는 이 세상이 갖고 있는 서늘함을 인정하고 살아가자는 것입니다.

그래서 저는 이런 얘기를 하고 싶어요. 『맹자』를 공부할 때면 항용 그의 성선설(性善說)을 거론하곤 하지요. 맹자는 인간의 본성은 선하다하면서, 전쟁을 통해 패권을 차지하려는 수많은 리더들에게 질문을 던집니다. 왜 그런 걸 합니까. 인간의 선한 본성을 끄집어내는 그런 정치를 하십시오. 그리고 그것이 바로 왕도 정치라고 주장합니다. 저는 그의 주장은 이데올로기였다고 생각합니다. 인간은 선한가 악한가? 사실 우리는 파악할 수 없죠. 선할 수도 있고 악할 수도 있죠. 하지만 맹자는 성선을 통해 인간으로 하여금 '나는 선하다'고 하는 착각에 빠지도록 한 뒤에 자신의 주장을 설득시켜 나간 것입니다. 맹자가 나쁜 건 아닙니다. 맹자는 자신의 철학적인 기반 하에서 얘길 했기 때문에 그것을 가타부타 할 수는 없습니다. 그럼, 인간은 선할 것인가 악할 것인가? 저는 맹자가 성공했던 것은 인간이 가지고 있는 아름다움에 대한 이상 또는 희망을 건드렸기 때문으로 생각합니다. 우리가 궁극적으로 원하는 어떤 것들을 살짝 건드린거잖아요. 나름대로 맹자는 성공했다고 봐요. 그러니 성악설을 이야기했던 순자학파에 비해서 맹자의 성선설 학파가 훨씬 더 성공을 거둔 것이지요.

지셴린은 오히려 인간은 악한 것이 맞을 것 같다고 이해합니다. 여기서 '맞다'는 것은 현실적이라는 것입니다. 즉 긍정하고 가자라는 얘기입니다. 냉담한 세상을 이해하고 '산다는 것'은 과연 무엇일까? 그 긴 시간을 우붕에서 살아냈는데, 나는 잘 살았던 것일까?

> 오늘은 1월 1일, 새해의 첫날이다. 자정을 넘기는 순간 나는 완전한 여든 살 노인이 되었다. ……나는 여전히 예전과 다름없는 나일 뿐이고, 주변의 모든 것도 달라진 것이 없다. 나도 지금 봄날의 꿈을 꾸고 있는가? 그렇다. 나도 지

금 엄동설한 속에서 봄이 오기를 꿈꾸고 있다. '겨울이 왔다면 봄 또한 멀지 않으리'라는 영국 시인 셸리의 말을 굳게 믿는다. 나는 장 앞에 서 있는 버드나무에서 새움이 시새우며 돋아나고, 연못 속에서 파릇한 연잎이 고개를 내미는 꿈을 꾸고 있다. 따사로운 햇살이 다시 대지 위에 찾아오는 봄날의 꿈을 꾸고 있다.……

난 지금 루쉰의 산문시 <나그네>에 나오는 나그네와 같다. 어디서 왔는지 모르는 한 나그네가 노인과 소녀가 사는 흙집에 찾아와 물 한 그릇을 얻어 목을 축인다. 노인이 나그네의 지친 모습을 보고 쉬었다 가라고 하지만, 나그네는 이렇게 말한다.

'언제부턴지 모르겠지만 난 줄곧 이렇게 걸었습니다. 제가 가려는 곳이 바로 앞에 있습니다. 수없는 길을 걸어 여기까지 왔지만, 계속 그곳을 향해 가야 합니다. 또 앞에서 재촉하며 날 부르는 소리가 있으니 쉴 수가 없습니다.'

그러자 노인이 말했다.

'앞에 무덤이라오.'

소녀가 끼어들었다.

'아니에요. 그렇지 않아요. 앞에 백합과 들장미가 가득 피어있어요. 전 늘 거기서 노는걸요.'

난 이 나그네의 심정을 이해한다. 나도 나그네이기 때문이다.……

내 앞의 길이 또 얼마나 길게 이어져 있는지는 알 수 없고 또 자세히 생각해 본 적도 없다. 나는 지금 도연명의 시에 담긴 정신을 가지고 의연하게 앞으로 걸어가고 있다. 할 수만 있다면 남들에게 도움이 되는 일을 하고 싶다. 앞으로 걸어야 할 길이 지금까지 걸어온 길보다 더 곧고 평탄하지 않을 것임은 알고 있지만, 그래도 두렵지는 않다. 내 앞에는 여전히 백합과 들장미의 그림자가 산들거리고 있지 않은가.

(「무덤과 백합」, 『다 지나간다』, 227~229쪽)

날만 밝으면 여든 살 노인이 될 무렵에 적은 글입니다. 자신은 예전과 다른 나일 뿐이고 주변의 모든 것은 달라진 것도 없다. 나는 그래도 지금 봄날의 꿈을 꾸고 있는가. 그는 그렇다고 말합니다. 비록 엄동설한이지만 봄을 꿈꾸고 있습니다. 겨울이 왔다면 봄 또한 멀지 않을 것이다라고 하는 영국 시인 셸리의 말을 굳게 믿고 있지요. 창 앞에 서 있는 버드나무에서 새움이 돋아나고 연못 속에서 파릇한 연잎이 고개를 내미는 삶을 꿈꾸고 있습니다. 따사로운 햇살이 다시 대지 위에 찾아오는 봄날을 꿈꾸고 있지요. 그리고나서 루쉰의 산문시를 하나 꺼냅니다. 나그네와 소녀의 이야기입니다.

지셴린은 이 나그네의 심정을 이해합니다. 자신도 나그네이기 때문이라고 얘기하죠. 내 앞에 길이 또 얼마나 길게 이어졌는지 알 수 없고 또 자세히 생각해 본 적은 없지만 도연명(陶淵明)의 마음처럼 의연하게 앞으로 걸어가면서, 할 수만 있다면 남들에게 도움이 되는 일을 하고 싶다고 말합니다. 앞으로 걸어야 할 길이 지금까지 걸어온 길보다 더 곧고 평탄하지 않을 것임은 알고 있지만 두려워하진 않습니다. 그의 앞에 무덤이 있고, 그 옆에 백합이 있습니다. 현실이죠. 무덤이 있다고 해서 앞으로 나아가지 않을 것일까. 그렇지 않습니다. 그 근처에 피어있는 백합을 보면서 지셴린은 앞으로 나아갈 것입니다. 지셴린이 문화대혁명을 겪으면서 배웠던 삶의 지혜였습니다. 뜻밖에도 윗글을 쓴 10년이 지나서도 루쉰의 무덤과 백합을 또다시 거론합니다.

지금까지 내가 움직인 거리를 줄 하나로 연결한다면 그 줄이 지구를 몇 바퀴

나 돌 수 있을 것이다. ……보통 사람들에게는 나의 이런 인생이 멋지고 화려하게 보이겠지만, 내가 걸어온 그 기나긴 길이 모두 장미꽃밭은 아니었고, 가끔씩은 가시밭길도 지나야 했다.……

나 또한 루쉰의 펜끝에서 탄생한 그 '나그네'처럼 앞으로 나아가야 하는 임무가 있다. 나이 여든에 「무덤과 백합」이라는 글을 쓸 때 내 앞에는 무덤보다 백합이 더 많았지만, 지금은 그 반대로 무덤이 많아지고 백합은 드문드문 보인다. 그래도 나는 앞으로 나아가지 않으면 안 된다. 무덤이든 백합이든 내 발걸음을 붙잡을 수는 없다. 내가 지금 선택할 수 있는 것은 눈앞에 보이는 길 하나뿐이다. 이 길은 그리 많이 남지 않았고, 10년 후 내가 '나이 백 살을 맞으며'라는 글을 쓸 때도 멀지 않았으리라.

(「내 나이 아흔」, 『다 지나간다』, 238~239쪽)

예전에(여든 살) 지셴린의 눈앞에는 무덤보다 백합이 더 많았지만, 지금은(아흔살) 그 반대로 무덤이 많아지고 백합은 드문드문 보일 뿐입니다. 그래도 나는 앞으로 나아가지 않으면 안 됩니다. 무덤이든 백합이든 내 발걸음을 붙잡을 수는 없다. 내가 지금 선택할 수 있는 것은 눈앞에 보이는 길 하나뿐입니다. 이 길은 그리 많이 남지 않았고 10년 후 「내가 나이 백세를 맞으며」라는 글을 쓸 때도 멀지 않았으리라고 탄식합니다. 지셴린은 아흔여덟 살에 돌아가셨습니다. 아마도 백세를 사셨다면 또 한 번 그런 글을 썼을 것이고 루쉰의 나그네처럼 무덤과 백합이 앞에 놓여져 있는 길을 그냥 뚜벅뚜벅 걸어갔을 거라고 생각합니다. 앞서 갑자기 등장한 도연명의 시가 궁금하시죠. 지셴린은 도연명의 마음을 세상을 떠날 때까지 자신의 좌우명으로 삼았습니다. 그 시를 들어봅니다.

커다란 조화의 물결 속에서
기뻐하지도 두려워하지도 말게나.
끝내야 할 곳에서 끝내버리고
다시는 혼자 깊이 생각 마시게.
縱浪大化中, 不喜亦不懼.
應盡便須盡, 無復獨多慮.

(도연명, <형영신形影神>의 제3수 '신석神釋')

시의 내용은 단순합니다. 커다란 조화의 물결 속에서 기뻐하지도 두려워하지도 말지니, 마무리를 해야하는 곳에서 마무리를 하고, 더 이상 깊이 생각하지는 말라! 팝송 가운데 Let it be 라는 것이 있죠. 내버려두세요, 그대로 놓아두세요라고 번역되곤 합니다. 바로 이 뜻입니다. 지셴린은 도연명의 이 시가 참으로 솔직하고 소박하다고 했습니다. 그 자신은 이 시를 좌우명으로 삼아 늘 실천방법을 고민해왔다고 했습니다. 특히 마지막 구절, "끝내야 할 곳에서 끝내버리고, 다시는 혼자 깊이 생각 마시게", 즉 생각하지 말라는 뜻입니다.

흔히 명상하거나 마음치유를 도모하는 분들이 하시는 이야기가 있지요? 생각을 많이 하지 마라, 있는 대로 하면 된다. 어떤 스님이 즉문즉설하면서 이런 얘기를 하죠. 보세요! 저 나무를 오르내리는 다람쥐가 생각하고 다닙니까? 그냥 사는 거지요. 자연의 원리인 것처럼 삶의 지혜가 바로 그것인 걸 알고서 그냥 다니는 거랍니다. 몇 십년 동안 우여곡절을 겪으며 살아보니 끝내는 것을 생각하는 것도 쉽지는 않으니, 그냥 살아가는 것이나는 얘기죠. 지셴린은 백년 삶을 사는 동안 하루하루가 작은 문제들의 연속이었다고 했습니다. 제일 좋은 방법은 내버려 두는 것이요, 그래서 자신은 그저 가을바람 불어 귓가를 스칠 때까지 기다릴 뿐이다라고 했습니다. 우붕에서 겪었던 고난이 이 분에게 삶을 좀 더 여유롭게 살 수 있는 깨달음을 주었다고 생각합니다.

하나의 사상이든 편견이든 재산이든 권력이든 인간이 인간을 착취하거나 압제하는 그곳에는 학대의 그림자가 서려 있습니다. 이는 특정한 이념이나 특정한 국가에만 있는 것은 아니고, 어디에나 다 있다고 생각합니다. 모양은 다르고 정도도 다르지만 인간이 살고 있는 어딘가에는 다 이런 학대의 그림자가 있다고 생각합니다. 그런 의미에서 저는 지셴린의 이야기를 특정한 국가를 위해서, 특정한 이념을 위해서 존재하는 텍스트로 읽지 않기를 희망합니다. 가족이나 동료 사이에도 벌어지는 인간사를 넘어서기 위한 반성의 책으로, 인간학적인 연구로 읽는다면 지셴린이 피와 눈물로 쓴 이 보고서, 이 역사서는 앞으로 우리가 아름다운 세상을 만들어가는 데에 있어서 인간을 묻고 인간성을 찾으며 인간다움을 모색하는 데 큰 도움을 줄 것이라고 믿습니다.

> 인생 백년 사는 동안
> 하루하루가 작은 문제들의 연속이었네.
> 제일 좋은 방법은 내버려두는 것
> 그저 가을바람 불어 귓가를 스칠 때까지 기다리세.
>
> (「그저 가을바람이 불 때까지」, 『다 지나간다』, 56쪽)

Ⅶ. 못다 한 이야기

지셴린은 중국은 말할 것도 없고, 한국에도 잘 알려진 중국의 비교문학, 인도학 학자입니다. 그는 『대당서역기』와 같은 인도 문화를 해명할 수 있는 작품을 번역한 사람으로도 유명하지요. 또한 그는 베이징대에 한국어 강좌를 개설할 수 있도록 도와준 사람으로서 한중 간 문화교류에도 큰 역할을 했습니다. 지금 중국의 한국학을 있도록 한 사람이라고도 할 수 있을 것 같습니다. 그러나 그 역시 문화대혁명의 광풍을 벗어날 수는 없었습니다. 그러면 지셴린의 삶과 학문세계에 대해 못다 한 이야기를 나누어 보도록 하겠습니다.

1. 교수님의 전공은 한문 고전을 바탕으로 한 동아시아 고전학으로 알고 있습니다. 그런데 어떻게 해서 중국 학자 지셴린을 만나게 되었는지 궁금하군요.

지금 생각하면 꿈만 같습니다. 저는 한국 한문학을 전공을 하는데 베이징에 가서 강의할 기회를 얻었다는게 정말 특이했습니다. 제가 머물던 숙소 바로 옆 아파트 1층에 바로 이 분이 살고 있었습니다. 하도 소문을 많이 들었기 때문에 한번은 얼굴을 뵙고 싶어서 강의하러 가는 새벽에 이 분이 나온 걸 보고서 지나가다가 말을 걸어본 적이 있었어요. 외우고 있었던 중국어 인사를 한 뒤 다음 말을 못 잇자, “in English!!”라고 말을 건네주었습니다. 그런데 나는 우물쭈물 하다 헤어졌는데, 그게 처음이자 마지막으로 본 모습이었습니다. 고양이를 데리고 산보하는 그 소박한 모습에서 이 분은 도대체 왜 여기에 살고 또 무슨 고민을 하고 또 왜 이렇게 이름이 있을까 궁금해졌습니다.

그러다가 제가 자주 가던 서점인 만성서원(萬聖書院)에서 이 분의 책이 간행됐다는 얘기를 듣고 무조건 샀습니다. 그런데 그 책이 바로 문화대혁명에 대해서 쓴 회고록인 『우붕잡억』이었어요. 상상도 못했던 일이었습니다. 하나둘씩 읽어가면서 너무 흥미로웠습니다. 이 분이 갇혀 있던 우붕이 만들어진 곳은 바로 민주루 앞이었는데, 그 민주루라는 곳이 제가 강의하러 가던 곳이었거든요. 그리고 이 분이 어느 기숙사 앞에 가서 학생들 앞에서 고초를 겪었는데, 그 40호 기숙사도 제가 학생들과 면담한다고 가본 적이 있는 곳이었습니다. 그래서 이 분이 다녔던 길 그런 것들이 책에 다 나온단 말이죠. 그게 제가 알고 있는 길이었어요. 이거 참 희한한 일이다! 라는 생각을 하면서 이 분의 글을 읽었고, 이 분의 고민을 조금씩 이해해 나갔습니다. 그러니까 학자로서라기 보다는, 일상적인 삶에서 우연히 봤던 소박한 중국 지식인의 모습에서 어떻게 이런 아픔이 있지 하는 것을 알아갔던 것 같습니다.

2. 지셴린은 베이징대에 동방학부를 처음으로 만든 인물이지요. 독일에서 유학을 했고 영어도 당연히 능통했기에 학자로서도 아주 중요한 위치를 차지했을 것 같은데요. 지셴린에 대한 이야기를 본격적으로 하기 전에 그 학문적 위상에 대해서 먼저 정리를 하고 넘어가야 될 필요가 있을 것 같습니다.

지셴린의 주된 전공은 인도 고대 언어, 즉 산스크리트어입니다. 그는 산스크리트어로 되어 있는 인도의 고대 문학들을 하나씩 정리하는 작업, 중국어로 번역을 했습니다. 그 과정에서 자연스럽게 인도와 중국 사이의 문화를 비교하게 되었고, 고전을 고전답게 재해석하는 작업들을 많이 하셨습니다.

제가 보기에 지셴린이 가지고 있는 학문의 중심축은 '교류'로 요약할 수 있을 듯합니다. 두 개의 문화가 서로 넘나들면서 어떤 역할을 하고 시너지효과를 내면서 새로운 것을 만들어내는가, 여기에 가장 관심이 있었던 것 같아요. 이것은 베이징대 동방학부와도 연결됩니다. 이곳은 동양의 언어 전체를 총괄합니다. 이란어도 가르치고, 중앙아시아 언어도 포함하죠.

사실 처음 갔을 때 놀랐어요. 동방학부는 서남아시아 및 이집트어까지 포괄하고 있었거든요. 같은 숙소에 머물던 외국인 교수 가운데 이란인도 있었고 이집트인도 있었습니다. 이 전체의 그림을 바로 이 분이 그린 것이지요. 이렇게 37년간 동방학부를 맡아서 운영했으니, 중국이 생각하는 동양의 규모가 어떤 것인지 짐작할 수 있을 것입니다.

3. 지셴린이 베이징대 교수가 되는 데에, 천인췌의 역할이 컸라고 들었습니다. 천인췌 역시 중국 중세사의 대가로 10여 개국 언어에 능통했다고 하죠.

지셴린과 천인췌 사이에 학문적 소통이 있었던 것 같습니다. 비록 간단해 보여도 이런 학문적 맥락을 찾아보는 것은 의미가 있을 듯합니다.

4. 이 책에서 선정한 13명의 지식인들 거의 대부분이 문화대혁명 시기를 비껴서 갈 수가 없었어요. 그 시기를 견뎌낸 사람들도 있고 너무 고통스럽고 힘들었기 때문에 자살을 선택하는 경우도 있고요. 지셴린 역시 마찬가지라고 볼 수 있겠는데요. 일반 민중들도 힘든 여정을 겪었지만 지식인들의 고초는 더 말할 것이 없었죠. 그런데 『우붕잡억』은 문화대혁명 직후가 아니라 훨씬 지나서 출간이 되었습니다. 문화대혁명을 그린 여러 회고록들과 다르게 이 책은 어떤 특징을 가지는지 궁금했습니다.

먼저, 제목 자체가 좀 특이하죠? '우붕'이라고 하는게 우리 식으로 소우(牛) 자에다, 시렁 붕(棚) 자, 즉 외양간이라고 합니다. 외양간 같은 곳에 지식인들을 이렇게 수감을 해놓고 일종의 정신개조를 했던 거죠. 이게 참 어려운 얘깁니다. 문화대혁명은 어찌되었든 마오쩌둥이 시작할 때는 그 당시에 어떤 문제를 해결하기 위해서 과감하게 시도를 했는데 이것이 일을 진행하는 가운데서 분명히 피해자가 나타났지요. 그 가장 큰 피해를 입었던 사람들이 흔히 도식적으로 얘기하면 남성, 중년 그리고 지식인 층입니다. 여기에 딱 들어맞는 분이 지셴린 같은 분들이었습니다. 그래서 말씀하신 대로 그 정도 연배되는 분들은 어지간히 다 이걸 겪었고 끝나고 난 다음에는 회고록 같은 것을 냈었습니다. 첸카이거도 낸 적이 있고요. 조선족 소설 작가로 유명하신 김학철도 낸 적이 있습니다.

저도 이들의 회고록과 『우붕잡억』의 차이는 무엇일까? 고민을 좀 많이 해 봤습니다. 그런데 지셴린은 실제로 문혁이 끝나고 난 다음에 이걸 집필을 시작을 했대요. 초고가 있었고 실제로 이것을 수정하고 나서 내는 겁니다. 그리고 1998년에 정식으로 출간되는 것이에요. 이 수정 기간에 뭐가 빠졌냐 하면, 지셴린의 표현으로는, 감정이 과잉된 부분들을 삭제했다 라고 말합니다.

충분히 그러겠습니다. 아무래도 어떤 사건을 이제 겪고 난 바로 그 다음에는 감정적으로 과잉된 상태가 있을 수 있거든요.

이걸 왜 피했을까 생각해 보면, 이 분이 썼던 원칙이 있어요. 첫 번째 누군가를 미워하지 않는다. 두 번째 이걸 가지고 보복을 하기 위한 어떤 근거로 삼지 않겠다. 기록을 남길 뿐이지 이걸 가지고 누군가를 미워하거나 또 내가 너무나 힘들었어라고 하는 그런 얘기를 안 한다는 거죠. 물론 다른 분들이 다 그렇다는 얘기는 아니에요. 이 분은 어떻든 학자로서 또 불교를 전공했던 사람으로서 인간의 가장 저열한 끝자락에서 후대를 위한 역사로서 기록해놓을 수 있을까 고민했던 것 같고요. 그래서 초고를 내지는 못하고 수정해서 다시 냈는데 그렇다고 내용이 다 바뀐 건 아닌 것 같아요. 그럼에도 실명을 거론한 사람이 몇 있어요.

이 부분에 대해서 이 분이 내가 진짜 사람을 미워하지 않는데 어쩔 수 없다, 이 사람들은 역사에 기록을 남길 수밖에 없다라고 한 적이 있습니다. 그 사람들을 빼놓고는 거의 이름을 거론하지 않아요. 즉 한풀이가 아니었던 것입니다. 그리고 그는 살아있는 존재에 대한 긍정을 표현하기 위해서 썼다고 얘기를 합니다. 사람과 짐승으로 구분을 하지만 사람과 사람이 아닌 걸로 구분할 수 있다고 하고, 앞으로 이 세상이 비인간적인 존재들이 주도하지 않는 그런 세상이 되었으면 좋겠다는 마음으로 이 책을 쓴다고 했었습니다.

그래서 지셴린은 책의 표지에 피와 눈물로 썼다고 그러는데, 정말 보면 끔찍해서 볼 수 없을 정도입니다. 그래서 어떻게 보면 문화대혁명이 갖고 있는 잔혹한 점들을 보여주는 증거물이 될 수도 있고요. 또 어떤 면에서는 더 이상 이런 잔혹한 일이 벌어지면 안된다는 경계를 담고있는 교훈서로 읽을 수도 있다고 생각합니다.

저도 예전에 『우붕잡억』을 읽어본 기억이 납니다. 그 중 가장 인상적이었던게 두가지 있습니다. 첫째는 지셴린이 자살하려고 하는 부분이 있어요. 너무 고통스럽고 힘들어서. 사실 그건 지셴린 뿐만 아니라 거의 대부분 지식인들이 아마 그런 모멸감을 느꼈을 것 같아요. 그래서 자살할 준비를 다 하고 있는데 그 때 홍위병이 집에 들이닥쳐서 지셴린을 붙잡아갑니다. 그래서 지셴린은 정신을 차리지요. 어떻게 보면 홍위병 때문에 살게 된 거죠 아이러니하게도. 그 다음에 문화대혁명 후기로 기억합니다만 인도학에서 유명한 라마야마 서사시를 번역하지요?

그 죽음에 대한 이야기를 조금 더 추가하면 지셴린은 불교를 전공했어요. 불교에서 보면 맨 마지막에 무간도 지옥 단계가 있어서 그 끔찍한 부분들을 상상을 통해 학습을 했어요. 그래서 죽음의 고통이 쉬운 건 아니란 걸 알고 있는 상황이었죠. 그럼에도 불구하고 죽음을 선택했을 만큼이나 아주 고통스러웠던 것은 사실인 것 같습니다.

5. 현재 한국에서도 지셴린의 책들이 많이 번역되었습니다. 그런데 흥미롭게도 그 번역서들은 인생에 관한 에세이 류예요. 그래서 한국에서 관심을 갖고 있는 지셴린은 베이징대의 동양학 창시자가 아니라 수필가 혹은 시인의 느낌이 강합니다. 학문 세계에서 위대한 업적을 남긴 지셴린이 인생을 마무리하면서 쓴 에세이 류를 어떻게 이해할 수 있을까요?

간행 시기를 좀 염두에 둘 필요가 있을 것 같아요. 최근에 나온 『병상일기』, 『다 지나간다』, 『인생』 등의 책들을 보면 다 '내 화두는 인생이다'라고 시작하거든요. 이런 책들이 어떻게 보면 신변잡기적인 회고록에 불과할 듯 보입니다. 그런데 이런 책들은 대부분 『우붕잡억』의 시기를 거친 다음이었다는 점을 말씀드리고 싶어요. 우리는 살면서 수많은 우여곡절을 겪는다고 생각합니다. 그런데 이 어려움을 겪으면 겪을수록 삶에 대한 갈망도 더 진해지는 법이지요. 살고 싶다는 것! 그런데 그런 집착마저 뭔가 달관의 자세로 끌어올린다면 기품있는 어떤 인성을 만들어낼 수 있지 않을까 생각합니다.

지셴린은 바로 그 지점을 걷고 있었다고 생각해요. 이 분이 평소에 좌우명으로 삼고 있는 도연명의 <신석>이라고 하는 시에서 기뻐하지도 너무 슬퍼하지도 말라고 합니다. 또 이 세상에 왔다가 내가 할 일을 하고 나면 그 다음에는 멈추고 아무것도 생각하지 말라고 합니다. 마지막 '생각'이란 말이 중요해요. 생각하면서 내가 잘했을까 못했을까 이런 걸 염두에 두지 말고 자연스럽게 내가 할 일만 다하고 나머지는 후대에 남긴다는 것이죠. 어떻게 보면 달관이라고 부를 수 있는, 건조한 듯하면서도 소박하고 수수한 모습을 보여줍니다. 지셴린은 『우붕잡억』과 같은 날카로운 책은 다시는 쓰지 않았습니다. 썼다면 정치인이 되는거죠. 그는 그곳에서 멈췄고 그 다음에는 한 단계 성숙한 지식인으로서 사람들에게 지혜를 전해주고자 했다고 생각합니다.

인생 에세이 류를 보면 지셴린이 『우붕잡억』에 나타나는, 어떤 광풍을 겪은 지식인이라고 하는 걸 상상하기는 쉽지 않죠

나 고생했어라고 말하는 내용이 별로 없어요. 그런데 읽어보니 이런 것이 있었어요. 인간의 본성은 착한가 나쁜가라는 질문을 던지거든요. 그리고 성선설과 성악설 가운데 성악설이 맞는 것 같다고 말합니다. 그러니까 인간을 현실적으로 이해하는 태도도 이런 엄청난 고생을 겪으면서 만들어낸 게 아니겠는가 싶습니다.

6. 한중 교류와 관련해서도 지셴린의 역할이 크다고 할 수 있는데 한국어 강좌를 베이징대에 개설했지요. 이것 외에 한중 교류와 관련해서 다른 것들이 있을까요.

저도 궁금해서 베이징대 한국어과에 계셨던 원로 교수님(박충록을 말함)께 여쭤본 적이 있었거든요. 그 분들은 한 가지만 얘기하셨어요. 당시 한국어 강좌를 개설할 수 있는 곳이 없었기에 지셴린이 직접 옌볜대의 조선어문학과로 와서 1기생들을 소집해서 베이징대로 초빙했었다고 해요.

제가 처음 베이징대를 갔던 것이 1996년인데, 그 무렵에 1, 2, 3, 4학년 가운데 한 학년이 비었습니다(당시는 동방학부 조선어전공). 학생이 없으니까 1, 2학년과 4학년만 있었거든요. 그런데 지금은 하나의 전공이 아니라 학부(지금은 조선-한국어학부)가 될 정도로 엄청난 성장을 하였어요. 그 밑바탕에 지셴린의 선구적인 역할이 있다고 볼 수 있습니다. 한국은 많은 빚을 지고 있다고 생각합니다.

7. 마지막으로 지셴린은 어떤 지식인이라고 이야기할 수 있을까요.

제가 주제를 '인간의 끝에서 인간다움을 찾다'라고 이렇게 정의했던 데서도 알 수 있듯이 인간의 저열한 본성이 드러나는 그 지점들을 겪고 나면, 일반적인 사람들이라면 세상을 등지거나 아니면 스스로 목숨을 끊거나 외면하는 게 맞을 거예요. 그럼에도 불구하고 이 분은 다시 세상과 만나거든요. 그는 살아있는 존재에 대해서 긍정하는 것이 얼마나 소중한 것인가, 이념이든 아니면 어떤 빈부의 차이든 존귀의 차이든 신분의 차이든 이런 상관 없이 살아있는 존재에 대해서 긍정할 수 있는가 없는가, 이게 바로 인간다움을 시작하는 시작이라고 말합니다. 따라서 지셴린은 살아있는 존재의 긍정을 바탕으로 새로운 인간에 대한 학문, 새로운 인간학을 시작하였다고 말씀드릴 수 있겠습니다.

그것도 참 쉽지 않은 얘기네요.

쉽지 않은 얘기입니다. 추상적인 얘기에요. 그의 소박하고 수수한 모습 아래에 놓여있는 인간에 대한 믿음을 읽어야 한다고 생각합니다. 이로부터 인간학은 새롭게 출발할 수 있어요.

이제 마무리를 할 때가 됐습니다. 지셴린은 삶의 굴곡에서 큰 사건을 만나게 됩니다. 물론 이것은 지셴린 개인의 것만은 아니지요. 당시 중국 지식인들 누구나 겪은 일이기도 합니다. 잘 알려진 중국의 문화대혁명이지요. 그는 이에 대한 기록을 담담하게 남겨 놓았습니다. 바로 이 부분 때문에 지셴린은 학자로서도 유명하지만 시대를 이야기하는 지식인으로 자리매김합니다. 이를 통해 인간의 끝에서 인간다움을 찾는 지혜를 우리에게 전해주고 있다고 말할 수 있겠습니다.

참고문헌

지셴린 저, 이정선·김승룡 옮김, 『우붕잡억』, 미다스북스, 2004.
지셴린 저, 허유영 옮김, 『다 지나간다』, 추수밭, 2009.

제13장

중징원鍾敬文, 20세기를 살아낸 어느 지식인의 이야기

정진선 (서울대)

※이미지 출처

https://www.wikicc.cool/archives/12942/30956/

좁은 길과 험한 여울 건너며
비틀비틀 걷다 보니 어느새 백 년이 되었도다.
일찍이 웅대한 뜻 품고 국난을 위해 뛰어다녔지만
시에 대한 그리움은 여전히 남아 있네.
소망했던 것 다 이루고 난 뒤
마지막에는 무엇을 채울 것인가.
소박한 음식과 거친 의복에 스스로 만족하도다.
학문과 업적 모두 다 이루지 못했으나
다만 후세에 현명한 사람이 있었다고 알아주길 바랄 뿐.

(「백 살 생일에 스스로 반성하며」)

Ⅰ. 삶의 궤적

2001년 9월 100세 생일을 앞두고 지은 시 「백 살 생일에 스스로 반성하며」에서 '좁은 길과 험한 여울 건너며 비틀비틀 걷다 보니 어느새 백 년이 되었도다'라고 말했듯이, 중징원은 1903년 3월 20일에 태어나 2002년 1월 10일 향년 100세의 나이로 생을 마쳤다. 근대와 현대가 교차하는 중국의 정치적 격랑 속에서 100년 동안 살아냈다는 것은 무엇을 의미할까? 이번 강의를 준비하기 위해 자료를 정리하고 작품을 번역하면서 한 세기, 그것도 20세기를 살아낸 어느 한 지식인과 마주했다.

중국 민속학의 아버지, 민간문학의 태두, 인민의 학자라고 불리우는 중징원은 수많은 갈림길과 여울목에서 중국의 근현대사를 직접 온몸으로 부딪쳐야만 했다. 아울러 루쉰(魯迅), 구제강(顧頡剛), 후스(胡適) 등 수많은 지식인들과 직간접적으로 관계를 맺었다. 필자는 중징원이 걸어온 길을 조망하고 결정적 순간에 주목하여 총 여섯 단계로 나누어 삶의 궤적을 살펴볼 것이다.

1. 1단계 신청년으로

중징원의 본명은 탄쭝(潭宗), 자는 징원(靜聞)이다. 1903년 광둥성(廣東省) 산웨이시(汕尾市) 하이펑현(海豊縣)에서 태어났다. 일곱 살 무렵 객가인(客家人)이 운영하는 서당에서 『삼자경』(三字經), 『논어』(論語) 등의 고전을 배웠다. 하지만 선생은 읽기만 가르칠 뿐 뜻에 대해서는 자세히 설명하지 않았으며, 심지어 아이들을 때리기까지 했다.

열두 살부터 열다섯 살까지 약 3년 동안 신식 학당을 다녔다. 반은 낡고 반은 새로운 과도기적인 교육을 받았다. 대부분의 선생은 과거시험에서 낙방한 수재(秀才)나 동생(童生) 출신으로, 사범학교에서 단기간 수학한 사람들이었다. 학당에서는 국어, 산수, 그림, 체조 등 현대적인 과목 이외에 『좌전』(左傳)과 같은 고전도 가르쳤다. 이러한 환경 속에서 중징원은 『당시삼백수』(唐詩三百首), 『수원시화』(隨園詩話) 등의 구문학에도 흥미를 느껴 고시(古詩), 문언소설, 역사 인물이나 사건에 대해 논하는 고문(古文)도 지었다.

천년 동안 고여 있던 중국에 거센 변화의 바람이 불기 시작했다. 1915년 천두슈(陳獨秀)가 잡지 『신청년』(新青年)에 민주, 자유, 과학을 표방하며 전통적인 봉건사상을 개혁해야 한다고 주장했다. 후스가 1917

년에 백화문학을 제창하자 신문화운동이 본격적으로 전개되었다. 중징원의 나이 열여섯 살 때인 1919년, 봉건제도와 전통문화에 반기를 든 5.4운동이 일어났다. 천두슈, 후스 등의 선각자들이 큰소리로 외치고 주먹으로 사방의 벽을 두드리자 어두컴컴한 방 안에 갇혀 있던 중징원은 구시대의 선비에서 신시대의 신청년으로 거듭났다.

그는 1922년 하이펑현 루안사범학교(陸安師範學校)를 졸업한 뒤 고향에서 초등학교 교편을 잡았다. 한편 당시 신문화운동의 중심지 베이징대학의 '가요운동'의 영향으로 고향에서 전승되는 민간가요, 민간고사 등을 수집하는 일에 열중했다. 『가요주간』(歌謠週刊)에 「난양의 가요」(南洋的歌謠), 「가요 속에 표현된 하이펑 사람들의 혼인관」(海豊人表現於歌謠中之婚姻觀) 등의 글을 투고했다. 고시가 아닌 백화로 시를 짓기 시작했는데, 1923년에 친구들과 신시집 『꽃 세송이』(三朵花)를 출판했다. 이처럼 신문화운동의 영향으로 중징원은 의자와 책상을 박차고 나와 인민들의 삶에 관심을 가지며 구시대의 선비에서 깨어나 신청년으로 새롭게 태어났다.

2. 2단계 민간의 문화에 주목하다!

신청년으로 거듭난 중징원은 1926년 여름 고향을 떠나 당시 국민혁명의 중심지였던 광저우(廣州)로 활동 무대를 옮겼다. 링난(嶺南)대학에서 일하는 틈틈이 도서관을 오고 가며 청나라 이조원(李調元)의 『월풍』(粵風)을 정리했다. 이 책은 중국 역사상 최초로 광시(廣西)에서 생활해 온 객가인, 야오(瑤)족, 좡(壯)족 등 소수민족들의 애정 노래를 모아 놓은 귀중한 자료이다. 또한 문헌이 아닌, 민간에서 전해지는 신화와 전설을 수집하여 『민간취사』(民間趣事)를 출판했다. 이렇게 고향의 가요를 비롯하여 소수민족의 가요, 신화, 전설 등 민간의 문화를 진지한 태도로 연구하기 시작했다.

중징원은 구제강의 추천으로 푸쓰녠(傅斯年)의 조교로 근무하게 되었다. 구제강을 도와서 중국 최초의 민속학연구 조직인 민속학회를 설립하고, 민속학 강습반을 만들었다. 또한 잡지를 발행하고 민속학총서를 편찬하는 등 바쁜 나날을 보내며 민간의 문화를 연구할 수 있는 학문적 토대를 마련하였다.

1927년은 중징원의 삶에서 매우 중요한 시기라고 할 수 있다. 왜냐하면 신문화운동의 선구자 루쉰을 직접 만났기 때문이다. 루쉰이 중산(中山)대학에 온다는 소식을 듣고 백방으로 수소문하여 친구들과 함께 만나는 데 성공했다. 루쉰이 광저우에서 누구를 만났는지 그 행적들을 정리하여 『광둥에서의 루쉰』(廣東在魯迅)을 출판했다.

한편 민속학회 업무로 바쁘게 지내고 있던 중징원에게 예기치 못한 사건이 일어났다. 그것은 바로 중산대 당국이 『오가을집』(吳歌乙集) 원고를 출판사에 넘겼다는 이유를 들어 그를 해고한 것이다. 좌절과 실의에 빠져 있던 그는 저장성(浙江省) 교육청장 류다바이(劉大白)의 초청으로 광저우를 떠나 항저우(杭州)로 거처를 옮겼다.

3. 3단계 민속학자의 길을 걷다

중징원은 항저우 저장대학 문리학원에서 강사로 재직하며 본격적으로 민속학자의 길을 모색했다. 1930년 봄 장사오위안(江紹原), 첸난양(錢南揚) 등과 함께 항저우중국민속학회를 창립하고, 『민간』(民間), 『민속학집휴』(民俗學集鐫) 등의 잡지를 발행했다. 1931년에는 「중국민간고사형식」(中國民間故事型式), 1933년에는 「중국의 백조처녀형고사」(中國的天鵝處女型故事) 등 약 30여 편의 논문을 발표했다. 그의 활약으로 항저우는 베이징대, 중산대의 뒤를 잇는 민속 연구의 기지로 부상했다.

체계적으로 민속학을 배우기 위해 그는 아내 천추판(陳秋帆)과 함께 1934년 일본 와세다대학으로 유학을 떠났다. 인류학자이자 신화학자인 니시무라 신지(西村眞次) 교수 밑에서 공부를 했다. 중국에 「민간문예학 건설」(民間文藝學建設)을 기고하여 중국만의 민간문예학을 확립해야 한다고 주장했다. 약 3년간의 유학 생활을 마치고 1936년 귀국하여 항저우에서 다시 활동을 시작했다.

하지만 시대는 중징원에게 학자로서의 삶을 허락하지 않았다. 1937년 중일전쟁이 발발하자 광저우 4전투구 정치부로 달려가 시찰 전문요원으로 활동했다. 전쟁터에서 벌어지는 사건을 직접 목도하며 「항일하는 민족의 늙은 영웅」(抗日的民族老英雄) 등 항일을 고취하는 글을 썼다.

1941년 중산대학은 중징원을 부교수로 임명하고 민간문학, 문학개론 등을 맡겼다. 하지만 1947년 학교 당국은 그를 비롯하여 몇몇 교수들의 사상이 좌경적이라는 이유를 들어 해고했다. 홍콩으로 건너간 중징원은 당시 진보적인 지식인들이 운집했던 다더학교(達德學院) 문학과에서 학생들을 가르쳤다. 아울러 중국문학협회 홍콩분회 상무이사로 활동하며 『방언문학』(方言文學)의 책임편집을 맡았다.

혼돈의 시대 속에서 항저우, 일본, 홍콩 등지로 옮겨 다니며 민속학자의 길을 '무소의 뿔처럼 묵묵히' 걸어갔다.

4. 4단계 신중국의 지식인으로

1949년 중화인민공화국의 건립과 더불어 중징원은 신중국의 지식인으로 거듭났다. 1949년 5월 중국 공산당의 초청으로 베이징에서 개최하는 제1회 중화전국문학예술공작자대표대회에 참석했다. 전국문학예술계연합회 후보위원, 문학공작자협회의 상무위원에 당선되었으며, 같은 해 8월에는 베이징사범대학 중문과 교수에 임명되었다.

신중국의 지식인으로서 본격적인 활동을 펼치기 시작했다. 1950년 궈모뤄(郭沫若), 라오서(老舍) 등과 중국민간문예연구회를 창립했다. 이때 궈모뤄가 이사장, 중징원과 라오서가 부이사장에 당선되었다. 베이징대 가요연구회가 민간의 문화에 주목한 지 수십 년의 세월이 흘러 전국적 규모의 민간문예를 연구하는 단체가 만들어진 것이다.

중징원은 학문적으로, 정치적으로나 승승장구하며 전성기를 맞이했다. 중국 최초로 베이징사범대학에 민간문학 연구실이 설립되었다. 중징원은 『민간문예집간』(民間文藝集刊), 『민간문학』(民間文學) 등의 학술잡지를 창간하여 연구자들이 글을 발표할 수 있는 토대를 마련했다. 1952년에는 베이징사범대학 부교무장에 선출됐으며, 1953년에는 베이징사범대 중문과에 민간문학 석사과정이 개설되어 후학들을 본격적으로 양성했다. 1954년에는 베이징사범대 과연부(科研部) 주임을 맡았으며, 베이징시 인민대표대회 대표로 선출되었다. 하지만 신중국의 지식인으로 자유롭게 연구 활동을 할 수 있었던 것은 딱 여기까지였다.

5. 5단계 치욕과 모멸의 시간 속에서

1957년 마오쩌둥(毛澤東)은 공산당 노선에 방해가 되는 자들이나 성향에 의심이 드는 인사들을 탄압하기 위해 반우파운동을 일으켰다. 사회주의 제도, 무산계급의 횡포와 민주집중제, 공산당의 영도적인 지위를 반대하고, 나아가 사회주의와 공산당을 반대하는 소집단을 조직한 사람들을 조사했다. 그 결과 자연과학, 사회과학, 언론계, 미술계, 사회학, 민족학 등 각 분야별로 '우파(右派)' 명단이 작성되었다. 중징원은 딩링(丁玲), 아이칭(艾青) 등과 함께 문학계 '핵심 우파' 열다섯 명에 포함되어 연구부 주임, 교무위원 등 모든 업무를 박탈당했다. 1958년에는 학교에서 내쫓겼으며 1급 교수에서 3급 교수로 강등되었다. 심지어 강제노동에 동원되어 평생 붓만 잡던 두 손으로 빗자루를 들고 낙엽과 쓰레기를 쓸어야 하는 처지로 전락했다.

고난은 여기서 끝나지 않았다. 1966년부터 1976년까지 문화대혁명의 광풍이 중국 전역을 휘몰아치자 모든 활동이 전면 중단되었다. 여러 차례 공개 집회에서 가혹한 비판을 받았으며, 심지어 가산을 몰수당하고 하방되어 노동으로 정신을 개조해야만 했다.

1957년부터 1976년까지 장장 20년 동안 학문의 자유와 인간의 존엄성 모두 박탈당했다. 하지만 엄혹한 시대에도 불구하고 그는 연구를 포기하지 않았다. 1962년 동료와 함께 『중국근대교육문선』(中國近代教育文選)을 집필했지만 문화대혁명 기간에 원고가 없어졌다. 우파의 모자를 쓴 채 기회가 생기면 논문을 발표했다. 1963년 「만청 혁명파 작가의 민간문예가」(晚清革命派著作家的民間文藝家), 1964년 「만청 개량파 학자의 민간문예 견해」(晚清改良派學者的民間文藝見解), 「마왕퇴 한묘 백화의 신화사적 의의」(馬王堆漢墓帛畫的神話史意義) 초고 등 민간문예학 사상 개척자적인 글을 집필했다.

치욕과 모멸의 시간 속에서도 절망하고 좌절하는 대신 학자로서의 정체성을 유지하기 위해서 노력을 게을리하지 않았다.

6. 6단계 민속학과 민간문학을 정립하다!

1976년 9월 마오쩌둥이 사망하면서 문화대혁명이 막을 내렸다. 하지만 1979년에 이르러서야 중징원의 학문적, 정치적 '복권'이 이루어졌다. 이미 70대 후반에 접어들었지만 전통문화의 잔재라고 매도당한 민속학의 학문적 지위를 회복하기 위해서 혼신의 힘을 바쳤다. 중징원은 구제강, 양쿤(楊堃), 양청즈(楊成志) 등과 의기투합하여 각계 각층에 학회 창립의 필요성에 대해서 호소했다. 1983년 중국민속학회가 설립되었는데, 이때 중징원이 초대 이사장에 선출되었다.

1984년 중국민간문예가협회 주석에 당선된 중징원은 각 지역에서 전승되는 고사, 가요, 속담을 체계적으로 정리하는 『민간문학싼타오집성』(民間文學三套集成) 편찬 업무를 총괄했다. 고사권의 책임 편집을 맡아 각 성에서 올라온 원고를 직접 심의하고, 때로는 의견도 개진했다. 이 프로젝트를 통해서 중국 실정에 부합하는 고사, 가요, 속담 분류 체계를 구축하고, 나아가 조사, 정리, 편찬 기준을 확립할 수 있었다.

1988년 민속학이 국가2급학과에 선정됨에 따라 민속학은 더이상 미신, 봉건의 잔재가 아니라, 독립된 학과로서 인정받게 되었다. 1994년에 중징원은 베이징사범대 중국민간문화연구소 초대 소장을 맡았다. 2000년 6월 교육부는 베이징사범대 민속전적문자연구센터를 인문사회과학 연구기지로 비준했다. 2001년 민속전자문자연구센터센터가 주최한 민속학 학과 건설과 인재 육성 학술대회에 참가한 그는 “1980년대 이후 오늘이 가장 기쁜 날이라고” 말했다.

상술한 내용을 살펴보면, 중징원이 흘린 피와 땀으로 민속학과와 민간문학이 독립된 학문으로 정립되었음을 알 수 있다. 2002년 1월 10일 100세의 나이로 영면했다.

Ⅱ. 천년 동안 말라버린 바다의 노여움이 파도 이루었기에 나도 그 물결 타고 한 세상 살았도다!

5.4 신문화운동은 중국 역사의 전환점이자 중징원의 삶에도 결정적인 순간으로 작용했다. 근대와 현대를 가로지르는 시대의 변화 앞에서 어떤 선택을 했는지 살펴보자.

5.4 운동이 일어난 지 64년 후인 1983년 중징원은 베이징대학을 방문하여 차이위안페이(蔡元培) 조각상 앞에서 “천년 동안 말라버린 바다의 노여움이 파도 이루었기에 나도 그 물결 타고 한 세상 살았도다!”(千年枯海怒潮生, 我也乘潮一後生)라고 말했다. 스스로를 ‘5.4의 아들’이라

고 할 정도로 5.4 운동은 중징원에게 많은 영향을 미쳤다.

5.4 운동 70주년을 기념하여 중징원은 1989년 「5.4 나를 계몽시킨 스승」(“五四”-我的啓蒙老師)에서 이렇게 말했다.

> 당시 위대한 애국운동은 전국 각 지역으로 급속히 퍼져나갔다. 횃불이 남쪽 바닷가에 위치한 고향에까지 전해졌다. 나는 두 팔 벌려 반갑게 맞이했다. 작은 시골 마을에서 친구들과 구국회를 설립했다. 목이 쉴 정도로 적들의 야만적인 침략, 중국 정부의 부패와 투항을 폭로하는 연설을 하고 다녔다.
>
> (「5.4 나를 계몽시킨 스승」)

1919년 그의 나이 열여섯 살 무렵 5.4 운동이 일어났다. 민주주의, 과학정신, 민족의식을 강조하며 전통적 가치관을 뒤바꾼 이 신문화운동은 당시 중국 청년들의 정신을 각성시켰다. 중징원도 5.4 천둥소리에 놀라 긴긴 잠에서 깨어나 친구들과 함께 일본 상품의 불매 운동을 벌이고, 직접 분장을 한 채 시사신극 공연을 했다. 이처럼 시대의 목소리에 호응하여 직접 실천에 옮긴 그의 행동은 작은 시골 마을에서 매우 이례적이라고 할 수 있다.

5.4 신문화운동의 영향을 받아 『신청년』, 『소설월보』(小說月報), 『시사신보』(時事新報) 등 당시 신문화를 상징하는 잡지를 읽으며 신청년으로 거듭났다. 구학문을 버리고 신학문을 적극적으로 수용했다. 예를 들면, 막 입문한 중국 고전시를 포기하고 과감하게 백화로 시를 창작했다.

후스의 『상시집』(嘗試集), 궈모뤄의 『여신』(女神)을 읽고 『해변가의 2월』과 같은 신시집을 출판했다. 특히 주목해야 할 것은 문자로 기록된 정통문학이 아닌 민간에서 말로 전승되는 가요, 전설 등 민간문학에 관심을 가지게 되었다는 사실이다.

> 민간문예는 곳곳에 보물이 숨어 있는 광산이다. 문제는 사람이 직접 발굴해야 한다는 것이다. 5.4 운동 발생 후 몇 년 동안 고향 일대에서 나는 수많은 가요, 전설, 고사를 수집, 기록하였다.
>
> (「5.4 나를 계몽시킨 스승」)

중징원은 당시 신문화운동의 기지였던 베이징대 가요연구회가 발행하는 『가요주간』을 접한 뒤 큰 충격을 받았다. 왜냐하면 문헌이 아닌 민간에서 전승되는 가요가 충분히 연구할 가치가 있다는 사실을 깨달았기 때문이다. 이후 직접 발로 뛰어다니며 고향의 신화, 전설, 가요 등 민간문학을 발굴하여 『가요주간』에 투고했다.

중징원은 1989년에도 5.4 정신이 아직 끝나지 않은 이야기라고 강조했다.

> 70년 동안 세계와 중국은 매우 급격하게 변화하였다. 시대는 끊임없이 전진한다. 지금 우리는, 위대하지만 동시에 매우 엄중한 역사에 직면하고 있다. 인민들은 새로운 정책의 지도하에 사회주의의 험난한 길 한복판에 서 있다. 맞다. 70년 전과 비교할 때 현재가 여러 가지 면에서 훨씬 나아졌다. 하지만 세

> 계가 급변함에 따라 역사는 더 높은 수준을 요구한다. 혹은 더 가혹하게 요구한다. 우리의 어깨 위에 놓인 책임은 그 어떤 시기보다 결코 가볍지 않다…… 오늘날 온 힘을 다해 완수해야 할 중대하고도 절박한 임무가 있음을 나는 안다. 예를 들면 국민들의 물질적 풍요말이다. 하지만 이와 동시에 간과해서 안 되는 것은 정신과 문화적 수준을 높여야 한다는 사실이다……나는 늙었지만 웅대한 뜻만은 여전하다. 삶의 마지막 남은 빛을 앞에서 언급한 임무를 완수하는 데 쏟아 역사 거인의 가르침을 결코 저버리지 않을 것이다.
>
> (「5.4 나를 계몽시킨 스승」)

위의 글에서 중징원이 시대의 변화와 시대 정신을 정확히 간파하고 실천하는 것이야말로 5.4 정신이라고 생각했음을 알 수 있다. 이처럼 그는 일생 동안 5.4 정신을 가슴에 새기며 안주하지 않고 끊임없이 시대와 호흡했다. 스스로 5.4의 아들이라고 부르며 지식인으로서의 소명과 책임을 다하고자 했던 것이다.

Ⅲ. '민속'을 '연구'하다!

현재 학술계에서는 민속학, 민간문학이 하나의 독립된 학문으로 자리를 잡고 있다. 하지만 근현대 시기에 인민들의 삶과 일상, 즉 민속을 학문의 대상으로 연구한다는 것은 결코 쉬운 일이 아니었다. 민속학의 아버지, 민간문학의 개척자로 불리우기까지 중징원이 걸어온 길을 따라 가보자.

신문화운동의 기지 베이징대학은 1918년 가요모집처를 설립하여 가요를 수집하고 학보에 게재했다. 1922년에는 “가요의 성격에 제한이 없다. 미신과 저속한 내용을 언급하는 것이라도 충분히 연구할 가치가 있다.”라고 공지하며 청년들의 참여를 독려했다. 특히 『가요주간』의 핵심 인물이었던 구제강은 작품의 우열과 진위를 구별하지 말고 지역에서 전승되는 민간의 문화와 문학을 기록, 정리하여 우편으로 부칠 것을 호소했다. 이에 많은 청년들이 호응했는데 중징원도 그 중 한 명이었다.

1926년 7월 구제강은 장쑤성(江蘇省) 동남부 일대에서 전승되는 가요를 모아 『오가갑집』(吳歌甲集)을 출판했다. 이 책은 중국 현대사상 최초의 지방 가요 전문집으로, 후스를 비롯하여 각계 각층으로부터 호평을 받았다. 그런데 수록된 가사의 대부분은 청춘남녀가 자유롭게 사귀고 정분이 나는 내용이었다. 이처럼 남녀 간의 저속하고 음란한 가요를 연구의 대상으로 삼았다는 점이 당시 중국 사회에 큰 파장을 일으켰다. 대부분의 지식인들이 민간의 일상을 연구하는 것에 반대하거나 주저했다. 하지만 중징원은 직접 가요나 신화와 전설을 수집하여 『가요주간』에 투고했다.

중징원은 『객음정가집』(客音情歌集)에서 “주민들이 주로 산에서 일하며 입에서 나오는 대로 자유롭게 노래하기 때문에 산가(山歌)라고 부른다. 또 연애사와 관련된 내용이 가장 많은데 어떤 것은 매우 음란하고 외설적이기까지 하다.”며 민간의 가요가 저속하다는 사실을 인정했다. 하지만 감정 표현이 솔직한 가요를 충분히 연구할 가치가 있다고 생각했다.

이렇게 음란하고 외설적이며 저속하기까지 한 민간의 문화를 연구하는 과정에서 구제강과 인연을 맺었다. 『단가』(蛋歌) 서문에서 "구제강은 내가 가요를 수집하고 있던 사실을 알고 몇 차례 편지를 보내 자료들을 편집해 책으로 내자고 권유했다."라고 밝혔다. 구제강의 격려에 힘입어 중징원은 1926년에는 『객음정가집』, 1927년에는 『단가』를 출판할 수 있었던 것이다.

한편 구제강의 추천으로 1927년에는 중산대학에서 일을 할 수 있는 기회를 얻었다. 당시 중산대 문사과(文史科) 주임으로 재직 중이었던 푸쓰녠은 자신이 몸담고 있던 학교를 신학술사업의 전초 기지로 만들기 위해서 베이징대 가요연구회와 풍속조사회의 구제강, 둥쭤빈(董作賓) 등을 초빙했다. 이때 구제강이 푸쓰녠에게 중징원을 조교로 추천했던 것이다. 중징원은 구제강, 둥쭤빈 등을 도와 민속학회를 설립하고 『민속주간』 실무를 담당하며 일에 매진했다. 민속학회의 영향력이 커지자 전국 각지에서 원고가 쏟아지기 시작했다. 1928년 4월부터 7월까지 『민가갑집』(閩歌甲集), 『오가을집』(吳歌乙集) 등의 총서를 간행하는 등 가시적인 성과를 거두었다.

하지만 사회학과 주임 허쓰징(何思敬), 심리학과 주임 왕징시(王敬熙) 등을 비롯한 일부 학내 교수들이 민속학회의 독주에 불만을 토로했다. 민속학회가 막대한 경비를 지출하고 게다가 『오가을집』에 음란하고 외설적인 가사가 너무 많다며 학교 측에 강력하게 항의했던 것이다. 특히 전폭적인 지원을 약속했던 푸쓰녠은 민속학회의 간행물을 본 후 시시하고 천박하다고 느꼈다. 1928년 4월 29일 푸쓰녠과 구제강은 연구소 업무에 대해 논의하다가 결국 큰소리로 말다툼을 벌였다. 7월 4일 학교 당국은 『오가을집』 원고를 출판사에 넘겼다는 이유를 들어 중징원에게 사직을 통보했다. 구제강은 본인 때문에 중징원이 피해를 입은 것에 대해 매우 안타까워했다. 8월 20일 후스에게 보낸 편지에서 이렇게 말을 했다.

> 민속학회에서 저속하고 음란한 가요를 간행하지 말았어야 했습니다. 그 책임은 중징원이 아니라 온전히 나한테 있습니다. 징원이 내 잘못을 대신했으니 도대체 이게 무슨 일인가요.

중징원은 마지막으로 『민속주간』 제24기 편집자의 말에서 착잡한 심정을 이렇게 토로했다.

> 『민속주간』을 간행한 이후 외부 사람들은 인정과 멸시 서로 다른 두 가지 반응을 보였다. 인정하는 측은 우리의 노력이 중국 학계에 훌륭한 공헌을 끼쳤다고 생각해 칭찬하고 격려한다. 실제적인 지원을 아끼지 않았던 저우쭤런(周作人), 자오징천(趙景琛) 등 몇몇 선생님들에게 심심한 감사를 표한다. 사회적 윤리의 지배를 받고, 폭이 좁은 근시안자들에 대해서는 일일이 대응하지 않겠다……다소 놀라운 것은 명석한 학자들은 우리를 동정하지 않고 심지어 미워하거나 적대적이기까지 하다는 사실이다. 우리의 작업은 분명 유치하지만 논의할 만한 점도 있다……언젠가 공정한 판단을 받을 날이 올 것이다. 지금은 아니지만!
>
> (『민속주간』 제24기)

몸과 마음을 다 바쳤던 민속학 연구가 구제강과 푸쓰녠의 갈등, 그리고 학내 의견 대립으로 결국 좌초되고 말았다. 민속학, 민간문학이 독립된 학문이라고 공정한 판단을 받는 것은 중징원이 생각했던 것보다 훨씬 오랜 시간이 걸렸다.

IV. 파도를 헤치고 앞으로 나아가다!

중징원은 백화제방(百花齊放), 백가쟁명(百家爭鳴), 반우파운동, 대약진운동, 문화대혁명 등 정치적 광풍을 온몸으로 부딪혀야만 했다. 인간으로 감내할 수 없는 극도의 모멸감 앞에서, 언제 끝날지도 모르는 불확실함 속에서 어떻게 살아냈을까?

1956년부터 당 지도부는 분위기를 쇄신하기 위해 내부에 만연한 관료주의, 종파주의, 주관주의, 즉 세 가지 풍조인 삼풍(三風)를 정비하는 정풍운동(整風運動)을 전개했다. 1957년 봄 사회 각계에서 정풍운동에 대해 찬성하는 분위기가 무르익자 기관들은 각종 간담회를 열고, 신문사들은 다양한 지적과 비판의 목소리를 경쟁적으로 싣기 시작했다. 『런민일보』(人民日報)의 요청으로 중징원은 5월 7일 「파도를 헤치고 앞으로 나아가자!」(破浪前進)라는 제목의 짧은 글을 게재했다. 당의 쇄신 정책에 찬성하여 간부들이 우려하는 상황이 무엇인지 명확하게 지적했다.

> 여러 해 동안 고생해서 얻은 혁명의 성과가 괴멸될 것이라고……결론적으로

백화제방, 백가쟁명 방침은 당 중앙이 제기하고 수많은 지식계에서도 충심어린 지지를 표했지만 실행은 결코 순조롭지 않을 것이다……당의 방침을 관철시키기 위해서는 여러 측면에서 함께 노력을 기울여야 한다……진리를 위해서 계속 투쟁하는 것이야말로 문화예술가, 과학자들이 맡은 책임 가운데 가장 중요한 일이다. 대지에는 이미 봄이 찾아왔지만 때로는 음산한 추위와 눈이 내리는 것을 피할 수 없다. 당중앙의 방침을 철저하게 집행하고자 할 때면 어떤 부분에서는 저항이 만만치 않을 것이다. 반드시 길 위에 놓여있는 장애물을 제거해야 진정한 문예와 과학이 순조롭게 전진할 수 있을 것이다.

(「파도를 헤치고 앞으로 나아가자!」)

이 한 편의 글이 그의 운명에 어떤 파문을 던질 것인지 누구도 예상하지 못했다. 마오쩌둥은 공산당 외부의 민주당파와 사회 각 분야 지식인들에게 정풍운동에 호응하여 자유롭게 비판하라고 독려했다. 사회주의와 민주주의가 공존할 수 있다는 희망을 품은 지식인들은 그간 공산당의 행태에 대해 불만을 적극적으로 토로하기 시작했다. 얼마 후 정풍운동은 정치적 비판운동으로 확산되기 시작했다.

마오쩌둥은 쌍백운동에 참여했던 지식인들을 '우파(右派)'로 규정하고 우파에 대한 투쟁을 선포했다. 민주당파 8개 정당, 소수민족, 자연과학계, 사회과학계, 언론계, 미술계, 교육계, 민족학계, 역사학계, 문학계, 대학생계, 고급간부 등 총 19개 분야에 걸쳐 '핵심 우파'를 발표했다. 중징원은 딩링, 천치샤(陳企霞), 펑쉐펑(馮學峰), 아이칭, 왕멍(王蒙), 류사오탕(劉紹棠), 류사허(流沙河), 쑹윈빈(宋雲彬), 쑨다위(孫大雨), 푸레이(傅雷), 샤오간(蕭乾), 야오쉐인(姚雪垠), 우쭈광(吳祖光)와 함께 문학계

핵심 우파 15명에 포함되었다. 이렇게 정풍운동에 역풍을 맞아 반우파투쟁에 휘말려 약 22년 동안 모욕과 치욕의 시간을 견뎌내야만 했다.

36년의 세월이 흐른 1993년 중징원은 「나와 우리시대·조국」(我與我們的祖國)에서 끝이 보이지 않던 그 미망의 시간을 어떻게 지나왔는지 솔직하게 토로했다.

> 베이징시 각 기관에서 열린 세미나에 참가할 때면 더 적극적이고 절실하게 발언했다. 나는 심지어 좌담회에 참석해 우물쭈물하며 말을 더듬는 동료들을 비웃으면서 그들의 태도가 너무 진중하고 혁명사업에 대한 열정이 부족하다고 여겼다.
>
> (「나와 우리시대·조국」)

그는 일부 지도층 간부들 사이에 만연한 삼풍을 정비하는 작업에 대해 적극적인 지지를 표명했다. 하지만 정풍운동은 이상한 방향으로 전개되었다.

> 어제는 당의 정풍에 일조하던 충성스러운 말들이 지금은 당을 향해 공격하는 반동적인 언사로 바뀌었다. 문예계의 딩링과 천치샤 단체도 다시 비판의 대상이 되었다. 나는 재난이 닥치고 있음을 깨닫기 시작했다. 학교 간행물에 최측근 부하 직원인 과학연구부의 사무실 비서가 내 죄를 고발하는 짧은 문장을 실었다. 연극은 이렇게 시작됐다……나의 총죄명은 '반당, 반인민, 반사회주의'이다. 평소 가깝게 지내거나 왕래했던 수많은 동료들과 학생들은 비판회

에서 본심이든 아니든 몇 마디를 해야만 했다.

(「나와 우리시내·조국」)

크고 작은 비판회가 개최되었는데, 그 강도는 상상을 초월할 정도로 점점 심해졌다. 어떤 사람들은 고서 더미를 뒤져서 구두 비판과 서면 논문을 발표했을 뿐 아니라 『중징원 반동문예사상』과 같은 책을 국가1급 서점인 런민문학출판사에서 출판했다. 학교 당국은 이것만으로는 충분하지 못하다고 판단해 대학 본과의 우수한 학생들을 대거 동원해 수십만 자에 달하는 『중국민간문학사』를 펴내기도 했다. 비판 활동은 베이징사범대에서 끝나지 않았다. 이번에는 중징원이 부이사장으로 있던 중국민간문예연구회가 전면에 나섰다.

그해 겨울 중국민간문예연구회는 특별히 나를 위해 이틀 동안의 비판회를 개최했다. 준비가 충분한데다 몇몇 간부들의 개인적인 감정까지 더해져 그 포화의 강도가 매우 높았다.

(「나와 우리시대·조국」)

비판회가 끝난 후 중징원의 업무와 권리는 모두 박탈당했다. 당국은 각종 비판과 더불어 노동을 통해 정신을 개조할 것을 요구했다. 문화대혁명에 접어들어 강제노역에 시달리는 날이 더 늘어났고 노동의 강도도 한층 높아졌다. 그는 육체적으로 또 정신적으로 고난의 시간을 견뎌내야만 했다.

> 갖가지 좌절과 충격, 폄훼, 따돌림을 겪으면서 나는 사회와 인간에 대한 인식이 더 깊어져 갔다. 이 시기에 반은 강제적으로, 반은 스스로 원해서 마르크스와 스탈린의 철학, 역사, 사회 관련 논저들을 반복해서 읽었다. 사회 경험과 인생 경험이 많아진 덕분에 낭송과 독서에서 예전보다 더 깊이 느낄 수 있게 되었다.
>
> (「나와 우리시대·조국」)

이처럼 엄혹한 시기에도 중징원은 저술 활동을 멈추지 않았다. 1장에서 서술했듯이 「만청혁명파 작가의 민간문예가」, 「만청 개량파 학자의 민간문예 견해」, 「마왕퇴 한묘 백화의 신화사적 의의」 초고 등과 같은 논문을 쓰기도 했다. 또한 신화, 전설, 고사 등이 보존되어 있는 명대 『강한총담』(江漢叢談)을 정리하는 작업에 열중했다.

이렇게 "십 년의 얼음과 서리로 꽃은 다했지만(十載霜冰花事盡)" 포기하지 않고 학자로서의 정체성을 유지하기 위해 고군분투했다. 다시 말하면, 1957년부터 반우파운동을 필두로 문화대혁명에 휘말리며 고난의 시간을 겪으면서도 절망하지 않고 파도를 헤치며 한걸음 한걸음씩 앞으로 나아갔다.

V. 고독한 산책자

> 마오쩌둥이 사망하고 문화대혁명이 드디어 막을 내렸다. 하지만

1979년이 되어서야 중징원은 비로소 복권이 되었다. 일흔 여섯 살의 나이에도 불구하고 민속학과 민간문학의 확립을 위해 동분서주했다. 그 결과 마침내 베이징사범대를 시작으로 전국 여러 대학에 민속학과와 민간문학이 독립된 학과로 개설되기 시작했다. 1928년 타의에 의해 중산대를 떠나며 "학문의 위대함을 보호하기 위해 멸시와 두려움에 굴복하지 않을 터이다. 언젠가 공정한 판단을 받게 될 날이 곧 올 것이다"라는 외침이 마침내 현실로 이루어진 것이다. 그동안의 노고와 업적을 인정받아 민속학의 아버지, 민간문학의 거두, 인민의 학자, 국가1급교수 등의 호칭을 얻었다. 그토록 원하던 바를 다 이루고 난 뒤 중징원은 삶에 대해 어떤 생각을 했을까?

1992년 8월 베이징공인요양원을 떠나며 쓴 「시샤좡에서 편지를 쓰다」(西下莊通信)를 통해 노년의 중징원과 만날 수 있다. 그는 한 달 동안의 생활을 마무리하고 다시 자택으로 돌아가는 이유에 대해서 이렇게 말했다.

> 곧 개학을 맞이하여 국내외 방문학자들이 학교에 도착할 예정입니다. 학생들은 처음 방문하는 것이라 모든 것이 낯설게 느껴질 터인데 선생님 얼굴도 보지 못한다면 얼마나 실망하겠습니까?
>
> (「시샤좡에서 편지를 쓰다」)

사실 시설도 쾌적하고 경치도 좋은 시샤좡에 더 머물 수 있었는데도 불구하고 학생들을 염려하여 돌아가기로 결정했던 것이다. 교육자로서 먼저 학생들을 생각하는 마음을 엿볼 수 있다.

그는 규칙적인 일상과 간소한 삶을 살았다.

> 매일 5시에 일어나 머리를 빗고 넓은 뜰로 나갑니다. 물가나 정자 위에서 심호흡을 하고, 손발운동을 한 후 뜰을 한바퀴 돌거나 연못에서 무리 지어 헤엄치는 금붕어를 구경합니다. 때로는 화단에 서서 푸른 나무와 붉은 꽃을 구경하거나 정자와 나무 그늘 아래에 멍하니 앉아 생각에 잠기곤 합니다……아침식사 후에는 휴식을 조금 취한 뒤 자리에 앉아서 책을 읽거나 글을 씁니다. 11시쯤 점심을 먹고 저를 돌봐주는 젊은이와 함께 고기 요리 하나와 채소 요리 하나를 먹습니다. 주식으로 작은 찐빵 하나 혹은 큰 꽃빵 반 개면 충분합니다. 낮잠에서 일어나면 책을 읽거나 무언가를 씁니다.
>
> (「시샤좡에서 편지를 쓰다」)

청탁받은 원고를 쓰거나 보고 싶은 책을 읽으며 '산책자'로서 하루하루의 삶을 충실히 살아갔다. 이처럼 규칙적인 일상과 간소한 삶을 살며 하루하루의 시간을 보냈다. 한편 정원 안에 조성된 대나무 숲을 보고 이렇게 묘사했다.

> 저는 광둥 출신에다 강남 지역에서 오랜 세월을 보냈기에 대나무에 대해서는 비교적 잘 아는 편입니다. 신선한 죽순과 말린 죽순을 좋아하지만 과거에는 별로 대나무에 대해서 진기하게 생각하지 않았습니다. 오히려 40여 년 간 베이징에 살면서 겸허하고 강직한 대나무에 대해 특별한 애정을 갖게 되었습니다.
>
> (「시샤좡에서 편지를 쓰다」)

대나무처럼 겸허하면서도 동시에 강직한 태도를 지향했던 중징원은 아흔 살의 나이에도 불구하고 학문에 대한 열정을 멈추지 않았다. 시샤좡에 머물면서 벤자민 슈워츠의 『5.4운동과 5.4유산』, 장자크 루소의 『고독한 산책자의 몽상』 등 다양한 분야의 책을 읽었다. 특히 슈워츠의 책은 중국 사람이라면 누구나 아는 5.4 운동에 대해서 독특한 관점으로 접근하고 있으니 논지의 옳고 그름을 떠나 읽어볼 만한 가치가 있다고 말했다. 이렇게 중징원은 열린 사고를 유지하기 위해 끊임없이 새로운 지식을 흡수하고자 했다.

> 베이징TV와 CCTV 뉴스 이외에 저는 중국 국내 다큐멘터리 프로그램을 시청합니다. 이런 프로그램을 보는 것은 간접적으로나마 방송을 통해 현실을 더 많이 이해함으로써 사회문제에 대해 생각하고 싶어서입니다. 저는 이런 이유로 종종 다큐멘터리를 보곤 합니다. 단순히 오락거리를 제공하는 프로그램을 좋아하지 않으며 심지어 싫어하기까지 합니다. 왜냐하면 문학, 예술은 어떤 형식을 취하든 인간의 정신적 자질을 풍부하게 하고 향상시키는데 역할을 해야 한다고 생각하기 때문이죠.
>
> (「시샤좡에서 편지를 쓰다」)

5.4의 아들 중징원은 시대와 사회의 변화에도 관심의 끈을 놓지 않고, 여전히 중국 사회가 변화하는 목소리에 귀를 기울이고자 했다. 때로는 애정 어린 충고를, 때로는 침묵하지 않고 비판의 소리를 냈다. 이와 동시에 외부 세계에 휘둘리지 않고 내면에 충실한 '고독한 산책자'로 살아가기를 갈구했다.

VI. '시의 화로'에 불씨를 밝히다!

중징원은 반우파운동, 문화대혁명 등 수많은 난관과 역경에 직면하였다. 이러한 시대적 파도를 극복할 수 있었던 원동력은 무엇이었을까? 일찍이 1943년 「나와 시--『각인(腳印)』 자서」(我與詩——『腳印』自序)에서 "나의 정신 역사에서 시는 매우 중요한 요소이다. 심지어 지배적인 힘 중 하나다. 이러한 사실은 의심할 여지가 없다. 시는 수 년 동안 내 생명과 밀접하게 뒤엉켜 있다."고 강조했다. 여기에서 중징원에게 '시'는 생명의 원동력임을 알 수 있다. 이러한 사실을 고려하면 휘몰아치는 정치적 광풍 속에서도 그가 '시의 화로'를 불태우며 무너지는 마음을 다잡은 것은 너무나 자연스러운 현상이다.

사실 그는 1930년대부터 민속학, 민간문예학 연구에 매진하는 동시에 시와 산문에 대해서도 줄곧 관심을 놓지 않았다. 산문 창작은 중단한 적도 있었지만 시는 계속해서 창작 활동을 이어나갔다. 앞장에서 언급했듯이 후스의 『상시집』과 궈모뤄의 『여신』을 읽고 1924년 친구들과 신시집 『꽃 세 송이』를 자비로 출간했다. 이후 1929년 『해변가의 2월』(海濱的二月), 1940년 『미래의 봄』(未來的春) 등 7권의 시집을 출판한 바 있다.

특히 1957년부터 1978년까지 약 20년 동안 몰아친 정치적 광풍 속에서 중징원은 시에 의지하여 악착같이 버텨냈다.

일을 하고 여유가 생기면 나는 고금의 시집과 사집 일이백 종을 구입해서 읽었다. 시학 지식뿐만 아니라 인생 수양을 심화시켰다. 오랫동안 차가웠던 '시의 화로'(詩爐)에서 다시 번쩍번쩍 화염이 솟아오르기 시작했다. 이삼백 수의 시와 사를 썼는데 그 중 편폭이 긴 「환갑잡시」(花甲雜詩)와 「진남초」(晉南草)에서 개인적인 생활 경험과 감정을 토로했다.

(「나와 우리 시대·조국」)

그는 평생 시를 통해 성찰의 시간을 가지며 삶을 관조했는데, 생일을 맞아 지나온 생의 여정을 정리하는 글을 썼다. 예를 들면, 1993년 「아흔 살 생일을 자축하며」(九十自壽), 1997년 「아흔 다섯 살 생일에 부쳐」(九五生辰書懷), 2001년 「백 살 생일에 스스로 반성하며」(擬百歲自省)이다. 이 세 편의 시를 통해 삶의 뒤안길에서 그가 어떤 생각을 했는지 가늠해 볼 수 있을 것이다. 먼저 「아흔 살 생일을 자축하며」를 살펴보자.

어느새 아흔 해 흘러
지난 일들 물밀듯이 밀려와 흔적을 남기도다.
세상의 모진 풍파 몸소 다 겪었건만
학문은 엉성하고 조잡하니 어찌 감히 소중히 여기랴.
어쩌다 나에 관한 일화가 고향에까지 전해졌지만
그들에게 공헌한 바 많지 않구나.
사랑하는 아내와 친구들은 모두 이미 유명을 달리했으니
다만 바람 맞으며 술 한 잔 올리도다.
逐水流年九十春, 如潮往事尚留痕。
世途警險曾親歷, 學術粗疏敢自珍。
偶有佚聞傳故里, 無多供獻到斯民。
老妻畏友都凋謝, 且與臨風尊一樽。

이 시는 1993년 봄 생일을 맞이하여 쓴 것으로, 저명한 서예가이자 오랫동안 친분을 맺어온 치궁(啓功) 선생이 옮겨 적었다. 아흔 살을 사는 동안 몸소 겪은 일들에 대해 서술하면서 사랑하는 부인과 친구들은 모두 죽었지만 자신만 살아남은 쓸쓸한 현실에 대해서 담담하게 읊조리고 있다.

다음으로 「아흔 다섯 살 생일에 부쳐」를 읽어보자.

한 세기의 세월이 이미 저물어가건만
이 몸은 아직 인간 세상에 살아있네.
세상을 마주하자 파도가 솟아오르고
꿈속에 집이 보이지만 산 길이 팔 천 갈래로구나.
태어나 온갖 고통 겪으며 머리가 다 희어졌건만
할 일 다 이루지 못해 안타까운 마음 그지 없네.
다정한 벗들이 생일 축하해주니
갈 길이 멀고 날은 저물었으나 어찌 감히 채찍질 멈추랴.
世紀光陰已向殘, 此身視息尚人間。
迎眸世海濤洶湧, 入夢家山路八千。
生味深嘗頭盡白, 事功未竟意難安。
多情親友勞相祝, 斜日長途敢息鞭。

이 7언 율시는 1997년 아흔 다섯 살 생일을 자축하며 쓴 것이다. 여섯번째 구절 '할 일 다 이루지 못해 안타까운 마음 그지 없네'에 대해 민간문화(민속학) 연구, 『민속학개론』, 『싼타오집성』 집필을 의미한다고 직접 밝혔다. 친구들의 응원과 격려에 힘입어 이러한 막중한 사업을 포기하지 않고 계속 추진하겠다는 의지를 표현하고 있다.

마지막으로 「백 살 생일에 스스로 반성하며」를 읽어보자.

좁은 길과 험한 여울 건너며
비틀비틀 걷다보니 어느새 백 년이 되었도다.
일찍이 웅대한 뜻 품고 국난을 위해 뛰어다녔지만
시에 대한 그리움은 여전히 남아 있네.
소망했던 것 다 이루고 난 뒤
마지막에는 무엇을 채울 것인가.
소박한 음식과 거친 의복에 스스로 만족하도다.
학문과 업적 모두 다 이루지 못했으나
다만 후세에 현명한 사람 있었다고 알아주길 바랄 뿐.
歷經仄徑與危灘, 步履蹣跚到百年。
曾抱壯心奔國難, 猶餘微尚戀詩篇。
宏思竣想終何補, 素食粗衣分自甘。
學藝世功都未了, 發揮知有後来賢。

이 시는 2001년 9월에 지었으며, 다음해인 2002년에 수정했다. 처음 강의를 시작할 때 에필로그에서 낭독한 바로 그 시이다. "일찍이 웅대한 뜻 품고 국난을 위해 뛰어다녔지만, 시에 대한 그리움은 여전히 남아 있네"에서 시가 그의 삶에 있어서 얼마나 중요한 의미를 차지했는지 잘 엿볼 수 있다. 중징원은 주변 사람들에게 자주 이렇게 말하곤 했다.

"나의 학문 가운데 가장 뛰어난 것은 민속학, 민간문예학이 아니라 시입니다. 내가 죽으면 묘비 위에 '시인 중징원의 묘', 이 몇 글자만 새겨주면 충분합니다." 시대의 파도 앞에서 중징원은 시인의 정신으로 '고독한 산책자'로 살아냈던 것이다. 그의 바람대로 이 시는 묘지명으로 사용되었다.

좁은 길과 험한 여울을 건너며 20세기를 살아낸 중징원의 삶과 글쓰기에 대해 살펴보았다. 고독한 산책자 중징원은 '시의 화로'에 작은 불씨를 밝힌 채 인간으로서 감내해야 했던 모멸, 분노, 고통, 모욕, 치욕, 배신 등 수많은 감정의 파동 앞에서 관조하고 성찰했다. 주저앉지 않았고 절망하지 않았고 그에게 주어진 생명의 시간을 담담히 살아냈다. 중징원과의 만남을 통해 지식인의 태도와 소명이 무엇인지 생각해볼 수 있을 것이다.

Ⅶ. 못다 한 이야기

중징원이란 지식인을 처음 접했을 때 눈에 띈 것은 사진이었는데요. 문서 자료더미 속에서 안경을 쓴 노학자의 모습이 상당히 인상적이었습니다. 중징원은 1903년 태어나 2002년 백 살에 사망합니다. 제목 그대로 그는 20세기를 살아낸 지식인입니다. 근 한 세기 동안 노동자, 농민, 상인 등 사람들의 일상생활을 수집하고 정리하여 체계적으로 자료를 구축했어요. 중징원의 노력으로 민속학, 민간문학이 하나의 학문으로 자리 잡게 되었습니다. 또한 그는 시인이자 산문학자로서 많은 작품을 쓰기도 했습니다. 그러면 중징원의 삶과 학문에 대해서 못다 한 이야기를 해보도록 하겠습니다.

1. 개인적으로 어떻게 중징원을 알게 되었는지 궁금하네요.

학부를 졸업하고 중국신화를 더 공부하고 싶어서 중국에 유학을 갔습니다. 그때 제가 선택한 학교는 베이징사범대학교였는데요. 그때 연구소 소장으로 계셨던 분이 바로 중징원 선생님이었습니다. 선생님은 비록 아흔 살을 넘으셨지만 종종 특강을 해주시곤 하셨는데요. 장장 세 시간 동안이나 쉬지 않고 연강을 하셨습니다. 그런데 저는 사실 잘 알아듣지 못하는 부분이 많았어요. 선생님의 광둥어 사투리가 너무 심해서 수업이 끝나면 중국 친구들에게 도대체 무슨 내용인지 묻곤 했습니다.

그때만 하더라도 중징원이 어떤 삶을 살았는지 그때는 당연히 몰랐을 것 같아요.

네, 그때 제가 너무 어리기도 했고 선생님이 지나온 역사적 시간에 대해 미처 관심도 없었던 것 같습니다.

지금 중징원의 예사롭지 않은 삶이라고 이야기를 하셨어요. 저도 중징원에 관한 번역서가 있을까 하고 살펴보니 중징원의 시나 산문 등은 거의 우리말로 번역된 게 없구요. 또 게다가 인간 중징원의 삶의 궤적을 다룬, 말

하자면 중징원 평전과 같은 자료들도 없어서 이 글을 준비하기가 상당히 쉽지 않았을 것 같습니다.

한국과 중국에서 중징원은 민간문학의 태두, 민속학의 아버지, 그리고 인민의 학자, 이렇게 위대한 족적을 남긴 학자로 조망되고 있습니다. 그가 쓴 시, 산문, 수필 등에 대해서는 상대적으로 관심이 덜해요. 따라서 한국에서는 번역된 작품이 거의 없어 어떤 것을 골라내고, 또 어떻게 이야기를 만들어 낼 수 있을까, 이 부분이 가장 어려웠던 것 같습니다.

그러나 또 어찌 보면 한국에서 민속학자로서의 중징원이 아니라, 시인 혹은 산문 작가로서의 삶의 궤적을 보여준 글이라고 하는 점에서 상당히 의미가 있지 않을까 그런 생각이 들었습니다.

2. 이 글에서는 중징원의 삶에서 가장 중요한 키워드가 5.4 정신이라고 이야기를 하고 있는데요. 5.4 정신이라고 하는 것이 무엇인지 조금 더 자세히 설명해 줄 수 있겠습니까?

중징원은 차이위안 조각상 앞에서 이렇게 말했습니다. '천 년 동안 말라버린 바다의 노여움이 파도 이루었기에 나도 그 물결 타고 한 세상 살았도다!' 이처럼 중징원의 일생에서 5.4 신문화정신은 그의 삶에서 중요한 영향을 미쳤습니다. 구시대에 형성되었던 가치관에서 벗어나 새 시대의 신청년으로 말이죠.

그래서 중징원 스스로가 자신을 5.4의 아들, 혹은 자신을 계몽시킨 스승이다, 이렇게 표현을 한 것 같습니다.

3. 이 글에서는 중징원과 루쉰과의 특별한 인연에 대해서 이야기를 하고 있는데요. 사실 저는 루쉰에 관한 글을 준비하면서 광저우 시기의 루쉰에 대해선 별로 언급을 하지 않았어요. 실제로 광저우에서의 생활이 몇 개월 되지도 않았기 때문에 그렇기도 한데요. 그런데 이 글에서는 중징원이 『광둥에서의 루쉰』이란 책을 펴냈다고 하더라고요. 어떻게 해서 중징원이 루쉰과 관계를 맺게 된 것인지 궁금합니다.

중징원이 광저우 중산대학에 있을 때 신문화운동의 아이돌, 우상이라고 할 수 있는 루쉰이 온다는 소식을 들었어요. 그래서 자신에게 많은 영향을 끼쳤던 루쉰을 직접 보고자 온갖 수소문 끝에 결국 친구들과 함께 만납니다. 이때의 기억을 기록한 것이 바로 「루쉰 선생 찾는 것을 기록하며」(記找鲁迅先生)인데요.

산문이군요.

예, 짧은 산문입니다. 당시 루쉰을 보기 위해서 찾아온 사람들의 글들을 모아서 정리한 것이 바로 『광둥에서의 루쉰』입니다. 하지만 역설적이게도 이 책을 발간한 것 때문에 루쉰에게 오해를 받기도 합니다.

린시엔즈(林賢治)라고 하는 사람이 쓴 『인간 루쉰』이라고 하는 책이 있습니다. 우리말로도 번역된 것인데요. 그래서 이 책의 광저우에서의 루쉰 부분을 다시 한번 찬찬히 살펴보니까 중징원이 몇몇 동료들과 루쉰을 만나잖아요. 그때 아마도 구제강 선생님의 이야기를 했더라고요. 그런데 루쉰의 반응이 아주 싸늘했다고 해요. 실제로 구제강은 루쉰과 별로 사이가 좋지 않았고요. 결국 그 불똥이 중징원에게 튀었다고 하는데요. 중징원이 출판한 『광둥에서의 루쉰』 이 책에 대해서 루쉰이 격노하여 자신의 강연 내용과 글을 빼달라고 했다고 합니다. 상당히 재미있었던 부분이었는데 제가 생각하기에는. 그러나 중징원의 입장에서는 상당히 억울했을 것 같아요.

중징원은 억울한 마음보다는 루쉰에 대한 존경심이 더 컸던 것으로 보입니다. 1927년부터 64년 후인 1991년에 다시 중산대학을 찾을 기회가 있었어요. 그때 시를 지었는데 당시 자신이 얼마나 루쉰 선생을 찾으러 다니느라 마음이 바빴고, 또 그 만남을 이루고 난 다음에 얼마나 많은 감동을 받았는지 서술한 시를 짓기도 했습니다. 그리고 말년에는 루쉰과 관련된 글들을 모아서 책으로 발행하기도 했습니다.

하긴 중징원이 『광둥에서의 루쉰』이라고 하는 책을 펴냈기 때문에 사실 광저우에서의 루쉰의 어떤 전체적인 행적이라든가, 그런 것들은 사실 오늘날 우리가 잘 알 수 있는 것 아니겠습니까? 어떻게 보면 루쉰이 빚을 진 건데요. 중징원에게.

4. 이 글에 따르면 중징원이 1928년, 그리고 1947년 두 차례에 걸쳐 중산대학에서 쫓겨나요. 상당히 흥미로운 지점이었는데요. 대학 교수가 해직이 된다, 참 드문 일이라고 할 수 있습니다. 그 이유는 무엇일까요?

그것은 아마도 아직 학문으로 정립되지 않았던 민속학, 민간문학을 했기 때문인 것으로 보입니다. 아무래도 민속학이나 민간문학을 다루는 것은 사람들의 일상이잖아요. 사회학과, 심리학과, 철학과 교수들이 보기에 그것들은 저속하고 가치가 없다고 생각을 했던 경향이 있었어요. 학교에서 쫓겨나면서도 중징원은 지금은 당당한 학문으로 정립되지 못하지만 언젠가는 공정한 평가를 받을 날이 올 것이라고 다짐을 합니다.

민속학을 연구한다라고 하는 게 당시 그런 의미가 있었네요.

5. 이 책에서 선정한 13명의 지식인의 삶에서도 알 수 있듯이 중국에서 지식인으로 살아간다는 게 참 쉽지 않은 일이었던 것 같아요. 문화대혁명 때 라오서는 자살을 선택했고 또 딩링과 지셴린(季羡林)과 같은 지식인은 견디면서 결국 살아냈는데요. 중징원은 이 고난의 시간을 어떻게 대면할 수 있었는지 궁금합니다.

반우파운동이나 문화대혁명 같은 어떤 정치적인 소용돌이를 저는 직접 겪어보지 않아서 무엇이 최선의 선택이었다고 감히 말할 수는 없습니다. 중징원 같은 경우에는 『런민일보』에 「파도를 헤치고 앞으로 나아가자」라는 문장을 발표했는데요. 이때부터 그의 고초가 시작되었습니다. 그것도 장장 20년 동안이나. 때로는 자신이 가르쳤던 학교와 학생들로부터, 때로는 몸담고 있었던 연구회로부터 비판과 질책을 받았습니다. 그가 그런 모멸감과 인간적 자존심이 무너지는 상황에서도 견뎌낼 수 있었던 것은 잠시 한동안 차갑게 식어버린 '시의 화로'에 기대어 순간, 순간들을 모면할 수 있었던 것 같습니다.

그러면 반우파운동부터 시작해서 문화대혁명 시기에 쓴 시들이 비교적 많이 남아 있습니까?

문화대혁명이나 반우파투쟁을 표면에 드러내고 있지는 않지만 논문이라든가 짧은 글 속에 중간중간 인용부호처럼 들어가 있어요.

1977년에 발표한 시 「세밑에 친무에게 부치며」(歲暮贈秦牧)에서 '십 년의 얼음과 서리로 꽃은 다하도다'라고 묘사했습니다. 이 구절을 보면 문화대혁명을 지칭하는 것으로 이해할 수 있습니다.

어떻게 보면 시라고 하는 도구를 통해서 당시 본인의 어떤 힘들었던 역경이나 고난 같은 것을 은연중에 드러낼 수 있는 거군요.

6. 중징원 스스로는 자신이 민속학자, 그리고 인민의 학자로 불리우기 보다는 시인으로 기억되기를 원했다고 합니다. 중징원의 삶에서 시

란 어떤 의미를 갖는 거라고 볼 수 있을까요?

중징원은 자신을 위대한 민속학자, 민간문학자라고 불리우기 보다는 그저 시인이었다라고 지칭되기를 원했습니다. 또 죽음을 앞두고 묘지에 다른 걸 쓰지 말고 '시인 중징원의 묘', 이렇게 써달라고 요청을 했습니다. 시라는 것은 결국 자신의 마음을 은연중에 표현할 수 있는 거잖아요. 오랫동안 고체시, 신시에 관심을 기울였지만 중국의 정치적인 현실 속에서 자신의 내면을 성찰하는 건 엄청 힘든 일이었을 것이라고 생각합니다. 그럼에도 불구하고 시인으로서, 또 고독한 산책자로서 자신의 내면에 충실하고자 노력했던 것으로 보입니다.

7. 중징원의 삶, 학문의 태도, 그리고 그의 수많은 글들이 오늘날 우리 사회에 주는 메시지 혹은 울림 이런 것이 있다면 어떻게 이야기할 수 있을까요?

한 세기 동안 한 인간이 마주쳤던 수많은 갈림길에서 그가 겪어야만 했던 여러 가지 감정의 파동들, 다시 말한다면 모멸, 분노, 불만, 좌절 앞에서 중징원은 주저하지 않고 절망하지 않고 그저 담담하게 버텼습니다. 그리고 마지막으로 시인으로서, 고독한 산책자로서 자신의 삶에 대해서 최선을 다한 태도를 보며 오늘날 우리도 담담히 그의 모습을 따라가는 것, 그 자체만으로도 힘이 되지 않을까 생각합니다.

시인으로서 고독한 산책자로 살기를 원했다라고 하는 그의 마지막 메시지가 상당히 저에게 울림을 주네요.

20세기에 중국의 지식인을 말할 때 신문화운동은 중요한 의미를 갖습니다. 신문화운동으로 새로운 5.4 세대가 형성되었습니다. 이들은 천두슈, 후스, 루쉰 등의 사상과 글의 세례를 받으며 성장합니다. 중징원이 스스로를 5.4의 아들이라고 표현한 것은 이런 점에서 상징적이라고 할 수 있습니다.

중징원을 마지막으로 중국 근현대 지식인 열전 13편을 마무리하려고 합니다. 우리는 이 책에서 박제된 역사 속의 인물이 아니라 우리와 마찬가지로 좌절하면서도 희망을 잃지 않는 그러면서도 시대를 앞서간 지식인 열전을 제시해보려고 했습니다. 격동의 시대를 살아낸 모든 분들에게 경의를 표합니다.

인용 고전과 참고문헌

<인용 고전>

산문

「5.4 나를 계몽시킨 스승」(“五四”-我的啓蒙老師) 『鍾敬文散文』(北京: 時代出版傳媒股份有限公司, 安徽教育出版社, 2010).

「파도를 헤치고 앞으로 나아가자!」(破浪前行) 『人民日报』(1957年 5月 7日).

「나와 우리시대·조국」(我與我們的時代·祖國) 『人世文叢』(北京: 北京師範大學出版社, 1997).

「나와 시--『각인(腳印)』 자서」(我與詩—『腳印』自序) 『藝術叢刊』(正氣出版社, 1944)

「시샤좡에서 편지를 쓰다」(西下莊通信) 『群言』 (1994年 第11期).

시

「아흔 살 생일을 자축하며」(九十自壽)

「아흔 다섯 살 생일에 부쳐」(九五生辰書懷)

「백 살 생일에 스스로 반성하며」(擬百歲自省)

「세밑에 친무에게 부치며」(歲暮贈秦牧)

<참고문헌>

鍾敬文, 『鍾敬文自選集』 (北京: 首都師範大學出版社, 2008)

安德明, 「“詩人鍾敬文”—紀念鍾敬文先生誕辰一百周年」 『群言』 (2003年 第11期).

施愛東, 「私情歌謠與『吴歌乙集』風波」 『民俗研究』 (2001年 第3期).

http://www.zhongjingwen.org/ (검색일 2022.04.25)

http://xiandaimingjia.xiusha.com/zjw/005.htm (검색일 2022.04.25)

저자소개

이은상

중국 근현대사 전공. 고려대에서 박사학위를 취득했다. 현재 부산대 교양교육원 교수로 재직하고 있다. 매 학기 교양필수과목 '고전읽기와 토론'에서 루쉰과 그의 작품을 만나고 있다. 주요 연구 성과로 『20세기 동아시아 화교의 지속과 변화』(공저, 2017), 『한중관계의 역사와 현실』(공저, 2013), 『강희제평전』(역서, 2010), 「중화민국 시기 주조선(駐朝鮮) 영사관원의 이력과 활동: 마영발(馬永發)의 사례」(2018), 「청일전쟁 이후 '청국차관' 상환 안건 연구」(2020) 등이 있다.

이혜경

중국 근현대 철학, 사상사 전공. 일본 교토대에서 박사학위를 취득했다. 현재 서울대 인문학연구원 HK교수로 재직하고 있다. 량치차오 관련 다수의 저작과 역서를 출간했다. 주요 연구 성과로 『량치차오: 문명과 유학에 얽힌 애증의 서사』(2007), 『천하관과 근대화론: 양계초를 중심으로』(2002), 『신민설』(역서, 2013), 『역사 속에 살아 있는 중국 사상』(역서, 2003) 등이 있다.

천성림

중국 근대 사상사, 여성사 전공. 이화여대에서 박사학위를 취득했다. 현재 한국과학기술원(KAIST) 인문사회과학연구소 연구교수로 재직하고 있으며, 교양과목으로 아시아여성사, 아시아현대사 등을 강의하고 있다. 주요 연구 성과로 『근대중국 사상 세계의 한 흐름』(2002), 『산업화가 유교체제 하 중국여성의 지위에 미친 영향』(2005), 『공자, 현대중국을 가로지르다』(공저, 2006), 『근대중국, 그 사랑과 욕망의 사회사』(2016), 『중국 근현대 여성사』(공저, 2016), 『근대화와 동서양』(공저, 2017), 『인물로 본 문화』(공저, 2020) 등이 있다.

이정구

중국 경제, 현대사 전공. 경상대에서 박사학위를 취득했다. 현재 부산대 중국연구소 연구원으로 재직하고 있다. 주요 연구 성과로 『중국경제』(공역, 2010), 『좀비 자본주의』(공역, 2012), 『왜 우리는 더 불평등 해지는가』(공저, 2014), 『MMT 논쟁』(공저, 2021) 등이 있다.

이호현

중국 근현대사 전공. 중국 푸단대에서 박사학위를 취득했다. 현재 고려대 사학과 강사로 재직하고 있다. 주요 연구 성과로 『20세기 중국의 지식인을 말하다』(공역, 2011), 『동아시아 개항장 도시의 로컬리티』(공저, 2013), 『한 손에 잡히는 중국』(공저, 2014), 「중국 근대 회사의 조직적 특징과 운영전략: 1920-1930년대 上海 明星影片股份有限公司를 중심으로」(2013), 「중국 회사법의 변천과 근대성」(2014), 「근대 중국 영화제작사의 지배구조와 운영: '실업부'와 '경제부' 등기기록을 중심으로」(2015) 등이 있다.

김형열

중국 근현대사 전공. 중국 난징대에서 박사학위를 취득했다. 현재 동의대 중국어학과 교수로 재직하고 있다. 주요 연구 성과로 『도시화와 사회 갈등의 역사』(공저, 2011), 『처음 읽는 동아시아사』(공저, 2016), 『동아시아사 강의』(2019), 「리다자오와 무정부주의 사상」(2019), 「신문화운동기 리다자오의 조화사상과 정치인식」(2018), 「마오쩌둥 문화사상의 이론 기원과 민중문화관」(2019) 등이 있다.

한지연

중국 현대문학 및 학술문화 전공. 중국 베이징대에서 박사학위를 취득했다. 현재 중앙대 아시아문화학부 중국어문학전공 교수로 재직하고 있다. 주요 연구 성과로 『문학@타이완』(공역, 2014), 『21세기 중국! 소통과 뉴 트렌드』(공저, 2015), 『임서가 들려주는 강호 이야기』(역서, 2021), 「錢鍾書와 西學 간의 상관성 小考: 西學 인식과 英國文藝批評과의 상호성을 중심으로」(2018), 「胡適 '述學'의 學術史的 의미: 『中國哲學史大綱』에 반영된 述學 의식을 중심으로」(2019), 「錢基博의 白話文學觀과 批評意識: 『語體文範』을 중심으로」(2021) 등이 있다.

차창훈

중국 정치, 국제정치 전공. 영국 Warwick대에서 박사학위를 취득했다. 현재 부산대 정치외교학과 교수로 재직하고 있다. 주요 연구 성과로 『동아시아 거버넌스』(공저, 2004), 『현대 외교정책론』(공저, 2012), 『거버닝 차이나』(공역, 2013), "China's Search for Ideological Values in World Politics: Chinese Adaptation to Liberal Order Drawn from Political Reports of the Chinese Communist Party Congress since 1977"(2017) 등이 있다.

이선이

중국 근현대 여성사 전공. 도쿄 외국어대에서 박사학위를 취득했다. 현재 경희대 인문학연구원에서 연구원으로 재직하고 있다. 주요 연구 성과로 『딩링: 중국 여성주의의 여정』(2015), 『여성사로 읽는 항일독립운동』(공저, 2020), 『전쟁과 여성 인권』(공저, 2021), 『일본군 위안부를 둘러싼 기억의 정치학』(역서, 2014), 『일본군 중국 침략 도감: 일본군 '위안부'와 성폭력』(역서, 2017) 등이 있다.

김호

중국 중세사 전공. 고려대에서 박사학위를 취득했다. 현재 경남대 고운학연구소 연구교수로 재직하고 있다. 주요 연구 성과로 「唐代 皇室女性의 生活과 地位」(2006), 「唐代 황제의 醫療官府」(2013), 「唐代 官人의 휴가: 法令의 규정을 중심으로」(2015), 「궁성에 갇히고, 틀에 가두어진 궁인들: 墓誌銘을 통해 본 唐代의 宮人」(2016), 「황제에게 어울리는 이상적인 배우자: 兩唐書 「后妃傳」을 통해 본 唐代 后妃像」(2019), 「唐初의 諸王 책봉제」(2020) 등이 있다.

김혜수

중국 유가 철학 전공. 타이완 국립중앙대에서 박사학위를 취득했다. 현재 부산대 윤리교육과 교수로 재직하고 있다. 주요 연구 성과로 『유교와 마음공부』(공저, 2015), 『인문고전읽기』(2015), 『생명의료윤리』(2020), 「朱子의 도덕철학에서 '氣强理弱'의 의의 고찰」(2021) 등이 있다.

김승룡

한국 한문학 전공. 고려대에서 박사학위를 취득했다. 현재 부산대 한문학과 교수로 재직하고 있다. 주요 연구 성과로 『송도인물지』(2000), 『악기집석』(2003), 『한국 한문학 연구의 새 지평』(공저, 2005), 『우붕잡억』(공역, 2005), 『유미유동』(공역, 2006), 『고려후기 한문학과 지식인』(2013), 『한국학의 학술사적 전망』(공저, 2014), 『잃어버린 낙원, 원명원』(공역, 2015), 『능운집』(공역, 2016), 『이재 황윤석 연구의 새로운 모색』(공저, 2020), 『새로 풀어쓴 이제마의 동의수세보원』(공역, 2022) 등이 있다.

정진선

중국 신화, 문화 전공. 서울대에서 박사학위를 취득했다. 현재 서울대 중어중문학과 강사로 재직하고 있다. 주요 연구 성과로 『중국 소수민족의 무형문화유산: 서북편』(공저, 2016), 『지역문화와 국가의식: 근대 '광동문화'관의 형성』(공역, 2014), 『문명장치로서의 이야기』(공저, 2018), 「여와제전을 통해 본 중국 지방정부의 문화마케팅」(2016), 「『시진핑용전』을 통해 본 중국 고전문학의 현대적 변용」(2018), 「반우파(反右派) 운동과 지식인의 정체성: 중징원(鍾敬文)을 중심으로」(공저, 2022) 등이 있다.

인간을 묻다

근현대 중국의 지식인들

초판 인쇄 2022년 9월 1일

1판 2쇄 발행 2023년 2월 27일

저자 이은상·이혜경·천성림·이정구·이호현·김형열·한지연·차창훈·이선이·김호·김혜수·김승룡·정진선

간사 문희정

디자인·편집 배영미

이미지 보정 홍인호

발행인 차정인

펴낸곳 부산대학교출판문화원

출판등록 제1983-000001호 1983.11.10.

부산광역시 금정구 부산대학로 63번길 2 (우편번호46241)

대표전화 051-510-1932 팩시밀리 051-512-7812

https://press.pusan.ac.kr

※ 이 도서는 부산대학교출판문화원의 강의교재 개발 지원사업(2022-2)지원으로 제작되었습니다.

ISBN 978 - 89 - 7316 - 754 - 8 (03910)